전남대학교 인문학연구원 HK+ 가족커뮤니티사업단 번역총서 · 6
계승과 변천
현대 중국 가정의 구조와 가정 양로

传承与变迁——当代中国家庭结构与家庭养老
Continuity and Change
of Family Structure and Intergenerational Supports in Contemporary China
Copyright ⓒ 2022 Xu Qi(许琪)
Korean Translation Copyright ⓒ 2024 by Hankookmunhwasa.
This Korean edition is published by arrangement with China Renmin University Press Ltd.
through Wuhan Loretta Media Agency Co., Ltd.& Bestun Korea Agency.
All rights reserved.

이 책의 한국어판 저작권은 로레타 미디어 에이전시와
베스툰코리아 에이전시를 통해 중국 저작권자와 독점계약한 '한국문화사'에 있습니다.
저작권법에 의해 한국 내에서 보호를 받는 저작물이므로
무단전재나 복제, 광전자 매체 수록 등을 금합니다.

전남대학교 인문학연구원 HK+ 가족커뮤니티사업단
번역총서

6

계승과 변천
현대 중국 가정의 구조와 가정 양로

쉬치(许琪) 지음
장복동·최만원 옮김

목차

서론: 변화중인 중국의 가정 구조와 가정 양로 ········· 9
1. 구드의 유산과 중국의 가정 변화 연구 ········· 11
2. 가정현대화 이론 및 비판 ········· 15
3. 중국 가정 변화의 세 가지 특징 ········· 22
4. 정량적 가정 변화 연구의 전개 ········· 29
5. 이 책의 내용과 장절 구성 ········· 35

가정의 구조

제1장 소형화와 핵심화에 대한 재론 ········· 43
1. 역사상 중국 가정의 규모는 어떠했는가? ········· 44
2. 가정 소형화의 원인은 무엇인가? ········· 47
3. 서로 다른 지표를 통해서 본 가정의 핵심화 ········· 52
4. 중국 가정 구조의 변화 추세 ········· 57
5. 노인의 주거 방식 ········· 78
6. 결론과 토론 ········· 86

제2장 왜 자녀와 함께 거주하는가? ········· 91
1. 현대화이론의 예언 ········· 92
2. 중국 다세대가정의 발전 ········· 94
3. 젊은 부부가 관건이다 ········· 98
4. 자녀의 요구가 끼치는 영향 ········· 101
5. 자료, 변수와 분석 방법 ········· 103
6. 분석 결과 ········· 108
7. 결론과 논의 ········· 118

제3장 누구와 살고 얼마나 멀리 떨어져 사는가? ········· 123
1. 시집살이와 처가살이 ········· 124
2. 근거리 거주와 가족 네트워크 ········· 127
3. 사회 변화와 개인적 필요 ········· 129
4. 자료, 변수와 분석 방법 ········· 136
5. 분석 결과 ········· 140
6. 결론과 논의 ········· 155

제4장 노부부의 독립거주는 문제인가? ········· 159
1. 모든 사람들이 언급하기를 꺼려하는 문제: 노부부 독립거주 ········· 160
2. 곤혹스런 연구 결과 ········· 163
3. 왜 노부부의 독립거주는 문제가 되지 않는가? ········· 166
4. 자료, 변수와 분석 방법 ········· 171
5. 분석 결과 ········· 183
6. 결론과 토론 ········· 189

가정 양로

제5장 누가 양로하는가? ········· 199
1. 아들의 부양인가 아니면 딸의 부양인가? ········· 200
2. 딸의 부모 부양 역할의 제고 ········· 203
3. 딸의 부모 부양과 관련된 세 가지 문제 ········· 209
4. 자료, 변수와 분석 방법 ········· 215
5. 분석 결과 ········· 219
6. 결론과 토론 ········· 233

제6장 무엇 때문에 보살피는가? ····· 239
1. 부모 부양과 캥거루 현상 ····· 240
2. 부모 부양에 관한 세 가지 이론적 해석 ····· 243
3. 자녀의 부양을 확보할 수 있는 두 가지 경로 ····· 246
4. 사회변화와 부모 부양 전제조건의 변화 ····· 249
5. 자료, 변수와 분석 방법 ····· 251
6. 분석 결과 ····· 257
7. 결론과 토론 ····· 270

제7장 세대 간 호혜 ····· 275
1. 안락한 생활이 노인들이 희망하는 삶인가? ····· 276
2. 서구 국가의 연구가 주는 암시 ····· 278
3. 중국 가정의 세대 간 호혜관계 ····· 281
4. 자료, 변수와 분석 방법 ····· 287
5. 분석 결과 ····· 293
6. 결론과 토론 ····· 302

제8장 효도(孝道)의 변천 ····· 307
1. 효란 무엇인가? ····· 308
2. 사회전환과 효도의 변천 ····· 310
3. 효도관념이 쌍방향적 세대 간 지원에 미치는 영향 ····· 314
4. 효도관념이 행복감에 미치는 영향 ····· 316
5. 자료, 변수와 분석 방법 ····· 318

6. 분석 결과 ·· 324
   7. 결론과 토론 ·· 343

결론: 미래의 가정 구조와 가정 양로 ·· **349**
   1. 명(名)과 실(實): 현대 중국 가정에서 변한 것과 변하지 않은 것 ················ 352
   2. 앎과 행함: 관념과 행위의 변증법적 통일 ·· 355
   3. 은혜[恩]와 정감[情]: 세대 간 교환의 이중적 감정 논리 ······························ 357
   4. 남과 여: 부권적 가정제도의 미래 ·· 360
   5. 많음[多]과 적음[寡]: 자녀 감소가 세대 간 관계에 미치는 영향 ·················· 363
   6. 변론(辯)과 증명(証): 이론과 실증의 결합 및 새로운 창조 ·························· 367

   참고문헌 371
   후기 383

서론
변화중인 중국의 가정 구조와 가정 양로

1. 구드의 유산과 중국의 가정 변화 연구

1963년, 윌리엄 구드(Goode,W. J.)는 『세계혁명과 가정 유형』(*World revolution and family patterns*)을 출판했는데, 이 책은 '가정의 변화'를 하나의 전문적인 연구영역으로 학자들의 시야에 정식으로 진입시킨 상징적인 책이 되었다.(Cherlin, 2012) 구드는 이 책에서 세계적 범위에서 진행되고 있는 가정의 변화를 일종의 '혁명'이라고 일컬으면서, 이 혁명이 다른 분야에서의 사회변혁보다 훨씬 더 심각하고 큰 영향을 가져왔다고 인식했다. 학자들은 공공의 영역에서 발생한 중대한 사회변혁에 대해 지속적으로 더 많은 관심을 가져왔고, 결혼과 가정으로 대표되는 사적 영역의 변혁은 중요하게 취급되지 않거나 상대적으로 부차적인 것으로 인식했기 때문에, 정치적, 경제적 제도 또는 사회의 계층구조를 장기적으로 연구해 온 학자들에게 있어서 구드의 표현이 다소 지나친 감이 없지 않았다. 그러나 구드가 언급한 것처럼, 정치적, 경제적 제도의 변화는 종종 발생하는 반면에, 한 사회의 결혼 및 가정 제도는 상대적으로 완만하게 발생했다. 따라서 일단 혼인 및 가정 제도에서 변화가 발생하면 종종 사회 계층에서 더욱 심각한 변혁이 일어나고 있음을 예시한다고 볼 수 있다. 구드의 관찰에 의하면 지금 이러한 변혁이 진행되고 있고 되돌릴 수없는 변화의 풍랑이 세계를 휩쓸고 있다.

구드의 연구는 세계 각지의 연구자들이 '가정의 변화' 문제에 관심을 갖도록 촉매 역할을 하였고, 중국에서도 가정의 변화와 관련된 연구들이 차츰 학계의 주요한 과제로 떠올랐다(林晓珊, 2018). 구드의 대표작인 『세계혁명과 가정 유형』이 아직 중국어로 번역 출판되지 않았지만, 그의 다른 저서인 『가정』(The Family)은 이미 1986년에 중국어로 번역 출판되어 중국의 가정 변화에 큰 영향을 끼쳤다. 중국 학계에서는 구드 이후의 가정변화이론을 가정 현대화이론이라 부르고 있는데, 이 이론은 공업화, 현대화 및 도시화의 빠른 전환 과정에서 전통적 대가정 제도는 지속적으로 와해되고, 세계적 범위의 모든 가정 형식은 부부가 중심이 되는 핵심가정으로 변화할 것이라고 예언하고 있다. 이러한 변화 과정에서 가정 내의 세대 간 관계는 점차 느슨해지고 가정의 기능 역시 끊임없이 약화하며, 전통적 농업사회에서 형성된 일련의 가정 경제제도와 양로 및 양육제도가 심각한 도전에 직면할 것이라고 예측했다(구드, 1963). 구드의 이론은 아주 강력한 단선적 진화 관점을 포함하고 있었기 때문에, 국내외 학자들의 후속 연구에서 지속적으로 비판과 의혹의 대상이 된 것도 사실이다(唐灿, 2010). 그렇지만 구드의 관점은 중국의 가정 변화 연구에 지대한 영향을 주었을 뿐 아니라, 그가 제기한 문제들은 현대 중국에서 가정 변화 연구의 핵심이자 가장 중요한 부분을 구성하고 있음을 부인할 수 없다.

린샤오샨(林晓珊, 2018)은 중국 가정의 변화에 대한 연구가 중화인민공화국이 성립되기 전인 20세기 초로 거슬러 올라갈 수 있다고 주장한다. 이 시기에 페이샤오통(费孝通), 판광단(潘光旦), 리징한(李景汉), 쑨본원(孙

本文), 쉬량광(许烺光), 린야오화(林耀华) 등을 대표로 하는 원로 사회학자 및 인류학자들은 전국 각지에서 많은 가정을 대상으로 조사를 진행했고, 전통 중국사회의 가정 구조, 세대 간 관계, 종족제도 등의 문제에 대해 깊이 있는 연구를 진행했다. 이들의 연구에서 중국 전통 가정 양식의 변화라는 개념이 명확하게 제기되지는 않았지만, 이들의 다양한 관점은 현재까지도 영향을 미치고 있으며, 현재의 중국 가정의 변화를 연구하는데 이론적 출발점을 제공하고 있다.

20세기 80년대 초, 중국의 사회학은 본래의 모습을 회복하였고 중국 가정의 변화에 대한 연구는 첫 전성기를 맞이하게 되었다. 이 시기에 중국사회과학원 사회학연구소를 대표로 하는 많은 연구기관들이 "5개 도시 가정 조사", "7개 도시 가정 조사", "현대중국의 도시와 농촌 가정 연구" 등의 영향력 있는 가정 조사를 여러 차례 진행했다(五城市家庭研究项目组, 1985; 雷洁琼 1994; 沈崇麟, 扬善化, 1995; 沈崇麟, 扬善化, 李东山, 1999). 구드의 가정 현대화이론을 모델로 한 이들 연구에서, 연구자 대다수는 중국의 개혁개방을 배경으로 신속한 사회변화가 도시와 농촌의 가정 규모, 가정 구조, 세대 간 관계 및 가정 양로 기능 등에 끼친 영향에 대해 분석했다. 도시와 농촌 가정의 소형화, 핵심화 및 가정 양로 기능의 약화 등이 이 시기 가장 주목 받는 연구 주제였다(雷洁琼 1994; 沈崇麟, 扬善化, 1995; 扬善化, 沈崇麟, 2000).

21세기에 들어와서 중국 가정의 변화에 관한 연구는 다원화하는 추세를 보여주고 있는데, 주제 선택에 있어서 훨씬 다양하고 자유로운 경향을 보여주고 있다. 그러나 지속적이고 빠른 현대화 및 노령화의 심화라는 배경 하에서 '중국의 가정 구조'와 '가정 양로'는 일관되게 학계의 초점이 되고 있다. 이 시기 학계의 이러한 주제에 대한 연구는 명확히 다른 두 관점이 주류를 형성하고 있다. 일부 학자들은 고전적인 가정 현대화이론에 근거해, 중국의 빠른 사회변화는 전통적인 가정 주거방식과 세대 간 관계를 완전히 변화시켰으며, 이러한 변화는 중국 전통의 효도 관념 및 가정 양로 방식에 명확하게 부정적인 영향을 끼쳤다고 판단한다(阎云翔, 2012; 贺雪峰, 2008). 이와 다른 입장에 서 있는 학자들은 중국의 대가정전통과 가정 양로 방식이 사회가 빠르게 전환되는 과정에서도 여전히 원형을 유지하고 있으며, 이후에도 계속해서 대체 불가능한 기능을 수행할 수 있을 것이라고 판단하고 있다(Logan & Bian, 1999; 扬善化 贺常梅, 2004). 경험적 측면의 연구에서도 연구자들 사이에 불일치가 드러나고 있다. 예를 들면, 기존 연구들에서는 젊은 자녀들의 노부모들과의 동거 의사 및 노부모들과의 동거 비율이 빠르게 낮아지고 있음을 보여 주고 있다(Treas & Wang, 1993; 曾毅, 王正联, 2004). 또 다른 연구에서는 지금도 여러 세대가 함께 거주 하는 방식이 매우 중요한 가정 유형의 하나임을 보여 주고 있으며, 함께 거주하지 않는 자녀와 부모 간에도 여전히 긴밀한 관계를 유지하고 있음을 보여 주고 있다(王跃生, 2013; Bian,Logan & Bian, 1998). 가정 양로 부문에서 기존 연구 결과들은 현대 중국의 가정에서 노인에 대한 양로와 부양 문제로 인한 세대 간 충돌이 점차 증가하고 있음을 보여 주고 있다(郭于华, 2001; 阎云翔, 2006). 그러나 다른 연구에서는 대다수의 노인이 과거처럼 자녀들로부터 다양한 지원을 받고 있을 뿐 아니라, 여전히 자녀들의 효행에 대해 만족감을 표시하고 있음을 볼 수 있다(怀默霆, 2001; Silverstein,Cong & Li, 2006).

위에서 서술한 내용을 종합해 보면, 중국의 가정 구조와 가정 양로에 관한 현재의 연구 성과들은 논쟁의 여지가 상당히 많다. 이러한 논쟁의 배후에는 연구자들의 가정 현대화이론 및 가정의 변화 경로에 대한 서로 다른 이해가 자리하고 있으며, 동시에 연구자들 간의 연구 방식과 경로의 차이, 심지어는 모순이 이러한 논쟁의 요인으로 작동하고 있다. 여기서는 이론과 방법론 두 가지 측면에서 기존의 연구 성과를 되돌아보고, 이를 기초로 하여 이 책의 내용과 장절의 배치에 대해 설명하고자 한다.

2. 가정현대화 이론 및 비판

앞에서 서술한 것처럼 중국가정의 변화에 대한 연구는 가정 현대화이론을 피해갈 수 없다. 따라서 구체적인 연구에 들어가기에 앞서 먼저 이 이론의 발전 과정을 간단하게 살펴 볼 필요가 있다.

2.1. 가정 현대화이론이란 무엇인가?

가정의 변화에 관한 현대화이론은 20세기 50-60년대에 탄생했는데, 이는 구조기능주의가 이 시기에 패권적 지위를 누리고 있었고, 진화론에 대한 서구 학자들의 장기적 관심과도 밀접한 관계가 있어서, 가정 현대화이론은 구조기능주의와 진화론의 결합이라고 말해도 무방하다(唐灿, 2010).

탕찬(唐灿)은 가정 현대화이론이 같은 시기 구조기능주의의 몇몇 관점을 수용했다고 판단하면서, 명쾌하게 한 사회의 가정 유형은 반드시 사회 전체를 만족시키는 기능적 요구에 부응해야 한다는 관점을 제기했다. 공업화 이후의 현대사회에서 미국으로 대표되는 부부핵심가정이 바로 이렇게 기능을 조정하고 일치시킨 완벽한 결과물이다. 파슨스(Parsons, 1943)는 이미 이 주제에 대해 연구한 적이 있는데, 그는 부모와 따로 거주하고 경제적으로도 서로 독립해 생활하면서, 동시에 어떤 친척 구성원들과도 독립적 관계를 유지하는 것이 미국의 부부핵심가정의 본질적 특징이라고 지적했다. 이런 가정 유형은 친척 구성원의 확대와 그로 인한 권리 및 의무의 제약에서 자유롭기 때문에 공업화사회에서 필요로 하는 직종 간 이동과 지역적 이동에 유리하다. 이 외에도 이런 유형의 가정은 개인 간의 평등한 관계를 효과적으로 촉진할 수 있을 뿐 아니라, 남편과 부인 사이 그리고 부부와 자녀 사이의 정서적 요구를 최대한 만족시킬 수 있는데, 이러한 요구들을 만족시켜주는 것은 공업화사회가 필요로 하는 평등, 독립 및 자유라는 개념에 잘 부합한다. 결론적으로 말하자면, 파슨스가 보기에 미국의 부부핵심가정은 공업화사회의 생산적 요구와 가치체계에 완벽하게 부합하며 이로 인해 미국사회의 기능의 조정 및 통합을 효과적으로 촉진하고 있다.

이와 관련한 구드의 연구에서도 파슨스의 관점과 비슷한 내용을 발견할 수 있다. 그러나 파슨스가 정태적 가정 유형과 그 기능의 다름을 집중적으로 연구한 것과 다르게, 구드는 가정 유형의 변화를 좀 더 동태적 시각에서 관찰하고 있다(Goode, 1963). 구드는 미국사회 특유의 부부중심 가정 유형은 가정의 현대화 발전의기 본이지만, 이러한 가정 유형이 예로부터 존재했던 것이 아니라 전통적 또는 근대적 가정 유형이 계속 변화, 진화하면서 형성되었다고 판단했다. 구드는 공업화 이전의 전통적 농업사회에서는 확대 가정 유형이 주도적 지위를 차지했고, 이런 가정 유형의 전형적 특징은 여러 세대가 함께 거주하는 대가정 구조이면서 젊은 부부가 가장의 권위에 절대적으로 복종하는 방식으로 표출된다고 인식했다. 구드의 이런 주장은 파슨스가 주장한 자주적이고 독립적인 부부핵심가정과 완전히 다르지만, 전통적 농업사회에서 확대가정 유형은 소농경제의 다양한 요구를 충분히 만족시켜서 다양한 공업화 이전의 전현대사회에서 광범위하게 존재할 수 있었다.

구드는 확대가정이 세 가지 면에서 전통적 농업사회의 기본적 요구를 만족시켰다고 판단했다. 첫째, 소농경제는 노동력에 대한 객관적 요구를 가족 구성원들이 가장의 주도 하에 효과적으로 협력가능하게 함으로서 대가정제가 안정적으로 형성되는데 기초를 제공했다. 둘째, 전통적 농업사회에서 가장은 토지와 주택 등 가정의 재산을 통제할 뿐 아니라 농사에 필요한 경험을 갖고 있어서, 논쟁의 여지없이 대가정 내에서 절대적인 지도자의 권위를 갖추고 있으며, 자녀의 결혼과 주거 및 작업의 분배에 있어서도 결정적인 영향력을 행사했다. 셋째, 농업사회는 유동성이 비교적 약하기 때문에 개인의 경제, 교육, 보호, 여가, 종교, 후대의 양육 등의 문제를 자신의 가정을 통해서만 해결할 수 있었고, 객관적으로 개인의 가정에 대한 의존을 증가시키며 대가정의 지속적인 존재 이유에 합법적인 기초를 제공해 주고 있다(Goode, 1963).

그러나 공업화, 도시화 및 현대화로의 발전에 따라 확대가정 유형은 점차 사회의 기본적 요구와 멀어지게 되었으며, 이런 현상은 다음과 같은 방식으로 표출되었다. 첫째, 현대적 공업의 발전은 점점 더 많은 젊은이들이 가정 외부의 기업에 취업할 수 있는 기회를 제공하였고, 가정이 생산기능을 상실하면서 대가정의 흡인력 역시 더 이상 존재할 수 없게 되었다. 둘째, 현대사회의 생산방식은 노동력의 자유로운 이동을 촉진하였고, 자녀들이 부모를 떠나려고 할 때 부모의 구속력이 필연적으로 약해지게 되었다. 셋째, 학교, 병원, 여가장소 등의 사회적 기구들이 지속적으로 설립되면서 전통적 가정이 담당했던 많은 기능이 외부 기구에 의해 대체되었으며, 이로 인해 전통적 대가정의 존재 이유 역시 점점 축소되었다. 마지막으로, 대가정제 역시 서구사회에서 문예부흥 이후 점차 형성되고 발전해 온 자유, 평등 및 자주독립의 주류적 가치관과 부합하지 않아서 결국에는 사회구성원들에게 배척당하는 운명을 맞이하게 되었다(Goode, 1963).

결론적으로 말하자면, 구드가 보기에 공업화 또는 전통적 농업사회에서 현대공업사회로의 전환은 부부핵심가정이 확대가정제를 대체하고 미국과 유럽 등 현대공업사회에서 주도적 지위를 차지하게 된 근본적 요인이다. 뿐만 아니라 이러한 가정의 변화 과정은 뚜렷한 자연적 변화와 발전의 의미를 내포하고 있다(唐灿, 2010; Cherlin, 2012). 다시 말하자면, 구드의 시각에서 전통적 대가정 유형은 낙후한 것이고 현대적 부부핵심가정 유형은 진보적이며, 가정 유형의 진화와 사회의 진화(공업화와 현대화)는 동시에 진행되는 것이다. 한 걸음 더 나아가 구드는 공업화와 세계화가 전세계적 범위에서 돌이킬 수 없는 흐름으로 빠르게 확산되고 있기 때문에 가정 유형의 현대화 역시 세계적 범위에서 동시에 발생할 것이고, 따라서 세계 각국의 가정의 변화 또한 미국을 대표로 하는 가정의 변화 과정을 모델로 할 수 밖에 없을 것이라고 진단하고 있다. 그의 저서『가정』에서, 구드는 자신의 이런 관점을 다음과 같이 명확하게 제시하고 있다.: 세계 각지의 모든 사회가 변화의 속도에는 차이가 있지만 일정 정도 부부 위주의 가정 유형으로 전환하고 있고 공업화가 진행되고 있는데, 이는 인류 역사상 전례를 찾아보기 힘든 사례이다(古德, 1986). 구드는 또 다른 저서『세계혁명과 가정 유형』에서 중국, 일본, 인도 및 중동과 아프리카 일부 국가를 포함한 세계 각국의 가정 유형의 변화 과정을 자신의 현대화경로 이론을 기초로 상세하게 서술하고 있다. 그러나 앤드류 철린(Andrew J. Cherlin, 2012)이『세계혁명과 가정 유형』이 출판된 후 거의 50여 년이 지난 시점에 쓴 서평에서 지적한 것처럼, 후속 연구들에 의해 구드의 많은 예언은 잘못되었음이 입증되었다. 다음에는 최근 서구 학계의 가정 현대화이론에 대한 비판을 상세하게 소개하고, 이를 기초로 이런 연구들이 중국의 가정 변화 연구에 어떤 시사점을 주고 있는지 살펴보겠다.

2.2. 가정 현대화이론에 대한 비판

앞에서 서술한 것처럼, 가정 현대화이론은 미국을 대표로 하는 부부핵심가정이 현대공업사회와 가장 부합한 가정 유형이며, 보편적인 공업화와 현대화 흐름에서 모든 국가의 가정 유형 역시 미국 및 서유럽과 유사한 경로를 따라 부부핵심가정 유형으로 전환하게 될 것이라고 판단하고 있다. 그러나 이 이론의 두 가설은 후속 연구들에 의해 잘못되었음이 증명되었다.

첫째, 미국을 대표로 하는 부부핵심가정은 가정 유형 변화의 최종 형태가 아니라는 것이 많은 연구에서 드러났다. 20세기 50-60년대의 짧은 번영기 이후, 부부핵심가정 유형은 유럽과 미국에서 빠른 속도로 와해되었다(Cherlin, 2012). 20세기 70년대 이후 유럽과 미국의 가정에서 사람들이 생각하지 못했던 많은 변화가 발생했다. 예를 들면 초혼 연령의 후퇴, 결혼 비율 하락, 동거율과 이혼율의 증가 및 혼전 출생률 증가와 반비례하는 총 출생률 하락 등의 현상이 바로 그것이다. 이런 현상은 뒤에 두 명의 유럽 인구학자 론 레스테그(Ron Lesthaeghe)와 반 데카(Van deKaa)의 관심을 받게 되었고, 제 2차 인구 전환이라고 불리게 되었다(Lesthaeghe, 2010; Van deKaa, 2004). 이들은 20세기 70년대 이후 유럽과 미국 등 선진국이 이미 탈산업화시대에 들어섰고, 물질적 번영과 탈물질주의의 대두는 개인의 요구를 일상의 경제적 만족과 안전보호 수준에서 자아실현의 단계로 격상시켰다고 주장했다. 이런 배경 아래에서 젊은 세대는 자아실현의 추구에 점점 더 집중하게 되었고, 결혼과 출산 등은 더 이상 필수불가결한 요인이 되지 못했다. 이러한 사회구조와 가치관의 변화는 결국 가정 구성 형식을 다양화해서, 동거, 비혼, 비출산, 혼전 성행위, 비혼 출산, 이혼 심지어 동성혼마저 구성원들이 받아들이게 되었다. 이로 인해 1인 가정, 이민족 출신과의 결혼, 입양, 재혼, 한 부모 가정, 자녀를 낳지 않는 딩크족, 동성 반려자 등 다양한 가정 형태가 끊임없이 출현했다. 따라서 구드가 인정했던 이성 부부와 미성년 자녀로 구성된 핵심가정(核心家庭)은 많은 유럽 국가와 미국에서 주요 추세를 이룰 수 없게 되었다.

둘째, 세계 각지의 가정이 모두 부부핵심가정 유형을 중심으로 전환할 것이라는 가정 현대화이론의 예측은 실현되지 않았다. 앤드류 철린은 동·남아시아, 중동, 아프리카 및 남미 등 다수 국가와 지역에서 가정 유형의 변화 궤적을 분석한 후, 구드의 일부 관점이 일부 지역에서는 정확하다고 인정했다. 예를 들면, 중국, 일본 등 동아시아 국가에서 가장의 권위는 빠르게 하락하였고, 자녀의 결혼에 관한 부모의 관여도 지속적으로 감소하면서 부부핵심가정 유형이 갈수록 보편화되고 있었다(Cherlin, 2012). 그러나 전체적으로 보면, 구드의 이론은 전 세계적 범위에서 가정 유형의 전환 궤적을 정확하게 묘사할 수 없었다. 많은 국가와 지역에서 구드가 주장한 전통적 가정 유형과 현대적 가정 유형이 공존하고 있었으며, 두 유형의 영향으로 복잡하고 다양한 혼합형 가정 유형이 생겨나고 있었다. 구드의 이론이 중국과 일본 등의 동아시아 국가의 가정 유형을 더 명쾌하게 해석할 수 있음이 입증되었지만, 연구자들은 서방 국가들과 완전히 일치하지 않은 가정 유형의 전환 경로를 발견했다. 따라서 철린은 어떤 보편적인 가정 유형의 전환 경로는 존재하지 않으며, 구드의 노력은 시작부터 실패가 예정되어 있었다고 결론지었다. 구드는 결코 존재하지 않는 가정 유형의 종착점을 설계했을 뿐 아니라 이 종점을 통과하는 가상의 경로를 설정했다. 공업화와 현대화는 가정의 변화를 추동하는 중요한 요인이기는 하지만, 각각의 국가와 사회는 서로 다른 전통을 갖고 있어서 서로 다른 다양한 현대화 경로를 형성할 수 있다. 만약 가정 현대화이론이 가정 변화 연구에 진정으로 공헌할 수 있으려면, 이러한 복잡성과 다양성을 자신의 이론의 일부로 흡수할 수 있어야 할 것이라고 철린은 주장했다(Cherlin, 2012).

구드로 대표되는 가정 현대화이론은 중국에서 가정 변화 연구에 매우 깊은 영향을 끼쳤다. 20세기 80-90년대 일부 연구자들은 이 이론을 모델 삼아 중국 도시와 농촌의 결혼 가정 변화에 관한 '계보론'을 제기하면서 도시와 농촌의 혼인 양식의 변화와 도시와 농촌사회의 변화 사이에 대체적으로 대응관계가 성립한다고 인식했다(雷洁琼 1994; 扬善化, 沈崇麟, 2000). 그러나 최근 들어 중국 학계에서 이 이론에 대한 성찰과 비판이 점차 증가하였고(唐灿, 2010), 일부 연구자들은 중국의 실제 경제, 사회적 발전에 부합하는 중국특색의 현지화한 가정변화이론의 기초를 다지기 시작했다(计迎春, 2019). 이런 시도들은 중국 연구자들이 가정 현대화이론의 속박에서 탈피해 중국의 상황에 입각한 중국특색의 가정 유형의 변화 연구에 돌입하였음을 보여 주고 있다. 탕찬(2010)이 지적한 것처럼, 현 시대의 중국 가정은 중국의 전통적 삶에서 발전해 온 것이며, 중국 자신의 현대화 과정에 적응한 것이다. 따라서 중국의 가정 유형에서 '특수한' '중국의 현대화 가정 유형'이 존재 할 뿐, '보편적'인 '세계적 유형의 가정'은 존재할 수 없다. 이러한 특수성을 지닌 중국의 현대화 가정을 눈앞에 두고 우리는 어떻게 연구를 진행할 것인가? 중국현대가정의 특수성은 어디에서 표현되는가? 필자는 이 문제에 대해 전문적인 논증을 전개한 후 이를 본

주제의 연구를 위한 이론적 기초로 삼아 현대 중국의 가정 구조와 가정 양로 문제에 대한 연구를 지속적으로 전개할 것이다.

3. 중국 가정 변화의 세 가지 특징

필자는 서구 국가와 비교해 중국 가정의 변화에 다음과 같은 세 가지 특징이 있다고 생각한다.

3.1. 특수한 문화적 전통

첫째, 중국은 아주 특수한 문화적 전통을 지니고 있는데, 유교 문화에서 효도에 대한 강조는 전통적 중국 가정이 서구 가정과 완전히 다른 많은 특징을 갖게 했다. 페이샤오퉁(費孝通)이 지적한 것처럼, 서구의 세대 간 관계는 부모세대가 자녀세대를 양육하고, 자녀세대는 또 자신의 자녀세대를 양육하는 릴레이 방식으로 진행된다. 이와 반대로 중국에서는 부모세대가 자녀세대를 양육하면, 자녀세대가 성장해 부모세대를 부양하는, 즉 아랫세대가 윗세대에 피드백을 진행하는 방식이다(費孝通, 1983). 효도 전통, 다시 말해 자녀세대에 의지해 노부모 부양 문제를 해결하는 피드백 방식은 중국 전통문화의 독특한 발명이다. 이렇게 특수한 문화적 전통은 중국인들이 세계의 어느 민족 보다 세대 간 관계를 중요하게 여기고 여러 세대가 함께 거주하는 대가정을 훨씬 중시하게 했다(Chu & Yu, 2009). 이러한 문화적 전통이 빠르게 진행되는 현대화 과정에서 강력한 충격에 직면하기는 했지만, 여전히 현대 중국인들의 관념과 행위에 무시할 수 없는 영향력을 행사하고 있다. 이 때문에 중국 가정은 서구 국가들의 가정과 완전히 일치하지 않은 약간 다른 경로를 통한 변화를 경험했다.

효도 외에 전통적 중국 가정의 또 다른 명확한 특징은 경계가 분명한 성별 질서다. 일반적으로 과거의 연구에서는 이런 가정을 '부계' 또는 '가부장'적 가정이라고 불렀다. 이런 가정에서는 오직 아들 만 공식적인 부양책임을 지며, 가문을 계승하고 재산을 상속받을 수 있는 권리를 갖고 있었다. 이와 비교해 딸은 결혼 전까지만 친부모의 가정에 속해 있고, 결혼 후에는 남편의 가정으로 귀속되기 때문에, 출가한 딸은 종종 '엎질러진 물'[嫁出去的女儿, 泼出去的水][1]에 비유되었고, 여성이 전통적 중국 가정에서 종종 남성의 지배 아래 놓이게 되는 상황을 초래했다(Greenhalgh, 1985). 고전적 가정 현대화이론은 성별 문제를 거의 다루지 않았는데, 중국적 문화의 배경에서 성별은 가정의 변화를 분석하는 데 없어서는 안 될 요인이다. 따라서 이 책에서는 현대 중국의 가정 구조와 가정 양로를 분석하는 과정에서 성별 차로 인한 많은 부분, 즉 결혼 후 '남편 집 거주 또는 아내 집 거주', '딸의 부모 양로 기능 변화' 등을 추적할 것이다. 이런 연구는 우리가 중국 가정의 변화를 전면적으로 인식하는데 도움을 줄 뿐 아니라, 현대 중국의 성별 관계를 이해하는데도 많은 도움을 줄 것이다.

3.2. 압축형 현대화와 모자이크

둘째, 중국 가정의 변화는 시간과 공간의 차원에서 고도의 압축적인 현대화로의 전환과정이었다. '압축형(壓縮型)' 현대화란 한국 학자 장경섭(张

---

[1] [역자주] 이 말은 "딸이 출가하면 엎질러진 물과 같아서 친정이 참견해서는 안 된다."는 의미다. 청나라 서주생(西周生)이 쓴 『성세인연전(醒世姻緣傳)』에 "출가한 여자는 땅에 엎질러진 물이니, 네가 우리 재산을 나누리오?"(清·西周生 『醒世姻缘传』九二, "嫁出的女, 泼在地里的水, 你分我的家当!")라는 구절이 있다.

庆变)이 한국의 가정 변화를 연구하면서 제기한 개념이다(Chang, 2010). 그는 중국을 포함한 많은 동아시아 사회의 현대화 과정은 서구 국가들과는 전혀 다른 '압축적' 특징을 가진다고 분석했다. 이러한 특징은 한편으로는 진행 시간은 짧으면서도 변화는 빠르게 나타나고, 다른 한편에서는 공간적인 차이와 다원화로 나타난다. 압축적 현대화의 영향으로 동아시아 사회에서 가정의 변화는 필연적으로 전통과 현대가 서로 융합되는 특징을 나타낸다. 그 이유는 이런 사회에서는 전통적 가정 관념과 생활 방식이 아직 사라지지 않고 남아 있는 상태에서 현대와 탈현대적 가정 관념 및 생활 방식이 형성되고 있었고, 더욱이 어떤 구체적 개인들에게서는 전통적이면서도 현대적인 행위 방식이 표출되고 있었기 때문이다(Chang, 2010). 압축형 현대화이론을 기초로 지잉춘(计迎春)은 한 걸음 나아간 중국식 가정 변화 이론을 제기했다. 지잉춘은 중국 가정의 변화는 전통적 유형에서 서유럽식의 현대적 유형으로 전환하는 간단한 단선적 경로를 거치는 것이 아니라, 다원적이고 복합적 형태로, 전통과 현대가 상호 얽히면서 융합하는 혼합형이라고 주장했다(Ji, 2017).

필자는 이 두 이론의 공통점이 중국에서 가정 변화 과정의 복잡성과 다원성을 드러낸 것이라고 인식한다. 따라서 우리는 중국을 당연한 하나의 동질적인 전체로 파악해서는 안 되고, 가정 현대화이론처럼 가정 유형의 변화 경로를 하나의 단선적 진화로 가정해서도 안 된다. 중국에서 가정 유형의 변화 궤적은 필연적으로 유동적이고 우여곡절이 많으며, 다양한 차이와 복잡성으로 겹겹이 둘러싸여 있다. 구체적으로 말하자면, 필자는 다음과 같이 판단한다. ①이러한 복잡성과 다원성이 먼저 시간적 차원에서 표출될 것이다. 현대 중국 가정의 구조와 기능이 어떤 단일한 방향으로 진화하는 것은 불가능하며 얽히고설킨 복잡한 과정을 거쳐 다양한 방향으로 발전 할 것이다. 심지어 어떤 특정한 시기와 특정 집단에서는 전통적인 대가정 유형으로 복귀하는 추세도 나타날 것이다. ②공간적 차원에서 보면, 중국의 도시와 농촌 및 지역 간 현대화 수준차가 매우 커서 전통적인 가정 구조와 가정 양로 방식도 도시와 농촌 간에 그리고 동, 중, 서부 지역 간에 서로 다르게 표출될 뿐 아니라 전환 궤적에서도 차이가 드러나는 특징을 보이게 될 것이다. ③미시적인 개인적 측면에서, 성별, 연령, 교육 등 개인적 요소가 사람들의 관념과 행위에 심각한 영향을 미치기 때문에, 각기 다른 계층의 구성원들이 사회의 전환 과정에서 각종 위험에 직면할 때 취하는 행동 양식도 서로 다를 것이다. 따라서 우리는 현대 중국의 가정 구조와 가정 양로 방식이 매우 다양한 개인적 차이로 표현될 것이라는 점을 예측할 수 있다. 그리고 이러한 차이는 어떤 하나의 단선적인 묘사로 개괄할 수 없고 구체적인 상황에 근거해 분석을 진행할 수밖에 없다.

3.3. 국가의 강력한 개입

마지막으로, 중국에서 가정 변화의 특수성은 정부가 가정의 변화를 유도하고 그 구체적인 형태를 조성하는 과정에서 발휘하는 관건적 역할로 표출된다. 이전의 많은 연구에서 드러난 것처럼, 중국에서 정부의 정책은 직간접적으로 다양한 경로를 통해 가정에 영향을 끼친다(王跃生, 2009; Whyte, 2005; Davis, & Harrell, 1993; Parish & Whyte, 1980). 예를 들면, 1950년 반포된 첫 '중화인민공화국혼인법'(中华人民共和国婚姻法)은 부모나 제3자에 의한 강압적인 혼인(包办婚姻), 매매혼(买卖婚姻) 등 구시대의 잘못된 혼인 관습을 법률적으로 철폐해 부모의 자녀 혼인에 대한 직접적인 간섭을 크게 줄였다. 그리고 이때부터 자유결혼의 관념이 점차 사람들의 마음속에 자리 잡게 되었다. 또 다른 예를 들자면, 1966년 시작된 문화대혁명은 많은 전통적 가정 관념과 가정 내의 관습을 잘못된 '네 가지 구습[四旧]'[2]으로 규정하고 이에 대한 비판과 투쟁 및 타파 작업을 진행했다. 이 운동은 가족과 종족을 포함한 수많은 가정 내의 관습에 엄청난 충격을 주었다(Tian & Davis, 2019). 그리고 20세기 70년대에 실시된 산아제한정책[计划生育政策][3]은 중국인의 출산 및 육아에 대한 관점을 완전히 바꿔놓았고, 필연적으로 당시와 그 이후의 가정 구조와 가정 양로 방식에 큰 영향을 끼쳤다(风笑天, 2006; 郭志刚, 刘金塘, 宋健, 2002).

중국 정부는 법률과 정책을 통한 직접적인 개입 외에도, 다양한 경로와 수단을 동원해 주민들의 가정생활에 간접적 영향을 끼친다. 일부 연구에서는 중국 정부가 1955년 입법한 호적제도가 주민의 자유로운 이동을 제한하고, 대가정 유형이 계속해서 그 원형을 유지하는데 큰 영향을 끼쳤다는 사실을 제기했다(Whyte, 2005). 이 외에도, 중국은 각 시기마다 도시와 농촌에서 서로 다른 주택, 취업 및 사회보장 제도를 실시했는데, 이런 제도들이 도시와 농촌 가정의 주거 방식 및 가정 양로 방식에 서로 다른 영

---

2   [역자주] 사회주의 혁명 이전의 낡은 사상[旧思想, 문화[旧文化], 풍습[旧风俗], 습관[旧习惯] 등을 지칭하는 표현으로, 1966년 6월 1일, 런민일보(人民日报) 사설[橫扫一切牛鬼蛇神, 사회상의 모든 불순분자를 소탕하자: 문화대혁명의 시작을 알리는 강령적 내용]에서 처음으로 명확하게 제기된 구호. 문화대혁명 중 진행된 구습파괴 운동으로, 수많은 전통 문화와 유적들이 파괴되었고, 관련된 지식인들이 고난을 겪었다. 파괴 구습운동과 함께 새로운 사상, 문화, 풍습, 습관을 건설하자는 운동[立四新]이 전국적으로 전개되었다.

3   [원주] 2013년 공포한 '단독 두 자녀[單獨兩孩: 부모 중 한 명이 외동일 경우 한 가정에 두 자녀 허용]'정책, 2015년 공포한 '무조건부 둘째 출산 허용[全面兩孩]'정책과 2021년에 비로소 실시한 '세 자녀[三孩]'정책도 중국 가정의 출산에 중대한 영향을 끼쳤다. 그러나 이 책에서 주로 고찰한 것은 출산정책 조정 전의 산아제한정책이 중국 가정구조와 가정양로에 미친 영향이다.

향을 미쳤다(王跃生, 2009). 실제로 중국의 경제개혁과 현대화 발전은 어느 정도 정부의 주도 하에 상부에서 하부의 변화를 촉진하는 방식이었다. 따라서 현대화가 실제로 중국 가정 유형의 변화에 영향을 미쳤다면, 이러한 영향의 일부는 정부 정책의 변화로 인한 것이라고 말할 수 있다.

마지막으로 우리가 정부의 정책이 중국 가정의 변화에 끼친 영향에 대해 토론할 때 겉으로 드러난 정책이나 제도뿐만 아니라 어떤 분야에서 정부의 역할이 주요하게 부정적 영향을 끼쳤는지에 대해서도 주의를 기울여야 한다는 점을 강조하고 싶다. 1978년 개혁개방정책이 실시된 이후 중국 정부는 순차적으로 경제 및 사회에 대한 전면적 통제를 완화했다. 이에 따라 계획경제시기의 유산인 가정의 주거 선택을 제한했던 각종 정책들로 인해 생겨난 부정적 요인들의 영향이 현대에는 크게 감소했다. 예를 들면, 중국 정부는 더 이상 주민의 자유로운 이동을 제한하지 않고, 주택 문제를 시장에 맡기는 개혁을 단행하여 개혁개방 초기 도시의 주택 공급 긴장 문제를 크게 완화했다. 또한 대학 및 직업전문고등학교 졸업생들의 직업을 정부가 통일적으로 안배하는 정책을 폐지하고 개인이 자주적으로 직업을 선택할 수 있도록 개혁했다. 그러나 정부는 이동, 주거, 직업 선택의 권리를 개인에게 양도하는 동시에 각종 사회복지 정책을 대폭 삭감했다. 단위(单位)*제의 해체에 따라 단위에서 부담하던 양로 및 탁아 등 중요한 기능을 다시 각 가정이 떠맡아야 했으며, 노동력 시장에서의 실패의 위험도 주로 개인과 가정이 짊어지게 되었다. 이런 의미에서, 중국의 가정은 과거와 마찬가지로 중요한 사회보장 기능을 짊어지게 되었고, 이 기능은 각 가정의 주거지 선택과 세대 간 관계에서 매우 중요한 역할을 하게 되었다.

위에서 언급한 내용을 종합하면, 중국 가정은 매우 독특한 전통을 갖고 있으며, 서구 국가들과 상당히 다른 현대화 궤적을 경험했음을 알 수 있다. 뿐만 아니라 정부의 다양한 정책들이 가정의 변화에 지속적으로 영향을 끼치고 있어서, 중국 가정의 변화 경로에서 매우 복잡하고 다양한 특징들을 발견할 수 있다. 중국 가정의 변화에 관한 현재의 연구 성과들은 이런 문제들에 대해 매우 풍부한 연구 성과를 축적하고 있다. 그렇지만 학계 내부에는 일부 관건이 되는 문제에 여전히 많은 논쟁이 존재한다. 예를 들면, 여러 세대가 함께 거주하는 대가정 유형은 이후에도 존속할 수 있을 것인가? '젊은 자녀는 집을 떠나고 노년 부부만 거주하는 것'[空巢]이 노인들의 이익을 해치는 것인가? 일부 학자들이 주장하는 '효도 상실'[孝道淪喪]이 중국에서 출현 할 것인가?(阎云翔, 2006) 캥거루족(啃老族)[4] 현상이 노인들의 양로에 부정적 영향을 끼치는가? 등의 문제이다. 이렇게 논쟁으로 가득 찬 문제를 마주하여, 우리는 강력한 이론적 무기 뿐 아니라 과학적 연구 방법도 갖추어야 한다. 앞에서 가정 변화와 관련한 여러 이론을 상세하게 소개했다. 다음은 방법론적인 시각에서 가정 변화 문제를 어떻게 전개할 것인가에 대한 필자의 관점을 일부 제시하겠다.

---

4 [역자주] '컨라오'[啃老]는 노인, 곧 부모에게 의존하여 산다는 말이다. 여기에 무리를 뜻하는 '주'[族]를 붙여 '부모에게 의존하여 사는 집단'을 나타낸다. 즉 자신의 직장을 찾지 않고 오로지 부모님께만 매달려 사는 청년들을 '컨라오주'라고 한다. 유사한 표현으로는 '팡라오주[傍老租]', '니터주[尼特族: Not currently engaged in Education, Employment or Training의 약어로 나라에서 정한 의무교육을 마친 뒤에 진학 또는 취직을 하지 않은 상태에서 직업훈련도 받지 않는 청년을 가리킴]' 등이 있다.

4. 정량적 가정 변화 연구의 전개

이 책의 방법론적 측면에서 핵심 관점은 가정의 변화를 연구하면서 정량적 방법을 사용한다는 사실이다. 그러나 이것이 정량적 방법만이 가정 변화 연구의 유일하고 정확한 방법이라는 의미는 아니며, 정량적 연구에 결함이 없다는 뜻도 아니다. 사실 어떤 연구 방법도 결함을 갖고 있다. 이 책은 서로 다른 연구 방법의 우열(優劣)을 평가하려는 의도가 없으며, 정량적 연구 방법이 갖고 있는 이미 알려진 여러 결함을 변호하려는 의도도 갖고 있지 않다. 그렇지만 반드시 언급해야 할 점은 데이터와 통계를 이용한 방법에 대한 불신에서부터 정량연구를 실증주의와 동등하게 취급하려는 경향까지, 중국 학계에 확실히 정량연구 방법에 대한 오해가 일부 존재한다는 것이다. 따라서 아래서는 정량 연구의 방법론적 기초에 대해 간략하게 소개하고, 이를 기초로 왜 중국의 가정 변화를 연구하는데 있어서 정량 연구 방법을 사용해야 하고, 이 연구 방법을 진행할 때 어떤 점에 주의해야 하는지 언급하겠다.

4.1. 정량연구방법론의 기초

씨에위(谢宇, 2012)는 현대 사회과학의 정량연구는 세 가지 상호 연관된 방법론의 기초위에서 형성되었으며, 그 중 하나가 가변성 원리(variability principle)라고 주장하고 있다. 그는 사회과학이 직면하고 있는 연구 대상은 변화무쌍하고 찬차만별하며, 이런 특징을 '가변성'이라고 칭하는데, 이러한 가변성 때문에 사회과학은 자연과학처럼 영원불변의 절대 진리를 추구할 수 없으며, 따라서 실증주의가 자연과학적 방식을 그대로 답습해 사회 현상 중에서 보편적 진리를 추구하는 것은 결코 실현될 수 없다고 판단한다.
 이 외에도, 사회 현상의 가변성 때문에 사회과학은 반드시 전체적 측면에 관심을 집중해야지 개별적 사안에만 매달려서는 안 된다. 자연과학에서는 하나의 수소원자에 대한 연구를 통해 모든 수소원자를 이해할 수 있지만, 사회과학은 한 명의 중국인에 대한 연구를 통해 전체 중국인을 이해하는 것이 불가능한데, 그 이유는 개인 간의 커다란 차이가 존재하고 이런 차이는 연구자의 총체적인 관찰(최소한 전체 중 대표적인 어떤 유형의 획득)을 통해서만 사회 현상에 대한 전면적인 인식이 가능하기 때문이다. 이런 관점에서 보면 통계학이 완전하지는 않지만, 사회 현상 자체가 갖고 있는 가변성 때문에 사회과학은 부득이하게 이런 불완전한 도구를 사용해 연구를 진행할 수밖에 없다.
 한 걸음 더 나아가, 사회과학은 통계학을 토대로 한 사회의 평균값에 대한 정확한 기술이 가능하지만, 평균값을 구하는 과정에서 불가피하게 다양한 가치를 지닌 개별적 차이를 무시하게 하는데, 이런 점이 바로 가변성 탐색을 자신의 임무로 설정한 사회과학의 모순이라 할 수 있다. 이런 모순을 해결하기 위해 사회과학자들은 정량연구 외에도 두 가지 원리, 즉 사회집단원리(社会分组原理, social grouping principle)와 사회상황원리(社会情境原理, Social Context Principle)의 도움을 받아야 한다. 사회집단원리는 연구자의 필요에 의해 이론적으로 중요한 의미를 지닌 지표를 근거로 전체를 몇 개의 집단으로 나누어 각 집단 간의 차이를 비교 연구하는 방식인데, 예를 들면 성별 차이, 연령 차이, 도시와 농촌의 차이, 계층 간의 차이 등이다. 사회상황원리는 연구자의 필요에 의해 각각의 사회집단에서 발견된 규칙을 각기 다른 사회적 상황에 대입시켜 해석하는 방식이어서, 연구자들이 문화와 역사를 뛰어 넘어 연구를 진행할 수 있도록 자극하는데, 예를 들면, 서로 다른 국가와 지역에서 사회적 유동 비율의 차이 및 시간의 흐름에 따른 변동 비율의 추세에 관한 연구 등이 있다. 씨에위는 점차 증가하는 사회적 집단의 복잡성과 사회상황의 도움을 받아 사회과학자들이 사회에 대한 자신들의 이해를 제고할 수 있다고 판단했다.

4.2. 정량연구방법과 가정변화연구의 결합

위에서 언급한 것처럼, 정량연구방법은 사회현상의 가변성, 복잡성 및 정황적 성격을 강조하지만, 모든 것에서 통용되는 보편적 규칙에 대해 근본적으로 반대한다. 이런 방법론적 주장과 앞에서 언급한 중국 가정 변화의 유동성과 다원화 추세는 매우 잘 부합하고, 따라서 필자는 정량연구가 완벽하지는 않지만 중국의 가정 유형의 변화를 연구하는데 상당히 적합하다고 판단한다.

중국 가정의 변화에 관한 이전의 연구에는 정성(定性)연구와 정량연구의 서로 다른 두 연구 방법이 일관되게 병존했었다. 초기에는 정성연구 위주였지만 최근에는 대규모 가정 조사 데이터의 보급으로 정량연구가 점차 증가하여 대등하게 발전하고 있다. 필자는 중국 가정의 변화를 연구하는데 있어서 정성연구와 정량연구 모두 각자의 장점이 있다고 판단한다. 정성연구의 장점은 가정 내부의 의사 결정 과정과 구체적인 사항 등의 미시적인 부분을 더 잘 파악할 수 있을 뿐 아니라, 개인의 의사결정 과정 중의 가치관 형성 및 주관적 능동성 등을 더 잘 파악할 수 있다. 그러나 앞에서 언급한 것처럼, 중국 가정의 변화 과정에서 중요한 특징 중의 하나는 바로 이질성과 다원성이며, 따라서 적은 숫자의 개별 사안만으로 가정 변화의 전체적 추세를 판단하기 어려우며, 만약 안건의 선택이 적절하지 못했을 때에는 완전히 잘못된 결론에 도달할 가능성도 있다. 정성연구와 비교해 정량연구는 데이터가 보여주는 장점이 중국 가정 변화의 전면적 추세를 더 정확하게 판단하는데 도움을 줄 수 있다. 게다가 사회집단 원리와 사회상황 원리의 도움으로 우리는 중국 가정 변화 경로 중의 차이와 다원화를 더욱 잘 분석할 수 있으며, 서로 다른 가정이 직면한 구체적 상황을 이런 차이와 다원화에 결합시켜 더 합리적인 해석의 도출이 가능하다.

결론적으로 말하자면, 중국 가정의 변화를 연구하는데 있어서 정량연구가 필요하지만, 정량연구를 중국 가정의 변화와 어떻게 결합시킬 것인가 하는 문제에 있어서 여전히 많은 논쟁이 필요하다. 필자는 정량연구를 통해 구체적인 중국의 가정 변화를 연구할 때, 연구자들은 데이터, 변수 및 유형 선택 등의 기술적인 문제 외에, 정량 분석의 결과에 대한 주관적 해석 및 연구자의 가치관이 연구 결과의 해석에 미치는 영향에 대해서도 많은 관심을 기울여야 한다고 판단한다. 모두 알고 있는 것처럼, 정량연구는 객관성 또는 데이터의 중요성을 강조하지만, 사실상 숫자는 말을 할 수 없고 실제로 말하는 사람은 연구자 자신이다. 따라서 연구자가 정량연구 방식을 사용하더라도, 연구자 자신의 주관적 편견이나 선입견이 연구의 결론에 영향을 끼치는 것을 완전히 배제할 수는 없다.

'노부부만 거주'[空巢]하는 삶이 노인들의 생활에 미치는 영향을 예로 보면, 국내외의 이미 많은 연구결과들은 자녀들과 함께 거주하지 않는 노부부만의 생활이 이들의 심리적, 육체적 건강에 별다른 영향을 주지 못하거나 오히려 긍정적 영향을 끼친다는 사실을 보여주고 있다(刘宏, 高松, 王俊, 2011; Chen & Short, 2008; 任强, 唐启明, 2014). 그러나 이런 결과는 사람들의 상식과 부합하지 않을 뿐 아니라 일반적으로 노인들만의 거주가 노인에게 이롭지 못할 것이라는 대중의 주관적 선입견에 부합하지 않다는 이유로 하나같이 학계의 의심을 받고 있다. 물론 이런 의심 가운데는 방법론 측면에서 엄격하게 토론해 볼 만한 점이 적지 않다. 예를 들면, 일부 학자들은 노부부만 생활하는 것이 노인들에게 미치는 영향은 하나의 인과문제인데, 통계 모델을 이용해 인과관계를 추론하는 것은 기술적(技術的)으로 상당히 어려운 점이 있다고 지적한다(沈河, 程令国, 2012). 그러나 설령 일부 학자들이 매우 엄격한 인과 추론의 방법을 사용하더라도, 그 결론은 여전히 주류학계에 수용되지 않고 있다. 이런 사실에서 알 수 있는 것처럼, 노부부만의 거주가 노인들에게 해로운 것인지 아닌지의 문제는 이미 일반적인 방법론상의 논쟁을 뛰어넘어 이론 논쟁 또는 관점 상의 논쟁으로 변질되었으며, 학자들의 주관적 가치관이 어떤 정량연구가 분석한 결과를 수용할 것인가 아니면 부정할 것인가에 매우 중요한 영향을 끼치고 있다.

앞에서 이미 언급한 것처럼, 중국의 현대화는 서구와 다른 압축적 특징을 내포하고 있다. 이러한 특징은 전통과 현대와 탈현대의 가정 관념이 동일한 시공간에서 서로 뒤섞여 있고, 이런 상황에서 연구자의 주관적 가치도 필연적으로 이렇게 충돌하는 가정 관념의 영향을 받을 수밖에 없다. 그렇다면 중국 가정 변화를 체험한 직접적인 당사자이자 연구자로서, 우리는 어떻게 자신의 주관적 가치 판단을 접어두고 중국의 가정 변화와 그 결과에 대한 객관적 비판을 진행할 것인가? 필자는 이 어려운 문제를 해결하기 위한 두 가지 방법이 존재한다고 생각한다.

첫째, 중국의 가정 변화 문제를 연구하는 연구자들은 반드시 좀 더 촘촘한 데이터와 연구방법을 사용해야 한다. 과거 중국의 가정 변화 연구에서 대부분은 단면적 데이터(截面数据, cross-sectional data sets)와 통상적인 통계 방식만 사용했는데, 모두 알고 있는 것처럼 단면적 데이터에 기초한 통계 분석은 가변적 요인의 복잡한 인과관계를 제거하기 어려우며, 따라서 그 결론 역시 많은 사람들의 의심을 살 수 밖에 없다. 그러나 '중국가정추적조사'(中国家庭追踪调查, CFPS), '중국건강과 양로추적조사'(中国健康与养老追踪调查, CHARLS), '중국노인사회추적조사'(中国老年社会追踪调查, CLASS), '중국노인건강영향요인추적조사'(中国老年健康影响因素跟踪调查, CLHLS)와 '중국건강과 영양조사'(中国健康与营养调查, CHNS) 등의 대규모 밀착 조사가 활발해지면서, 우리는 더 정확한 데이터를 사용해 중국 가정의 구조와 세대 간의 관계 변화를 연구할 수 있게 되었다. 더 정확한 데이터를 엄밀한 통계 모형과 결합시켜 각종 경쟁적인 연구 가설에 대해 객관적인 검증이 가능하게 되었고, 관련 정책의 수립에도 더욱 견고한 실증적 자료를 제공할 수 있게 되었다.

  둘째, 연구자들은 중국 가정의 변화를 분석하고 그 결과를 평가 분석함에 있어서 어떤 결과에 대해서도 완전한 개방적 태도를 유지해야 한다. 중국 가정의 변화의 출발점, 경로, 속도 및 동력 등 여러 측면에서 여타 국가 및 지역과 다른 특징이 드러났기 때문에, 엄격하게 말하자면, 중국의 가정 변화를 연구하는 데 있어서 참고할 만한 표준 교재는 존재하지 않는다. 따라서 연구자들이 통계 데이터에 대한 냉정하고 객관적인 분석을 진행하기 전에는 중국 가정의 변화 방향 및 이러한 변화가 가져올 영향에 대해 근본적으로 예측이 불가능하게 되었다. 그 결과 데이터와 연구방법만 합당하게 사용한다면 어떠한 연구 결과도 받아들여지게 되었으며, 연구자의 주관적 가치관이나 대중들의 일반적 관점 역시 이런 과정에서 영향을 미치지 못하게 되었다. 물론 이 과정에서 연구자의 가치관을 완전히 배제하는 것은 매우 어렵다. 베버(Max Weber)는 가치중립을 논하면서, 사회과학연구는 필연적으로 가치와 관련된다는 점을 인정한다. 그러나 베버가 보기에, 사회과학의 가치 관련성은 주제를 선택하고 그 결과를 응용하는 방면에 그쳐야지, 구체적인 연구과정 가운데 나타나서는 안 된다(韦伯, 2013). 필자는 베버의 이러한 관점에 완전히 동의하면서, 현대 중국 가정의 구조와 중국의 가정 양로 문제 연구를 진행함에 있어 가치중립의 원칙을 처음부터 끝까지 관철시키기 위해 노력할 것이다.

5. 이 책의 내용과 장절 구성

이 책은 두 개의 주제를 상, 하 양편으로 나누어 모두 여덟 개의 장으로 구성하였다. 전반부 네 개의 장에서는 주로 가정의 구조 문제에 대해 토론하고, 후반부 네 개의 장에서는 가정 양로 문제에 대해 토론할 것이다. 각 장의 내용은 독립적이지만 내재적 연관성을 갖고 있다. 여기서는 각장의 내용에 대해 간단하게 소개하겠다.

제1장. 이 책을 시작하는 이 장에서는 가정의 '소형화'와 '핵심화'라는 두 개의 고전적 주제에 대해 토론할 것이다. 중국 가정의 소형화와 핵심화 발전 추세에 대해 이미 학계에서 별다른 논쟁이 존재하지 않지만, 기존의 연구들에는 이 개념의 이해에 관해 여전히 적지 않은 모호함이 존재하고 있다. 예를 들면, 전통적 중국의 가정은 참으로 대가정이었는가? 가정의 소형화를 초래한 원인은 무엇인가? 서로 다른 지표를 사용해 측량한 가정 핵심화의 추세는 왜 이렇게 커다란 차이가 드러나는가? 제1장에서는 이러한 의혹들에 대해 차분히 그 베일을 벗겨나갈 것이다. 이 외에도 이장에서는 역대 인구 조사와 그 중 1%의 표본 조사 데이터를 사용해 중국 가정의 규모와 구조의 변화 추세를 상세하게 서술하고 이어지는 장들의 연구를 위한 견고한 기초를 다질 것이다.

제2장. 제1장의 분석을 통해 우리는 중국 가정의 소형화와 핵심화 추세가 점차 뚜렷해지고 있지만, 여러 세대가 함께 거주하는 가정 유형이 여전히 아주 중요한 가정 유형으로 위치하고 있음을 발견할 수 있다. 이에 대해 학계에서는 다음과 같은 세 가지의 해석을 내놓고 있는데, 전통적 관념의 계승과 유지, 노년세대의 양로에 대한 수요, 국가정책의 속박 등이다. 그러나 세 가지의 관점은 현재 도시에서 젊은 부부와 중년의 부모가 함께 거주하는 현상을 설명해 주지 못한다. 이장에서는 자녀세대의 필요, 예를 들면, 주택, 경제, 가사 분담과 육아 등으로 인해 다세대가 함께 거주하는 대가정이 현대 중국의 도시에서 여전히 보편적으로 존재하는 원인을 연구하면서 고전적 가정 현대화이론에 대한 성찰 그리고 현대화, 전통성, 국가정책 및 거주 유형의 선택 사이의 복잡한 관계에 대해 토론을 전개할 것이다.

제3장. 이장에서는 앞장의 연구 주제인 현대 중국 가정의 주거 선택을 한걸음 더 나아가 분석하는데, 과거의 대다수 연구가 다세대 동거 여부 문제에 집중한 것과는 다르게 두 가지 문제에서 좀 더 새로운 분석을 시도할 것이다. 하나는 남편 집 거주와 아내 집 거주의 구분 문제이다. 가부장제의 영향을 받아 대다수의 전통적 중국 가정은 남편 집 거주, 즉 부모 세대는 하나 또는 다수의 기혼 아들들과 함께 거주하고 있는데, 최근 이런 상황에 조금씩 변화가 나타나고 있으며 아내 집 거주도 연구 범위에 포함시켜 현대 중국 가정 구조의 이질성에 대해 진전된 분석을 시도할 것이다. 다른 하나는 함께 살고 있지 않는 부모와 자녀의 거리에 대한 고려 문제이다. 현대에는 부모와 자녀가 따로 거주하는 것이 이미 보편적인 추세이지만, 부모와 자녀 간의 거주지의 거리가 가깝고 멂에 따라 세대 간의 관계가 큰 영향을 미치기 때문에 가정의 핵심화가 진행 중인 상황에서

중국 가정의 세대 간 관계와 가정 기능의 변화 발전을 연구하는데 거주지의 거리를 포함시키는 것은 연구 결과의 정확성에 힘을 더할 것이다.

제4장. 앞의 세 장에서 연구한 가정 구조의 변화 추세와 그 원인은 서로 다른데, 이장에서는 가정 구조 변화의 결과, 특히 이것이 노인들의 주관적 복지에 미친 영향에 대해 중점적으로 분석할 것이다. 노령화가 빠른 속도로 계속되고 있는 상황에서 중국 가정의 구조 변화는 사회 각계의 우려를 낳았고, 자녀들이 모두 부모를 떠난 후 노인들이 홀로 사는 처량한 모습은 '노부부만 거주'하는 가정이라는 단어로 묘사되고 있는데, 이런 표현은 노부부만의 거주가 이들의 주관적 복지에 부정적인 영향을 끼친다는 것을 암시하고 있다는 점은 굳이 말하지 않아도 알 수 있다. 그러나 근래의 다양한 연구 결과는 노부부만의 거주가 사람들이 생각하는 것처럼 노인들의 생활에 그렇게 뚜렷하게 부정적인 영향을 주지 않는다는 사실을 보여 주고 있다. 이장에서는 이런 사실에 대해 두 가지 면에서 더욱 깊은 연구를 진행할 것이다. 하나는 추적 조사 데이터와 고정효과 모델을 사용해 노부부만의 거주가 노인들의 주관적 복지에 미치는 영향의 인과를 좀 더 엄밀하게 분석할 것이다. 다른 하나는 노인들의 거주 희망의 변화와 여전히 긴밀한 세대 간 관계를 결합해 노부부만의 거주가 노인들의 주관적 복지에 영향을 주지 않는 원인을 분석할 것인데, 이러한 시도는 노부부만 거주하는 현상을 객관적으로 이해하는데 매우 중요한 가치가 있다.

제5장. 이장에서는 가정 양로 문제에 대한 연구를 본격적으로 시작할 것이다. 여기서는 양로의 주체 문제, 즉 누가 양로를 책임지고 있는가에 대해 집중 분석할 예정이다. 중국의 가부장제에 의하면 오직 아들만이 공식적인 부모의 양로 문제를 책임지고 있으며, 딸은 결혼 이후 남편 집안의 구성원이 되면서 남편과 함께 시부모를 봉양할 뿐 자신의 친부모에 대

한 부양의무는 없다. 그러나 근래의 다양한 연구는 주요하게 아들에게 의존했던 부모의 양로 문제는 더 이상 존재하지 않으며, 대신 딸의 부모 양로 역할이 크게 증대하고 있고, 어떤 면에서는 이미 아들의 역할을 뛰어넘고 있다고 밝히고 있다. 이장에서는 이러한 상황을 바탕으로 도시와 농촌 간 딸의 양로 역할 차이 및 경제적 지원과 일상생활에서의 보살핌 등의 차원에서 더 깊은 분석을 진행할 것이다. 이 외에도 이장에서는 현대화로의 전환, 여성의 경제적 지위 상승, 출산율 하락과 인구의 유동성 증가 등의 사회적 배경을 종합해 딸의 부모 양로 참여 요인을 설명하고 이러한 변화가 전통적 가부장제에 미치는 영향에 관해 토론할 것이다.

제6장. 이장에서는 가정 양로의 조건에 대해 집중적으로 토론할 것이다. 중국의 효도전통에 의하면 자녀들의 부모 부양은 의심의 여지가 없는 원칙이며 무조건적이었다. 그러나 근래에 접어들어 끊이지 않고 부양 과정에서의 충돌이 표출되면서, 사회 각계에서 효도에 기반한 무조건적 부양 방식에 대한 의혹이 생겨나고 있다. 이장에서는 페이샤오퉁이 제기한 '투자-피드백' 방식에서 출발해, 부모의 자녀에 대한 투자와 자녀의 피드백에 대한 관련성의 인과관계를 분석하고, 나아가 최근 사회에 뜨거운 관심으로 떠오른 캥거루족 현상이 자녀들의 부모 부양에 어떠한 영향을 끼치고 있는지 연구했다. 이러한 연구결과를 통해 노년 부모들의 경제적 지원 및 손자손녀들에 대한 보살핌 등의 성년 자녀에 대한 지속적인 도움이 자신들의 말년에 자녀들로부터 더 높은 수준의 부양을 받을 수 있는지 없는지에 매우 중요한 영향을 끼치고 있음을 발견했다. 이러한 현상은 중국 사회의 변화에 따라 가정 양로 문제가 의지하고 있는 토대가 변화하고 있음을 어느 정도 설명해 주고 있다.

제7장. 이장에서는 앞장의 연구를 이어 받아 캥거루족 문제와 양로 간

의 관계를 계속해서 분석한다. 중국의 양로 문제에 관한 과거의 대다수 연구는 노인들을 사회의 약자로 가정하면서 노인들은 자녀들의 충분한 지원을 얻을 때에만 만족감을 느낄 수 있다고 인식했다. 그러나 이장은 사회 교환이론과 평등이론에 기초해 이러한 이론적 주장에 도전하고자 한다. 우리는 과거 가정 양로 이론 가설이 노인들의 주체성, 능동성 및 자기 효능감(self-efficacy)을 경시하였고, 이로 인해 역방향 세대 간 지원이 노인의 노년 생활에 끼치는 긍정적 영향을 제대로 평가하지 못하였다고 판단했다. '중국가정추적조사'(CFPS) 데이터에 대한 깊은 분석을 토대로, 이장은 자녀와 서로 도움을 주고받는 세대 간의 협력이 노인들의 주관적 복지를 확연하게 제고하는 역할을 수행한다는 점을 발견할 수 있었다. 따라서 '노인들이 평온하고 경제적으로 안정적인 삶을 누리는 것'만이 중국 노인들이 바라는 이상적인 생활 유형은 아니다. 이 연구는 가정 양로에 대한 학계의 전통적 인식을 개선하는데 도움이 되었을 뿐 아니라 사람들의 캥거루족 현상에 대한 편견을 개선하는데도 일정한 역할을 했다.

제8장. 이 책의 마지막 장은 효도의 변화 과정에 집중하고 있다. 효는 중국의 문화적 전통이며 가정 양로가 지속되어 온 중요한 토대이다. 몇몇 학자들은 일부 중국 가정의 양로 문제를 연구한 후 효도가 사라지고 있다는 결론을 내렸지만, 필자는 이러한 견해에 동의하지 않는다. 이장에서는 효를 하나의 다양한 차원의 개념으로 인식하고, 사회의 전환과정에서 효의 일부 개념이 약화하고 있지만, 일부 개념은 여전히 유지되고 있다고 판단한다. 이 외에도 대중들도 효의 개념에 지속적으로 새로운 내용을 더하고 있다. 따라서 효도는 변화, 발전하고 있으며, 중국에서 아직 효도가 완전히 소멸하지 않은 상황에서 효도의 방향 전환이 진행되고 있다고 말할 수 있다. '중국노인사회추적조사'(CLASS) 데이터에 대한 깊은 분석을 통

해, 이장에서는 효도 관념이 서로 다른 집단 사이에서 해석의 차이가 존재하며, 효도의 서로 다른 구성 요소가 노인들의 주관적 복지에 미치는 영향도 다르다는 점을 발견했다. 이러한 점은 효도 전통이 현대에 내포하고 있는 함의와 미래의 발전 방향을 좀 더 객관적이고 전면적으로 이해하는 데 중요한 의미가 있다.

이 책의 주제인 여덟 개 장의 연구를 마친 후, 필자는 이 책의 내용에 대한 총체적인 분석을 시도한 후 중국 가정의 구조와 가정 양로 연구와 관련한 이후의 의제 및 발전방향에 대해 토론할 것이다.

가정의 구조

1장

소형화와 핵심화에 대한 재론

　소개: 가정의 소형화와 핵심화는 가정 현대화이론이 강조하는 것처럼, 세계적 범위에서 모든 가정 유형이 사회의 현대화 과정에서 반드시 거쳐야 할 두 가지 발전 방향이며, 최근 수십 년 동안 중국 가정의 변화 연구에서 핵심이자 중점 문제이다. 물론 국내외 학자들의 현재 진행되고 있는 중국 가정의 소형화 및 핵심화로의 전환 과정에 대해 이견이 그다지 많지 않지만, 이 두 가지 개념에 대한 현재의 연구 결과들은 여전히 모호한 부분이 많다. 예를 들면, 적지 않은 학자들은 여전히 전통적 중국 가정이 여러 세대가 함께 거주하는 대가정 중심이었다고 판단하고 있고, 중국 가정 규모의 축소는 대가정이 핵심가정으로 전환하는 과정에서 비롯한 결과라고 판단하며, 중국 가정의 핵심화를 묘사하면서 독자들의 심각한 오해를 야기할 수 있는 일부 부적합한 통계 지표를 사용하기도 한다. 따라서 독자들이 중국 가정의 소형화와 핵심화 발전 과정을 가능한 전면적으로 이해하고 인식상의 오류에 빠지지 않도록, 이장에서는 우선 역사적으로 중국의 가정 유형, 소형화 촉발 원인 및 핵심화의 지표 등 세 가지 문제에 대해 연구를 진행할 것이다. 이러한 연구를 토대로 이장에서는 1982-2010년 기간에 진행된 네 차례 인구 조사와 2015년 진행된 1% 표본 조사

데이터를 활용해 중국 가정의 구조와 그 변화 추세를 전면적으로 서술하고 노년 인구의 거주 방식에 대해 전문적인 분석을 시도할 것이다. 이장의 분석 결과는 중국의 가정 구조 변화의 일부 핵심 문제를 명확하게 이해하는데 도움이 될 뿐 아니라, 이어지는 중국 가정의 구조 변화 및 가정 양로 방식의 전환을 좀 더 깊게 연구하는데 확실한 토대를 제공해 줄 것이다.

1. 역사상 중국 가정의 규모는 어떠했는가?

사람들은 중국의 가정을 언급할 때면 항상 여러 세대가 함께 거주하는 대가정을 상상한다. 수많은 저명한 문학 작품, 예를 들면 차오슈에친(曹雪芹)의 『홍루몽(红楼梦)』, 빠진(巴金)의 『가(家)』, 라오서(老舍)의 『사세동당(四世同堂)』[2] 등이

---

1 [역자주] 원래 이름은 리야오탕(李尧棠), 자는 비감(芾甘)으로 쓰촨 성도인(成都人). 현대문학가, 출판가, 번역가이며 동시에 오사신문화운동(五四新文化运动) 이래 가장 영향력이 있는 작가 중의 하나로 20세기 중국 현대 문학의 거장으로 불린다. 중국의 건국 후 작가협회 부주석 등의 공직에 있었으며, 문화대혁명 때에는 격렬한 비판을 받았다. 끊임없이 작품을 써온 그는 14권의 『파금문집』, 5권의 『수상록』, 26권의 『파금전집』으로 정리해 놓아 중국의 대문호로 대접받고 있으며 악성종양과 파킨슨병으로 투병하다 101세인 2005년 10월에 사망했다. (『네이버 백과사전』, 『중국시사문화사전』, 2008. 2. 20. 이현국)

2 [역자주] 라오서의 『사세동당(四世同堂)』은 김종도의 번역으로 박이정출판사에서 2016년 출판되었다.(노사 저, 김종도 역, 『사세동당』 상·중·하, 서울: 박이정출판사, 2016.) 라오서는 중국의 현대 소설가로, 여러 문학 장르를 넘나들며 작품을 남겼다. 장편소설로는 『사세동당』 외에 『이혼』·『낙타상자』·『용수구』·『정홍기하』 등이 있다. 『사세동당』은 1951년 일본에서 번역되었으며 유럽의 여러 나라 언어로 번역되었으나 한국에서는 뒤늦은 2016년에야 번역되었다. 라오서는 1968년에 노벨문학상 후보에 올라 수상이 확실시되기도 하였으나, 이미 고인이 되었으므로 수상하지 못했다.

모두 여러 세대가 함께 거주하는 연합가정(聯合家庭)[3]을 배경으로 대가정 내부의 복잡한 인물관계를 묘사하고 있다. 사실 중국 가정의 변화에 관해 연구하는 수많은 이론적, 경험적 연구가 모두 이러한 대가정 유형을 논리적 출발점으로 삼고 있으며, 전통적 중국 가정은 대가정이며, 단지 신속한 사회 변화를 거쳐 현재의 핵심가정(核心家庭)을 위주로 하는 소가정 유형이 발전해 왔다고 판단하고 있다. 핵심가정이 연합 대가정에서 발전해 왔다는 관점이 가정 현대화이론의 핵심 요소를 구성하고 있으며, 세계적으로 많은 학자들이 연구하는 가정변화이론 기초가 되었다. 그러나 최근 들어 이러한 이론적 기초가 중국과 서유럽 모두에서 전례 없는 도전에 직면하고 있다.

우선, 서유럽 국가에 대해 말하자면, 20세기 70년대 이후 많은 서유럽의 인구 관련 연구에서 핵심가정 유형이 이미 선업혁명 훨씬 이전부터 주도적인 가정 유형으로 자리 잡고 있음을 보여주고 있어서, 공업화 또는 현대화가 핵심가정의 발전을 추동한 근본적 동력이라는 관점이 성립하지 않는다는 점이 입증되었다(唐灿, 2010; Cherlin, 2012). 다음으로 중국에 대해 말하자면, 역사적으로 중국의 가정 규모는 그다지 크지 않으며, 핵심가정(核心家庭)과 주간가정(主干家庭)[4]이 주가 되고 연합가정의 비율은 매

---

[3] [역자주] '연합가정'은 혈연관계에 있는 2명 이상의 성별이 같은 사람과 그 배우자와 자녀, 또는 2명 이상의 동년배 형제자매가 결혼하여 구성된 가정 유형을 말한다. 이 책의 가정유형에 대한 분류와 정의는 표1-4 참고.

[4] [역자주] '주간가정'은 '직계가정(直系家庭)'으로 부르기도 한다. 부모를 근간으로 구성된 가정형식을 가리키며 확대가정과 핵심가정의 절충형식을 띤다. 구체적으로는 ①부모와 결혼한 자녀로 구성된 가정 ②부모와 결혼한 자녀 및 자녀의 자녀가 공동으로 구성된 가정 ③부모와 결혼한 자녀와 기타 가족으로 구성된 가정 등이 있다. 현대사회에서 주간가정의 전체 가정 형식 가운데 비율은 점차 줄어들고 있다. 이 책의 가정유형에 대한 분류와 정의는 표1-4 참고.

우 낮다는 사실이 많은 연구들에 의해 밝혀졌다. 예를 들면, 루안청시엔(欒成顯, 2006)은 명·청 시대의 문서 고증을 통해 이 시기 중국 가정의 평균 구성원 수가 5인 정도임을 밝혀냈다. 왕유예성(王跃生, 2000)은 18세기 청조 건륭(乾隆)제 시기의 인구를 연구하면서 당시 중국의 핵심가정 비율이 50%를 넘었고, 주간가정이 약 30%, 연합가정은 10%에도 미치지 못한다는 사실을 발견했는데, 이런 사실은 당시 소가정이 가정의 주요 유형이었다는 점을 말해 준다.

전통적 중국의 가정 규모가 크지 않았을 뿐 아니라 핵심가정과 주간가정이 주를 이루었다면, 대중들의 기억 속에 남은 대가정은 대체 어디서 유래한 것인가? 코헨(Cohen, 1992)은 부모와 다수의 자녀가 함께 거주하는 연합대가정(聯合大家庭)은 사람들의 궁극적인 희망일 뿐이며, 가정의 경제적 상황과 사회적 환경에 대처하기 위한 실용적 필요가 현실 생활에서 공동 거주를 결정하는 주요한 요인이라고 주장했다. 따라서 연합가정 유형이 국가의 법률과 유교적 전통의 물질적, 정신적 지원을 받고 있는 것은 사실이지만, 현실 생활에서 중국 가정은 각자가 직접 직면하고 있는 경제, 사회 및 생활환경을 토대로 이상적 대가정이라는 궁극적 희망에 대한 적극적이고 실질적인 조정을 더해 가정의 이익을 극대화하려고 노력한다(李树茁, 靳小怡, 费尔德曼, 2002). 구체적으로 말하자면, 전통적 중국사회에서 연합가정의 비율이 높지 않은 이유는 다음과 같은 세 가지 이유에서 비롯되었다.

첫째, 부모의 생존은 연합가정의 존재를 위한 필수적 전제 조건인데, 전통사회에서는 부모의 수명이 비교적 짧았고, 이런 현실로 인해 연합가정의 존재 가능성이 대폭 낮아졌다(王跃生, 2000). 둘째, 연합가정의 유지와 안정을 유지하기 위해서는 일정한 사회경제적 조건, 즉 대규모의 주택과 전답 등을 갖춰야했는데, 전통사회에서 소수의 부유한 계층을 제외하면, 대다수의 빈곤가정은 이러한 기본적인 물질적 조건을 갖추지 못하고 있었다(王跃生, 2000). 마지막으로 연합가정은 구성원 수가 많아 다양한 일이 많이 발생하고, 동시에 고부(姑婦) 및 동서 간의 갈등 그리고 여러 형제 사이에 재산 문제를 비롯한 가정사로 인한 충돌 등 모순이 빈번하게 발생해서, 만약 가장이 절대적 권위나 이런 모순을 관리할 만한 능력을 겸비하고 있지 않으면, 연합가정은 쉽게 와해될 수 있었다(Tsui, 1898). 따라서 중국 역사에서 연합가정의 비율은 높지 않았고, 부모와 한 명의 결혼한 자녀가 함께 거주하는 주간가정 및 자녀의 분가 이후 형성된 핵심가정이 중국 가정의 주요 유형으로 자리 잡았다(Levy, 1949).

2. 가정 소형화의 원인은 무엇인가?

위의 내용을 종합하면, 역사적으로 중국 가정의 규모는 그다지 크지 않았고, 적어도 사람들이 상상하는 여러 세대가 함께 거주하는 연합가정과는 상당한 거리가 있었다. 그러나 시간이 흐르면서 중국 가정의 규모는 더욱 축소화되는 경향이 드러났다. 몇 차례 인구조사 결과를 살펴보면, 1982년 중국의 평균 가정 구성원 수는 4.41명이었는데, 1990년에는 3.96명, 2000년에는 3.44명, 2010년에는 3.10명 2020년에는 2.62명으로 가정 구성원의 축소화 경향이 매우 뚜렷해졌다. 그렇다면, 중국 가정의 소형화를 초래한 요인은 대체 무엇인가?

중국 가정의 소형화를 초래한 근본 요인은 핵심화, 즉 여러 세대가 함께 거주하는 것이 특징인 주간가정과 연합가정 유형이 점차 분해되어 몇 개의 핵심가정으로 전환한 것이 중국의 가정 규모가 지속적으로 축소하게 된 주요 요인이라고 주장하는 관점이 하나 있다. 이런 관점이 일정 부분 일리가 있지만, 이 관점은 가정의 소형화와 핵심화라는 두 개의 서로 다른 개념을 하나로 두루뭉술하게 바라보고 있어서 가정의 규모 변화에 영향을 끼치는 다른 중요한 요인들에 대한 부주의를 피할 수 없게 된다. 궈즈강(郭志剛)은 2008년 발표한 한 논문에서, 가정 규모의 변화는 다양한 요인의 영향을 받는 종합적 지표이기 때문에 단순하게 가정 규모의 소형화를 핵심화와 동일시 할 수 없다고 주장했다. 가정 규모의 핵심화 외에도 가정의 규모는 출산율의 변화에도 영향을 받는다. 어린이들은 독립적으로 생활할 능력이 없기 때문에 반드시 부모 또는 다른 성인들의 도움을 받아야 하고, 따라서 가정의 출산율 저하는 가정 규모의 소형화에 직접적인 요인이 되었다(郭志剛, 2008). 20세기 70년대 중국에서 매우 엄격하게 집행된 산아제한정책으로 각 가정의 출산율이 매우 빠르게 하락했으며, 이로 인해 출산율 하락은 가정 규모의 소형화를 초래한 무시할 수 없는 중요한 요인이 되었다.

더 명확하게 출산율이 가정 규모의 소형화에 끼친 영향을 보여주기 위해, 필자는 궈즈강(2008)의 방법을 사용하여 중국 가정 규모의 변동 추세와 출산율 간의 관계를 기술했다. 그림 1-1에서는 중국 가정 규모의 변화 추세와 출산율 변화 추세가 매우 높게 일치함을 발견할 수 있다. 중화인민공화국 성립 후의 상당 기간 동안, 가정의 규모는 출산율의 상승으로 확대되고 있었다. 이 기간 중, 1960년을 전후 한 '천재지변과 사람으로 인한 재앙'[天災人禍]으로 단기적인 부정적 영향을 받았지만, 전체적으로 보면 가정 규모의 변화와 출산율의 변화는 거의 동일한 변화 추세를 보여주고 있다. 20세기 70년대 이후, 중국 정부가 산아제한정책을 실시하면서 출산율이 대폭 하락하였고 가정의 규모 역시 같은 비율로 축소하기 시작했다. 따라서 출산율의 하락은 분명히 가정 규모의 축소를 초래한 중요한 요인임이 분명하다. 그러나 2015년 이후 "부부 중 한 쪽이 독자일 때 한 자녀를 더 낳을 수 있도록 허용하는 정책"[単独两孩]과 "모든 부부가 두 명의 자녀를 낳을 수 있도록 허용하는 정책"[全面两孩] 정책의 실시로 약간 완화하기는 했지만, 같은 기간에 가정 규모의 축소를 보여주는 곡선의 경사도는 더욱 가팔라졌다. 이러한 곡선대응관계를 통해 추측할 수 있는 것처럼, 최근 들어서는 가정 규모의 축소를 초래한 요인이 훨씬 복잡해져서, 출산율 하락 외에도 다른 사회·경제적 요인의 영향이 두드러졌으며 이런 요인들이 가정 규모의 변화에 영향을 주는 주요 요인으로 자리 잡았다.

그림 1-1 출생률과 평균 가족 수의 변동 추세

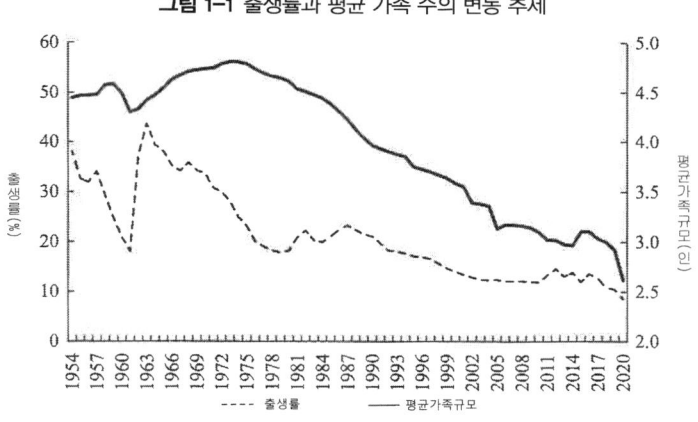

주: 출산율은 『중국인구와 취업통계연감』(中国人口和就业统计年鉴) 또는 『중국인구통계연감』(中国人口统计年鉴)에서 직접 인용했으며, 가정의 규모는 『중국인구와 취업통계연감』 또는 『중국인구통계연감』에서 공표한 총인구수와 총세대수에서 취합했다. 인구조사 연도의 결과는 인구조사 자료에서 직접 인용했다.

1장 소형화와 핵심화에 대한 재론 **49**

그림 1-1은 출산율과 평균 가족 규모 사이의 관계를 개략적으로 보여주고 있는데, 이러한 관계의 연구에서 좀 더 정밀한 수량화를 위해, 1982년 이래 5차례 진행된 인구조사데이터를 이용해 인구의 연령별 구조가 가정의 규모에 미치는 영향을 분석했다. 궈즈강(2008)은 이미 같은 방법으로 2005년 이전 중국의 평균 가족 규모의 변화 중 연령별 인구 구조의 변화로 해석 가능한 비율에 대해 분석했는데, 필자도 같은 방법을 사용해 2020년까지의 변화를 분석했다.

표 1-1에서 볼 수 있는 것처럼, 1982년부터 2010년까지, 중국의 0-14세 사이 청소년 인구 비율이 총인구에서 차지하는 비율은 뚜렷하게 하락 추세를 보이고 있으며, 2020년의 제7차 인구조사에 이르러서야 이런 하락 추세가 약간 완화됨을 알 수 있다. 이와 함께 15-64세 사이의 노동 가능 연령 인구의 총 인구에서의 비율도 시간이 지나면서 상승하다 하락으로 전환하지만, 65세 및 그 이상의 노령인구 비율은 지속적으로 상승하고 있음을 볼 수 있다. 중국 연령 구조의 변화에 따라 각 가정의 평균 청소년, 노동 가능 연령 인구 및 노령인구의 숫자에 명확한 변화가 발생했음을 알 수 있다. 구체적으로 말하면, 각 가정의 평균 청소년 및 노동 가능 인구수는 시간이 흐름에 따라 뚜렷하게 하락하지만, 노령인구는 완만한 상승세를 유지하고 있다. 2010년 이전까지 청소년 인구의 감소 속도는 매우 빨랐으며, 이는 평균 가족 수의 감소를 초래한 주요 요인이었다. 표 1-2에서도, 2010년까지 청소년 인구 감소가 가정 규모의 축소를 해석하는 요인에서 50% 이상을 차지했으며, 일부 시기에는 심지어 80% 이상을 차지하기도 했다. 이런 결과는 이 시기에 출산율 하락이 가정 규모 축소를 초래한 주요 요인이 아님을 알 수 있다. 그림 1-1에서도 볼 수 있는 것처럼, 최근 들어 가정 규모의 변화 추세와 출산율의 변화 추세가 일

치하지 않음을 확인할 수 있으며, 근래에 가정 규모의 축소는 사회경제적 요인의 영향을 더 많이 받았음을 알 수 있다. 그럼에도 불구하고 출산율 하락은 가정에서 청소년 인구의 감소 나아가 가정 규모의 축소를 초래한 중요한 요인의 하나임을 알 수 있으며, 따라서 가정의 소형화와 핵심화를 동일시하는 관점은 심각한 결함이 있음을 알 수 있다. 가정 규모의 변화가 가정 구조의 변화를 정확하게 반영하지 못한다면, 우리는 어떻게 중국 가정의 핵심화 추세를 헤아릴 것인가? 이 문제에 대해서는 다음 절에서 상세하게 설명하겠다.

표 1-1 중국인구의 연령 구조 변화와 각 가정의 평균 가족 수 변화

	1982	1990	2000	2010	2020
연령구조(%)					
0~14세	33.59	27.69	22.89	16.61	17.95
15~64세	61.50	66.74	70.15	74.47	68.55
65세 및 그 이상	4.91	5.57	6.96	8.92	13.50
평균가정규모(인)	4.41	3.96	3.44	3.10	2.62
0~14세	1.48	1.10	0.79	0.51	0.47
15~64세	2.71	2.64	2.41	2.31	1.80
65세 및 그 이상	0.22	0.22	0.24	0.28	0.35

표 1-2 청소년 인구감소가 가정 규모의 축소에 미치는 영향

	1982-1990	1990-2000	2000-2010	2010-2020
가정규모축소량(인)	0.45	0.52	0.34	0.48
청소년인구감소량(인)	0.38	0.31	0.27	0.04
청소년인구감소가 가정규모의 축소에 미치는 해석(%)	85.51	59.44	80.15	9.30

3. 서로 다른 지표를 통해서 본 가정의 핵심화

가정 현대화이론은 사회의 현대화 과정에서 모든 국가의 가정은 핵심가정 유형으로의 전환을 피할 수 없다고 판단한다(Goode, 1963). 이러한 주장을 검증하기 위해, 국내외의 학자들이 중국의 가정 구조 변화에 대한 많은 연구를 진행했지만 가정의 핵심화를 어떻게 측정할 것인지에 대해 학계에서는 여전히 다양한 논쟁이 존재하고 있다. 앞 절에서 본 것처럼, 우리는 가정의 소형화와 핵심화는 전적으로 동일한 개념이 아니라는 점에 대해 논의했으며, 따라서 가정 규모의 축소를 단순하게 가정의 핵심화로 규정할 수 없는데, 그렇다면 어떤 지표를 사용해 가정의 핵심화를 헤아릴 것인가?

일부 학자들은 함께 거주하는 가정 구성원들의 관계를 토대로 가정을 1인 가정, 핵심가정, 주간가정, 연합가정 등의 다양한 유형으로 분류한 후, 각각의 가정 유형이 전체 가정에서 차지하는 비율의 변화 추세를 추적하면서 중국 가정 유형에서 핵심화가 진행되고 있는가를 판단해야 한다고 주장한다. 구체적으로 말하자면, 만약 핵심가정의 비율이 지속적으로 상승하고 반대로 주간가정과 연합가정의 비율이 지속적으로 하락한다면, 중국 가정 유형이 핵심가정 유형으로 전환하고 있다는 결론 내릴 수 있다는 것이다. 그러나 이런 연구 방법을 사용하면 중국의 핵심가정이 전체 가정에서 차지하는 비율은 개혁개방(改革開放) 전에는 상당히 높았지만, 시간이 흐르면서 상승세가 멈추고 오히려 일정 정도 하락하는 추세를 보이고 있다. 반면 주간가정과 연합가정의 비율은 대체로 안정적인 비율을 유지하면서 시간이 흘러도 거의 변하지 않음을 알 수 있다.

표 1-3은 왕유예성(2013)이 역대 인구 조사 자료에서 분석한 각 가정

유형의 비율과 시간의 흐름에 따른 비율의 변화 추세를 인용한 것인데, 1982년 전체 가정 수에서 핵심가정의 비율이 이미 68.30%에 달하고 있으며, 2000년 전까지 그 비율이 크게 변하지 않았음을 볼 수 있다. 그러나 2010년 핵심가정의 비율은 60.90%로 하락해, 이 지표로만 보면 2000년부터 2010년까지 10년 동안 중국의 가정 유형에서 반핵심가정의 추세가 진행되었음을 알 수 있다. 표 1-3에서 다시 주간가정과 연합가정의 변화 추세를 살펴보면, 이 두 유형의 비율은 상당히 안정적인 상태를 유지하고 있음을 알 수 있다. 역대 인구조사에서 주간가정의 비율은 시종일관 22% 정도를 유지하면서 시간의 흐름에 따라 약간 상승하고 있음을 알 수 있다. 그러나 연합가정의 비율은 모든 역대 인구조사에서 매우 낮은 비율을 차지하고 있어서 그 변화 추세가 별다른 고려의 대상이 되지 못하고 있다. 종합하면, 각 가정 유형의 비율 변화 추세를 통해 우리는 현재 중국의 가정 유형이 핵심가정으로 전환하고 있다고 결론 맺는 것은 매우 적절하지 않음을 알 수 있다. 그러나 이런 결론은 가정 현대화이론의 예측과 부합하지 않고 우리의 일상적인 관찰 결과와도 일치하지 않다. 따라서 왕유예성(2013)은 위의 결과에 대한 분석 후 자신의 연구 결과는 단지 서로 다른 가정 유형 비율의 시간의 흐름에 따른 변화 추세를 보여줄 뿐, 이 결과를 가지고 중국 가정에서 핵심화가 진행되고 있지 않다는 결론을 내릴 수는 없다고 판단했다. 그러나 만약 개혁개방 이후 중국 가정 유형의 핵심가정으로의 변화 추세가 있었다면, 왜 핵심가정의 비율이 명확하게 상승하지 않고, 또 주간가정과 연합가정의 비율 역시 뚜렷한 하락 추세가 드러나지 않는 것인가?

표 1-3 역대 인구조사 자료 중 각 가정 유형의 비율(%)

	1982	1990	2000	2010
1인 가정	7.98	6.34	8.57	13.67
핵심가정	68.30	70.61	68.18	60.90
주간가정	21.74	21.32	21.72	22.99
연합가정	0.92	1.08	0.56	0.58
기타가정	1.06	0.65	0.97	1.86

자료 출처: 王跃生, 中国城乡家庭结构变动分析: 基于2010年人口普查数据. 中国社会科学, 2013 (12): 60-77.

    궈즈강(2008)은 왕유예성의 연구 결과를 초래한 요인은, 많은 연구가 일부 가정의 세대[立户] 유형을 구체적인 가정 유형과 대등하게 평가하는 실수를 범하면서, 이로 인해 서로 다른 가정 유형의 비율 증감을 가정 유형의 변화로 오해한 결과라고 판단했다. 그런데 실제로 주간가정의 세대 구분 형식은 매우 특수해 주간가정 뿐 아니라 다수의 핵심가정도 파생하고 있다. 궈즈강(2008)은 주간가정의 특징은 노년의 부모와 기혼 자녀 중의 한 명이 함께 거주하고, 다른 자녀는 결혼 후 핵심가정을 이루게 된다. 따라서 만약 노부부가 여러 명의 자녀를 갖고 있다면 수많은 핵심가정이 생겨나고, 이 때문에 전통적 중국 사회에서 핵심가정의 비율이 매우 높아지는 결과를 초래하였지만, 그렇다고 우리는 이런 이유로 전통적 중국사회를 핵심가정에 기반 한 사회로 분류할 수는 없다. 그 이유는 이런 핵심가정은 자연적으로 생겨난 것이 아니라 단지 노부부가 한 명의 기혼자녀와 거주할 수밖에 없는 상황에서 강제된 것이기 때문이다.

    주간가정의 이런 단독 세대 형성은 핵심가정을 인위적으로 형성할 수 있기 때문에, 단순하게 주간가정과 핵심가정의 비율 변화 추세를 시간의 흐름에 따라 분석하는 것은 심각하게 오해하는 결과를 낳을수 있다. 그 주요한 이유는 노부모가 결혼한 단 한 명의 자녀와 함께 거주하면서 주간가정을 구성하는 상황에서 주간가정이 구체적으로 몇 개의 핵심가정을 구성할 수 있는가는 결국 가정의 출산율[자녀의 수]에 의해 결정되기 때문이다. 출산율이 비교적 높은 시기에는 하나의 주간가정이 수많은 핵심가정을 구성할 수 있었는데, 이 때문에 노부모가 한 명의 기혼 자녀와 거주하더라도 주간가정의 비율이 높을 수 없었다. 그러나 출산율이 하락하면서 주간가정의 핵심가정 구성 능력 역시 하락하면서, 핵심가정의 비율은 하락하고 주간가정의 비율은 상승하게 되었다. 모두 알고 있는 것처럼, 중국정부는 20세기 70년대 이후 매우 엄격한 산아제한정책을 실시했고, 이 조치로 출산율이 빠르게 하락했다. 시간이 흘러 산아제한정책 실시 후 태어난 세대들이 잇따라서 결혼 적령기에 들어서면서, 이들이 중국의 가정 구조 변화에 중대한 영향을 끼치게 되었다. 따라서 출산율 하락의 영향을 배제하지 않고 핵심가정 또는 주간가정의 변화 비율만을 분석한다면 중국의 가정 유형에서 핵심가정으로의 변화 속도를 지나치게 저평가하게 되고 심지어는 완전히 상반되는 결론에 도달할 가능성도 있다.

  출산율 하락이 가정의 구조에 미치는 영향을 가능한 줄이기 위해, 궈즈강(2008)은 노부모가 자녀들과 함께 거주하지 않고 단독으로 거주하는 노부부만 주거하는 유형의 비율을 가정핵심화를 측량하는 지표로 활용하자고 제안했는데, 그 이유는 이 지표가 세대 간 인구 구성의 영향을 비교적 적게 받기 때문이다. 쩡이(曾毅)와 왕정리엔(王正聯, 2004) 역시 65세 및 그 이상 연령의 노인이 자녀와 함께 거주하는 비율을 사용하는 것이 중국 가정의 핵심화 발전 추세를 더 효과적으로 측정할 수 있다고 주장했다. 그림 1-2는 왕유예성(2014)이 이 지표를 사용해 중국 가정의 구조가 변화하는 추세를 분석한 결과를 인용한 것이다. 1982년 65세 및 그 이상 연령의 노인이 자녀와 함께 거주하는 비율은 69.40%였는데, 1990년에는 1982년과 비교해 68.96%로 소폭 하락했다. 그러나 1990년을 기점으로 중국 가정의 핵심화는 속도를 내게 되고 2000년에는 65세 및 그 이상 연령 노인의 자녀와의 동거 비율이 60.91%로 하락하고, 2010년에는 51.69%까지 하락한다. 그러나 2010년에도 여전히 과반수의 노인이 자녀와 함께 거주하고 있어서 여러 세대가 함께 거주하는 유형이 여전히 현재에도 매우 중요한 가정 유형의 하나이며, 달리 표현하면 현대 중국의 가정 구조는 전통적 유형과 현대적 특징이 공존하는 형식이라 할 수 있다.

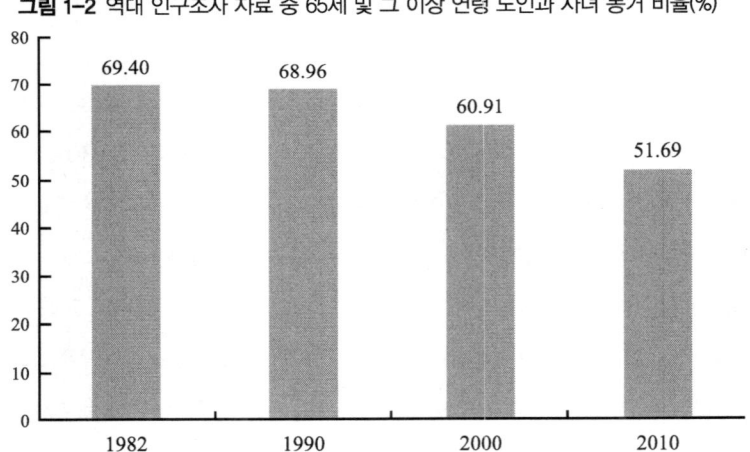

그림 1-2 역대 인구조사 자료 중 65세 및 그 이상 연령 노인과 자녀 동거 비율(%)

자료출처: 王跃生, 中国城乡老年人居住的家庭类型研究: 基于第六次人口普查数据的分析. 中国人口科学, 2014 (1): 22-34.

65세 및 그 이상 연령의 노인이 자녀와 함께 거주하는 비율을 사용하면 출생률 하락이 가정 구조의 미치는 영향을 상당 정도 제거할 수 있지만, 이 지표 역시 결함을 갖고 있는데 특히 1인 자녀 세대가 결혼 연령에 접어든 후 이 지표의 결함이 점점 더 뚜렷해진다는 사실이다(郭志刚, 2008). 그 이유는 부부 모두가 1인 자녀였을 경우 주간가정의 세대 구분 원칙에 의해 이들은 단지 남편이나 아내의 어느 한 쪽 부모와만 거주해야하기 때문에, 이 때 다른 한 쪽의 부모는 자녀와 함께 거주할 수 있는 기회를 갖지 못하고 노부부만 거주하게 된다. 따라서 1인 자녀 세대가 결혼 적령기에 접어들었을 때 이 지표를 사용해 연구를 진행하면 중국 가정의 핵심화 비율을 현실보다 높게 평가하게 된다. 그러나 이장에서 사용하는 데이터는 모두 2015년 이전의 것으로 다수의 1인 자녀 세대가 아직 결혼 적령기에 접어들기 전이어서 이 요인이 연구 결과의 분석에 미치는 영향이 크지 않아서, 우리는 이 지표를 사용해 중국 가정의 핵심화에 대한 연구를 진행할 것이다. 그러나 앞으로 이 지표가 갖고 있는 결함을 어떻게 극복해 중국 가정의 핵심화 문제를 좀 더 효과적으로 연구할 것인가 하는 커다란 과제가 남아 있다.

4. 중국 가정 구조의 변화 추세

여기서 우리는 1982-2010년 사이 진행된 4차례의 인구조사 데이터와 2015년 진행된 1% 인구 샘플 조사 데이터를 사용해 중국 가정 구조의 변화 추세에 대한 서술적 통계 분석을 진행하려고 한다.

4.1. 가정 구조의 변화 및 도시와 농촌에서의 차이

첫째, 필자는 먼저 역대 인구조사에서 중국 가정 구조의 변화 추세에 대해 서술할 것이다. 이전의 연구 성과를 참고해, 1인 가정, 핵심가정, 주간가정, 연합가정 및 기타 가정의 5개로 분류했다. 핵심가정은 부부 핵심가정, 표준 핵심가정 및 한 부모가정 등 3유형으로 분류하고, 주간가정 또한 두 세대 주간가정, 다세대 주간가정 및 조손(祖孫)가정의 3유형으로 분류했다. 이런 가정 유형의 상세한 정의는 표 1-4에서 볼 수 있다.

표 1-4 가정 유형 및 그 유형에 대한 정의

가정유형	정의
1인 가정	오직 1인으로 구성된 가정
핵심가정	
부부핵심	한쌍의 부부로 구성된 가정
표준핵심	한쌍의 부부와 미혼자녀로 구성된 가정
한부모핵심	부모 중 한 명과 미혼자녀로 구성된 가정
주간가정	
양대주간	부모 또는 부모 중 1인과 기혼 자녀로 구성된 가정
다세대주간	부부 또는 부부 중의 1인과 기혼자녀 및 이들의 후손으로 구성된 가정
격대가정	다세대주간가정에서 중간의 한세대 또는 두세대 이상이 결여되어 구성된 가정
연합가정	결혼한 다수의 형제자매가 동거해 형성한 가정
기타가정	위에서 서술한 유형 이외의 모든 다른 유형의 가정

표 1-5는 위에서 서술한 크게 5개로 구분한 가정 유형과 9개의 구체적 가정 유형의 변화 추세를 묘사하고 있는데, 1인 가정 비율은 1982-2000 기간에 대체로 안정적인 비율을 유지하고 있었지만, 2000년 이후에 뚜렷하게 상승하고 있음을 볼 수 있다. 2000년 이전 핵심가정은 전체 가정에서 2/3을 차지했지만, 2000년 이후에는 뚜렷한 하락 추세에 있음을 볼 수 있는데, 핵심가정 비율이 하락한 주요 요인은 표준 핵심가정의 비율이 2000년 이후 대폭으로 하락했기 때문이며, 이와 비교해 부부 핵심가정의 비율은 시간이 흐름에 따라 점차 상승하고 있음을 알 수 있다. 한 부모가정 비율은 1982-2000 사이에 대폭 감소했지만, 2000년 이후에도 6% 정도를 꾸준히 유지하고 있다. 핵심가정의 비율이 2000년 이후 하락세에 접어든 것과는 다르게, 전통적 대가정 유형인 주간가정과 연합가정의 비율

은 2000년 이후에도 완만한 상승세에 있음을 알 수 있다. 주간가정 내 각각의 가정 유형의 변화 추세를 보면, 3유형의 비율 모두 비교적 안정적이지만, 두 세대 주간가정과 조손 주간가정의 비율은 2000년 이후 일정한 상승세에 있음을 확인할 수 있는데, 이로 인해 주간가정 전체 비율이 소폭 상승했음을 알 수 있다. 기타 가정 유형의 비율 변화는 그다지 크지 않으며 모두 2% 이하다.

표 1-5 중국가정구조의 변화 추세(%)

	1982	1990	2000	2010	2015
1인 가정	8.0	6.4	8.7	13.6	13.3
핵심가정	66.5	69.5	66.7	58.4	55.5
부부핵심	4.8	6.5	12.7	18.4	18.4
표준핵심	49.3	54.9	48.0	33.8	31.4
한부모핵심	12.4	8.1	6.2	6.2	5.8
주간가정	23.5	22.3	22.4	24.4	26.9
양대주간	5.5	4.3	3.4	5.1	6.4
다세대주간	17.1	17.1	16.8	16.5	17.8
격대가정	0.9	0.9	2.1	2.8	2.6
연합가정	0.8	1.0	0.8	1.7	2.5
기타가정	1.2	0.8	1.4	1.9	1.8

주의해야 할 점은 2000년 이후 전체 가정 구성에서 핵심가정 비율의 하락과 주간가정과 연합가정 비율의 상승이 최근 중국가정의 핵심화 추세를 부정할 정도는 아니라는 것이다. 바로 위에서 언급한 것처럼, 각종 가정 유형의 비율 변화가 출산율 하락의 영향을 크게 받았기 때문에, 단지 이런 비율의 변동을 근거로 중국 가정의 핵심화에 대해 판단해서는 안 된다(郭志剛, 2008; 曾毅·王正联, 2004). 그러나 역대 인구조사에서 주간가정과 연합가정의 점유율이 완만하게 상승하고 있는 사실은 사회변화가 빠르게 진행되고 있는 상황에서 3대 이상으로 구성된 가정이 현대 중국의 가정

유형에서 아주 중요한 유형의 하나를 차지하고 있으며, 우리는 아래에서 이 가정 유형이 지속적으로 유지되고 있는 원인에 대해 좀 더 깊은 분석을 시도할 것이다.

도시와 농촌을 구분해 각 가정 유형의 변화 추세를 연구한 결과는 표 1-5와 유사하지만, 도시와 농촌 간에 가정 유형의 분포에서 분명한 차이가 있음을 볼 수 있다. 그러나 표 1-6에서는 도시의 1인 가정과 핵심가정의 비율이 모두 농촌보다 높은 반면, 주간가정의 비율은 농촌보다 낮은데 이 이유는 도시의 사회 발전 수준이 비교적 높고 문화적 관념이 비교적 현대적인 것과도 관련이 있다 할 수 있다. 핵심가정과 주간가정 내부의 각 가정 유형으로 보면, 도시의 부부핵심가정과 표준핵심가정 유형의 비율은 모두 농촌보다 높지만 두 세대(부모와 자녀)로 구성된 주간가정과 3세대(부모, 자녀 및 손자 세대) 이상 주간가정의 비율은 농촌보다 낮은데, 이러한 비율 구성은 가정 현대화이론의 예측과 완전히 일치한다. 그러나 2000년 이후 도시의 한 부모가정 비율이 농촌보다 낮았을 뿐 아니라 조손가정의 비율 역시 농촌보다 뚜렷하게 낮았다. 우리는 이러한 원인이 주요하게는 2000년 이후 대량의 농촌 청장년 노동력이 도시에 진입해 노동에 종사하게 되면서, 이들 중 대다수가 비용 절감을 위해 자녀를 농촌에 남은 아내나 부모에게 맡기면서 농촌에 많은 한 부모가정 또는 조손가정이 출현하게 되었다고 판단한다. 서유럽 국가에서 한 부모가정이나 조손가정의 출현은 주로 부모의 이혼에 기인하지만, 중국에서는 이 두 가지 유형의 가정이 주요하게는 젊은 청장년들이 외지에 나가 일을 하게 되면서 가장과 부인 및 자녀가 따로 거주하게 된 결과다. 따라서 도시의 이혼율이 농촌보다 높기는 하지만 한 부모가정이나 조손가정은 주로 농촌에서 출현한다.

표 1-6 농촌과 도시에서 가정 구조의 변화 추세(%)

	농촌					도시				
	1982	1990	2000	2010	2015	1982	1990	2000	2010	2015
1인 가정	7.5	5.9	7.4	11.8	11.7	9.8	7.4	10.7	15.5	14.3
핵심가정	66.4	68.9	65.2	54.5	51.1	66.6	71.2	69.4	61.9	58.4
부부핵심	4.5	5.7	11.1	16.7	16.8	5.7	8.4	15.2	20.1	19.5
표준핵심	50.0	54.8	47.4	31.3	27.9	47.0	55.1	48.9	36.0	33.6
한부모핵심	11.9	8.2	6.7	6.5	6.5	14.1	7.8	5.3	5.9	5.3
주간가정	24.2	23.8	25.6	29.8	32.5	20.9	19.0	17.2	19.1	23.2
양대주간	5.2	4.4	3.5	5.6	7.0	6.3	4.2	3.4	4.7	6.1
다세대주간	18.2	18.6	19.8	20.4	21.5	13.2	13.5	12.3	12.7	15.4
격대가정	0.8	0.7	2.4	4.0	4.0	1.4	1.3	1.6	1.7	1.8
연합가정	0.8	0.9	0.7	2.0	3.2	1.0	1.2	1.0	1.4	2.1
기타가정	1.1	0.7	1.1	2.0	1.5	1.7	1.2	1.7	2.1	2.0

4.2. 가정 구조의 연령별 유형과 그 변화

각 가정 구성원의 행적 변화에 따른 가정의 구조를 좀 더 상세하게 묘사하기 위해, 우리는 서로 다른 연령대의 가정유형, 즉 1인 가정, 부부핵심가정, 표준핵심가정 및 3세대 이상 주간가정 등 4개 주요 가정 유형의 백분율을 계산해 도형으로 표시했다.

그림 1-3은 전국 1인가정의 연령별 유형 및 그 변화 추세를 보여 주고 있는데, 어린이들은 독자적 생활능력이 없기 때문에 단독 세대로서의 독립 비율은 거의 0에 가깝다. 그러나 연령이 증가함에 따라 1인 가정유형에서 이들의 비율도 점차 증가하고 있음을 볼 수 있다. 1990년대 이전에는 1인 가정의 비율만 단선적으로 급증하고 있음을 볼 수 있다. 그러나 1990년 이후 1인 가정유형은 20-29세 사이에서 급격히 변화하는데, 그 이유는 20-24세 사이의 청년들이 집을 떠나 타지에서 직장생활을 하고, 또 이들이 결혼해 가정을 이루면서 25-29세 사이에서는 1인가정의 비율이 급격히 하락하기 때문이다. 서로 다른 시점의 조사 결과를 비교해 보

면 2010년 이후 30-59세 사이 연령대 사람들의 1인 가정 구성 비율이 2010년 이전의 3차 인구조사 결과보다 명백하게 높음을 볼 수 있는데, 이러한 결과가 도출된 주요 원인은 초혼 연령의 상승, 이혼율 상승 및 다수의 청년노동력이 혼자 도시에 진입해 1인 가정의 출현 가능성이 높아졌기 때문이다. 70세 이상 연령 집단에서 1인 가정의 비율 역시 서로 다른 시점과 비교해 명백한 차이가 드러난다. 노년 인구의 1인 가정 구성의 가장 주요한 요인은 배우자의 사망 때문인데, 따라서 이러한 차이는 주요하게는 평균 수명의 연장 및 배우자가 사망한 부모가 자녀들과 동거하는 비율의 하락으로 인한 영향이 크게 작용했다고 볼 수 있다.

도시와 농촌을 구분해 보면, 1인 가정의 연령별 유형은 유사점과 상이점이 공존하는 것을 볼 수 있다. 공통점은 1인 가정 유형의 비율이 도시와 농촌에서 대체로 연령의 증가에 따라 상승한다는 점이고, 차이점은 농촌에서는 이러한 상승 추세가 비교적 완만하다면,(그림 1-4 참고) 도시에서는 20-29 세 사이의 연령대에서 비교적 뚜렷하게 상승함을 볼 수 있으며, 특히 이런 뚜렷한 상승세는 1990년 이후에 훨씬 확연하게 나타나는 것을 볼 수 있다.(그림 1-5 참고) 우리는 도시에서 1990년 이후 1인 가정 유형의 비율이 상승세를 타게 된 주요 원인은 바로 다수의 농촌 청년이 도시에 진입해 직업을 구한 데 있다고 판단한다. 이 외에 도시와 농촌의 또 다른 차이는 도시의 30-59세 연령 집단의 1인 가정 비율이 농촌보다 훨씬 높다는 점인데, 그 이유는 도시의 초혼 연령과 이혼율이 비교적 높으며 동시에 많은 농촌의 청장년이 도시에서 직장을 갖고 있는 상황과 관련이 있다.

그림 1-3 전국 1인가정의 연령별 모델 및 그 변동 추세

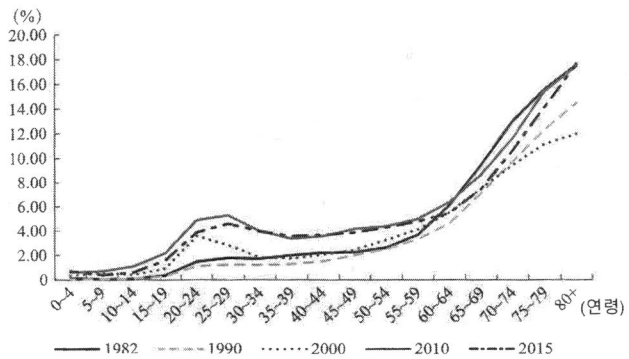

그림 1-4 농촌 1인가정의 연령별 모델 및 그 변동 추세

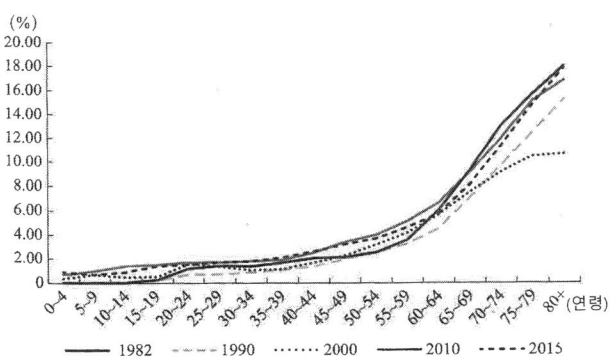

그림 1-5 도시 1인가정의 연령별 모델 및 그 변동 추세

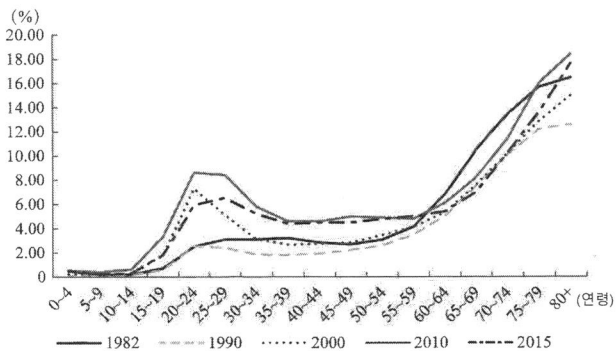

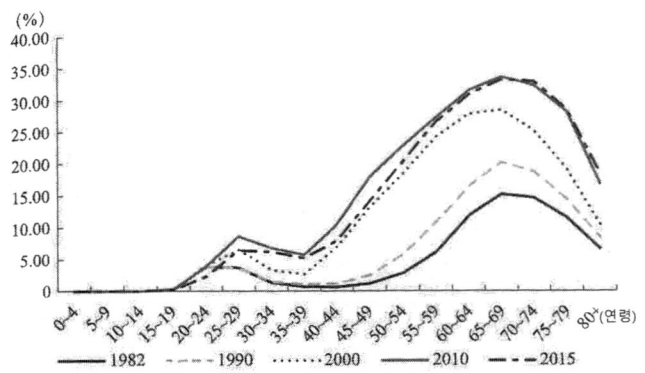

그림 1-6 전국 부부핵심가정의 연령별 모델 및 그 변동 추세

　그림 1-6은 전국 부부핵심가정의 연령별 유형 및 그 변화 추세를 묘사한 그림인데, 부부핵심가정의 연령별 유형에서 대체로 두 차례 고조기가 나타난 것을 발견할 수 있다. 그 첫 고조기는 25-29세 기간이고, 두 번째 고조기는 65-69세 기간인데, 두 번째 고조기가 첫 고조기보다 뚜렷하게 높은 점을 볼 수 있다. 우리는 부부핵심가정의 이러한 연령별 유형이 주요하게 개인의 일생과 관련이 있다고 판단한다. 일반적으로 사람은 20세 이후 결혼하기 때문에 부부핵심가정 역시 20세 이후 대량으로 증가하게 된다. 아이가 출생하면서 많은 부부핵심가정이 빠르게 표준핵심가정 또는 아이를 돌보기 위해 부모와 함께 거주하는 주간가정을 형성하게 된다. 부부핵심가정의 첫 고조기는 비교적 평온하게 유지한다. 그러다 40세 이후 자녀들이 성장해 집을 떠나면서 많은 부부가 다시 2인 생활로 돌아가고 이런 상황 때문에 40세 이후 부부핵심가정의 비율이 계속 상승하게 되고, 50-69 연령대에 이르러 최고조에 달하게 된다. 이후에는 부부의 한 쪽이 세상을 떠나거나 또는 건강 악화로 자녀와 함께 거주하게 되면서 부부핵심가정의 고 연령대 비율 또한 다시 하락하게 된다. 연령대 별로 구분해

보면, 부부핵심가정은 25세 이후 각 연령대 별로 시간의 흐름에 따라 상승곡선을 그리지만, 이러한 상승 추세는 여러 가지 요인이 복합적으로 작용한 결과다. 그 요인은 첫째, 가정의 핵심화 경향으로 점점 더 많은 젊은 부부가 독립거주를 선택하고, 이는 각 연령대 부부핵심가정의 비율을 크게 높인다. 둘째, 출산율의 하락은 부부의 자녀 양육 시간을 감소시켜 중년 부부의 독립적 생활 가능성을 상당히 증대시킨다. 마지막으로, 기대 수명의 연장은 노부부가 배우자와 사별하는 시간을 늦춰주기 때문에 노년부부의 공동생활의 가능성을 아주 높이고 있다.

도시와 농촌을 구분해 보면, 부부핵심가정은 도시와 농촌의 연령별 유형에서 모두 두 시기의 고조기가 나타나는데 이 두 고조기의 내용에도 차이가 있다. 한편으로, 도시 부부핵심가정의 두 고조기는 모두 농촌보다 높은데, 그 이유는 도시거주 부부의 독립적 경향이 농촌보다 높고 도시의 출산율이 농촌보다 높으면서 동시에 기대 수명 역시 농촌보다 긴 것과 관련이 있다. 다른 한편으로 도시거주 부부핵심가정의 첫 고조기가 나타나는 시기가 농촌보다 늦은데, 이는 주로 도시의 초혼 시기가 농촌의 초혼 시기보다 늦어서 나타난 결과다. 이렇게 차이가 있기는 하지만, 도시와 농촌 부부핵심가정의 변화 추세는 대체로 일치하고 있다. 그림 1-7과 그림 1-8에서는 도시와 농촌 모두 부부핵심가정의 대다수 연령별 구간 비율이 전국적 표본의 변화 추세와 완전히 일치함을 볼 수 있다.

그림 1-9는 전국 표준핵심가정의 연령별 유형 및 그 변화 추세를 묘사하고 있는데, 어린이와 청장년이 표준핵심가정의 연령별 유형에서 가장 높은 비율을 차지하고 있으며, 이 현상은 '기혼부부와 미성년 자녀로 구성'되는 표준핵심가정의 정의에 완전히 부합한다.

그러나 시간이 흐르면서 표준핵심가정의 연령별 유형에도 비교적 뚜렷

그림 1-7 농촌 부부핵심가정의 연령별 모델 및 그 변동 추세

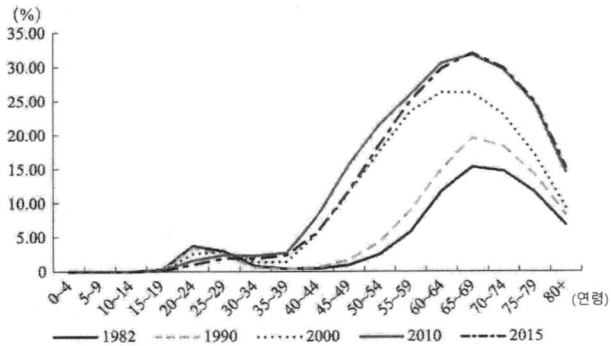

그림 1-8 도시 부부핵심가정의 연령별 모델 및 그 변동 추세

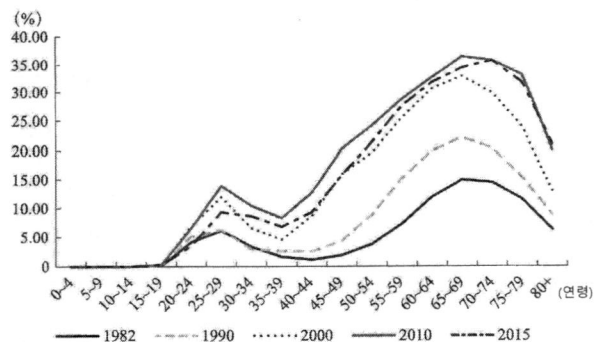

그림 1-9 전국 표준핵심가정의 연령별 모델 및 그 변동 추세

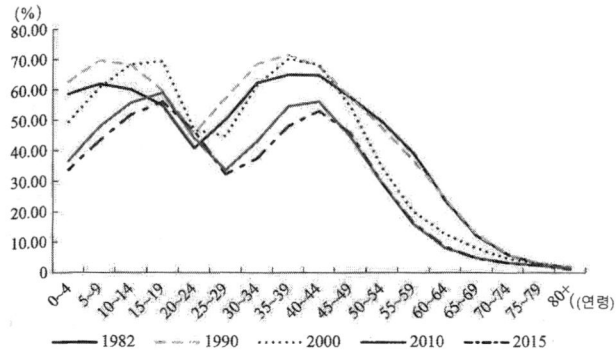

한 변화가 드러나기 시작한다. 한편으로는, 표준핵심가정에서 15세 이하 자녀(특히 0-4세 이하의 영아)의 비율이 매우 빠르게 하락하는데, 그 이유는 젊은 세대가 자녀 양육을 자신의 부모세대에게 의존하기 때문이다. 다른 한편으로 2000년 이후 표준핵심가정에서 20세 이상의 각 연령별 집단의 거주 비율이 매우 뚜렷하게 하락하는데, 이는 결혼 연령이 이전에 비해 높아지고, 출산율 하락 및 젊은 부부의 부모세대에의 육아 의존 요구 증가 등과 관련이 있을 가능성이 크다.

도시와 농촌을 구분해 볼 때, 도시와 농촌의 연령별 유형 및 그 변화 추세는 기본적으로 일치한다. 그림 1-10과 그림 1-11에서는 도시와 농촌 구분 없이 어린이 및 청·장년은 표준핵심가정에서 생활할 가능성이 가장 높지만, 20세 전후의 청년과 60세 이상의 노인은 표준핵심가정에서 생활할 가능성이 비교적 낮다. 시간이 흐름에 따라 어린이와 청·장년이 표준핵심가정에서 생활할 가능성은 도시와 농촌 모두 하락하는 경향을 보이지만, 농촌에서의 하락 폭이 훨씬 크다는 사실을 확인할 수 있다.

1982년 농촌의 0-4세의 영아가 표준핵심가정에서 사는 비율은 약 60%에 달했으나, 2015년에는 30%에도 미치지 못하고 있다. 도시에서는 이런 하락 추세가 나타나기는 하지만 그 하락 폭이 농촌만큼 크지 않은데, 그 이유는 농촌 출산율의 급락과 대가정 전통이 여전히 유지되는 것과 관련이 있을 것이다. 출산율이 하락하면서 농촌에서는 주간가정이 형성되면서 분리해 나온 핵심가정이 점점 줄어들게 되었고, 이런 상황은 각 연령대의 농촌 거주자들이 주간가정에서 생활할 가능성이 이전 보다 더 높아지는 상황을 초래했다. 도시의 출산율이 농촌보다 낮기는 하지만, 도시민들의 독립적 거주 경향이 농촌보다 높기 때문에 상대적으로 현대적인 거주 방식에 대한 선호가 도시에서 출산율 하락의 영향을 상쇄한다. 따라

그림 1-10 농촌 표준핵심가정의 연령별 모델 및 그 변동 추세

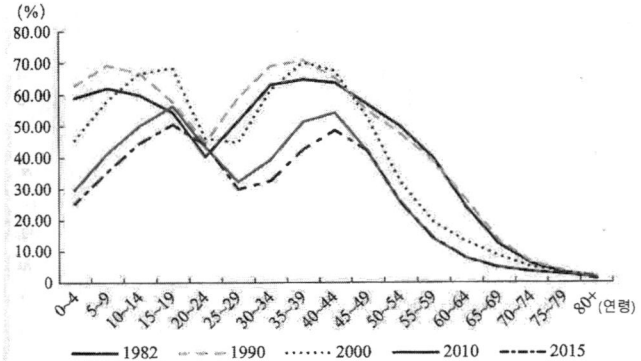

그림 1-11 도시 표준핵심가정의 연령별 모델 및 그 변동 추세

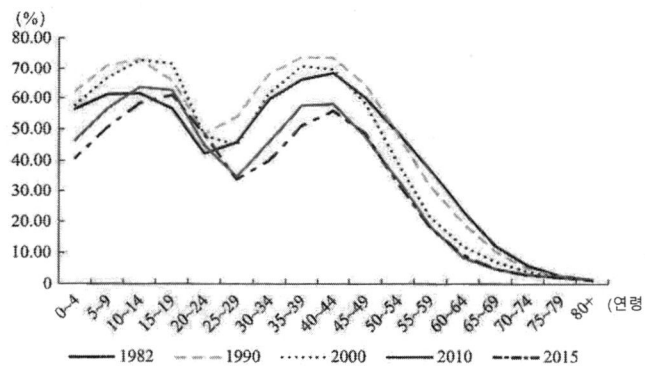

그림 1-12 전국 3세대 이상 주간가정의 연령별 모델 및 그 변동 추세

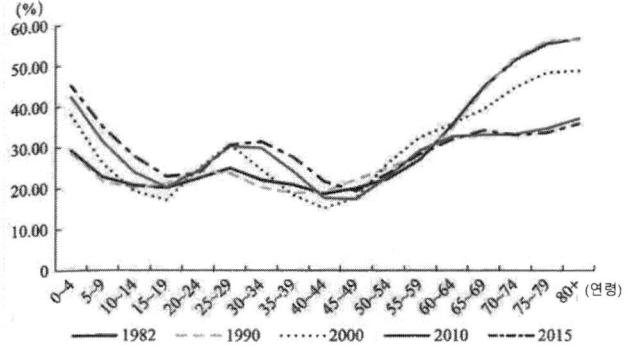

서 도시에서 핵심가정의 비율이 하락하기는 하지만, 그 하락 폭은 농촌의 그것과 비교해 그다지 크지 않다.

그림 1-12는 전국 3세대 이상 주간가정의 연령별 유형 및 그 변화 추세를 묘사하고 있는데, 가정의 연령별 유형에서는 세 차례의 고조기, 즉 첫 고조기는 영·유아 시기, 두 번째 고조기는 청·장년시기, 마지막 고조기는 노년기임을 발견할 수 있다. 연령별 유형은 3세대가 함께 거주하는 유형이 중국 다세대가정 유형의 주된 표본임을 충분히 보여 주고 있다. 시간이 흐르면서 영·유아 및 청·장년의 다세대가정 거주 비율은 점차 증가하지만, 노인의 다세대가정 거주 비율은 오히려 하락하고 있다. 궈즈강 (2008)의 연구에 의하면, 노인의 다세대가정 거주 비율의 하락은 현대 중국 가정이 핵심화 추세로 전환하고 있는 비교적 명백한 증거이지만, 젊은 세대와 어린이의 다세대가정 거주 비율의 상승은 주로 출산율 하락의 영향에서 비롯되었음을 알 수 있다. 출산율이 하락하면서 젊은 세대의 형제자매 수가 큰 폭으로 감소하면서 부모와 함께 거주할 수 있는 기회가 더 많아진다. 이 때문에 가정의 핵심화가 진행되는 상황에서도 청소년과 어린 아동의 다세대가정 거주 비율은 여전히 상승하고 있다.

도시와 농촌을 구분해 보면, 다세대가정의 연령별 유형 및 그 변화 추세는 도시와 농촌이 기본적으로 일치함을 볼 수 있다. 그림 1-13과 그림 1-14에서는 도시와 농촌 구별 없이 다세대가정에서 연령별 유형에 따라 세 차례의 고조기가 나타나는데, 아동과 청·장년에 대응하는 두개의 고조기의 비율은 시간의 흐름에 따라 상승세를 보이고, 반대로 노인에 대응하는 고조기의 비율은 시간의 흐름에 따라 하락함을 볼 수 있다. 도시와 농촌의 주요 차이는 다세대가정에 거주하는 농촌사람들의 각 연령별 비율이 도시보다 높다는 데 있다. 그 이유는 전통적 관념이 상대적으로 농

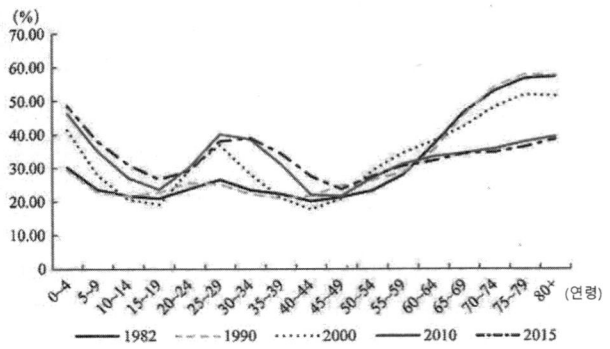

그림 1-13 농촌 3세대 이상 주간가정의 연령별 유형 및 그 변화 추세

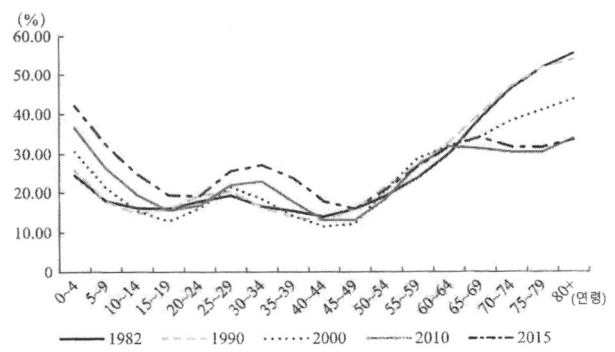

그림 1-14 도시 3세대 이상 주간가정의 연령별 모델 및 그 변동 추세(%)

촌에 강하게 남아 있고 양로 및 육아에 대한 좀 더 실질적인 필요 때문일 것이다.

4.3. 중국 가정의 양로 및 육아 기능

중국인이 거주 방식을 선택할 때에는 주관적 선호 뿐 아니라, 더 중요하게는 부모 양로와 자녀 양육이라는 두 가지 현실적 요구에 따라 결정한다. 여기서는 가정의 현실적 요구에서 출발해 서로 다른 가정의 양로 및 육아 기능에 대한 분석을 시도하고자 한다.

첫째, 우리는 65세 및 그 이상 연령의 노인이 있는 가정을 선택해 이들 가정의 구조 및 시간의 흐름에 따른 가정의 변화 추세를 기술하고자 한다. 각 가정의 양로 기능을 구분하기 위해 우리는 노인의 연령을 다음과 같은 두 개의 유형, 즉 65-79세 사이의 노인 가정과 80세 및 그 이상의 고령 노인 가정으로 나누었다. 표 1-7에서는 주간가정의 비율이 모든 가정 유형에서 가장 높은 비율을 차지하고 있으며, 65-79세 사이의 노인 가정보다는 고령 노인이 살고 있는 가정이 주간가정일 가능성이 더 크다는 점을 발견할 수 있다. 이는 주간가정이 현대 중국에서 여전히 상당히 중요한 양로 기능을 수행하고 있음을 보여주는 것이라고 말할 수 있다. 그러나 시간이 흐르면서 노인과 함께 생활하는 모든 가정에서 주간가정의 비율이 계속해서 하락하는 반면, 핵심가정의 비율은 지속적으로 상승하고 있음을 확인할 수 있다. 주간가정과 핵심가정 내부의 변화 추세를 보면, 다세대주간가정 비율의 하락과 부부핵심가정 비율의 증가가 이런 변화를 초래한 주요한 원인이라 할 수 있다. 이러한 결과에서, 우리는 시간이 흐름에 따라 점점 더 중국의 많은 노인들이 부부핵심가정 또는 1인 가정에서 생활하고 있으며, 노인들의 가정 구조가 점점 핵심화 방향으로 변하고 있음을 볼 수 있다. 이러한 결과를 가져온 요인은 아주 많다. 첫째, 노인들의 가정에 대한 관념의 변화로 그들이 점점 더 자녀와 떨어져 생활하는 것을 좋아하게 되었다. 둘째, 퇴직금 증가와 사회복지 수준 향상으로 노인들의 자녀들에 대한 경제적 의존이 줄어들었으며, 노인들의 건강 상태 호전으로 자녀들과의 동거 필요성이 감소해 노인들이 점점 더 자녀들과 떨어져 살게 되었다. 셋째, 기대 수명의 연장은 노인들이 배우자의 사망으로 혼자 살게 되는 연령을 크게 늦췄다. 이것도 많은 노인들이 부부

핵심가정에서 살게 되는 중요한 요인이 되었다.

표 1-7 노인과 함께 거주하는 전국 가정의 구조 및 그 변화 추세(%)

	65~79세 노인					80세 이상 노인				
	1982	1990	2000	2010	2015	1982	1990	2000	2010	2015
1인 가정	14.0	11.3	11.7	15.9	14.4	18.1	15.1	12.6	19.2	19.8
핵심가정	23.9	26.8	28.4	31.0	31.6	10.2	11.9	13.7	17.9	18.1
부부핵심	10.1	13.6	19.4	25.0	25.8	5.7	7.0	8.5	13.5	14.4
표준핵심	8.2	8.3	5.3	3.4	3.6	1.7	1.6	1.7	1.3	1.0
한부모핵심	5.6	4.9	3.7	2.6	2.2	2.8	3.3	3.5	3.1	2.7
주간가정	60.2	59.8	57.8	49.6	49.5	69.8	70.9	71.9	59.9	58.0
양대주간	6.1	5.3	6.3	8.4	9.2	5.8	7.6	15.3	16.4	16.2
다세대주간	50.7	51.4	46.2	35.4	35.2	56.9	57.1	50.0	38.0	37.0
격대가정	3.4	3.1	5.3	5.8	5.1	7.1	6.2	6.6	5.5	4.8
연합가정	1.2	1.6	1.4	2.7	3.8	1.2	1.5	1.0	2.1	3.2
기타가정	0.7	0.5	0.7	0.8	0.7	0.7	0.6	0.8	0.9	0.9

도시와 농촌을 구분해서 살펴보면, 그 변화 추세는 기본적으로 일치한다. 그렇지만 도시와 비교해 농촌의 노인들은 각각의 시점에서 주간가정에 거주하는 비율이 도시보다 매우 높으며, 반대로 핵심가정에 거주하는 비율은 도시보다 매우 낮다.(표 1-8과 표 1-9 참고) 이는 도시에 비해 농촌이 상대적으로 전통적 관념이 강하고 퇴직금 또한 비교적 적을 뿐 아니라 기대 수명도 짧은 것과 관련이 있다. 그러나 도시, 농촌에 관계없이 2015년에는 노인이 있는 가정은 모두 주간가정 유형이 중심이었고, 특히 80세 및 그 이상의 고령 노인이 있는 가정에서 두드러졌다. 이를 통해 시간의 흐름에 따라 중국의 다세대가정에서 가정 양로 기능이 약화되고 있기는 하지만 여전히 무시할 수 없는 역할을 수행하고 있음을 볼 수 있다.

표 1-8 노인과 함께 거주하는 농촌 가정의 구조 및 그 변화 추세(%)

	65~79세 노인					80세 이상 노인				
	1982	1990	2000	2010	2015	1982	1990	2000	2010	2015
1인 가정	13.9	11.2	11.2	15.8	14.9	18.4	15.8	11.1	18.4	19.7
핵심가정	24.3	27.2	27.1	29.5	29.8	10.5	12.5	13.4	16.3	16.2
부부핵심	10.1	13.0	17.3	22.8	23.6	5.7	6.8	7.4	11.2	11.7
표준핵심	8.2	8.7	5.4	3.5	3.6	1.8	1.8	1.8	1.3	1.1
한부모핵심	6.0	5.5	4.4	3.2	2.6	3.0	3.9	4.2	3.8	3.5
주간가정	60.2	60.0	60.3	51.7	51.1	69.3	70.0	74.2	62.7	60.4
양대주간	5.4	4.6	5.6	7.7	8.5	5.4	6.6	15.0	16.3	15.4
다세대주간	52.0	53.0	49.6	37.4	36.3	57.5	58.1	52.5	40.4	39.5
격대가정	2.8	2.4	5.2	6.7	6.4	6.4	5.4	6.6	6.0	5.6
연합가정	1.0	1.2	0.8	2.3	3.6	1.2	1.3	0.8	2.0	3.1
기타가정	0.6	0.4	0.6	0.7	0.6	0.6	0.4	0.5	0.6	0.5

표 1-9 노인과 함께 거주하는 도시 가정의 구조 및 그 변화 추세(%)

	65~79세 노인					80세 이상 노인				
	1982	1990	2000	2010	2015	1982	1990	2000	2010	2015
1인 가정	14.8	11.7	12.6	16.0	13.9	16.9	13.1	15.8	20.4	19.9
핵심가정	22.5	25.7	31.2	33.1	33.0	8.7	10.2	14.3	20.0	19.7
부부핵심	10.1	15.6	24.0	27.9	27.7	5.7	7.5	10.8	16.7	16.7
표준핵심	8.2	7.1	5.0	3.3	3.5	1.4	1.2	1.6	1.2	1.0
한부모핵심	4.2	3.0	2.3	1.9	1.8	1.7	1.5	1.9	2.1	2.0
주간가정	60.0	59.0	52.8	46.8	48.3	72.2	73.3	67.2	56.0	55.8
양대주간	9.0	7.3	7.6	9.4	9.9	7.1	10.3	15.9	16.5	16.9
다세대주간	45.3	46.4	39.7	33.0	34.5	55.6	54.5	44.8	34.9	34.8
격대가정	5.8	5.3	5.5	4.4	4.0	9.5	8.6	6.6	4.6	4.2
연합가정	1.8	2.6	2.5	3.2	4.0	1.3	2.3	1.2	2.3	3.4
기타가정	0.5	1.0	0.9	0.9	0.8	0.9	1.1	1.5	1.3	1.2

둘째, 서로 다른 가정의 육아 기능을 연구하기 위해, 우리는 먼저 18세 이하 미성년 자녀가 있는 가정을 선택하고, 아동의 연령에 따라 다음과 같이 3개의 가정 유형, 즉 1) 0-5세의 학업 전 아동이 있는 가정, 2) 6-12 세의 의무교육 연령 아동 가정 그리고 3) 13-17 세 사이의 청소년

이 있는 가정으로 분류했다. 표 1-10은 이런 세 유형의 가정 구조 및 그 변화 추세를 기술한 것인데, 핵심가정과 주간가정의 비율이 가장 높은 것을 발견할 수 있다. 시간의 흐름에 따라 각 연령별 청소년의 주간가정 거주 비율은 뚜렷하게 상승하고 있지만, 핵심가정에서 이들의 비율은 계속해서 하락하고 있다. 이를 통해 주간가정이 현대 중국 가정 유형에서 점점 더 중요한 육아 기능을 담당하고 있음을 알 수 있는데, 그 이유는 중국에서 젊은 부부의 부모세대에 대한 아주 절박한 육아 의존과, 또 다른 한편으로는 중국적인 전통적 사회·문화적 배경에서 수많은 노인들이 자신의 자녀를 대신해 손자녀 세대를 돌보는 것을 당연한 책임으로 여기고 있기 때문이다. 여기에 대해 출산율 하락으로 젊은 부부와 자녀가 조부세대와 함께 거주할 가능성이 과거에 비해 크게 높아지면서 각 연령대의 청소년들이 주간가정에서 생활할 가능성이 계속 상승하고 있다. 이 외에도 표 1-10에서는 주간가정의 육아 기능이 청소년의 연령이 어릴수록 아주 뚜렷하게 높게 나타나고, 청소년의 연령이 높아질수록 이들이 핵심가정에서 생활하는 비율이 높아지지만, 반대로 주간가정에서 생활하는 비율은 지속적으로 하락하는 것을 알 수 있는데, 그 이유는 소년들의 연령이 어릴수록 이들을 보살피고 돌봐야 할 수요가 절박해지며 따라서 육아를 위해 조부모세대의 참여에 대한 요구도 커지기 때문이다. 이 외에도 아동의 나이가 어릴수록 부모의 연령 역시 젊은 경우가 많은데, 부모의 연령이 낮을수록 다른 형제자매가 있을 가능성도 적어서 조부모세대와 함께 거주할 가능성이 더 커진다. 진정한 이유가 무엇이든지 간에 표 1-10의 결과는 다세대 주간가정이 현대 중국 가정에서 점점 더 중요한 육아 기능을 수행하고 있음을 충분히 보여 주고 있으며, 이 때문에 연구자들의 관심을 끌고 있다.

도시와 농촌을 비교해 연구하면서 도시와 농촌의 변화 추세가 대체로 비슷함을 발견했다.(표 1-11과 표 1-12 참고) 그러나 다음과 같은 두 방향에서 도시와 농촌 사이에 비교적 뚜렷한 차이가 존재하고 있다는 사실도 발견했다. 첫째, 도시와 농촌의 각 연령별 청소년 집단의 주간가정 거주 비율에서 도시 주간가정 거주 비율이 농촌 거주 비율보다 일관되게 낮지만, 핵심가정에 거주하는 비율은 농촌보다 높으며 이런 차이는 각 연령별 시점에서 비교적 뚜렷하게 나타나고 있는데, 우리는 이런 현상이 농촌의 상대적으로 높은 전통적 가정 관념과 연관이 있다고 판단한다. 둘째, 농촌 청소년의 조손가정 거주 비율은 도시보다 뚜렷하게 높으며, 이런 현상은 2000년 이후 훨씬 뚜렷하게 나타나고 있는데, 중국에서 조손가정이 형성되는 주요 요인 중의 하나는 부부가 외지에서 직장생활을 하면서 자녀 양육을 조부모에게 위탁한 결과라고 많은 연구 결과가 밝히고 있다. 농촌에 생활하는 부부가 외지에서 직업을 구할 가능성이 도시보다 훨씬 크다 사실을 고려하면 조손가정이 중국의 농촌에서 훨씬 높은 비율을 차지하는 것이 이해가 된다(曾毅, 王正联, 2004).

표 1-10 전국 청소년이 있는 가정의 구조 및 그 변화 추세(%)

	0~5세 유아(幼兒)					6~12세 소아(小兒)					13~17세 청소년(靑少年)				
	1982	1990	2000	2010	2015	1982	1990	2000	2010	2015	1982	1990	2000	2010	2015
1인 가정	0.2	0.1	0.4	0.7	0.7	0.2	0.2	0.7	1.3	0.8	0.9	0.4	1.1	2.5	1.6
핵심가정	67.8	67.8	57.1	44.3	40.5	76.0	77.8	73.1	62.6	57.7	74.2	77.5	79.2	71.1	67.6
부부핵심	0.0	0.0	0.0	0.0	0.0	0.0	0.0	0.0	0.0	0.0	0.1	0.1	0.0	0.0	0.1
표준핵심	58.7	63.4	52.6	38.8	35.7	61.8	69.9	66.2	54.1	49.7	54.9	65.0	70.6	60.2	57.3
한부모핵심	9.2	4.5	4.5	5.5	4.8	14.4	8.0	6.9	8.5	8.0	19.2	12.5	8.5	10.8	10.2
주간가정	29.7	29.5	39.5	48.8	51.2	22.7	21.2	24.6	32.3	37.1	22.5	20.9	18.3	23.7	27.6
양대주간	0.6	0.3	0.4	0.8	0.8	4.7	1.3	0.4	0.7	1.1	11.6	6.5	1.4	1.4	2.3
다세대주간	28.3	28.3	35.4	41.3	44.3	17.1	18.7	21.0	26.2	30.6	9.4	13.5	15.0	18.9	21.9
격대가정	0.8	0.9	3.7	6.8	6.0	0.9	1.2	3.1	5.4	5.4	1.5	1.0	2.0	3.4	3.4
연합가정	1.8	2.4	2.4	4.9	6.6	0.2	0.4	0.5	1.9	2.9	0.3	0.2	0.2	0.8	1.4
기타가정	0.5	0.2	0.6	1.3	1.0	0.9	0.4	1.1	1.9	1.5	2.1	1.0	1.2	1.9	1.8

표 1-11 연도별 농촌 청소년 생활과 가정 구조의 관계(%)

	0~5세 유아(幼兒)					6~12세 소아(小兒)					13~17세 청소년(靑少年)				
	1982	1990	2000	2010	2015	1982	1990	2000	2010	2015	1982	1990	2000	2010	2015
1인 가정	0.1	0.0	0.6	0.8	1.0	0.1	0.1	0.9	1.9	1.3	0.7	0.3	1.2	3.0	2.3
핵심가정	67.1	67.2	52.8	37.0	32.1	75.3	76.0	70.6	55.4	49.8	74.1	75.7	77.2	65.4	60.7
부부핵심	0.0	0.0	0.0	0.0	0.0	0.0	0.0	0.0	0.0	0.0	0.2	0.1	0.0	0.0	0.0
표준핵심	59.1	63.3	48.3	31.5	26.7	61.7	68.1	63.4	46.9	41.0	54.1	62.7	68.5	54.7	49.6
한부모핵심	8.0	3.9	4.6	5.5	5.4	13.7	7.9	7.2	8.3	8.8	19.7	13.0	8.8	10.6	11.0
주간가정	30.7	30.5	43.8	55.2	57.6	23.6	23.2	26.9	38.0	43.4	22.9	22.9	20.4	28.8	33.3
양대주간	0.6	0.3	0.4	0.9	0.9	5.1	1.7	0.5	0.8	1.5	12.2	7.5	1.7	2.0	3.1
다세대주간	29.4	29.3	39.0	45.5	48.1	17.8	20.5	23.0	30.1	34.2	9.4	14.6	16.8	22.4	25.6
격대가정	0.8	0.8	4.4	8.8	8.6	0.8	0.9	3.4	7.1	7.7	1.3	0.7	1.9	4.4	4.6
연합가정	1.6	2.1	2.1	5.3	7.9	0.2	0.3	0.3	2.0	3.3	0.3	0.2	0.1	0.8	1.5
기타가정	0.5	0.2	0.7	1.7	1.4	0.8	0.4	1.3	2.7	2.2	2.0	0.9	1.1	2.0	2.2

표 1-12 연도별 도시 청소년 생활과 가정 구조의 관계(%)

	0~5세 유아(幼兒)					6~12세 소아(小兒)					13~17세 청소년(靑少年)				
	1982	1990	2000	2010	2015	1982	1990	2000	2010	2015	1982	1990	2000	2010	2015
1인 가정	0.5	0.1	0.2	0.5	0.5	0.3	0.2	0.3	0.6	0.3	1.2	0.5	1.0	2.0	1.2
핵심가정	71.4	69.8	65.6	54.0	47.4	78.9	81.5	78.0	70.3	63.7	75.0	81.8	82.0	76.9	72.3
부부핵심	0.0	0.0	0.0	0.0	0.0	0.0	0.0	0.0	0.0	0.0	0.1	0.0	0.0	0.1	0.1
표준핵심	56.9	63.6	61.2	48.5	43.0	62.0	73.4	71.8	61.7	56.4	57.2	70.7	73.9	65.9	62.7
한부모핵심	14.4	6.1	4.3	5.5	4.3	16.9	8.1	6.3	8.6	7.4	17.8	11.2	8.1	10.9	9.6
주간가정	25.1	26.6	30.9	40.3	45.9	19.2	17.3	20.1	26.3	32.4	21.2	16.1	15.2	18.5	23.6
양대주간	0.4	0.3	0.4	0.7	0.8	3.2.	0.6	0.4	0.6	0.9	10.0	3.9	0.8	0.8	1.8
다세대주간	23.7	25.2	28.2	35.6	41.2	14.5	14.9	17.1	22.2	27.9	9.3	10.6	12.3	15.2	19.2
격대가정	1.1	1.2	2.2	4.0	3.9	1.5	1.8	2.6	3.5	3.6	1.9	1.6	2.1	2.5	2.6
연합가정	2.3	3.2	2.9	4.4	5.6	0.3	0.6	1.0	1.8	2.6	0.3	0.2	0.3	0.8	1.4
기타가정	0.7	0.3	0.4	0.8	0.6	1.3	0.4	0.6	1.0	1.0	2.3	1.4	1.5	1.8	1.5

5. 노인의 주거 방식

이 책의 주요 과제가 중국의 가정 구조와 가정 양로 문제이기 때문에, 전국적 및 도시와 농촌의 가정 구조와 그 변화 추세에 대한 체계적인 통계데이터 분석 후, 우리는 65세 및 그 이상 연령 노인의 주거 방식에 대한 전문적인 연구를 진행했다.

5.1. 노인 주거 방식의 변화 및 도시와 농촌에서의 차이

표 1-13은 중국 65세 및 그 이상 연령 노인의 거주 방식 및 그 변화를 묘사하고 있는데, 시간의 흐름에 따라 핵심가정에 생활하는 노인의 비율이 지속적으로 상승세에 있지만 주간가정에 생활하는 노인의 비율은 반대로 지속적으로 감세 추세임을 발견할 수 있다. 핵심가정과 주간가정의 유형으로 보면 부부핵심가정의 비율 상승과 다세대 주간가정의 비율 하락이 이런 결과를 초래한 주요한 요인임을 발견할 수 있다. 1982년, 69.5%의 중국 노인이 자녀와 동거하고 있었는데, 2015년에 이르러 이 비율은 53.2%까지 하락하였고, 노인의 기혼자녀와의 동거 또는 미혼자녀와의 동거 모두 하락세가 매우 뚜렷함을 발견할 수 있다. 이를 통해 시간의 흐름에 따라 중국 가정의 핵심화 추세가 뚜렷하게 나타나고 있음을 알 수 있다. 그럼에도 불구하고 2015년에도 여전히 과반수를 넘는 노인이 자녀들과 동거하고 있는 현실은 여전히 중국에서 다세대가정의 양로 기능을 무시할 수 없음을 보여주고 있다.

표 1-13 중국 65세 및 그 이상 노인의 거주 방식 및 그 변화(%)

	1982	1990	2000	2010	2015
1인 가정	12.5	9.8	9.4	12.4	11.4
핵심가정	25.8	28.7	31.5	34.6	34.6
부부핵심	13.5	17.2	23.4	29.2	29.6
표준핵심	7.7	7.7	5.3	3.3	3.3
한부모핵심	4.6	3.8	2.9	2.1	1.7
주간가정	59.7	59.3	57.0	49.5	49.5
양대주간	6.0	5.6	7.6	9.7	10.5
다세대주간	49.8	50.1	43.8	34.1	34.0
격대가정	3.9	3.6	5.6	5.7	5.0
연합가정	1.2	1.6	1.3	2.6	3.7
기타가정	0.8	0.6	0.8	0.9	0.8
자녀와 동거	69.5	68.8	60.9	51.8	53.2
결혼 자녀와 동거	57.2	57.3	52.8	46.4	48.2
미혼 자녀와 동거	12.3	11.5	8.1	5.4	5.0

도시와 농촌을 구분해 보면, 도시와 농촌 할 것 없이 모두 자녀와의 동거 비율이 시간이 흐르면서 낮아지는 것을 알 수 있는데, 도시보다는 농촌에서 자녀와의 동거 비율이 높은 것을 알 수 있다. 표 1-14와 표 1-15를 보면, 농촌에서 65세 및 그 이상 연령 노인의 자녀와의 동거 비율은 1982년의 70.1%에서 2015년에는 54.2%까지 하락했고, 도시 같은 연령대의 자녀와의 동거 비율은 1982년의 66.4%에서 2015년에는 52.1%로 하락했다. 비록 도시와 농촌 노인의 거주 방식이 비교적 명확하게 핵심화 또는 노부부 단독거주 유형으로 변화하고 있기는 하지만, 현재 여전히 과반 이상의 노부부가 자녀들과 함께 거주하고 있는데, 이 때문에 빠른 사회전환 과정에서 다세대가정 유형은 여전히 비교적 강한 생명력 및 지속성을 유지하고 있음을 알 수 있다.

표 1-14 농촌 65세 및 그 이상 연령 노인의 거주 방식 및 그 변화(%)

	1982	1990	2000	2010	2015
1인 가정	12.3	9.8	9.0	12.4	11.8
핵심가정	26.2	29.2	30.2	32.6	32.7
부부핵심	13.6	16.7	21.1	26.6	27.1
표준핵심	7.7	8.1	5.6	3.4	3.5
한부모핵심	4.9	4.4	3.5	2.6	2.1
주간가정	59.7	59.3	59.4	52.0	51.3
양대주간	5.4	4.9	7.1	9.2	9.7
다세대주간	51.1	51.6	46.9	36.2	35.4
격대가정	3.2	2.8	5.5	6.6	6.2
연합가정	1.1	1.2	0.8	2.2	3.5
기타가정	0.7	0.5	0.6	0.8	0.6
자녀와 동거	70.1	70.3	63.8	53.6	54.2
결혼 자녀와 동거	57.5	57.8	54.8	47.6	48.6
미혼 자녀와 동거	12.6	12.5	9.0	6.0	5.6

표 1-15 도시 65세 및 그 이상 연령 노인의 거주 방식 및 그 변화(%)

	1982	1990	2000	2010	2015
1인 가정	12.9	9.7	10.2	12.4	11.0
핵심가정	24.0	27.3	34.2	37.4	36.1
부부핵심	13.2	19.7	27.9	32.8	31.7
표준핵심	7.5	6.3	4.7	3.2	3.1
한부모핵심	3.3	2.2	1.7	1.4	1.3
주간가정	60.3	59.3	52.1	46.2	48.1
양대주간	8.8	7.7	8.7	10.5	11.1
다세대주간	45.0	45.6	37.6	31.2	32.8
격대가정	6.4	6.0	5.8	4.5	4.1
연합가정	1.8	2.6	2.4	3.0	3.8
기타가정	1.0	1.1	1.1	1.0	1.0
자녀와 동거	66.4	64.5	55.1	49.3	52.1
결혼 자녀와 동거	55.6	55.9	48.7	44.7	47.7
미혼 자녀와 동거	10.8	8.6	6.4	4.6	4.4

5.2. 각기 다른 조건의 노인의 거주 방식 및 그 변화

노인의 거주 방식에 영향을 주는 요인을 좀 더 자세히 연구하기 위해 우리는 성별, 연령, 결혼 상황 및 경제적 요인을 구분해 노인의 거주 방식 및 그 변화에 대해 서술했다.

표 1-16은 성별 분석에 따른 결과를 보여주고 있는데, 남성 노인과 비교해 여성 노인의 1인 가정 및 주간가정 거주 비율이 비교적 높고, 핵심가정, 특히 부부핵심가정에 거주하는 비율은 비교적 낮은 점을 볼 수 있다. 그 이유는 여성의 기대 수명이 남성보다 높고 이 때문에 남성과 비교해 여성 노인이 배우자 사망 후 생존할 가능성이 더 크기 때문이다. 배우자 사망 후 노인들은 일반적으로 두 개의 선택지가 있는데 하나는 자녀와 동거하면서 주간가정을 형성하는 것이고, 다른 하나는 혼자 거주하면서 1인 가정을 형성하는 것이다. 이런 경향 때문에 여성 노인이 1인 가정 또는 주간가정의 두 유형에서 남성 노인의 비율보다 높고 부부핵심가정 유형 비율에서는 남성 노인보다 비율이 낮다. 바로 이런 이유로 인해 여성 노인의 자녀와의 동거 비율이 남성보다 높게 된다. 앞에서 서술한 내용에서는 성별 차이가 존재하지만, 남녀의 성별을 불문하고 노인이 자녀와 동거 하는 비율은 하락하는 추세에 있다. 이는 위에서 서술한 모든 노인에 대한 분석 결과와 완전히 일치한다.

표 1-16 성별에 따른 65세 및 그 이상 연령 노인의 주거 방식 및 그 변화(%)

	남성					여성				
	1982	1990	2000	2010	2015	1982	1990	2000	2010	2015
1인 가정	11.0	8.5	8.1	10.6	9.7	13.6	10.9	10.5	14.0	12.9
핵심가정	33.9	36.0	37.8	40.2	39.7	19.3	22.6	25.9	29.6	29.9
부부핵심	17.0	21.2	28.6	34.4	34.2	10.7	14.0	18.7	24.5	25.4
표준핵심	13.5	12.2	7.3	4.4	4.3	3.1	3.9	3.5	2.4	2.3
한부모핵심	3.4	2.7	1.9	1.4	1.2	5.5	4.8	3.8	2.7	2.2
주간가정	52.7	52.8	51.6	45.2	45.7	65.4	64.7	61.8	53.5	53.1
양대주간	7.0	6.0	6.5	8.5	9.4	5.4	5.3	8.6	10.8	11.5
다세대주간	42.5	43.8	39.6	31.1	31.2	55.7	55.5	47.6	36.8	36.6
격대가정	3.2	3.1	5.5	5.6	5.0	4.4	4.0	5.6	5.8	5.1
연합가정	1.5	1.9	1.5	2.9	3.9	1.0	1.3	1.2	2.3	3.5
기타가정	0.9	0.8	1.0	1.1	1.0	0.7	0.5	0.6	0.6	0.6
자녀와 동거	67.9	66.5	56.8	48.3	50.0	70.6	70.8	64.6	55.0	56.1
결혼 자녀와 동거	51.0	51.6	47.6	42.5	44.5	62.0	62.1	57.4	49.9	51.6
미혼 자녀와 동거	16.9	14.9	9.2	5.8	5.5	8.6	8.7	7.2	5.1	4.5

표 1-17은 연령별 65세 및 그 이상 연령 노인의 주거 방식 및 그 변화를 묘사하고 있는데, 65-79세 사이의 저령(低齡) 노인과 비교해 80세 및 그 이상의 고령 노인이 1인가정과 주간가정에서 생활할 가능성이 높다. 이런 상황을 야기한 두 가지 주요한 요인이 있는데, 첫째 고령 노인일수록 배우자 없이 혼자 거주할 가능성이 높아서, 배우자 사망 후 이들이 1인가정 또는 주간가정을 형성할 가능성; 둘째, 고령 노인의 건강 상태가 비교적 열악하기 때문에 자녀들과 동거해야 할 좀 더 절박한 필요성 등이 있다. 표 1-17에서 발견할 수 있는 것처럼, 1990년 이후의 모든 시점에서 80세 및 그 이상 고령 노인의 자녀와의 동거 비율이 65-79세 사이의 저령 노인보다 평균적으로 훨씬 높다. 그러나 시간이 흐르면서 고령 노인과 저령 노인을 불문하고 자녀와의 동거 비율이 하락하고 있는데, 그 원인을 연구해 보면 노인들의 건강 상황의 호전과 신속한 사회 전환 과정에서 노

인들 역시 독립적 거주를 원하기 때문인 것으로 보인다.

표 1-17 연령별 65세 및 그 이상 연령 노인의 거주 방식 및 그 변화(%)

	65~79세					80세 및 그 이상				
	1982	1990	2000	2010	2015	1982	1990	2000	2010	2015
1인 가정	11.9	9.1	9.0	11.4	10.0	17.6	14.5	12.0	17.5	17.7
핵심가정	27.4	31.0	34.0	37.4	37.3	11.1	13.3	15.7	21.1	22.0
부부핵심	14.3	18.5	25.4	31.9	32.1	6.7	8.4	10.5	16.8	18.4
표준핵심	8.4	8.5	5.8	3.7	3.7	1.8	1.7	1.9	1.5	1.2
한부모핵심	4.8	3.9	2.8	1.9	1.5	2.7	3.2	3.3	2.8	2.4
주간가정	58.7	57.7	54.8	47.6	48.1	69.4	70.1	70.5	58.5	56.2
양대주간	6.1	5.3	6.4	8.4	9.3	5.7	7.5	15.2	16.0	15.7
다세대주간	49.1	49.2	43.0	33.5	33.7	56.7	56.5	48.8	37.0	35.7
격대가정	3.5	3.2	5.4	5.8	5.1	7.0	6.1	6.5	5.4	4.8
연합가정	1.2	1.6	1.4	2.7	3.8	1.2	1.5	1.0	2.0	3.2
기타가정	0.8	0.6	0.8	0.9	0.8	0.7	0.6	0.8	0.9	0.9
자녀와 동거	69.5	68.6	59.4	50.2	52.0	68.0	70.3	70.2	59.3	58.2
결혼 자녀와 동거	56.4	56.1	50.8	44.6	46.8	63.6	65.4	65.0	55.0	54.6
미혼 자녀와 동거	13.2	12.5	8.6	5.6	5.2	4.4	4.9	5.2	4.3	3.6

표 1-18은 결혼 상황으로 구분해 65세 및 그 이상 연령의 거주 방식 및 그 변화 추세를 묘사한 것인데, 65세 이상 노인 중 미혼 또는 이혼 상태에 있는 대상의 표본이 너무 적은 점을 고려해 이 연구에서는 단지 결혼상태 및 배우자 사망인 두 경우만을 비교했다. 표 1-18에서는 부부핵심가정에 생활하는 기혼 노인의 비율이 비교적 높지만, 일단 이들의 배우자가 사망하면 1인가정이 되거나 주간가정에 합류할 가능성이 크게 증가하고 있는데, 이런 결과는 우리가 위에서 분석한 결과와 일치한다. 시간이 흐르면서 기혼 상태의 노인이 자녀와 동거할 가능성은 점차 하락하고 있지만, 부부핵심가정에서 생활하는 비율은 지속적으로 상승하고 있다. 기혼 상태의 노인과 비교해 배우자가 사망한 노인이 자녀와 동거하는 비율은 하락 추세에 있지만 그 하락 폭은 기혼 노인의 그것과 비교해 작다. 이를 통

해 중국에서 노인의 결혼 상태 역시 이들의 거주 유형 선택에서 중요한 요인 중의 하나임을 알 수 있다.

표 1-18 65세 및 그 이상의 기혼 및 배우자 상실 노인의 거주 방식 및 그 변화(%)

	배우자 존재					배우자 상실				
	1982	1990	2000	2010	2015	1982	1990	2000	2010	2015
1인 가정	1.8	1.1	1.6	2.0	1.9	20.0	17.9	19.7	29.1	29.5
핵심가정	46.5	47.8	47.2	51.3	48.8	8.5	8.2	7.0	5.3	4.7
부부핵심	29.9	33.5	38.6	46.0	43.8	0.0	0.0	0.0	0.0	0.0
표준핵심	16.0	14.0	8.2	5.0	4.8	0.6	0.6	0.3	0.1	0.1
한부모핵심	0.5	0.4	0.4	0.3	0.3	8.0	7.6	6.7	5.2	4.6
주간가정	49.1	48.7	49.0	43.2	44.8	70.1	72.2	71.7	62.8	61.9
양대주간	7.3	5.9	6.2	8.0	9.1	5.1	5.4	10.0	13.2	13.9
다세대주간	38.4	39.5	36.8	29.2	30.5	60.8	62.9	56.5	44.1	43.1
격대가정	3.5	3.3	5.9	6.0	5.2	4.2	3.9	5.2	5.5	4.9
연합가정	1.7	1.9	1.6	2.9	3.9	0.9	1.2	1.0	2.1	3.2
기타가정	0.9	0.5	0.6	0.6	0.6	0.5	0.5	0.6	0.7	0.7
자녀와 동거	64.0	61.7	53.2	45.4	48.6	75.3	77.7	74.5	64.7	64.9
결혼 자녀와 동거	47.4	47.3	44.6	40.1	43.5	66.8	69.5	67.5	59.4	60.2
미혼 자녀와 동거	16.6	14.4	8.6	5.3	5.1	8.5	8.2	7.0	5.3	4.7

마지막으로 경제적 소득원이 65세 및 그 이상 노인의 거주 방식 및 그 변화에 미치는 영향에 대한 통계 분석을 묘사하고 있다. 표 1-19에서는 노인의 주요 수입원이 자신의 노동에 의한 것이나 퇴직금일 경우, 이들이 자녀와 동거할 가능성이 대폭 하락하지만, 부부핵심가정에서 생활할 가능성은 크게 상승하는 것을 볼 수 있다. 이와 비교해 노인이 주로 가족들의 양로에 의존할 경우 자녀들과 동거할 가능성이 매우 크다. 따라서 자녀들에 대한 경제적 의존이 노인의 자녀와의 동거를 야기하는 중요한 요인 중의 하나이다. 시간이 흐르면서, 경제적으로 독립한 상황이든 아니면 자녀에게 의존하든 노인의 자녀와의 동거 비율은 하락하는 추세이다. 노인의 수입원에서 기타 부분에서 자녀와의 동거 비율이 약간 상승하고 있

표 1-19 수입 유형별 65세 및 그 이상 연령 노인의 거주 방식 그 변화(%)

	노동수입			양로자금			가족도움			기타		
	2000	2010	2015	2000	2010	2015	2000	2010	2015	2000	2010	2015
1인 가정	8.3	9.3	7.4	8.5	11.4	11.1	8.2	11.7	10.1	35.4	30.1	22.6
핵심가정	41.6	43.0	42.8	41.7	44.4	42.9	23.0	26.1	25.2	33.3	36.8	36.2
부부핵심	28.6	35.2	36.2	35.1	39.7	38.4	16.5	21.6	21.0	27.4	29.5	28.8
표준핵심	9.6	5.6	5.2	5.4	3.5	3.5	3.3	2.3	2.4	3.2	3.5	3.9
한부모핵심	3.4	2.2	1.5	1.3	1.2	1.1	3.2	2.2	1.8	2.6	3.8	3.5
주간가정	48.1	43.8	45.0	45.9	40.1	41.6	67.3	59.3	60.2	28.1	29.6	26.3
양대주간	5.2.	6.9	8.1	8.6	11.0	11.8	8.7	10.7	10.8	4.6	6.8	7.9
다세대주간	36.8	29.6	30.0	31.1	24.9	26.2	53.5	42.5	43.5	19.1	19.0	24.6
격대가정	6.0	7.3	7.0	6.4	4.2	3.6	5.2	6.1	5.8	4.4	3.8	3.9
연합가정	1.0	2.9	3.9	2.8	3.1	3.3	1.0	2.3	4.1	0.7	1.5	3.1
기타가정	1.0	1.0	0.9	1.1	1.0	1.1	0.5	0.6	0.4	2.5	2.0	1.8
자녀와 동거	56.0	47.2	48.7	49.0	43.7	45.9	69.7	60.0	62.6	30.2	34.6	43.0
결혼 자녀와 동거	43.0	39.4	42.0	42.4	39.0	41.3	63.2	55.5	58.4	24.4	27.3	35.6
미혼 자녀와 동거	13.0	7.8	6.7	6.6	4.7	4.6	6.5	4.5	4.2	5.8	7.3	7.4

지만 기타 항목의 함의가 투명하지 않고 이런 유형의 노인이 아주 적어서 이 연구에서 이들의 자녀와의 동거 비율 상승세를 반영하지 않았다.

6. 결론과 토론

개혁개방 이후 중국 가정의 구조 변화는 국내외 학자들에게 뜨거운 공통의 관심사이다. 가정 현대화이론을 바탕으로 학자들은 중국 가정이 현재 소형화와 핵심화 과정을 거치고 있다는 관점을 제기했다. 그러나 소형화와 핵심화라는 두 개념은 학자들 사이에서 여전히 명쾌하게 정리되지 않았다. 이장에서는 관련된 연구 자료들과 데이터를 바탕으로, 역사적으로 중국 가정의 소형화를 추동하는 요인과 가정 핵심화를 측량하는 지표 등의 세 가지 문제에 대해 토론을 진행했다. 이 외에도, 이장에서는 1982-2010년 사이 네 차례에 걸쳐 진행된 인구 조사 데이터 및 2015년에 진행된 1%의 인구 표본조사 데이터를 사용해, 중국의 가정 구조 및 그 변화 추세를 전면적으로 묘사하고 노인의 주거 방식에 대한 전문적인 분석을 진행해 다음과 같은 결론을 도출했다.

첫째, 전통 중국 사회에서 연합가정을 대표로 하는 대가정은 주도적 가정 유형이 아니었다. 사실 역사적으로 보면 중국 가정의 규모는 크지 않았고 일찍부터 핵심가정과 주간가정이 주요한 가정유형으로 자리 잡았다. 여러 세대가 함께 거주하는 연합가정은 단지 중국인들의 주관적 소망이었으며, 경제, 사회 및 인구 조건 등 각종 요인의 영향으로 인해 현실에서는 이런 주관적 소망을 조정해야 했으며, 이런 현실이 역사적으로 중국 가정의 실제 구조와 사람들의 주관적 상상 사이의 차이를 아주 크게 만들었다.

둘째, 개혁개방 이래 중국 가정에 비교적 뚜렷한 소형화 추세가 진행되어서, 중국 가정의 평균 구성원 수가 1982년의 4.41명에서 2020년에는 2.62명이 되었다. 그러나 아주 오랜 기간 동안 중국 가정 규모의 소형화는 가정 구조의 핵심화가 초래한 결과가 아니었는데, 관련 연구에 의하면 1982년부터 2010년까지는 중국 가정의 출산율 하락이 가정 규모의 축소를 가져온 주요 요인이었고, 2010년 이후 가정 규모와 출산율 변화 추세의 상관관계가 서로 분리되기 시작하면서 가정 구조의 영향이 점차 뚜렷해졌다.

셋째, 핵심가정이나 주간가정의 비율 변화의 관점에서 중국 가정의 핵심화 추세를 분석할 수 없는데, 그 이유는 이 두 유형의 비율이 상당 부분 출산율 변화의 영향을 받기 때문이다. 중국에서는 20세기 70년대 중반부터 출산율이 큰 폭으로 하락하기 시작했으며, 주간가정에서 분리된 핵심가정의 수도 점점 줄어들어서 시간이 흐르면서 핵심가정의 비율이 지속적으로 하락하는 결과를 초래했다. 이전의 연구를 참고해 이장에서는 65세 이상 노인의 자녀와의 동거 비율이 핵심화라는 지표를 좀 더 잘 반영한다고 지적했다. 이 지표를 통해 보면, 중국의 가정은 20세기 90년대부터 뚜렷한 핵심화가 시작되었지만 2015년까지 노인과 자녀의 동거 비율은 여전히 50%를 넘고 있어서, 다세대가정이 현대 중국에서 여전히 생명력과 지속성을 갖고 있음을 보여 주고 있다.

넷째. 다세대가정이 현대 중국에서 지속될 수 있게 된 것은 여러 요인의 영향을 함께 받았기 때문인데, 이전 연구자들이 강조했던 것처럼 전통적 가정 관념과 노인들의 양로에 대한 수요 외에도 점점 커지는 젊은 부부의 육아에 대한 절박한 요구 역시 무시할 수 없는 중요한 요인이다. 18세 이하 청소년의 주간가정 거주 비율이 시간의 흐름에 따라 명확하게 상승 추세이며 연령이 어릴수록 주간가정에 거주할 비율이 가능성이 커지는 사실을 연구에서 발견할 수 있는데, 이는 조부모세대의 손자녀 양육 과정에서의 역할이 점차 확대되고 있음을 보여주고 있다. 이 문제에 대해서는 이 책의 제2장에서 좀 더 전면적이고 심도 깊은 분석을 진행할 것이다.

다섯째. 노인들의 거주 방식을 연구하면서 발견한 사실이 있는데, 시간이 흐르면서 중국 노인들의 자녀와의 동거 비율은 지속적으로 하락한 반면 독립생활 비율은 계속 상승하는데, 그럼에도 불구하고 다세대가정이 여전히 중요한 양로 기능을 수행하고 있음을 발견할 수 있다. 각기 다른 집단에 대한 연구에 따르면, 도시에 거주하고 기혼이면서 연령이 비교적 적으면서 독립적 경제 능력을 갖춘 남성 노인과 비교할 때, 농촌에 거주하면서 연령이 비교적 많고 배우자가 사망한 그러나 경제적 능력이 없는 여성 노인이 자녀와 동거할 가능성이 더 높으며, 이런 특징을 가진 노인들이 일반적으로 부양에 대한 좀 더 절박한 필요성을 때문에 자녀와의 동거를 통해 각종 필요한 지원을 기대한다.

위에서 서술한 내용을 종합하면, 이장의 통계 결과는 현대 중국 가정이 양로 및 육아 두 유형에서 모두 매우 중요한 기능을 수행하고 있으며, 이런 대체 불가능한 역할은 중국에서 여전히 다세대가정 유형이 지속성을 가지고 계속 이어질 수 있는 중요한 요인이 되고 있다. 우리가 역사상의 중국 가정을 연구하면서 발견하는 것처럼, 인간의 이상적 가정에 대한 주관적 소망이 현실에서 거주 유형 선택에 영향을 주는 유일한 요인은 아니며, 가정이 실제로 직면한 경제, 사회 및 생활 환경이 거주 유형을 선택하는데 훨씬 커다란 영향을 끼친다. 현대 중국 사회에서 신속한 사회 변화가 구성원들에게 독립적 생활에 대한 희망을 재촉하지만, 여전히 시급한 양로와 육아에 대한 필요는 결국 여러 세대를 단단하게 연결해 함께 생활하도록 한다. 이장에서는 중국의 가정 구조 및 그 변화에 대한 묘사적 분석을 통해 후속 연구를 위한 기초를 다졌다. 다음 장절에서는 다양한 각도에서 중국 가정의 거주 유형 선택에서의 심층적 요인 및 서로 다른 거주 유형이 가정 양로에 미치는 영향에 대해 분석할 것이다.

2장
왜 자녀와 함께 거주하는가?

소개: 기혼 자녀와 부모의 동거는 전통적인 중국 가정의 중요한 특징이지만, 현대화가 진행되고 있는 상황에서 이런 전통적 거주 유형에 변화가 있었는지에 학계의 관심이 집중되었다. 고전적 가정 현대화이론에 의거하면, 사회의 현대화 정도가 높아짐에 따라 가정의 유형도 핵심가정 위주의 현대적 가정 유형으로 변화한다. 그러나 수많은 연구에서 여러 세대가 함께 거주하는 대가정 전통이 중국에서 여전히 강한 생명력을 유지하고 있는 사실이 드러나면서 현대화이론은 준엄한 도전에 직면해 있다. 기존 연구에서는 중국에서 여러 세대가 함께 거주하는 대가정이 여전히 이어지게 된 세 가지 주요 요인으로 계속되는 효도전통, 노인들의 절박한 양로 수요와 국가의 정책적 규제를 들고 있다. 그러나 이러한 이론은 도시의 젊은 부부가 중년의 부모와 함께 거주하는 현상을 분명하게 설명할 수 없다. 이들 부부는 이미 전통적인 대가정 관념의 영향을 거의 받지 않으며, 그 부모도 자녀의 보살핌을 필요로 하지 않고, 과거 가정 거주 유형 선택을 규제했던 정책적 요인들도 사라졌는데 왜 도시의 많은 젊은 부부들이 부모와의 동거를 선택하는 것일까? 이 문제에 대한 궁금한 점을 해소하기 위해 이장에서는 2010년의 '중국가정추적조사'(中國家庭追踪调查, CFPS) 데

이터에 대한 심층적 분석을 시도했다. 연구에서는 자녀의 요구가 젊은 부부와 부모의 동거를 야기한 중요한 원인임을 밝혀냈다. 이런 요구는 한편으로는 경제적인 필요, 특히 주택에 대한 부모에의 의존 때문이고, 다른 한편으로는 가사 분담과 자녀 양육에 대한 부모에의 의존 때문이다. 현대화와 인구유동이라는 시대적 배경 아래서 도시 가정이 핵심화 되는 추세에 있지만, 현대 중국의 도시에서 여러 세대가 함께 거주하는 대가정이 여전히 대체 불가능한 기능을 수행하고 있으며 앞으로도 존재 필요성은 사라지지 않을 것이다.

1. 현대화이론의 예언

전통사회에서 중국 가정의 전형적 특징은 부모와 적어도 한 명의 기혼 자녀(일반적으로 아들)가 함께 거주하는 것이었다(Levy, 1949). 여러 세대가 함께 거주하는 것은 소농사회의 생산 수요에 적응하기 위한 것이었을 뿐 아니라 제도적으로 노인의 부양 문제를 해결하기 위한 것이었다(費孝通, 1983) 유교문화의 영향 아래서 부모와 동거하는 것은 부모에 대한 극진한 효도 표현 방식 중 하나였다(Whyte, 2003).

그러나 중화인민공화국 성립 이후, 특히 개혁개방(改革開放) 이후 중국 사회에서는 여러 분야에서 커다란 변화가 발생했고, 전통적 대가정이 마주한 생존환경도 과거와 완전히 달라졌다. 그림 2-1은 개혁개방 이후 시간의 흐름에 따라 중국의 주요 사회경제지표가 변화하는 추세를 묘사했다. 1978년 이후 중국의 1인당 GNP, 서비스업이 전체 GNP에서 차지하는 비율 및 도시화 비율이 빠르게 상승한 반면, 농업 인구와 농업의 가치가 전체 GNP에서 차지하는 비율은 빠르게 하락하고 있다. 시간의 흐름에 따라, 중국은 점차 전통적 농업사회에서 발달한 공업사회로 변화하고 있음을 알 수 있다.

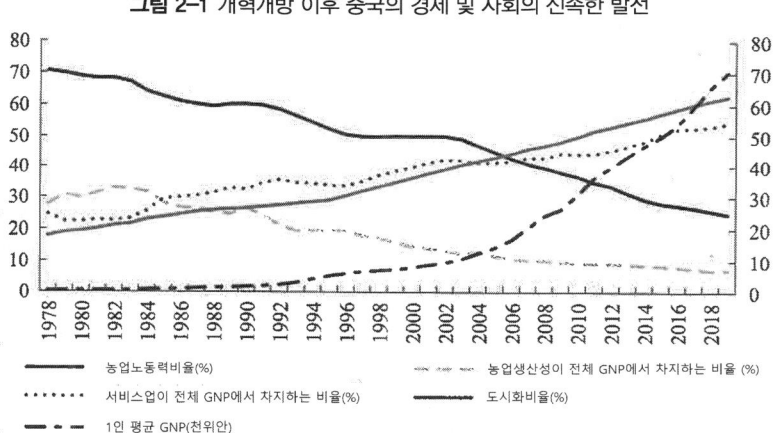

그림 2-1 개혁개방 이후 중국의 경제 및 사회의 신속한 발전

― 농업노동력비율(%)　　―・― 농업생산성이 전체 GNP에서 차지하는 비율(%)
‥‥‥ 서비스업이 전체 GNP에서 차지하는 비율(%)　　― 도시화비율(%)
― ― 1인 평균 GNP(천위안)

자료 출처: 국가통계국, 중국통계연감 2020. 베이징: 중국통계출판사, 2020.

구드는 공업화 발전 또는 전통적 농업사회에서 현대적 공업사회로의 전환은 대가정의 흡인력(吸引力)을 저하시키며, 최종적으로 부부핵심가정에로 전환을 유도한다고 생각했다.(구드, 1963) 구드는 이러한 과정이 발생할 수밖에 없는 두 가지 주요 요인을 지적했다. 먼저, 공업화와 수반되는 현대적 생산 방식은 노동력이 서로 다른 지역과 취업부분에서 자유롭게 이동할 것을 요구하는데, 대가정은 자유로운 이동이라는 면에서 뒤떨어지기 때문에 다양한 변화에 더 기민하게 대처할 수 있는 소가정에 자리를 넘겨줄 수밖에 없다. 다음으로, 사회적 생산방식과 산업구조의 변화에 따라 독립적이고 자유로우며 평등한 가치관이 사회적 주류로 자리 잡게 되는데, 대가정은 이러한 가치관을 아울러 받아들일 수 없기 때문에 필연적으로 대중들에게 버림받게 된다. 구드는 『세계혁명과 가정 유형』에서 세계 각지의 가정 유형이 현대화 과정에서 어떻게 부부핵심가정으로 변화하였는가를 상세하게 묘사했다(구드, 1963). 또 다른 저서 『가정』(구드, 1986)에서 더욱 확고한 어조로 공업화와 도시화로 나아가는 세계혁명 가운데 서로 다른 유형의 확대가정은 예외 없이 부부핵심가정으로 바뀔 것이고, 아울러 이는 인류 역사상 전례 없는 첫 사례라고 단언했다. 중국에서 이와 관련된 연구는 셀 수 없을 정도로 많다. 중국이 현대화하는 과정에서 가정 구조는 어떻게 변화하였는가? 여러 세대가 함께 거주하는 대가정은 점차 소멸되고 있는가, 아니면 여전히 지속되고 있는가? 만약 여전히 존재하고 있다면 대가정이 계속해서 존재하는 이유는 무엇인가? 이 장에서는 먼저 기존의 중국 다세대가정에 관한 연구를 간략하게 검토한 후, 자녀의 필요와 요구라는 측면에서 시작해 현대적 전환과 대가정의 지속적인 발전 사이의 관계를 변증법적으로 분석하고, 마지막으로 2010년 중국가정추적조사 데이터를 종합·분석해 현대 중국 도시가정의 거주 방식 선택에 자녀들의 수요가 미치는 영향에 대해 분석하고 그 결과에 대해 간단하게 토론하려고 한다.

2. 중국 다세대가정의 발전

앞에서 서술한 것처럼 구드 이후 가정 현대화이론은 한 사회의 현대화 정도가 크게 높아지면서 가정도 현대화를 거치게 되는데, 그것이 바로 가정의 소형화와 핵심화라고 생각한다. 그러나 연구자들이 이 이론을 중국

상황에 응용하면서 곤란한 상황에 직면하게 된다. 이유는 중국 가정에서도 빠른 현대화 과정에서 가정의 핵심화 추세가 나타나기는 하지만, 다세대가정이 여전히 매우 중요한 가정 유형의 하나로 자리를 지키고 있으며, 이 유형이 머잖은 장래에 소멸할 것이라는 뚜렷한 징후가 드러나지 않고 있기 때문이다. 왕유예성(2013)은 역대 인구조사 결과 데이터를 바탕으로 중국의 가정 구조에 대해 상세한 연구를 진행했는데, 그는 1982년 중국의 다세대가정이 전체 가정 유형에서 차지하는 비율이 22.66%, 1990년에는 22.41%, 2000년에는 22.28 %, 2010년에는 23.57% 으로 30여 년 동안 그 비율에 거의 변화가 없음을 발견했다. 필자도 이 책의 제1장에서 다세대가정의 비율은 상당 부분이 출산율 하락의 영향을 받기 때문에 가정의 핵심화 추세를 정확하게 반영할 수 없다고 지적한 바 있다. 이와 비교하면, 가정의 핵심화 추세에 관한 지표는 노인과 자녀의 동거 비율을 통해 더 정확하게 검증할 수 있다. 만약 이 지표를 사용하면, 1982년 중국의 65세 및 그 이상 연령 노인의 자녀와의 동거 비율이 69.40%, 1990년에는 60.90%, 2010년에는 51.80%라는 것을 발견하게 된다. 시간이 흐르면서 노인과 자녀의 동거 비율이 계속해서 하락하지만, 2010년에도 여전히 과반 이상의 노인이 자녀와 동거하고 있는데, 이 비율은 서구 세계와 비교해 훨씬 높을 뿐 아니라 한국, 일본 등 유사한 문화적 배경을 지닌 동아시아국가의 그것과 비교해도 매우 높다(Raymo et al., 2015).

왜 빠른 현대화 과정에서 중국의 다세대가정은 여전히 상당수가 지속적으로 유지되고 있는가? 이 문제에 대해 현재의 연구 성과들은 세 가지의 이론적 해석을 도출하고 있다.

첫 번째 이론은 문화적 시점에서 다세대가정이 여전히 지속되고 있는 이유를 추적해 보려고 한다. 많은 사람이 알고 있듯이 중국은 유교문화의 영향을 크게 받았다. 유교문화에서 부모에 대한 효도는 자녀의 기본적 행위규범이자 도덕규범이며, 자녀의 불효는 엄청난 잘못으로 도덕적으로 강한 비판을 받을 뿐 아니라 국가의 법률에 의해서도 강력한 제재를 받는다(Whyte, 2003, 2004). 유교문화는 정부 통치이념의 핵심으로 중국사회에서 2,000여년의 오랜 시간 영향을 끼쳤다. 이로 인해 효도전통은 현대 중국 사회에서도 잘 보존되고 있으며, 부모와 자녀의 동거는 주요하게는 부모의 양육에 대한 보답으로서 뿐 아니, 자녀들 또한 부모에 대한 효도를 자신이 마땅히 완수해야 할 책임으로 인식하고 있다(Whyte, 2004; Lee, Parish & Willis, 1994; Asis,Domingo, Knodel, et al., 1995).

만약 효도문화가 여전히 중국인의 관념과 행위에 강력한 영향력을 행사하고 있다고 말할 수 있다면, 자녀들이 결혼 후에도 부모와 함께 거주하는 것은 전혀 이상하지 않다. 그러나 일부 학자들은 이런 문화적 해석에 의문을 제기한다. 예를 들어 20세기 80년대 초 일부 중국 도시에 대한 조사에서 대다수 젊은 자녀들이 결혼 후 독립해 거주하는 현상이 발견되었다(Logan & Bian, 1999; Unger, 1993). 농촌의 경우 또한 일부 지역의 현지 조사에서 수많은 농촌 노인들이 자녀들과 따로 거주하기를 원했고, 단지 자신들의 건강 악화로 혼자 자신을 돌보기 어려울 때에 이르러서야 자녀와 동거를 원한다는 사실이 보고되었다(阎云翔, 1998). 동거를 원하는 것과 실제로 동거하는 이상과 현실의 불일치는 현실에서의 동거가 사람들이 여전히 전통적인 거주 방식을 존중해서가 아니라 객관적 조건의 제한 때문이라는 것을 설명해준다. 구체적으로 말하자면, 이런 제한은 두 가지로 표현된다. 하나는 여전히 가정에서의 양로 문제에 대한 필요이고, 다른 하나는 국가의 정책 때문이다. 이 때문에 중국의 다세대가정에 대한 서로 다른 두 종류의 이론적 해석이 등장했다(Logan,Bian & Bian, 1998; Whyte,

2005).

첫째, 가정 양로의 필요라는 시각에서 보면, 몇몇 연구 결과는 중국이 빠른 현대화로의 전환 과정에서 서구 국가들처럼 튼튼한 사회보장제도를 구축하지 못하면서, 각 가정이 여전히 대체 불가능한 양로 기능을 수행하고 있다고 판단한다(Logan, Bian & Bian, 1998; 杜鵬, 1998). 동시에 연령이 비교적 많고, 건강이 그다지 좋지 않으면서 배우자가 사망한 도시 노인들이 자녀와 동거할 가능성이 더 높다는 점을 발견했는데(郭志剛, 2002), 이런 결과는 도시 노인들이 일상생활과 감정 돌봄 분야에서 자녀들에게 크게 의존하고 있는 현실 상황을 반영한다. 농촌에서는 노인의 생활과 감정 돌봄 수요에 대한 만족 외에도, 동거하는 자녀들이 노인들에 대한 경제적 지원의 주요 출처인 것으로 밝혀졌다(杜鵬, 1998; 杨恩艳, 裴劲松, 马光荣, 2012). 이런 결과들에서 도시 농촌 할 것 없이 중국 노인들의 양로 문제가 매우 절박하며, 이것이 바로 노인들이 자녀들과의 동거를 선택한 중요한 원인임을 알 수 있다.

둘째, 일부 학자들은 국가 정책으로 인한 제한이 가정의 주거 방식에 영향을 끼쳤다고 주장하였는데, 이는 먼저 주택 문제에 영향을 주었다(Logan, Bian & Bian, 1998). 20세기 90년대 이전, 중국의 도시에서는 주택 매매가 자유롭지 않았으며, 주로 직장이나 정부가 분배하는 형식이었다. 따라서 주택을 분배받지 못한 수많은 기혼 자녀들은 부모와의 동거를 선택할 수밖에 없었다(Chen, 1985). 뿐만 아니라 국가 정책의 제한으로 인해 중국의 도시에서는 아주 오랜 시간 동안 자유롭게 이동할 수 있는 노동 시장이 형성되지 못했고, 자녀의 직업도 정부가 분배했다. 또한 일반적으로는 등록된 거주지의 지방 정부가 해당 지역에 직장을 분배했고, 게다가 엄격한 호적 관리를 실시했기 때문에 절대다수의 자녀는 철저하게 부모 곁에 묶여서 생활해야 했다(Davis-Freidman, 1991). 이 외에도 국유기업의 임금제도는 경력과 연령에 대한 배려를 장려함으로서 가장의 권위를 강화하는데 일조했고, 아들이 아버지의 직위를 승계하는 정책도 세대 간의 관계를 규정하는데 중요한 영향을 미쳤다. 결국 이런 정책들이 중국의 도시에서 대가정이 생명력을 유지하는데 유리하게 작용했다(Whyte, 2005). 농촌에서도 정부의 정책이 가정의 거주 방식을 선택하는데 중요한 영향을 끼쳤다(王跃生, 2009). 이런 영향은 한편으로는 엄격한 호적 관리제가 인구의 자유로운 이동에 제동을 거는 것으로 나타났고, 다른 한편으로는 개혁개방 이후 중국 정부는 농촌에서 가정도급책임제(家庭联产承包责任制)[1]를 대대적으로 실시했는데, 이 제도가 농촌 가정의 생산력 회복에 상당한 기여를 하면서 대가정이 생명을 유지할 수 있는 조건을 만들었다(沈崇麟·杨善华, 1995).

3. 젊은 부부가 관건이다

앞에서 서술한 내용을 종합해 보면, 효도전통의 지속성, 노인의 절박한 양로에 대한 필요, 그리고 국가 정책의 제한 등이 여러 세대가 함께 거주

---

1 [역자주] 가정도급책임제(家庭聯産承包責任制)는 전면 청부 도급제의 의미인 '대포간(大包幹)'이라고도 부른다. 농업분야에서 개혁개방의 신호탄이 된 정책으로, 1970년대 말 안휘성(安徽省凤阳县)에서 시작되었다. 농민들이 자신이 속한 인민공사(人民公社)의 토지를 개별적으로 도급받아 자주적으로 경영한 후, 인민공사와 합의한 지표 외의 초과 생산량을 자신이 소유하도록 허용한 제도. 농민들의 생산의욕을 자극해 농업정책 개혁의 단서가 되었다. 중요한 것은 이 제도는 중국 농민의 위대한 창조물로 '포산도호(包産到户, 농가 할당 생산방식)'로 상징되는 농촌 개혁은 중국 내부 개혁의 서막을 알렸다는 점이다.

하는 대가정이 중국에서 여전히 생명력을 갖고 살아남은 중요한 요인이다. 그러나 이런 세 가지 요인만으로는 현대 중국의 도시에서 젊은 부부가 부모와 함께 거주하는 현상을 충분히 설명하지 못한다. 이 장에서 사용한 2010년 진행된 중국가정추적조사 데이터에서는 젊은 부부와 부모의 동거 비율이 40%에 접근하고 있다.

첫째, 신혼의 단꿈에 젖어 있는 젊은 부부에게 그들의 부모 대다수는 중년 또는 막 노년에 접어드는 상황에 처해 있다. 중년의 부모와 나이가 적은 노인은 일정한 자금을 축적하고 있으며 건강상태도 양호한 편이어서 일시적으로 자녀의 돌봄이 필요하지 않기 때문에 노인에 대한 양로 요구는 젊은 부부가 부모와의 동거를 선택하는 중요한 요인이 아니다.

둘째, 1992년 덩샤오핑(邓小平)의 남순강화(南巡讲话)[2] 후, 중국은 개혁이 심화되는 새로운 단계에 진입했다. 전면적인 경제 발전을 추동하기 위해 정부는 경제와 사회에 대한 전면적인 통제를 단계적으로 완화하기 시작하였고, 이로 인해 개혁개방 초기에 존재했던 가정의 주거 선택을 제한했던 정책적 요소들이 도시 지역에서는 이미 크게 감소했다. 그 구체적인 조치들은 다음과 같다: ①1994년 국무원(国务院, 행정부)은 "도시주택제도 개혁의 심화에 관한 결정"(关于深化城镇住房制度改革的决定)을 공표해 시

---

2 [역자주] 남순강화(南巡講話)는 '구이남순(九二南巡)'이라고 부르기도 하는데, 덩샤오핑(鄧小平)이 1992년 1월 18일부터 2월 21일까지 우창(武昌), 선전(深圳), 주하이(珠海), 상하이(上海)등을 시찰하면서 발표한 담화다. 당시 보수 세력의 반발로 지지부진하던 개혁개방 정책의 필요성을 재차 확인하고, 과감한 개혁 정책의 추진과 시행을 촉구했다. 덩샤오핑 강화의 주 내용은 "자본주의에도 계획이 있고 사회주의에도 시장이 있다"는 것으로, '성자성사(姓資姓社, 자본주의냐 사회주의냐)'를 위시한 이념 논쟁을 정면 반박한 것이었다. 1989년 64사건으로 둔화·정체되었던 중국의 개혁개방은 '남순강화' 이후 다시 속도를 냈으며, '남순강화'는 당시 중국의 신흥 자본시장을 살리는 데 기여했다.

장에서 주택 매매가 자유롭게 진행되기 시작했다. 주택 매매의 시장화 개혁은 중국에서 부동산시장의 발전을 자극해서 개혁개방 초기에 주택 부족 현상이 어느 정도 완화되었다. ②정부는 20세기 90년대 일련의 새로운 정책들을 발표했는데, 이로 인해 도시 지역의 대학 및 중등과정을 졸업한 학생들에 대한 정부의 직장 분배가 단계적으로 사라졌다. 아울러 엄격한 호적 관리제도 역시 완화되면서 인구의 자유로운 이동에 대한 국가의 엄격한 통제도 크게 완화되었다. ③시장 경쟁의 필요에 적응하기 위해 정부는 20세기 90년대 말 국유기업에 대한 대대적인 개혁을 진행해, 앞에서 언급한 대중들의 권리를 제한했던 많은 과거의 규칙들이 단계적으로 폐지되었다. 따라서 현대 중국의 도시에서 젊은 부부와 중년 부모가 함께 거주하는 현상을 국가의 정책적 제한이라는 하나의 요인만으로는 설명하기 어렵다.

셋째, 현대 중국의 사회·경제적 그리고 문화적 관념에서 엄청난 변화가 있었다는 사실을 고려하면, 전통적 유교문화가 젊은 세대에 미친 영향은 점차 약화될 수밖에 없으며 지속적으로 강화될 가능성이 크지 않기 때문에 문화적 해석도 설득력이 떨어진다. 통계 데이터는 1992년 이후 중국의 1인당 평균 GDP는 매년 9% 정도의 고속 성장을 지속하였고, 심지어 10%를 초과하는 경우도 있었다(国家统计局, 2020). 이와 동시에 인구유동의 규모 역시 빠르게 증가했다. 제7차 인구조사 데이터를 보면, 2020년의 인구유동 총 수는 3.76억 명에 달해서, 2010년과 비교해 1.54억 명이 늘어나 69.73%가 증가했다. 경제성장과 유동인구의 증가가 도시화를 추동했다. 2020년 중국의 도시화 비율은 63.89%에 달해서, 중국은 이미 도시인구 위주의 현대화 국가로 탈바꿈했다.

사회·경제의 빠른 발전은 물질적 번영과 생활수준의 보편적 향상을 가져왔지만, 이와 더불어 현대사회의 생활 방식 또한 공리주의적 소비문화를 배양하여 이와 연계된 개인주의적 가치관의 대두를 촉진했다(Chen, 1985; Tsui, 1989). 이런 영향은 '80년대 생'[80后]과 '90년대 생'[90后]을 대표로 하는 청년 세대에게서 특히 뚜렷하게 나타난다. 이렇게 해서 형성된 두 세대 간의 가치관 차이는 젊은 세대가 자신이 나고 자란 가정으로부터 멀어지게 하였고, 이로 인해 도시 가정의 응집력을 떨어뜨렸다(杨善华, 2011). 이 뿐 아니라 고등교육의 보편화와 세계화가 가져온 외래문화 및 가치관의 충격으로 개인주의 가치관의 영향력은 점차 확대되고 있으며, 전통문화가 청년세대에게 미치는 구속력은 바야흐로 약화되고 있다. 따라서 전통문화 또한 젊은 자녀가 부모와의 동거를 선택하는 주요 요인일 가능성은 크지 않다.

4. 자녀의 요구가 끼치는 영향

앞에서 서술한 내용을 종합해 보면, 기존의 다세대가정에 관한 세 가지 이론은 모두 현대 중국의 도시에서 젊은 부부와 중년 부모의 동거 현상을 완벽하게 해석할 수 없다. 하지만 최근 언론 매체와 일부 학자들이 반복해서 제기하고 있는 중국 젊은이들의 '캥거루족' 현상은 젊은 부부 자신의 필요가 부모와의 동거를 선택하게 되는 데 영향을 주는 아주 중요한 요인임을 예시한다(宋健,戚晶晶, 2011). 일부 학자들이 지적한 것처럼, 현대사회가 자녀들의 독립적 거주에 대한 희망을 만들어냈지만, 동시에 일상생활에서의 엄청난 압력이 이들에게 부모에 대한 의존도를 더 높이도록 압박하였다. 따라서 대가정 유형이 현대사회에서 지속되는 이유는 전통적 힘이 작용한 것이라기보다 어느 정도는 현대적 도시생활에 가정이 대응하면서 생겨난 일종의 생존을 위한 선택이었다고 말 할 수 있다(Morgan & Hirosima, 1983).

뿐만 아니라, 서구 국가의 현대화 과정과 다르게 중국 정부는 현대화를 추진하면서 더 완전한 사회보장제도를 구축하지 못했다(Logan,Bian & Bian, 1998). 이와 반대로 중국정부는 자원을 집중해 경제 발전을 달성하고 자체 부담을 덜기 위해, 개혁 과정에서 공공서비스 제공을 대규모로 삭감했다(Zhang, 2004). 경제개혁이 점차 심화하면서 본래 일정한 사회보장 기능을 수행하던 기구들, 예를 들면 회사들도 사회보장 기능을 차츰차츰 시장에 전가하게 되었다. 그러나 이런 변화가 시장의 변화에 상응할 만큼 성숙하지 못한데다 각 가정의 구매력 역시 충분하지 못했기 때문에, 이런 문제를 해결할 책임은 최종적으로 각 가정에 귀착되었다. 먼저, 적절한 가격을 지불하고 구매할 수 있는 주택이 많지 않고 주택 가격이 매우 높은 상황에서, 수많은 젊은 부부가 주택 구입에 대한 희망을 접고 잠시 부모와 동거하게 된 것은 자신들이 직면한 주택 문제에 대응하기 위한 어쩔 수 없는 선택이었다.; 다음으로, 여성의 직업 활동이 충분한 상황에서 정부가 실질적 효과가 있는 영 · 육아 보장 제도를 실시하지 않은데다 발달한 가정 돌봄 서비스 시장도 아직 충분히 형성되지 않았기 때문에, 이런 상황이 젊은 부부들이 곤경에 직면했을 때 원래 가정에 의존할 수밖에 없게 만들었다.

앞의 분석을 종합하면, 필자가 생각하기에 도시에 사는 젊은 부부 자신의 현실적 필요가 그들이 부모와 동거하도록 이끈 주요 원인이며, 이로 말미암아 이장의 핵심 가설을 이룬다.; 부부 자신의 필요가 강할수록 부모와 동거할 가능성도 높아진다. 구체적으로 말하면 이는 아래와 같은 가설을 포괄한다.

가설 1: 경제적 기초가 낮을수록(급여가 낮고, 남편이 직장이 없고, 연령이 비교적 어리고, 자가 주택이 없는), 부모와의 동거 가능성이 더 높다.

가설 2: 가정의 부담이 클수록(여성 가족의 직장 생활, 가정에 돌봄이 필요한 자녀가 있는 경우, 보모를 고용할 수 없는 경우), 부모와의 동거 가능성이 더 높다.

5. 자료, 변수와 분석 방법

5.1. 자료

이장에서는 2010년 중국가정추적조사 데이터를 사용해 연구를 진행했다. 중국가정추적조사는 베이징대학의 중국사회과학조사센터(中國社會科學調查中心)에서 대규모로 진행한 종합적 사회조사로 이 조사는 내재적 계층화, 다단계 및 인구 구성 비율에 의한 확률표본을 사용하여 티이완, 홍콩 및 마카오 특별행정구역(香港·澳門特別行政區), 신쟝위구르자치구(新疆維吾爾自治區), 칭하이성(靑海省), 네이멍구자치구(內蒙古自治區), 닝샤회족자치구(寧夏回族自治區) 및 하이난성(海南省)을 제외한, 전국의 25개 성, 자치구와 직할시의 주민을 대상으로 진행했다.

중국가정추적조사는, 2010년의 첫 방문조사에서 먼저 방문 가정의 모든 구성원 간의 관계 그리고 자신과 배우자 및 부모와 자녀에 관한 기본 사항, 다음으로 가정의 기본 소득, 지출, 주택, 주거 환경 및 사회적 교류 등에 관한 내용, 마지막으로 구성원 각자의 개인 신상에 관한 설문을 요청했다. 그리고 이를 바탕으로 방문 대상자의 연령을 성인과 미성년으로 구분한 후 교육, 직업, 혼인 상태, 건강 및 시간 활용 등의 다양한 내용을 조사했다(谢宇, 胡婧炜, 张春泥, 2014). 2010년의 첫 방문에서 중국가정추적 조사는 가정 구성원에 관한 설문 14,960개, 가정에 관한 설문 14,798, 성인 대상 설문 33,600개, 미성년 대상 설문 8,990개를 회수했다.

  연구 필요에 따라, 이장에서는 중국가정추적조사의 성인 대상 설문 중 40세 이하의 도시 거주 부부와 쌍방의 부모가 모두 세상을 떠난 부부의 표본을 제외했다. 데이터를 분석하면서 평균 연령 40세 이하 부부 일부에서 주관적 견해가 강하다는 점을 고려한 후, 분석 결과의 안정성을 보장하기 위해 평균 연령 35세 이하와 45세 이하의 부부를 대상으로 분석을 진행했다. 연구 결과는 필자의 예측과 완전히 일치함을 발견할 수 있었다. 지면의 제한으로 이장에서는 평균 연령 40세 이하 부부의 분석 결과만을 사용했다. 이장에서 도시와 농촌의 구분은 주로 피방문 기관의 성격에 근거하였다. 촌민위원회(村委会)를 방문했으면 농촌으로, 주민위원회(居委会)를 방문했으면 도시로 분류했다. 마지막으로 설명할 것은 부부 모두 충분한 정보를 제공할 수 있도록 하기 위해 자료 분석 과정에서 남편과 아내의 사적인 질문에 모두 답한 부부의 자료만 사용했다. 앞에서 언급한 각종 한계치를 배제한 이후 연구 요건에 부합한 부부는 1,137쌍이 었는데, 결함이 있는 자료를 제외하고 실제 연구 표본에 사용된 자료는 1,119개이다.

5.2. 변수

  이장의 종속변수는 자녀부부와 부모와의 동거 여부다. 이 항목은 둘로 나누어 1은 동거를 0은 독립 거주를 표시하고 있으며, 자녀 부부가 경제적으로 부모와 분리되어 있지 않지만 독립 거주하는 경우에는 동거에 포함하지 않았다. 이장에서는 결혼 후 남편의 집에 거주하는지 아니면 부인의 집에 거주하는지를 구분하지 않았다. 이러한 구분이 중요한 의미가 있지만(Chu,Xie & Yu, 2011), 성별 간의 차이에 대해서는 다음 장에서 본격적으로 논의할 것이다.

분석의 핵심인 독립 변수는 자녀부부의 현실적인 수요인데, 독립 변수는 부부의 평균 연령, 수입, 부부 각자의 직장 생활 여부, 가정에 3세 이하 아동 유무와 보모 고용 유무 여부, 자녀부부의 주택 소유권 보유 여부 등을 포함한다. 이 외에도 자녀부부의 교육 정도, 자녀부부 양쪽 부모의 연령 및 혼인 상황, 주택 면적, 자녀부부 양쪽의 호적지, 이사[遷移] 상황 및 형제자매의 구성 등의 통제 변수를 포함한다. 앞에서 서술한 독립 변수와 통제 변수의 조작화 및 그 이론적 내용을 표 2-1에서 볼 수 있다.

표 2-1 변수의 조작과 그 이론적 함의

변수	조작화 방법	의미
독립변수		
부부평균연령	부부쌍방의 평균연령	부부의 현재 경제적 역량 측정
수입대수	부부쌍방의 총수입에 대한 대수	
남편의 직업 유무	이분법, 없다=0, 있다=1	부부의 가사노동과
아내의 직업 유무	이분법, 없다=0, 있다=1	육아 방면에서의
3세 이하 자녀 유무	이분법, 없다=0, 있다=1	부모에 대한 의존도 측정
보모 고용 유무	이분법, 없다=0, 있다=1	
주택소유권 유무	이분법, 없다=0, 있다=1	부부의 주택에 대한 수요 측정
통제변수		
부부교육정도	부부가 각자 교육받은 정도 환산	부부의 가정관념에 대한 개방도 측정
남편부모의 연령	60세 이하 60~79세 80 및 그 이상 데이터 손실	부모의 연령이 많을수록 자녀의 돌봄이 더 필요하기 때문에, 자녀의 돌봄에 대한 부모의 수요 측정
아내부모의 연령	60세 이하 60~79세 80세 및 그 이상 데이터 손실	

남편부모의 혼인상황	모두 생존 배우자 상실 모두 사망 기타	부모 중 한 쪽이 사망한 경우 더 많은 자녀의 돌봄이 필요하기 때문에, 자녀의 돌봄에 대한 부모의 수요 측정
아내부모의 혼인상황	모두 생존 배우자 사망 모두 사망 기타	
주택면적	현재주택면적, 단위: 평방미터	충분히 큰 주택 면적은 자녀와 동거의 기본 조건
남편호적	이분법, 도시호적=0, 농촌호적=1	
아내호적	이분법, 도시호적=0, 농촌호적=1	
남편 출생지역	이분법, 현거주지와 14세 때의 거주지 (시)가 대략 비슷하면 0, 다르면 1	남편과 아내의 거주지 이동 상황을 측정해 거주지 이동이 주택의 안배에 미치는 영향 반영
아내 출생지역	이분법, 현거주지와 14세 때의 거주지 (시)가 같으면 0, 다르면 1	
남편의 남자형제 유무	이분법, 없다=0, 있다=1	남편과 아내의 형제 유무 측정으로,
남편의 여자형제 유무	이분법, 없다=0, 있다=1	가족 구성원의 수가 주택안배에
아내의 남자형제 유무	이분법, 없다=0, 있다=1	미치는 영향 반영
아내의 여자형제 유무	이분법, 없다=0, 있다=1	

주: (1) 교육 정도와 기간의 구분: 문맹: 0; 초등학교: 6년; 중학교: 9년; 고등학교: 12년; 전문대학: 15년; 종합대학: 16년; 석사과정: 19년; 박사과정: 23년. (2) 부부의 수입 합계와 저축한 금액이 적으면 0으로 표시하고, 대수(对数, log)를 선택할 때 가치 손실을 피하기 위해 이장에서는 대수를 선택하기 전 부부 수입의 합계를 1로 표시했다. (3) 부모의 연령은 다른 사람이 대신 답했기 때문에 어느 정도 오차가 있을 것으로 판단하고 결과치의 오차를 피하기 위해 '데이터 삭제' 유형을 추가했다. (4) 이장은 연구 결과를 분석할 때 자녀부부 양쪽의 부모가 이미 사망한 표본은 제외했지만, 자녀부부 한 쪽의 부모가 모두 사망하고 다른 한 쪽의 부모가 모두 존재하는 경우는 표본으로 사용했기 때문에, 부모의 결혼 상황 항목은 '모두 사망' 유형을 포함했다. 이혼과 동거 두 상황을 기타 항목에 포함시킨 이유는, 데이터 중 이 두 항목에 대답한 설문지가 매우 적었고, 자료를 분석할 때 이 자료들을 단독으로 분류하지 않았기 때문이다. 이 외에도, 부모의 결혼 상황 항목도 어느 정도 결실이 있었는데, 손실이 지나치게 많은 표본이 생기는 것을 피하기 위해 부모의 결혼 상황 역시 기타로 분류했다. 그러나 연구 항목에 '기타'를 따로 구분한 이유는 가능한 데이터 삭제를 줄이거나 희소한 안건이 가져올 문제를 감소하기 위함일 뿐, '기타' 항목 자체가 어떤 특별한 이론적 함의를 갖고 있는 것은 아니다. (5) 이장의 연구 대상은 도시 거주민이기는 하다. 하지만 적지 않은 농촌에서 직업을 찾아 이동한 농촌으로부터의 유동인구가 포함되어 있다. 이러한 사실은 자녀부부 양쪽의 호적을 통해 알 수 있다. 그렇지만 농촌에서 도시로 이동한 젊은 부부는 이미 도시 호적을 취득

했고, 도시 사이에 이사로 인한 인구이동 등의 상황이 존재하고 있어서, 호적 외에도 이장에서는 자녀부부 양쪽이 현지인인가의 여부를 통계에 포함시켰다.

5.3. 분석 방법

이장의 종속변수는 이항로지스틱회귀모형(binary logistic regression model)을 사용해 연구 분석을 진행하기에 비교적 적합하다. 중국의 지역적 차이가 매우 크고, 각 지역의 문화가 서로 많이 달라서 가정의 거주 유형 선택에도 매우 중요한 영향을 끼친다는 점을 고려해, 두 종류의 서로 다른 모형 설정법을 채용했다.

첫째, 각 성(省)마다 고정 효과를 지닌 '이항로지스틱회귀모형'을 사용했다. 이 모형을 각 성을 독립 변수로 하는 의사 변수 모형과 대비하고 각 성마다 고정된 수치 절편(截距系数, numerical intercept)을 예측한다. 이 방식은 각 성의 눈에 띄지 않은 이질성을 최대한 배제할 수 있어서 거시적 측면에서 소홀히 할 수 있는 변수가 연구 분석에 미치는 간섭을 효과적으로 배제할 수 있다는 장점이 있다.

둘째, 각 성마다 임의적 효과(random effect)를 지닌 '이항로지스틱회귀모형'을 사용했다. '고정 효과 모형'과 달리 '임의 효과 모형'은 각 성마다 단독의 수치절편을 예측할 수 없지만, 각 성의 절편 수치가 미리 설정된 수치에 따르도록 가정되어 있는 통상적인 정규 분포이다. '고정 효과 모델'과 비교해 '임의 효과 모델'의 가정성이 훨씬 강하지만, 예측 자유의 폭을 줄일 수 있다는 점에서 더 간략한 모형이다. 이런 간략성은 일반적으로 '임의 효과 모형'의 예측을 통해 얻은 표준오차가 '고정 효과 모형'을 통해 얻은 것보다 작다는 점에서 드러난다. 이장은 고정 효과와 임의 효과, 두 종류의 모형을 통해 얻은 분석 결과를 동시에 보여 주면서 연구 결론의 안전성에 대해 논의할 것이다.

6. 분석 결과

6.1. 서술적 통계 결과

표 2-2는 이장에서 사용한 변수의 통계를 표시한 것으로, 동거와 분리 거주 표본을 따로 사용한 후 각 변수의 차이에 대한 가설 검증을 진행하였고, 검증 결과에서 그 중요성을 살펴볼 수 있다. 전체 1,119쌍의 부부 중 부모와 동거중인 부부는 448쌍으로 동거율은 40.0%였다. 전반적인 출산율 하락 이후 젊은 부부의 형제자매 숫자가 과거에 비해 크게 감소했다. 따라서 이 비율은 과거의 조사 결과와는 비교하기 어렵다. 그렇지만 표면적으로는 동거율이 그렇게 낮아진 것은 아니다.

표 2-2 모든 독립 변수와 통제 변수의 통계 묘사

변수	유형/지표	총표본	비동거	동거	중요성
평균연령(나이)	평균	33.1	34.0	31.6	***
	표준차	4.7	4.5	4.7	
부부총수입(만위엔)	평균	4.7	4.8	4.5	
	표준차	4.9	4.7	5.1	
남편취업여부(%)	아니오	20.9	19.7	22.8	
	예	79.1	80.3	77.2	
아내취업여부(%)	아니오	41.9	44.4	38.2	*
	예	58.1	55.6	61.8	
3세 이하 자녀여부(%)	아니오	80.2	87.2	69.6	***
	예	19.8	12.8	30.4	
보모고용여부(%)	아니오	97.6	97.6	97.5	
	예	2.4	2.4	2.5	
단독주택여부(%)	아니오	53.4	41.0	71.9	***
	예	46.6	59.0	28.1	
주택면(평방미터)	평균	102.5	90.1	121.0	***
	표준차	81.0	69.2	92.9	
남편부모최고연령(%)	60세 이하	32.1	26.5	40.4	***
	60~79세	54.5	57.1	50.6	
	80세 및 이상	2.5	3.1	1.6	

부인부모최고연령(%)	데이터 손실	10.9	13.3	7.4	
	60세이하	38.1	36.2	40.9	***
	60~79세	42.4	49.8	31.5	
	80세 이상	1.4	1.5	1.3	
남편부모혼인상태(%)	데이터 손실	18.1	12.5	26.3	
	혼인	68.4	66.5	71.1	***
	배우자 사망	18.7	17.7	20.1	
	모두 사망	5.6	7.2	3.4	
	기타	7.3	8.6	5.4	
부인부모혼인상태(%)	혼인	67.3	70.1	63.2	***
	배우자 사망	14.1	16.2	10.9	
	모두 사망	7.8	6.4	9.8	
	기타	10.8	7.3	16.1	
부부교육정도(연)	평균	11.9	11.9	11.9	
	표준차	3.5	3.6	3.5	
남편호적(%)	도시	71.4	68.0	76.6	**
	농촌	28.6	32.0	23.4	
부인호적(%)	도시	64.9	64.1	66.1	
	농촌	35.1	35.9	33.9	
남편은 외지인인가(%)	아니오	78.5	72.1	88.2	***
	예	21.5	27.9	11.8	
부인은 외지인인가(%)	아니오	72.2	71.5	73.2	
	예	27.8	28.5	26.8	
남편형제유무(%)	아니오	48.5	38.3	63.8	***
	예	51.5	61.7	36.2	
남편여형제유무(%)	아니오	43.6	42.5	45.3	
	예	56.4	57.5	54.7	
부인남형제유무(%)	아니오	34.4	30.7	40.0	***
	예	65.6	69.3	60.0	
부인여형제유무(%)	아니오	48.2	46.1	51.3	
	예	51.8	54.0	48.7	
표본수		1,119	671	448	

주: * $p<0.05$, ** $p<0.01$, *** $p<0.001$.

자녀의 필요라는 시각에서 보면, 독립 거주하는 자녀부부와 비교해 부모와 동거하는 자녀부부의 평균 연령이 더 낮고 수입도 적으며, 남편이 무직인 비율 또한 더 높다. 이는 경제적 상황이 좋지 않은 젊은 부부의 부모와의 동거 비율이 더 높다는 사실을 설명한다. 이 외에도, 독립거주 부부와 비교해 동거부부 중 여성의 직장 생활 및 3세 이하의 어린이 보유 비율이 뚜렷하게 높은데, 보모 고용 여부에 대해서는 두 유형 간의 편차가 그리 크지 않았다(표본 중 단지 27쌍의 부부만이 보모를 고용한 것으로 조사되었는데, 아마도 통계 결과가 다소 안정적이지 않았던 때문으로 판단된다). 이러한 결과는 현대의 젊은 부부들이 가사노동과 자녀 돌봄 부분의 강력한 필요가 있을 때 부모와의 동거를 선택할 가능성이 더 크다는 사실을 보여 준다. 주택 소유 상황의 측면에서 보면, 부모와 동거하는 젊은 부부의 주택 소유 비율이 그렇지 않은 부부의 비율보다 현저하게 낮았다. 이는 주택의 자가 소유 여부가 부모와의 동거 선택에서 중요한 요인임을 설명한다.

통제변수의 시각에서 보면, 주택의 면적, 자녀부부 양측 부모의 양로에 대한 필요 여부, 부부 각자의 거주지 이전 및 가족 구성원의 특징 등 모든 요소가 부모와의 동거 여부에 뚜렷한 관련성을 갖고 있었다. 이러한 결과는 기존의 연구 결과와도 일치한다. 다만 이런 변수들이 이장의 주요 연구 목표는 아니기 때문에, 여기서 이런 요소들에 대한 자세한 언급은 생략하겠다.

6.2. 모형 분석의 결과

표 2-3은 모형 예측 결과를 보여주고 있는데, 모형 1은 '고정효과로짓(logit)모형'을 사용한 결과로, 기타 변수를 통제한 이후 자녀의 필요가 부모와 동거에 뚜렷하게 영향을 미쳤음을 볼 수 있다.

표 2-3 고정효과 및 임의효과로짓(logit)모형 예측 결과

	모델1		모델2	
	계수	표준오차	계수	표준오차
평균연령	-0.071**	(0.027)	-0.080**	(0.027)
수입대수	-0.056	(0.062)	-0.057	(0.062)
남편직업여부(아니오=0)	-0.369	(0.218)	-0.369	(0.215)
부인직업여부(아니오=0)	0.721***	(0.179)	0.728***	(0.178)
3세 이하 자녀여부(아니오=0)	1.032***	(0.213)	1.045***	(0.211)
보모고용여부(아니오=0)	-0.318	(0.511)	-0.283	(0.506)
단독주택여부(아니오=0)	-1.395***	(0.173)	-1.373***	(0.171)
주택면적	0.006***	(0.001)	0.006***	(0.001)
부부교육정도	-0.060*	(0.028)	-0.061*	(0.028)
남편호적(도시=0)	-0.675**	(0.241)	-0.661**	(0.237)
부인호적(도시=0)	0.059	(0.218)	0.009	(0.215)
남편은 외지인인가(도시=0)	-1.175***	(0.242)	-1.139***	(0.240)
부인은 외지인인가(도시=0)	0.343	(0.204)	0.366	(0.202)
남편부모혼인상태(혼인=0)				
배우자 사망	0.694***	(0.206)	0.678***	(0.205)
모두 사망	-0.934*	(0.378)	-0.975**	(0.376)
기타	0.424	(0.570)	0.478	(0.558)
부인부모혼인상태(재혼=0)				
배우자 사망	-0.201	(0.237)	-0.200	(0.234)
모두 사망	0.405	(0.293)	0.434	(0.293)
기타	0.137	(0.382)	0.106	(0.379)
남편부모연령(60세 이하=0)				
60~79세	0.202	(0.219)	0.220	(0.217)
80세 및 그 이상	-0.006	(0.587)	-0.085	(0.577)
데이터 손실	-0.522	(0.499)	-0.541	(0.486)
부인부모연령(60세 이하=0)				
60~79세	0.098	(0.221)	0.126	(0.219)
80세 및 그 이상	0.959	(0.652)	1.033	(0.663)
데이터 손실	0.958**	(0.326)	0.996**	(0.324)
남편형제유무(아니오=0)	-1.045***	(0.170)	-1.023***	(0.168)
남편여형제유무(아니오=0)	0.121	(0.171)	0.156	(0.169)
부인남형제유무(아니오=0)	-0.397*	(0.177)	-0.357*	(0.175)
부인여형제여부(아니오=0)	-0.154	(0.164)	-0.130	(0.162)
절편			3.672***	(1.034)
sigma_u			0.563***	-0.153
모델 카이제곱	383.4***		244.6***	
표본수	1,119		1,119	

주: * $p<0.05$, ** $p<0.01$, *** $p<0.001$.

첫째, 경제적 측면에서 보면, 연령이 비교적 적은 부부의 부모와의 동거 비율이 뚜렷하게 높은데, 젊은 부부의 경제적 기초가 그다지 튼튼하지 않기 때문에 경제적 어려움에 직면할 가능성이 크고 따라서 부모의 도움을 더 많이 필요로 하게 된다. 그러나 모형 1에서 부부의 수입과 남편의 직업 유무가 동거에 미치는 영향은 그다지 크지 않다. 일반적으로 남편이 가정의 주요 수입원이고, 따라서 남편의 직업 유무가 부부의 수입과 비교적 강한 일치성을 갖고 있다. 그러나 부부 수입이라는 변수 제거 이후 분석한 모형의 결과는 남편이 직업이 없을 경우 부모와의 동거 가능성이 뚜렷하게(p의 가치는 0.05보다 적다) 증가함을 볼 수 있다. 이러한 결과는 모두 경제적으로 어려움에 처한 부부일수록 부모와의 동거 가능성이 더 높다는 사실을 보여준다.

둘째, 비경제적 측면에서 보면, 부인이 직업을 갖고 있을 때 부모와의 동거 가능성이 훨씬 높아지고, 집에 3세 이하의 아동이 있을 경우 부모와의 동거 가능성은 더욱 높아진다. 보모의 고용 여부에 대한 통계는 그다지 두드러지지 않는데, 이는 보모를 고용한 부부의 숫자(겨우 27 쌍)가 너무 적어 데이터에서 거의 드러나지 않은 것과 관련이 있을 것이다. 이런 결과는 모두 젊은 부부가 가사 노동과 육아 문제를 부모에게 비교적 크게 의존하고 있음을 보여준다.

마지막으로, 주택 측면에서 부부가 주택을 소유하고 있을 경우 부모와의 동거 가능성이 뚜렷하게 낮아졌다. 뿐만 아니라 회귀지수의 측면에서 보면 이 변수의 영향은 매우 크다. 계산 결과는, 기타 변수를 통제한 후 주택 소유권을 보유한 부부의 부모와의 실질적인 동거는 소유권을 보유하지 못한 부부의 24.8%에 지나지 않음을 보여준다. 이러한 결과는 독립 주택을 구매할 구매력을 갖추지 못한 것이 젊은 부부가 어쩔 수 없이 부모와의 동거를 선택하는 중요한 요인임을 충분히 보여준다.

모형 1에서는 일부 통제변수 역시 부부가 부모와의 동거를 선택하는데 확실하게 영향을 미치는 사실을 발견할 수 있는데, 그 예는 다음과 같다:

첫째, 주택의 면적이 클수록 동거 가능성이 더 높아지는데, 이는 충분히 넓은 주택은 많은 세대가 함께 거주할 수 있는 필요조건임을 설명한다.

둘째, 부부의 교육 정도가 높을수록 부모와의 동거 가능성이 더 낮아진다. 이점은 가정 현대화이론의 예측과도 일치한다. 부부가 교육 받은 기간이 길수록 가정에 대한 관념도 더 개방적이고 사적 공간 향유에 대한 욕구가 높아서 독립 거주를 선택할 가능성이 높아진다.

셋째, 남편이 농촌 호적을 갖고 있거나 타지에서 이사 왔을 경우 동거 가능성이 훨씬 낮아진다. 이는 거주 이전이 가정의 거주 방식 선택에 미치는 영향을 반영한다. 거주 이전은 한편으로는 지리적으로 부모와 자녀의 관계를 소원하게 하고, 다른 한편으로는 젊은 부부의 시야를 넓혀서 이점 또한 이들의 가정 관념에 영향을 미친다. 그런데 관심을 기울여야 할 것은 남편의 거주지 이전이 부모와의 동거 비율을 낮춘 것과 비교해, 부인의 거주지 이전은 부모와의 동거에 그다지 뚜렷한 영향을 미치지 않았다는 점이다. 이런 결과는 중국 가정의 남편 집 거주 전통과 관련이 있다. 따라서 남편이 거주지를 이전하면 부모와의 동거 가능성은 크게 낮아지고 동거 비율에 큰 영향을 주지만, 부인의 집에 들어가 살게 될 가능성은 원래 높지 않기 때문에 부인의 거주 이전으로 부모와의 동거 비율이 크게 낮아지지는 않는다.

넷째, 모형 1에서는 부모의 결혼 상황 역시 부모와의 동거에 뚜렷한 영향을 미친다는 사실을 발견할 수 있다. 남편의 부모 중 한 명이 사망하면 동거 비율의 증가가 뚜렷하지만, 부인의 부모 중 한 명이 사망할 경우에는 동거 비율에 크게 영향을 미치지 않았다. 이러한 결과는 다시 한 번 중국 가정의 거주 방식에서의 성적 차별을 설명한다. 부모와의 동거가 주로 남편 부모의 수요(需要)를 만족시키기 위한 것이며 부인 부모의 필요를 위한 것은 아니라는 사실이다. 뿐만 아니라 남편의 부모가 모두 사망하면 동거 비율은 크게 하락한다. 남편의 부모가 모두 사망한 후 단지 부인의 부모와 동거할 가능성만 남게 되는데, 부인의 집에서 생활하는 것은 중국의 거주 방식에서 주요 선택지가 아니다.

다섯째, 남편 또는 부인이 형제가 있을 경우, 부모와의 동거 가능성이 크게 낮아진다. 자매의 존재 여부는 부모와의 동거에 영향을 미치지 않는다. 뿐만 아니라 회귀지수의 관찰을 통해 남편의 형제 유무 여부는 부인의 형제 유무보다 훨씬 큰 영향을 미친다는 사실을 발견할 수 있다. 이는 현대 중국의 도시 가정 거주 방식에서 여전히 뚜렷하게 남성 편향의 경향이 존재하고 남편의 집에 들어가 사는 것이 사회에서 주류적 방식임을 설명한다.

모형 2의 독립변수는 모형 1의 그것과 완전하게 일치하는데, 단지 설정 시 임의효과 모형을 사용했을 따름이다. 분석 결과는 각 성의 임의효과 표준차는 0.563으로 0.보다 훨씬 크다. 이는 각 성의 부모와의 동거 비율에 뚜렷한 차이가 존재함을 보여준다. '고정효과 모형'(모형 1)과 비교해 '임의효과 모형'(모형 2) 중 각 변수의 회귀지수 및 통계 검증 결과는 크게 다르지 않다. 이는 이장에서 모형 분석을 통해 얻은 결과가 매우 안정적이며, 모형 설정의 다름이 실질적 내용 분석에 영향을 주지 못함을 보여준다.

위에서 언급한 것처럼, 이절의 분석 결과는 부부 자신의 현실적 필요가 거주 형식을 선택하는데 매우 중요한 영향을 미친다는 점을 보여준다. 이러한 필요는 한편으로는 부부의 경제적 요인 특히 주택, 즉 거주 문제에 있어서의 부모에 대한 의존으로 표현되고, 다른 한편으로는 가사 및 육아에서의 부모에의 의존으로 표현된다. 이렇게 이장을 시작하면서 제기한 두 개의 연구 가설이 검증 되었다.

6.3. 동거 가정에 대한 진일보(進一步)한 분석

자녀의 필요가 거주 유형 선택에 미치는 영향을 더 명확하게 설명하기 위해, 이 절에서는 표본 중에서 동거 가정의 수입 내역, 주택 소유권, 가사 업무 분담 및 육아 등 4개 부문에 대한 한 걸음 나아간 분석을 진행할 것이다.

표 2-4는 전체 동거 가정 중 연령 집단 별로 구분해 남편, 부인 및 부모의 수입이 가정의 총수입 중에서 차지하는 비중을 계산하였다. 부부의 평균 연령이 증가하면서 부모의 수입이 가정총수입 중에서 차지하는 비율이 점점 낮아지는 것을 볼 수 있다. 30세 이하 부부 집단에서는 부모의 수입이 가정의 총수입에서 36.9%를 차지했지만, 36-40세 부부 집단에서는 18.5%로 하락했다. 이를 통해 부부의 연령이 적을수록 부모의 수입이 높았고, 이런 사실은 젊은 부부가 경제 부문에서 부모의 수입에 대한 의존도가 더 높았음을 알 수 있다. 그렇지만 30세 및 그 이하 연령 집단에서도 부모의 수입이 가정 총수입의 50%를 넘지 못했다. 이런 사실은 젊은 부부들도 일정한 경제적 능력을 갖추고 있어서 부모에 의존해 그들과 함께 동거를 선택한 이유가 경제적인 문제 때문만은 아니라는 점을 설명한다.

표 2-4 부부의 평균 연령으로 구분한 동거 가정의 수입 내역 상황(%)

연령 구분	남편	부인	부모	합계(표본수)
30세 및 그 이하	42.5	20.6	36.9	100.0(173)
31~35세	49.7	29.8	20.5	100.0(145)
36~40세	53.9	27.6	18.5	100.0(109)
합계	47.9	25.5	26.6	100.0(427)

그렇지만 주택 소유권 등의 측면에서 보면,(표 2-5 참고) 30세 이하 및 그 이하 연령 집단에서 부모가 주택 소유권을 소유한 비율이 62.4%에 달했다. 이와 비교해 자녀부부의 주택 소유권 보유 비율은 겨우 12.2%였으며, 31-35세 부부 집단에서는 부모의 주택 소유권 보유 비율이 다소 낮아지기는 했지만 여전히 52.6%에 달했다. 36-40세 부부 집단에 이르러서야 부모의 주택 소유 비율이 크게 하락하기 시작했다. 이런 결과는 다시 한 번 앞 절의 연구 결과가 옳았음을 검증해 주는 것으로, 젊은 부부가 부모와 주택을 공유하는 중요한 요인이 무엇인가를 설명한다.

표 2-5 부부 평균 연령으로 분류한 동거 가정의 주택 소유권 현황(%)

연령 구분	부모소유	부부소유	기타	합계(표본수)
30세 및 그 이하	62.4	12.2	25.4	100.0(181)
31~35세	52.6	26.3	21.1	100.0(152)
46~40세	32.2	46.9	20.9	100.0(115)
합계	51.3	25.9	22.8	100.0(448)

표 2-6은 부부를 연령별로 구분해 전체 동거 가정 중 남편, 부인 및 부모 각자의 가사 노동 분담 비중을 나타낸 것이다. 35세 이하의 두 연령 집단에서 평일과 휴일 모두 부모의 가사 업무 부담 비율이 50%를 넘는 것을 확인할 수 있다. 또한 30세 및 그 이하 연령 집단에서 평일에 부모의 가사 부담 비율은 62.7%에 달했고, 휴일에도 60.0%에 달했다. 31-35세

집단에서는 평일 부모의 가사 분담율이 59.6%로 높았지만, 휴일에는 50.6%까지 떨어졌다. 이런 결과는 다시 한 번 젊은 부부의 가사 노동 분야에서의 부모에 대한 강한 의존을 증명한다.

표 2-6 부부 평균 연령으로 분류한 가정의 가사 업무 분담 현황(%)

	연령 구분	남편	부인	부모	합계(표본수)
근무일	30세 및 그 이하	9.1	28.2	62.7	100.0(179)
	31~35세	12.9	27.5	59.6	100.0(151)
	36~40세	11.7	41.7	46.6	100.0(113)
	합계	11.1	31.4	57.5	100.0(443)
휴일	30세 및 그 이하	11.7	28.3	60.0	100.0(180)
	31~35세	16.2	33.2	50.6	100.0(151)
	36~40세	17.5	42.2	40.3	100.0(112)
	합계	14.7	33.5	51.8	100.0(443)

이와 함께 표 2-6에서는 부인이 가사 노동에서 남편보다 더 많은 책임을 부담하고 있음을 발견 할 수 있다. 표 2-7은 부인이 직장 생활을 할 때도 남편의 가사 노동 분담 비율은 거의 변하지 않지만, 대신 부모의 분담 비중이 크게 증가하고 있음을 보여준다(평일에는 약 14%, 휴일에도 약 6% 증가). 이런 결과는 부인의 근무 시간 중 원래 부인이 책임졌던 가사 업무의 대부분이 부모에게 전가되며, 부모의 존재가 부인의 직장 생활과 가사 업무의 충돌을 효과적으로 완화해 주고 있음을 설명한다.

표 2-7 부인의 직장 생활 현황으로 분류한 동거 가정의 가사 업무 배분 현황(%)

		남편	부인	부모	합계(표본수)
근무일	전업주부	11.2	39.8	49.0	100.0(170)
	직장생활	11.0	26.2	62.8	100.0(273)
	합계	11.1	31.4	57.5	100.0(443)
휴일	전업주부	14.3	37.7	48.0	100.0(168)
	직장생활	14.9	30.9	54.2	100.0(275)
	합계	14.7	33.5	51.8	100.0(443)

마지막으로, 표 2-8에서는 부인이 직장 생활을 하지 않을 때 부부가 육아를 담당하는 비율은 74.7%에 달하고 부모의 육아 비율은 25.3% 그치는 것을 알 수 있다. 부인이 직장 생활을 할 때에는 부부의 육아 담당 비율이 28.6%로 낮아지고, 대신 부모의 육아 담당 비율은 64.9%로 크게 높아진다. 이러한 결과는 부모가 육아 방면에서 부인의 역할을 대신하고 있음을 다시 한 번 증명한다. 전통적 가정에서 육아는 주로 부인의 책임이었지만, 부인이 직장을 갖고 정상적인 육아 활동을 수행하기 어려운 상황에서 부모의 존재가 젊은 부부의 현실 문제를 효과적으로 해결해 주고 있음을 증명한다.

표 2-8 부인의 직장 생활 현황으로 분류한 동거 가정의 육아 업무 배분 현황(%)

	부모	부부	기타	합계(표본수)
전업주부	25.3	74.7	0.0	100.0(75)
직장생활	64.9	28.6	6.5	100.0(77)
합계	45.4	51.3	3.3	100.0(152)

7. 결론과 논의

이장에서 사용한 2010년의 중국가정추적조사 첫 방문조사 데이터는 도시에 거주하는 평균 연령 40세 이하 젊은 부부의 거주 문제를 연구했다. 젊은 부부가 부모와의 동거를 선택한 이유는 자신들의 현실적인 필요가 주요한 요인이다. 한편으로는 경제적인 필요성, 특히 거주지를 부모에게 의존할 필요성이고, 다른 한편으로는 부모의 가사 분담과 아이 돌봄에 대한 필요성이다. 이장의 연구 결론은 가족 구성원의 현실적 필요가 거주 유형의 선택에 중요한 영향을 끼친다는 점을 설명한다. 그러나 기존 연구가 노인의 양로에 대한 필요에 집중했던 것과 달리, 이장은 젊은 자녀의 입장에서 이 문제에 대한 새로운 해석을 시도했다. 고령화의 압력이 날로 심각해지고 있지만, 양로 분야의 사회적 자원은 부족한 현대 중국에서 가정이 여전히 무시할 수 없는 양로 기능을 담당하고 있다는 사실을 부인할 수 없다. 그러나 단지 노인 양로의 필요라는 관점만으로 모든 동거 현상을 해석하는 것은 불가능하다. 이장의 분석 결과가 보여주는 것처럼 자녀의 필요에 의한 동거도 무시할 수 없는 중요한 요인이다.

부모의 필요와 자녀의 필요 중 어느 것이 더 중요한가? 필자는 이것은 자녀와 부모 각자의 연령, 사회·경제적 자원 및 각자가 처한 인생의 발전 단계 등의 요인에 의해 결정된다고 본다. 자녀가 막 직장 생활을 시작하고, 어떤 사람의 남편 혹은 부인 또는 아빠 또는 엄마가 된 시기에는 막중한 직장 생활의 압박과 가정생활의 부담으로 절박하게 부모의 도움을 필요로 한다. 그러나 이들의 부모는 막 중년에 접어들어 경제적으로 절정을 맞이하고 있을 뿐 아니라 자녀의 돌봄도 필요로 하지 않는다. 따라서 이장의 연구 결과가 보여주는 것처럼, 이 시기의 부모와 자녀의 동거는 자녀의 수요를 만족시키기 위한 것이 주요한 요인이 된다. 그러나 자녀가 이러한 어려운 시기를 극복하고 중년에 접어들고 경제적으로 인생의 절정기를 맞이하면, 부모는 이제 노년기에 접어들어 경제력과 신체적 조건이 하락 추세에 접어들면서 성년자녀들에게 강하게 의존하게 된다. 따라서 이 시기의 동거는 주로 노인, 즉 부모 세대의 필요를 만족시키기 위한 것이 주요 요인이 된다. 이장은 모형 분석을 진행하면서, 남편의 부모 중 한쪽이 사망한 경우 부모와의 동거 가능성이 현저하게 높아지는 것을 발견했다. 이는 일정 정도 부모의 필요에 영향 받았다는 점을 검증한다.

중국에서 고등교육이 보편화되고 인구이동이 증가하면서 부모와 자녀의 동거 가능성이 미래에 점차 하락할 가능성이 있다는 점을 이장의 연구를 통해 발견할 수 있다. 그러나 앞의 글에서 언급한 것처럼 노인의 입장이든 아니면 젊은 자녀의 입장이든 현대 중국의 도시에서 대가정 유형은 여전히 대체불가능한 중요한 역할을 담당하고 있다. 따라서 현실적 필요에서 출발해 대가정 유형은 중국의 도시에서 앞으로도 여전히 존재할 필요가 있다고 판단한다. 그 이유는 다음과 같다:

첫째, 현대화 과정 자체가 대가정 유형이 계속 존재할 수 있는 가능성을 내포하고 있다. 한편으로 현대사회의 높은 생활비는 젊은이 및 그들의 부모가 곤경에 빠지도록 하는 중요한 요인 중의 하나이고, 다른 한편으로 현대사회에서 보편적으로 여성이 직장을 가지면서 젊은 부부의 가사 노동에 대한 부담이 증가하게 되고 이들의 가사 노동과 육아 문제를 부모에게 의존하게 만든다. 따라서 현대화가 전통적 가정과 걸맞지 않은 점이 있기는 하지만 서로 부합하는 면도 있다. 즉 현대화는 대가정의 와해를 촉진했지만, 다른 한편으로는 대가정이 계속해서 생존할 수 있는 새로운 공간을 창조해 주었다.

둘째, 중국의 특수한 문화적 전통에서, 젊은 자녀와 부모가 생활에서 어려움에 직면할 때 가정을 통해 그 문제를 해결하는 경향이 강하다. 따라서 실용적 측면에서 보자면, 전통문화는 한편으로는 가족 구성원에게 현대사회에서 직면한 생활상의 어려움을 해결 할 수 있는 제도적 방법을 제공하고, 다른 한편으로는 가정의 이러한 문제 해결의 적응 방식에 문화적 정당성과 합법성을 제시한다. 빠른 현대화 전환 과정에서 중국 전통문화의 구속력이 약해지고 있다. 그러나 절박한 현실적 필요로 인해 중국인들은 더 이상 여러 세대가 함께 거주하는 전통적 거주 방식을 편애하지는 않지만, 어쩔 수 없이 동거를 선택하고 있다. 이런 측면에서 보면, 중국의 전통문화는 정말로 하나의 도구상자처럼 여겨진다. 이 도구상자가 이미 중국인들에게 크게 중요하지는 않지만 여전히 중국인들에 의해 사용되고 있다(Logan & Bian, 1999).

마지막으로, 국가정책의 변화도 여러 세대가 함께 거주하는 대가정 유형이 지속적으로 존속가능하게 해주는 중요한 요인 중의 하나다. 현대 중국의 도시에서 가정의 거주 방식 제한에 대한 정부의 정책은 크게 감소했다. 그러나 정부의 경제·사회 분야에서의 전면적 통제가 느슨해지면서, 이와 더불어 과거에 정부가 제공하던 공적 지원도 크게 감소했다. 개혁개방 초기와 다르게 현대 중국에는 도시 가정에 대한 정부의 영향은 더 이상 존재하지 않는다. 현재 젊은이들의 직장은 더 이상 정부에서 분배하지 않는다. 이런 상황이 젊은이들에게 더 넓은 직업 선택의 자유를 제공하지만, 동시에 이들은 더 커다란 취업 및 실업의 위협을 마주하고 있다. 주택은 이미 자유롭게 사고 팔 수 있지만 그 가격이 너무 높아서 수많은 젊은이들은 희망을 접고 있다. 정부의 제한은 줄어들었지만, 젊은이들이 받는 압력은 오히려 크게 늘었다. 정부 정책의 조정으로 각 개인이 직접 시장과 마주하게 되었지만, 관련 사회보장제도의 미비는 개인이 곤란에 직면했을 때 오직 가정에 도움을 청하도록 강요했다. 젊은 부부도 노년의 부모도 잔혹하고 인정 없는 시장에 직면해 전통문화의 휴지더미 안에서 가정이라는 생명의 지푸라기를 찾게 되었고 완강하게 함께 살기 시작했으며, 이를 통해 현대 중국의 도시 가정을 형성했다.

3장

누구와 살고 얼마나 멀리 떨어져 사는가?

소개: 중국의 거주 방식에 대한 기존의 연구는 대다수가 다세대 동거 여부를 종속변수 삼아 방문 가정의 각 개인별 특징과 가정의 특징, 그리고 거시적 측면에서 사회·경제적 특징이 동거에 미치는 영향을 분석했다. 그러나 현대 중국 가정에서 단지 동거 여부를 종속변수로 삼아 분석하는 것은 중국인들의 다원화된 거주 유형 선택을 충분히 반영할 수 없음이 분명하다. 먼저 중국의 부계 전통을 바탕으로 혼인한 자녀는 통상(通常) 남편의 부모와 동거[从夫居]하지만, 최근 들어 부인의 집에 들어가 장인장모와 동거[从妻居], 즉 처가살이하는 반전통적 거주 방식이 출현해 해마다 크게 증가하는 추세에 있다. 따라서 남편 집 거주와 처가살이를 구분하는 것은 다세대가정의 현대에서의 발전 및 부계 가정제도의 변화를 더 전면적이고 세밀하게 연구하는데 모두 중요한 의의가 있다. 다음으로, 점차 더 많은 젊은이들이 결혼 후 독립거주를 선택하지만, 이들의 거주지는 부모의 집과 그다지 멀리 떨어져 있지 않고 가까운 거리에서 서로 밀접한 가정 네트워크를 형성하고 있다. 이런 현상은 세대 간의 관계 유지와 부모 양로 및 육아 등의 역할을 수행하는데 중요한 의미가 있음을 일부 연구들이 밝혀준다. 이러한 연구 결과를 바탕으로, 이장에서는 2010년

의 중국가정추적조사의 데이터를 사용해 '누구와 함께 사는가'와 '얼마나 멀리 떨어져 사는가'라는 두 측면에서 현대 중국에서 다양화하고 있는 거주 유형의 선택 문제를 분석할 것이다. 현대 중국 가정의 거주 유형에서 성별 차이는 여전히 매우 뚜렷하지만, 처가살이의 증가 비율도 무시할 수 없다. 이 외에도 가까이 살지만 동거는 하지 않는 소가정 유형이 최근 가장 환영받는 거주 형식으로 자리 잡고 있다. 이를 통해 가정 구조의 핵심화가 필연적으로 가정 기능의 약화를 의미하지 않는다는 사실을 알 수 있다. 마지막으로, 이장은 중국 가정 구조의 변화 추세를 전망하고, 가정의 역할, 세대 간의 관계 및 성별 간 평등한 발전 등의 관련 의제에 대해 논의하겠다.

1. 시집살이와 처가살이

전통 중국사회에서는 보편적으로 남취여가(男娶女嫁: 남자는 장가들고 여자는 시집오는 것)의 혼인제도 및 이와 상응하는 남편 집 거주 전통이 실행되었다(費孝通, 1999). 이런 전통을 바탕으로, 아들은 결혼 이후 아내와 함께 부모의 집에 거주하지만, 딸은 다른 가정, 즉 남편의 집에 가서 남편의 부모와 함께 거주했다. 만약 집안에 독자만 있다면, 이 아들은 결혼 이후 일반적으로 부모와 함께 거주할 뿐 아니라 아내와 함께 노부모 부양에 대한 모든 책임을 져야 한다. 만약 가정에 아들이 여럿 있다면, 부모는 일반적으로 아들 중의 한 명을 선택해 함께 거주하게 하고, 다른 아들들은 새로운 주거지를 구해 독립된 생활을 하게 된다. 물론 많지 않은 경우이기는 하지만, 부모가 여러 명의 아들과 함께 거주해 연합가정을 이루기도 한다(费孝通, 1983).

그러나 집안에 아들이 없으면 위에서 서술한 남편 집 거주는 실현될 수 없으며, 이런 상황에서 집안 성씨의 지속을 보장하고 노부모의 부양 문제를 해결하기 위해 중국의 부모는 일반적으로 두 가지의 방법을 사용했다. 그 중 첫 번째 방법은 입양, 즉 남의 집(일반적으로 자신의 형제 또는 동족 내부)에서 남자 아이를 받아들이는 것이다. 입양된 남자 아이는 입양된 집안의 아들 역할을 수행해 양부와 같은 성을 쓰고 양부모가 세상을 떠날 때까지 부양의 책임을 다하게 된다. 페이샤오통(1983)은 입양은 부계 가정제의 영향 아래서 아들이 없는 가정에서 양로 문제를 해결하기 위한 주요 방법이었다고 주장했다. 물론 입양이 이루어지더라도 딸들은 부계 가정의 전통에 따라 다른 남자의 집으로 시집을 가게 된다.

두 번째 방법은 딸이 데릴사위를 들이는 방법이 있다. 이런 상황에서 딸은 결혼 이후 남편과 함께 자신의 부모 집에서 거주하게 되는데, 이것이 바로 처가살이다. 코헨(1992)은 처가살이는 부계 가정제도의 영향으로 출현한 남편 집 거주제의 일탈로, 중국 가정에서 실제 상황에 근거해 가정의 궁극적 희망을 반영해 현실적으로 조정한 다른 형식의 실용적 가정 관리 조치라고 판단한다. 데릴사위제는 일반적으로 아들이 없거나 여러 다른 이유로 인해 아들을 입양할 수 없는 가정에서 취하는 방식으로, 주요 기능은 가족의 성씨 보존과 노부모의 양로 문제 해결이었다(李树茁, 靳小怡, 费尔德曼, 2002). 그러나 부계 가정제도 위주의 중국 전통사회에서 데릴사위의 지위는 매우 낮았고 심지어 심각한 사회적 멸시를 감당해야 했다. 따라서 데릴사위는 엄청난 심리적 부담이라는 대가를 지불해야 했다. 이에 더해 출산율이 매우 높았던 시대적 배경에서 아들이 없는 가정의 비율은 매우 낮았기 때문에 중국 전통사회에서 처가살이 가정의 비율은 매우 낮았다(李树茁, 李南, 费尔德曼, 1999).

처가살이가 중국 전통사회에서 보편적이지는 않았지만, 일부 지역에서는 처가살이가 비교적 유행했다. 예를 들면, 월프(Wolf, 1989)는 중국의 남부 연해지역과 창강삼각주(长江三角洲) 지역에서 비교적 자주 볼 수 있다는 사실을 밝혀냈다. 페이샤오퉁(1999)도 데릴사위 풍습은 중국 서남부 일대의 농촌지역에서 상당히 유행했었음을 지적하였고, 일부 학자들 또한 처가살이 형태가 중국의 중·서부의 소수 농촌 지역에서 광범위하게 존재했다는 사실을 발견했다(韩呈吉, 1992; 严梅福, 1995). 그러나 이 지역의 처가살이와 중국 대부분 지역의 상황은 약간 차이가 있는데, 이 지역의 처가살이는 가정에 아들이 없는 상황에서의 수동적인 불가피한 선택이 아니라, 다양한 경제적 요인을 고려한 후 결정한 주도적인 선택이었다는 사실이다(Wolf, 1989). 이들이 고려한 주요한 경제적 요인은 가정의 노동력 부족, 데릴사위를 들였을 때의 일반 결혼보다 저렴한 비용, 부유한 가정의 딸이 다른 집으로의 결혼을 꺼리는 점, 데릴사위의 강한 경제적 능력 등이었다(李树茁, 靳小怡, 费尔德曼, 2002). 그러나 이런 내용은 단지 일부 지역을 대표하는 특수한 상황일 뿐 전체적으로 보면, 중국의 가정에서 처가살이 비율은 매우 낮다.

중국 가정에서 처가살이의 비율이 낮기 때문에 학계의 처가살이에 대한 관심은 매우 낮다. 오랜 기간 동안 국내외의 학자들은 중국의 다세대 가정에 대해 연구하면서 일반적으로 중국인의 거주 방식이 남편 집에 거주하는 유형이라는 점을 묵인하거나 혹은 개략적으로 다세대가정인지 아닌지에 대해서만 측량하였을 뿐 대부분이 남편 집 거주와 처가살이에 대해 엄격하게 구분하지 않았다. 그러나 근래에 들어와 일부 조사와 연구에서 중국 가정의 처가살이 비율이 시간이 흐르면서 뚜렷하게 상승 추세에 있음을 발견했다(巫锡炜, 郭志刚, 2010). 뿐만 아니라 처가살이가 저출산율을 안정적으로 유지하고, 남아선호와 출생 시 성별 비율의 저하, 딸과 여성의 생활환경 개선, 고령화 사회에서 아들이 없는 노인의 양로 어려움 해결 등에서 매우 중요한 역할을 담당하고 있음을 발견했다(李树茁, 靳小怡, 费尔德曼, 2006). 이를 통해 처가살이에 대한 전문적인 연구를 진행하는 것은 우리가 중국 가정의 변화를 이해하는데 도움을 주고 이에 더해 출산, 부녀의 지위, 가정 양로 등 일련의 중요한 문제 들을 연구하는데 어느 정도 참고할 만한 가치가 있다는 사실을 알 수 있다.

2. 근거리 거주와 가족 네트워크

아주 드물게 남편 집 거주와 처가살이를 구분하는 것 외에 기존의 중국 가정의 구조에 대한 연구는 함께 거주하지 않는 가정의 거리상의 차이에 대해서도 거의 관심을 기울이지 않고 있다. 중국 가정의 변화를 연구하면서 신속한 사회전환 과정에서 중국 가정은 이미 매우 뚜렷한 핵심화 추세를 보이고 있으며, 기혼 자녀와 부모의 동거에 대한 수요 및 그 비율은 계속해서 하락하고 있다(阎云翔, 1998; 曾毅, 王正联, 2004; 李树茁, 靳小怡, 费尔德曼, 2002; 王跃生, 2014). 그러나 부모와 따로 산다는 것이 자녀와 부모의 관계가 단절되었다는 사실을 의미하지는 않는다. 기존의 연구들도 부모와의 거주 거리의 차이가 자녀의 분가 이후 부모와 왕래하는 횟수에 영향을 미치는 중요한 요인임을 발견했다(Bian, Logan & Bian, 1998). 함께 거주하지 않는 부모와 자녀의 거주지 거리가 비교적 가까우면 여전히 서로 비교적 밀접한 관계를 유지하면서 곤란에 직면했을 때 서로 도움을 주고 보살필 수 있다. 그러나 거주지 간의 거리가 비교적 멀다면 세대 간의 소통과 가정 네트워크 구조에서 서로 도움을 주고받는 역할이 영향을 받을 수밖에 없어서 부모와 자녀 간의 거주 거리에 대한 분석을 진행하는 것은 매우 중요한 현실적 의미가 있다.

실제로 20세기 90년대 초, 일부 학자들은 이미 중국의 도시에서 함께 거주하지 않는 자녀와 부모 간의 상호 접촉에 관심을 갖기 시작했으며, 함께 살지 않지만 가까운 거리에 사는 가정 유형을 '네트워크가정'이라고 명명했다(潘允康, 1990; Unger, 1993). 후속 연구들은 네트워크가정이 도시에만 광범위하게 존재하는 것이 아니라 농촌에서도 매우 일반적이라는 사실을 발견했다(阎云翔, 1998; 王跃生, 2010). 이들 연구는 격렬한 사회변화 과정에서 중국의 부모와 자녀의 독립거주에 대한 염원이 크게 증가하고, 기혼 자녀와 부모의 분가 시점 또한 점차 앞당겨지면서 중국 가정의 핵심화 추세가 점점 뚜렷해지도록 추동하고 있다. 그러나 결혼한 자녀들과 부모 간의 문화적 불가분성(麻国庆, 1999)과 현실 생활에서의 빈번한 필요로 인해(부모 돌봄, 손자녀 양육, 감정 교류 등) 자녀가 결혼해 분가한 이후에도 이들은 종종 가까운 거리에 거주하면서 일종의 밀접한 가정 네트워크를 형성하게 된다. 이런 유형의 가정 네트워크는 일반적으로 주간가정과 연합가정의 몇몇 독립적 핵심가정으로 구성된 일종의 특수한 사회조직으로, 이런 네트워크가정은 전통적 연합대가정과 주간가정이 현대에 이르러 자연적으로 계승되고 발전한 가정 유형이라고 말할 수 있다. 일반적으로 말하자면, 가족 네트워크 안의 각 핵심가정은 상대적으로 독립적이지만, 각자의 독립적 생활방식을 유지하는 전제 하에 핵심가정 사이에도 빈번한 교류를 유지하면서 생활 중 어려움에 직면할 때 서로 도움을 주고받는다. 이를 통해, 네트워크가정이 한편으로는 독립거주라는 각자의 주관적 희망을 만족시켜주면서, 다른 한편으로는 가족 구성원 간의 정적인 교류와 상호 도움이라는 객관적 필요 또한 만족시키기 때문에 신속하게 변화하는 중국의 농촌과 도시에서 강력한 생명력을 유지하고 있다(王跃生, 2010).

위에서 서술한 내용을 종합하면, 네트워크가정이라는 개념은 전통적 가정 구조 연구에서 관심을 집중한 '한지붕 아래서'라는 지리적, 공간적 한계를 돌파하고, 이와 동시에 동거하지 않는 부모와 자녀의 거주 거리를 학술 연구의 시야 안으로 끌어들였다. 여러 세대가 함께 거주하는 대가정과 비교해 네트워크가정이 형식적으로 더 유연하면서도 현대사회의 기본적 요구에 잘 적응할 수 있다. 그러나 가정 네트워크 내부에서 감정적 교류와 상호 도움 기능이 발휘하기 위해서는 반드시 지리적으로 가까운 거리에 거주한다는 기본 조건을 충족해야 한다(潘允康, 1990). 일부 연구는 부모와 자녀 간의 거주지의 멀고 가까움이 이들의 교류에 영향을 미치는 중요한 요인임을 발견했다(Bian, Logan & Bian, 1998). 거주 거리가 경제적 교류에 미치는 영향은 비교적 약하지만, 일상생활에서의 교류와 정적인 교류에 미치는 영향은 비교적 컸다(杨菊华, 李路路, 2009). 따라서 부모와 자녀의 동거 여부에 대한 연구 외에도 기혼자녀와 양쪽 부모의 거주 거리에 대한 보충 분석도 매우 중요한 현실적 의미가 있다.

3. 사회 변화와 개인적 필요

위에서 종합한 것처럼, 현대 중국 가정의 거주 유형 선택은 매우 복잡하고 다양하다. 일부 가정은 여전히 남편 집에 거주하는 전통적 방식을 고수하고 있지만, 일부 가정은 부계 전통과 완전히 배치되는 처가살이라는 거주 방식을 채택하고 있다. 또 일부 가정은 함께 살지는 않지만 가까운 거리에 사는 네트워크가정 방식을 선택해, 두 세대 간에 비교적 독립적 생활을 유지하는 전제 하에 현실적으로 필요한 정적 교류 및 세대 간 상호 돌봄을 실현하고 있다. 현대 중국인들이 이렇게 다양한 거주 형식을 활용하고 있는데, 최종적으로 거주 형식을 결정하는 요인들은 무엇일까? 이런 요인들을 대략 두 가지 유형으로 분류할 수 있을 것 같다. 하나는 거시적 측면의 사회변화와 관련된 것이고, 다른 하나는 미시적 측면에서 개인적 필요와 관련이 있다.

3.1. 사회변화의 영향

사회변화의 거시적 측면에서 볼 때, 중국의 신속한 현대화와 인구구조 변화는 중국의 가정에서 주거 유형을 선택할 때 영향을 끼치는 중요한 요인이다.

1978년 개혁개방 이후 중국의 경제성장, 산업구조, 노동력의 취업구조, 도시와 농촌 가정의 수입, 고등교육, 도시화율, 의료보건 수준, 사회보장 제도 등의 모든 방면에서 괄목할만한 성과를 거두었음을 통계 자료가 보여주고 있으며(국가통계국, 2020), 현재 중국은 과거의 저발전 농업국가에서 발달한 공업국가로 전환하고 있다. 구드(1986)는 사회의 현대화 과정은 필연적으로 가정 구조의 현대화를 수반하며 그 구체적 형식은 여러 세대가 함께 동거하는 대가정 유형이 점차 쇠락하고, 가장의 권위도 지속적으로 약화되고 세대 간의 관계는 점차 약해지면서, 부부관계가 세대 간의 관계를 대체해 가정 관계의 주축으로 자리 잡는다고 생각했다. 구드의 가정 현대화이론에 대해서 필자는 이미 앞의 장절에서 비교적 상세하게 서술했기 때문에 이장에서는 더 이상 거론하지 않겠다. 그의 이론은 제기된 후부터 이미 국내외 학자들의 비판에 직면했으며, 많은 연구에서도 중국의 가정 구조 변화가 구드의 주장처럼 확대가정에서 핵심가정으로 전화하는 단일한 경로를 거치지 않았음이 밝혀졌다(唐灿, 2010; Cherlin, 2012). 그러나 부인할 수 없는 사실은 공업화, 현대화, 도시화와 이런 변화가 가져온 물질적 번영, 소비수준의 향상, 전통적 가족 관념의 약화 그리고 개인주의적 관념의 강화 등은 모두 중국인의 거주 유형 선택에 매우 커다란 영향을 가져왔다(阎云翔, 2012; Chen, 1985). 이러한 배경 아래서 남편 집 거주는 더 이상 젊은 부부의 유일한 선택지가 아니었고, 중국인들은 점차 처가살이 및 독립거주 등 새로운 거주 유형을 받아들였다. 위의 내용을 종합하면, 중국의 급속한 현대화는 가정의 거주 유형 선택이 점차 다양화하는 중요한 요인이 되었다.

현대화 외에도 중국 가정의 변화를 추동한 또 다른 한 힘은 인구 구조의 변화다. 전통 중국사회의 출산율은 비교적 높았고 인구의 유동성은 비교적 낮았다. 높은 출산율로 대다수 노인들은 다수의 성년자녀가 있었으며 거의 모든 가정에 아들이 있었다. 그러나 인구유동성이 낮다는 것은 사회의 결혼 반경이 비교적 좁아서, 대다수의 자녀가 결혼 후에도 부모 주변에 산다는 것을 의미한다. 이러한 모든 요인들이 남편 집 거주의 전형적 유형인 여러 세대가 동거하는 대가정제도가 중국의 전통사회에서 지속가능하도록 하는 매우 중요한 인구학적 기초가 되었다. 그러나 현재의 중국에서 이렇게 높은 출산율과 유동성이 낮은 인구환경은 이미 바뀌었다.

첫째, 출산율 측면에서 보면, 20세기 70년 산아제한정책이 실시된 이후 중국 가정의 출산율은 빠르게 하락하고 있다. 1970년 중국의 총 출산율은 여전히 6% 내외의 높은 비율을 유지했지만(중국인구와 산아제한연감,

2006); 20세기 90년대에 이르러서는 이미 인구대체수준(약 2.1) 이하로 떨어졌다(郭志剛, 2004). 제7차 인구조사 자료에 따르면, 2020년 중국의 출산율이 겨우 1.30에 지나지 않았다. 이는 중국이 이미 저 출산율 국가의 대열에 진입했다는 것을 의미한다.(국가통계국, 2021a) 출산율의 급격한 하락은 가정에서 출산하는 자녀 숫자의 감소와 다세대거주 기회의 감소만을 의미하지 않으며, 한 가정에서 남자 아이의 출산 가능성이 크게 감소했다는 사실을 나타낸다. 가정에 남자 아이가 없으면 남편 집 거주라는 전통적 거주 유형을 이야기하는 것이 불가능하다. 지금 산아제한정책 실시 이후 태어난 세대의 일부가 이미 결혼했는데, 이들은 현재와 미래의 가정 구조에 매우 중요한 영향을 미치게 될 것이다.

둘째, 인구이동의 측면에서 보면 20세기 90년대 이전에는 호적관리제의 영향으로 농촌에서 도시로 또는 농촌이나 도시 내부에서 인구이동의 규모가 매우 적었다(段成榮, 楊舸, 張斐, 2008). 그러나 중국 경제개혁의 가속화와 정부 호적관리제도의 완화로 중국의 유동인구수는 빠르게 증가했다. 2000년의 제5차 전국인구조사 자료에 따르면, 중국의 유동인구수가 이미 1억 명을 넘어섰다. 2010년의 제6차 전국인구조사 자료에서는 유동인구수가 이미 2.2억 명으로 증가했다. 2020년의 제7차 전국인구조사에서는 유동인구의 규모가 3.76억 명으로 증가했다.(국가통계국, 2021b) 인구이동의 증가는 직접적으로 세대 간의 공간적 거리를 확대하였고, 일부 노인들은 자녀들의 이주로 어쩔 수 없이 독립거주를 하거나 심지어는 자녀들과 멀리 떨어져 지내게 되었다(張文娟, 李樹茁, 2004). 이 외에도 이주한 사람들이 타지에 정착하면서 현지인과 외지인이 결혼하게 되는 상황도 점차 증가하게 되었다. 외지에서 이주해 온 남성이 현지 여성과 결혼하면서 부인의 집에 거주하는 것이 자연스러운 선택이 되었다. 따라서 인구이동의 증가는 부모와 자녀의 동거 가능성을 낮추었을 뿐 아니라 남편 집 거주와 처가살이의 선택에 중요한 영향을 끼쳤다.

3.2. 개인적 필요의 영향

거시적 측면의 사회변화 외에도 미시적 측면의 개인적 필요 또한 거주 유형의 선택에 중요한 영향을 끼쳤다. 현대 중국에서 이러한 필요성은 한편으로는 노인의 양로에 대한 필요성, 그리고 다른 한편으로는 젊은 자녀의 경제, 주택, 가사노동 및 육아 등 방면에서의 부모에 대한 의존 때문이기도 하다.

첫째, 노인들의 필요라는 측면에서 보면, 일부 연구 결과는 중국의 빠른 현대화 과정에서 서유럽 국가와 같은 비교적 완전한 사회적 양로제도가 구축되지 못했기 때문에 여전히 가정이 대체불가의 양로 기능을 수행토록 하는 결과를 초래하였을 뿐 아니라(Logan, Bian & Bian, 1998; 杜鵬, 1998), 자녀와의 동거 또는 가까운 거리 거주가 노인들이 자녀들의 지원을 받을 수 있는 필요조건이 되었다는 점을 지적하고 있다(Bian, Logan & Bian, 1998; 鄔盛明, 陈开明, 杨善华, 2001). 동시에 연구 결과들은 노인들의 양로에 대한 요구가 주로 자녀의 경제적 지원, 일상생활에 대한 돌봄 및 정서적인 교감의 세 가지 요인임을 발견했다. 중국 농촌에서 이 세 방면의 지원 수준은 대개 가정의 거주 유형과 밀접한 관련이 있다(Silverstein、Cong & Li, 2006). 그러나 도시는 퇴직금의 보장성이 농촌에 비해 넓고 수준도 비교적 높아서, 노인들의 자녀에 대한 경제적 의존도는 그다지 크지 않지만, 여전히 자녀들은 노인들이 생활상의 돌봄과 감정적 위안을 받을 수 있는 주요 원천이다(杜鵬, 1998). 따라서 노인들의 양로에 대한 수요는 여전히 도시 가정에서 주거 방식을 선택하는 중요한 요소이다(郭志剛,

2002).

둘째, 자녀들의 필요라는 측면에서 보면, 젊은 자녀들의 경제적 여건, 자가 주택 미보유, 가사노동과 육아 등 다방면의 수요들이 거주 유형을 선택하는데 점점 더 중요한 영향을 미치는 요인으로 대두하고 있다. 서구 사회를 연구한 결과들을 보면 부모와 자녀의 동거는 주로 경제적으로 어려운 자녀를 돕기 위한 것이었음을 알 수 있다. 게다가 최근 언론매체와 일부 학자들이 반복적으로 언급한 젊은이들의 '캥거루족 현상'은 자녀의 필요가 현대 중국의 거주 유형을 연구하는데 무시할 수 없는 중요한 측면이 있음을 밝히고 있다(宋健, 戚晶晶, 2011). 이 책의 제2장은 중국에서 자녀의 필요성이 주는 영향이 다음과 같은 두 가지 측면으로 드러나고 있다고 주장한다.

하나: 자녀의 주택 문제에 대한 부모에의 의존. 수많은 연구들은 개혁개방 초기의 심각한 주택 부족이 자녀들이 결혼 후 계속해서 부모와 함께 거주하게 된 중요한 요인이었다고 판단하고 있다(Whyte, 2005; Logan, Bian & Bian, 1998). 주택의 상품화 조치 이후 정부는 부동산시장에 대한 투자를 확대하였고, 개혁 초기에 부족했던 주택 사정도 어느 정도 완화되었다. 그러나 높은 주택 가격은 수많은 젊은 부부들에게는 그림의 떡이었고, 자기 소유의 주택을 구매할 수 없었기 때문에 이들은 어쩔 수 없이 부모와의 동거를 택할 수밖에 없었다.

둘: 자녀들이 가사노동과 육아 문제에서 부모의 도움이 필요했기 때문. 전통 중국 가정에서, 남편은 직장생활을 통해 돈을 벌고, 부인은 집안에서 가사와 육아를 담당해서, 남편은 밖에서 부인은 집에서 일하는 분업의 경계가 분명했다. 그러나 점차 부인이 밖에 나가 직장생활을 하게 되면서 부부가 모두 직장생활을 하는 가정에서 가사노동과 육아 문제에서 압력

이 점차 두드러지게 나타났다. 이 때 만약 노년의 부모가 집에서 요리와 청소도 하고 육아도 담당해 준다면 젊은 부부의 직장생활과 가사업무의 충돌을 효과적으로 완화할 수 있었다(Morgan & Hirosima, 1983).

위에서 언급한 내용을 종합하면, 중국 가정의 거주 유형 선택은 가족 구성원의 주관적 희망과 가족 인구구성의 객관적 한계 및 다른 구성원의 현실적 필요 등 복합적 요인을 종합적으로 고려한 결과다. 급변하는 사회적 환경 아래서 여러 세대가 함께 거주하고 또 남편 집 거주라는 전통적 관념은 이미 상당히 약해졌고, 신속한 인구 구성의 변화 역시 대가정 형식에 의존해 존재하던 수적 기초를 근본적으로 흔들었다. 그러나 두 세대, 즉 부모와 자녀 세대의 절박한 현실적 요구로 인해 여러 세대가 함께 거주하거나 또는 가까운 거리 거주는 여전히 지속적인 존속의 필요성을 확보하고 있다. 우리는 현대 중국사회에서 노인이든 젊은 부부든 관계없이 그들이 현실 생활에서 곤란에 직면했을 때 여러 세대가 동거하거나 가까운 거리에 거주할 가능성이 뚜렷하게 증가하고 있다고 판단한다. 뿐만 아니라, 한 가정의 거주 유형을 결정하는 데에는 부부 양쪽 가정의 필요를 종합적으로 고려해야 한다. 만약 남편의 부모가 강력하게 원할 때에는 남편의 부모 집에서 함께 거주하거나 또는 그들의 집에서 가까운 거리에 거주할 가능성이 증가하고, 반대로 부인의 부모가 강력하게 요구할 때에는 처가살이를 하거나 부인의 부모 집에서 가까운 거리에 거주할 가능성이 증가한다. 이어서 이장에서는 2010년 중국가정추적조사 자료를 사용해 현대 중국 가정의 다양화 추세를 상세하게 묘사하면서, 동시에 사회변화와 개인 수요라는 두 측면에서 가정의 특징이 거주 방식을 선택하는데 끼친 영향에 대해 연구할 것이다.

4. 자료, 변수와 분석 방법

1) 자료

이장에서는 2010년 중국가정추적조사의 자료를 이용해 연구를 진행할 것이다. 이 책의 제2장에서 이 자료에 대해 상세하게 설명하였기 때문에 여기서 다시 반복하지 않겠다. 다만 2010년 중국가정추적조사는 방문 가정 및 배우자 그리고 이들 부부의 부모의 거주 유형(동거 여부 및 가까운 거리 거주 포함) 등을 상세하게 탐문해서 이 연구에서 필요로 하는 종속변수에 대한 요구를 만족시켰다.

구체적인 분석 과정에서 이장은 젊은 자녀부부를 분석의 기본으로 삼았다. 각 부부의 남편 집 거주 또는 처가살이의 가능성을 모두 확보하기 위해 분석 과정에서는 부부 양쪽의 부모가 모두 생존한 표본만을 사용했다. 이 외에도 부부 양쪽의 특징이 거주 유형 선택에 미치는 영향을 종합적으로 고려하기 위해, 이 연구에서는 분석을 진행할 때 성인 설문지에 남편과 부인 모두 답변한 표본만 자료로 사용했다. 앞에서 언급한 자료 사용에서의 기준 이후 연구 분석의 조건에 부합한 부부는 5,131쌍이었고, 여기서 기준에 부합하지 않은 표본을 제외한 숫자는 4,948쌍으로 줄어들었다. 그러나 자녀와 동거하지 않는 부모의 거주 거리에 약간의 오차가 있어서, 거주 거리를 연구할 때 사용한 표본은 4,638쌍만을 사용했다.

2) 변수

이장의 종속변수는 네 가지다. 첫째는 부부가 쌍방의 부모와의 동거 여부로 '독립거주', '남편 집 거주', '처가살이'의 세 유형을 포함한다. 둘째와 셋째는 각각 부부와 남편 및 부인 부모와의 거주 거리인데, 가까운 거리에서 순서대로 다음과 같은 6개 유형으로 구분하였다: ①동거 ②같은 촌(村, 농촌)/거리(街, 도시), ③같은 현(县)/구(区) 그러나 다른 촌/거리, ④같은 시(市) 그러나 다른 현/구, ⑤같은 성(省) 그러나 다른 시, ⑥다른 성. 넷째 종속변수는 부부와 이들 양쪽 부모의 상대적 거주 거리인데, 이 지표는 부부와 양쪽 부모의 실제 거주 거리를 비교한 후 획득한 결과다. 상대적 거주 거리는 다음과 같은 세 가지 유형이 있다. ①남편 부모와의 거주 거리가 더 가까운 경우 ②쌍방 부모의 거주 거리가 비슷한 경우 ③부인 부모와의 거주 거리가 더 가까운 경우이다.

독립변수는 앞에서 서술한 것처럼, 중국 가정의 거주 유형 선택은 가정이 처한 사회경제적 환경, 가정이 실제 직면한 경제 상황과 가족 수, 가족 구성원들의 다방면의 현실적 필요 등을 종합적으로 고려한 후의 합리적 선택의 결과다. 거주 유형 선택에서 각 가정의 복잡한 선택 과정을 충분히 반영하기 위해, 이장은 많은 독립변수를 고려했는데 이러한 독립변수를 어떻게 안배했는지 또 그 이론적 함의는 무엇인지를 표 3-1에서 볼 수 있다.

표 3-1 독립변수의 조작과 그 이론적 함의

변수	조작화 방법	이론적 함의
지역	동부,중부와 서부 3개 지역	현대화 수준: 동부〉중부〉서부
도시와 농촌	이분법, 농촌=0, 도시=1	현대화 수준: 도시〉농촌
아내 교육 정도	아내의 교육 기간 전환	아내의 교육받은 기간이 길수록 현대적 가정관념의 영향이 크다
부부간 교육 정도의 차이	남편이 교육받은 기간에서 아내의 교육받은 기간 제함	부부간 논의에서 아내의 주도적 능력 평가
남편의 형제 유무	이분법, 없다=0, 있다=1	
남편의 형제수	연속변수	남편과 아내의 형제수 측정은
아내의 형제 유무	이분법, 없다=0, 있다=1	가정출산율의 영향 반영
아내의 형제수	연속변수	

남편의 거주지 이전 유무	이분법, 없다=0, 있다=1	남편과 아내의 거주지
아내의 거주지 이전 유무	이분법, 없다=0, 있다=1	이전 상황 측정
부부평균연령	부부 양쪽 연령의 평균	부부의 연령이 적을수록 부모의 도움이 더 필요함
주택소유권 유무	이분법, 없다=0, 있다=1	부부의 단독주택 소유 측정
주택면적	당시의 주택면적	충분한 주택면적은 동거의 기본 조건
3세 이하 자녀 유무	이분법, 없다=0, 있다=1	육아 방면에서 부모에의 의존도 측정
남편부모의 혼인상황	혼인, 배우자 사망과 기타를 포함한 세 유형	부모 중 한쪽이 사망한 경우 자녀 의 돌봄이 더 필요하기 때문에,
아내부모의 혼인상황	혼인, 배우자 사망과 기타를 포함한 세 유형	부모의 자녀 돌봄 수요 측정

주: (1) 중국가정추적조사에 포함된 25개 성에는 베이징(北京), 티엔진(天津), 허베이(河北), 랴오닝(辽宁), 샹하이(上海), 쟝수(江苏), 저쟝(浙江), 푸지엔(福建), 산동(山东)과 광동(广东) 등 동부의 성들; 헤이롱쟝(黑龙江), 샨시(山西), 지린(吉林), 안후이(安徽), 쟝시(江西), 허난(河南), 후베이(湖北)와 후난(湖南) 등 중부의 성들; 쓰촨(四川), 총칭(重庆), 꿰이조우(贵州), 윈난(云南), 샨시(陕西), 깐수(甘肃)와 광시(广西壮族自治区) 등 서부의 성들이 포함되어 있다. (2) 도시와 농촌의 구분은 국가통계국통계설계관리사(国家统计局统计设计管理司)에서 설정한 도시와 농촌의 코드를 도시(시와 읍 포함)와 농촌으로 구분한 기준을 따랐다. (3) 교육 기간과 정도의 측정 방법은, 문맹: 0; 초등학교: 6년; 중학교: 9년; 고등학교: 12년; 전문대학: 15년; 종합대학: 16년; 석사과정: 19년; 박사과정: 23년. (4) 부부의 이주와 유동상황은 두 개의 기준을 근거로 판단했다: 먼저, 부부의 호적이 거주지와 다른 현이나 구에 있으면 유동인구로 구분하고, 다음으로 부부가 12세였을 때의 거주지와 현재의 거주지가 다른 시(地级市, 광역시 또는 도(道) 이하의 일반시에 해당)에 있을 때 유동인구로 구분. (5) 중국가정추적조사는 현대 주택 소유 등기부에 1, 2, 3 소유자로 등록된 사람들에 대한 설문을 통해, 부부가 명단에 올라 있으면 해당 주택을 소유한 것으로 분류했다. 주택소유권의 보호는 해당 부부가 자가 소유자로 분류된다는 것을 의미한다. (6) 부모의 혼인 상황에서 '기타'는 이혼과 동거의 두 가지 상황을 포함한다. 자료 중 이 두 가지 문제에 답한 건수가 너무 적어 분석 과정에서 하나의 단독 항목으로 분류하기 어려워 기타로 병합했다. 이 외에도 부모의 결혼 상황 항목에는 가치를 확정하기 어려운 사례들이 존재하고 분석과정에서 좀 더 엄밀한 결과를 얻기 위해 이런 자료들 역시 기타로 분류했다. 그러나 분석 과정에서 '기타' 항목을 배치한 것은 단지 자료의 정확한 가치가 감소하는 것을 피하고 희소성이 초래하는 문제를 피하기 위한 것일 뿐 기타 항목 자체가 내포하는 뚜렷한 이론적 함의는 없다.

3) 분석 방법

모형 분석에서 이장은 종속변수에 대해 두 가지 서로 다른 분석 방법을 사용했다.

첫째, 양쪽 부모와의 동거 여부를 세 개의 명목변수(nominal variable)로 분류하는 것이 '다중로짓모형(multinominal logit model)'을 사용해 분석하는 데 더 적합하기 때문이다. '다중로짓모형'을 사용하여 분석하기에 앞서, 먼저 종속변수를 하나의 참고 유형으로 선택한 후, 종속변수의 기타 유형을 각각 하나의 참고 유형으로 분류해 비교·연구하는 것이다. 우리가 종속변수의 제1유형을 참고 유형으로 표시한다면 모형은 다음과 같이 표시할 수 있다:

$$\log\left(\frac{\Pr(y=j)}{\Pr(y=1)}\right) = \sum_{k=0}^{K} \beta_{jk} \cdot \chi_k$$

회귀계수 β_{jk}는 독립변수 χ_k가 하나 증가한 것을 표시하고, 종속변수는 j 유형과 동등하지만, 1유형의 대수 차이 비율(log odds ratio)은 아니다. 남편 집 거주가 중국 전통의 거주 형식을 대표하기 때문에 이장의 분석에서는 남편 집 거주를 종속변수의 참고 유형으로 삼아 분석할 것이다.

둘째, 부부와 양쪽 부모의 실제 거주 거리와 상대 거주 거리는 모두 다양한 유형의 정수변수(定序变量, ordinal variable)을 포함하고 있어서, '정수로짓모형(ordinal logit model)'을 사용해 연구를 진행하는 것이 비교적 적합하다. '다중로짓모형'과 달리 '정수로짓모형'은 종속변수가 포함하고 있는 순서 정보를 이용하고 있는데, '정수로짓모형'은 다음과 같이 표시할 수 있다:

$$\log\left(\frac{\Pr(y \geq j)}{\Pr(y < j)}\right) = \sum_{k=0}^{K} \beta_k \cdot \chi_k$$

이 도식에서, 회귀계수 β_{jk}는 독립변수 χ_K가 하나 증가한 것을 표시하고, 종속변수 j의 점수는 어떤 다른 유형과 이 유형보다 작은 유형을 상호 비교한 대수발생비율보다 크다. 따라서 β_{jk}는 정상값[正值]이고, 독립변수 χ_K가 클수록, 종속변수 j의 점수가 높아질 확률도 점점 더 커진다. 실제 거주 거리를 예를 들면, β_{jk}는 정상값[正值]이고, 독립변수 χ_K가 클수록, 젊은 부부와 노부모의 거주 거리는 더 멀어진다.

5. 분석 결과

5.1. 통계 결과 기술

표 3-2는 지역과 도시 및 농촌을 분류해 2010년의 중국가정추적조사 자료 중 부부의 남편 집 거주, 처가살이 및 독립거주의 비율을 기술한 것이다. 전국적으로 보면 부부의 독립거주 비율이 67.8%, 남편 집 거주가 28.7%, 처가살이는 남편 집 거주보다 뚜렷하게 낮은 3.5%로, 남편 집 거주와 처가살이의 비율은 대략 8:1 정도이며, 이를 통해 현대 중국에서 처가살이는 여전히 거주 유형의 주류가 아님을 알 수 있다.

표 3-2 남편 집 거주와 처가살이: 지역과 도시 및 농촌의 구분(%)

동거여부	지역			도시/농촌		합계
	동부	중부	서부	농촌	도시와 읍	
단독거주	71.7	71.4	57.6	62.3	73.0	67.8
남편집거주	25.7	25.6	37.0	34.4	23.4	28.7
처가살이	2.6	3.0	5.4	3.3	3.6	3.5
남편집거주/처가살이	10.0	8.6	6.9	10.4	6.4	8.3
표본수	2,043	1,557	1,348	2,572	2,376	4,948

지역으로 구분하면, 동부와 중부지역 부부의 독립거주 비율이 서부지역의 비율보다 뚜렷하게 높다. 도시와 농촌을 구분하면 도시 부부의 독립거주 비율이 농촌의 비율보다 훨씬 높다. 이러한 결과는 현대화 정도가 높은 지역일수록 부부의 독립거주 비율도 높아진다는 사실을 알 수 있다. 처가살이 부부의 경우를 살펴보면, 서부지역의 처가살이 비율이 가장 높고 남편 집 거주와 처가살이 비율의 차이도 가장 적었다. 그 이유는 서부지역의 많은 지역에 데릴사위 풍습이 여전히 남아있을 뿐 아니라 한족 이외의 다른 민족이 많이 살고 있으며, 이들의 풍습이 한족과 많이 다르다는 사실도 영향을 끼쳤다(韩呈吉, 1992; 严梅福, 1995; Wolf, 1989). 다시 도시와 농촌으로 구분하면, 도시거주 부부의 처가살이가 농촌지역의 그것보다 약간 높기는 했지만, 남편 집 거주와 처가살이 간의 비율 차이는 농촌에서의 비율 차이보다 훨씬 작았다. 이는 도시에 거주하며 부모와 동거하는 젊은 부부가 처가살이를 선택할 가능성이 더 높다는 사실을 설명한다.

표 3-3과 표 3-4는 지역 간 그리고 도시와 농촌을 구분해 부부의 남편 부모 및 부인 부모와의 거주 거리를 분석한 내용이다. 전국적으로 남편 부모와의 동거 또는 같은 촌/거리에 거주하는 비율이 매우 높았다. 이 두 항목을 합하면 약 70%에 달했지만, 같은 성이지만 다른 도시에 거주하거

나 다른 성에 거주하는 비율은 두 항목을 합해도 10%에도 미치지 못해, 대다수 부부와 남편 부모와의 거주 거리가 매우 가깝다는 사실을 설명한다.

표 3-3 남편 부모와의 거주 거리: 지역 간 및 도시와 농촌 구분(%)

남편부모와의 거주거리	지역			도시와 농촌		합계
	동부	중부	서부	농촌	도시와 읍	
동거	28.0	26.3	38.3	36.5	24.4	30.2
같은 촌/거리	46.6	34.0	41.0	51.8	29.3	40.1
같은 현/구, 다른 촌/거리	12.9	15.5	12.9	7.1	20.1	13.9
같은 시, 다른 현/구	6.2	11.4	3.3	1.6	12.8	7.5
같은 성, 다른 시	2.7	8.4	3.0	1.2	8.5	5.0
다른 성	3.7	4.4	1.6	1.8	4.9	3.4
표본수	1,885	1,482	1,271	2,395	2,243	4,638

표 3-4 부인 부모와의 거주 거리: 지역 간 및 도시와 농촌 구분(%)

부인부모와의 거주거리	지역			도시와 농촌		합계
	동부	중부	서부	농촌	도시와 읍	
동거	2.5	3.0	5.5	3.2	3.8	3.5
같은 촌/거리	21.6	15.3	20.3	22.4	15.4	18.8
같은 현/구, 다른 촌/거리	49.7	46.7	51.1	55.9	42.5	48.9
같은 시, 다른 현/구	12.7	20.2	11.2	8.1	21.8	15.2
같은 성, 다른 시	5.1	9.2	7.1	5.5	8.9	7.3
다른 성	8.4	5.6	4.8	4.9	7.6	6.3
표본수	1,885	1,482	1,271	2,395	2,243	4,638

그러나 젊은 부부의 부인 부모와의 거주 거리는 매우 멀었다. 표 3-4에서는 표 3-3 중의 같은 유형의 상황과 비교하면, 젊은 부부와 부인 부모는 같은 성에 살지 않거나, 같은 성이지만 다른 도시에 사는 경우, 같은 도시지만 다른 현/구에 사는 비율이 매우 높았다. 하지만 부인의 부모와 함께 거주하거나 같은 촌/거리에 사는 비율은 22.3%에 지나지 않아

그 비율이 매우 낮다는 사실을 발견할 수 있다. 그럼에도 불구하고 앞의 세 가지 유형을 합하면 젊은 부부와 부인의 부모가 같은 현/구에 거주하는 비율이 70%를 넘어선다. 이는 전체적으로 젊은 부부와 부인의 부모의 거주지 간의 거리가 그다지 멀지 않다는 사실과, 따라서 가정 네트워크를 통한 상호 협력과 도움이라는 기능이 여전히 실현되고 있음을 설명한다.

마지막으로, 지역 간으로 구분해 보면, 동부와 중부 지역의 젊은 부부가 남편의 부모 및 부인의 부모와의 거주 거리는 서부 지역에 사는 부부의 그것보다 분명히 멀다. 도시와 농촌으로 구분하면, 도시 거주 부부의 남편 부모 및 부인 부모의 거주지와의 거리는 농촌 거주 부부의 그것보다 분명하게 거리가 더 멀다. 이런 사실은 현대화 정도가 높은 지역일수록 젊은 부부와 쌍방 부모와의 거주 거리가 멀다는 사실을 설명한다.

표 3-5는 지역 간 및 도시와 농촌을 구분하여 젊은 부부와 쌍방 부모와의 상대적 거주 거리를 기술하고 있는데, 표 3-2의 남편 집 거주와 처가살이 차이 결과와 같아서, 현대 중국 가정의 거주 방식에서 여전히 아주 뚜렷하게 성별차이가 드러나고 있음을 보여준다. 전국적으로 65.3%의 젊은 부부가 남편 부모와 훨씬 가까운 거리에서 살고 있으며, 쌍방 부모와의 거리가 거의 비슷한 경우는 22.3%, 부인의 부모와의 거리가 더 가까운 경우는 12.5%에 지나지 않았다.

표 3-5 젊은 부부와 쌍방 부모와의 상대적 거주 거리: 지역 간 및 도시 및 농촌 구분(%)

양쪽 부모와의 상대적 거주거리	지역			도시와 농촌		합계
	동부	중부	서부	농촌	도시와 읍	
남편부모와의 거주거리가 가까움	66.7	58.5	73.3	78.1	53.6	65.2
양쪽 부모와의 거리가 비슷	24.8	25.1	15.2	14.9	29.0	22.3
부인부모와의 거주거리가 가까움	8.6	16.4	11.5	7.0	17.4	12.5
표본수	1,885	1,482	1,271	2,395	2,243	4,638

지역으로 구분하면, 동부와 중부지역에 사는 젊은 부부와 쌍방 부모의 거주 거리가 비슷하게 가깝거나, 혹은 부인의 부모와의 거주 거리가 더 가까운 비율이 서부 지역의 예보다 높았다. 도시와 농촌을 구분하면, 도시거주 부부와 쌍방 부모 거주지의 거리가 비슷하게 가깝거나 또는 부인 부모의 거주지 거리가 더 가까운 비율이 농촌 부부의 그것보다 훨씬 높았다. 이런 결과는 현대화 수준이 높은 지역일수록 가정의 거주 방식에서의 성별차이가 더 작았다.

마지막으로 표 3-6는 독립거주, 남편 집 거주, 처가살이의 세 가지 방면의 표본에서 젊은 부부의 기본 특징을 기술하였는데, 독립거주 부부와 비교해 남편 집 거주와 처가살이하는 부부의 평균 연령이 비교적 적음을 알 수 있다. 처가살이를 하고 있는 부부 중에서 부인의 피교육 기간이 가장 길었고, 부부 간 피교육 기간의 차이도 가장 적었다. 처가살이와 독립 거주하는 부부 중에서 남편의 형제가 있는 비율이 남편 집 거주 부부의 비율보다 높았으며, 남편의 형제 수도 남편 집 거주 부부의 그것보다 더 많았다. 그러나 부인의 형제가 있는 비율은 처가살이 부부 중 가장 낮았으며, 처가살이 부부 가운데 부인 형제의 숫자 역시 가장 적었다. 남편이 직장이나 다른 이유로 거주지를 옮겨본 비율은 처가살이하는 부부의 경우가 가장 높았고, 남편 집 거주 부부가 가장 낮았다. 독립 거주하는 부부 중에서 주택 소유 비율이 가장 높았으며, 3세 및 그 이하 아동이 있는 비율이 가장 낮았다. 이는 자녀의 필요가 거주 유형 선택에 미치는 영향을 반영한다. 부모의 필요라는 측면에, 남편의 부모 중 한 쪽이 사망한 경우의 비율이 남편 집 거주 부부 중에서 가장 높았고, 처가살이 부부의 경우가 가장 낮았다. 부인 부모 중 한 쪽의 사망 비율이 남편 집 거주 부부 중에서 가장 낮았고, 독립거주와 처가살이 부부에게서 비교적 높게 나타났다. 마지막으로 남편 집 거주 유형이든 처가살이 유형이든 관계없이 독립거주 부부의 주택 면적보다 더 넓었다. 이런 결과는 앞의 이론적 예측과도 완전히 일치한다.

표 3-6 부부의 특징에 대한 통계

변수	유형/지표	단독거주	남편집거주	처거살이	전체표본
평균연령(년)	평균	42.4	35.2	36.1	40.1
	표준차	9.4	9.4	9.0	9.9
부인교육정도(년)	평균	8.9	8.4	9.7	7.7
	표준차	4.2	3.8	4.3	4.6
부부교육정도차(년)	평균	1.2	0.8	0.5	1.1
	표준차	3.7	3.6	3.6	3.7
남편형제유무(%)	예	77.5	52.0	75.1	70.1
	아니오	22.5	48.0	24.9	29.9
남편형제수(인)	평균	1.5	0.8	1.3	1.3
	표준차	1.2	1.0	1.1	1.2
부인형제유무(%)	예	81.6	78.8	34.2	79.2
	아니오	18.4	21.2	65.8	20.8
부인형제수(인)	평균	1.5	1.3	0.6	1.4
	표준차	1.2	1.0	1.0	1.1
남편이주여부(%)	예	15.8	6.1	35.0	13.7
	아니오	84.2	93.9	65.0	86.3
부인이주여부(%)	예	20.5	18.5	21.7	20.0
	아니오	79.5	81.5	78.3	80.0
주택소유권(%)	예	73.84	38.71	36.85	62.47
	아니오	26.16	61.29	63.15	37.53
3세 이하 자녀여부(%)	없음	10.9	29.3	31.5	16.9
	있음	89.1	70.7	68.5	83.1
남편부모혼인상태(%)	혼인	53.1	55.0	59.8	53.8
	배우자 사망	36.7	42.8	25.4	38.1
	기타	10.2	2.2	14.8	8.1
부인부모혼인상태(%)	혼인	52.5	65.0	58.2	56.3
	배우자 사망	38.4	23.8	37.5	34.2
	기타	9.1	11.2	4.3	9.5
주택면적평방미터	평균	112.2	141.7	144.6	121.8
	표준차	81.0	90.6	108.2	86.1
표본수(인)		2,868	1,874	206	4,948

5.2. 남편 집 거주[從夫居]인가 처가살이[從妻居]인가

다양한 변수가 거주 유형을 선택하는데 미치는 영향을 종합적으로 고려하기 위해, 이장에서는 다중로짓모형을 사용해 젊은 부부가 남편 집 거주, 처가살이 또는 독립거주를 선택함에 있어서 영향을 미치는 요인들을 분석하였고, 모형 설정 과정에서 남편 집 거주를 참고로 삼았는데 그 결과를 표 3-7에서 볼 수 있다.

모형 2에서는 기타 변수를 통제한 후, 남편 집 거주와 비교해 동부와 중부 지역의 부부가 독립거주를 선택할 비율이 서부 지역의 부부보다 훨씬 높으며, 도시거주 부부가 독립거주를 선택할 비율이 농촌거주 부부의 그것보다 훨씬 높다. 이런 결과는 가정 현대화이론을 아주 잘 검증하고 있는데, 현대화 정도가 높은 지역일수록 부부의 독립거주 가능성이 더 크다는 점을 설명한다. 동시에 서부 지역의 부부가 동부 지역의 부부보다 남편 집 거주가 아닌 처가살이를 선택할 가능성이 크다는 점을 보여준다. 이 결과가 가정 현대화이론의 예측과는 다르지만 서부 지역의 특수한 문화적 풍습을 고려한다면, 그렇게 특이한 결과는 아니다.

비교적 이해하기 어려운 점은, 기타 변수를 통제한 후 도시거주 부부가 남편 집 거주 선택에 비해 처가살이를 선택할 가능성이 농촌거주 부부와 비교해 상대적으로 큰 차이가 없다는 것인데, 이 결과는 이전의 서술 결과와 크게 다르다. 이런 현상에 대한 연구를 위해, 모형 2에서 부부의 피교육 정도, 거주지 이전 상황 및 형제 상황 등의 몇몇 관련 변수를 제거한 후 얻은 결과가 모형 1이다. 모형 1에서는 앞의 변수들을 제거한 후, 도시와 농촌의 인구 상황이 남편 집 거주와 처가살이를 선택하는 과정에서 큰 차이가 드러남을 발견할 수 있다. 이런 결과는 모형 2에서 도시와 농촌의 차이가 사라진 이유가 부부의 피교육 정도, 거주지 이전 상황 및 형제 상

표 3-7 남편 집 거주, 처가살이, 독립거주의 다중로짓모형에 의한 분석 결과

	모델1		모델2	
	단독거주/남편집 거주	처가상이/남편집 거주	단독거주/처가상이	처가상이/남편집 거주
지역(서부=0)				
동부	0.310* (0.125)	-0.544* (0.256)	0.551*** (0.130)	-0.498+ (0.283)
중부	0.242+ (0.124)	-0.346 (0.264)	2.275* (0.128)	-0.408 (0.289)
도시와 읍	0.512*** (0.100)	0.582** (0.222)	0.469*** (0.111)	-0.071 (0.255)
부부교육정도			0.033* (0.014)	0.110** (0.036)
부부교육정도차이			0.022 (0.016)	0.043 (0.037)
남편이주여부			0.934*** (0.211)	2.408*** (0.323)
부인이주여부			-0.140 (0.135)	-0.802* (0.325)
남편형제유무			0.618*** (0.155)	1.061*** (0.331)
남편형제수			0.371*** (0.074)	0.416*** (0.139)
부인형제유무			-0.048 (0.153)	-1.975*** (0.421)
부인형제수			-0.016 (0.061)	-0.090 (0.253)
평균연령	0.079*** (0.007)	0.026+ (0.015)	0.064** (0.008)	0.036* (0.016)
주택소유권여부	1.249*** (0.101)	-0.092 (0.242)	1.193*** (0.106)	-0.183 (0.273)
3세이하자녀여부	-0.255* (0.130)	0.227 (0.249)	-0.273* (0.130)	0.320 (0.263)
남편부모혼인상태(혼인=0)				
배우자 사망	-1.171*** (0.109)	-0.901** (0.315)	-1.070*** (0.338)	-1.070*** (0.338)
기타	0.807*** (0.251)	1.927*** (0.371)	2.206*** (0.412)	2.206*** (0.412)
부인부모혼인상태(혼인=0)				
배우자 사망	0.236* (0.117)	0.673** (0.258)	0.301* (0.122)	0.882* (0.294)
기타	-0.702*** (0.160)	-1.160** (0.474)	-0.670*** (0.170)	-1.552** (0.557)
주택면적	-0.005*** (0.001)	0.000 (0.001)	-0.005*** (0.001)	0.001 (0.001)
절편	-2.249*** (0.271)	-3.003*** (0.547)	-2.852*** (0.328)	-4.267*** (0.709)
유사 R-square	0.194		0.268	
W chi-square	674.43***		867.74***	
자유도	22		36	
표본수	4,948		4,948	

주: 괄호 안은 표준오차: $+p<0.1$, $*p<0.05$, $**p<0.01$, $***p<0.001$.

황 등의 세 가지 요인과 관련이 있음을 설명해 주고 있는데, 아래 글에서는 이 세 가지 요인을 구분해 논의를 진행하겠다.

첫째, 부부의 피교육 수준을 기준으로 살펴보면, 부인의 교육 수준이 높을수록 독립거주 또는 처가살이를 선택할 가능성이 더 커지는데, 이런 사실은 부인의 교육 수준이 높을수록 거주 유형을 선택하는데 매우 중요한 영향을 끼침을 설명해 주고 있으며, 그 이유는 다음과 같은 요인 때문으로 보인다.: 하나, 가정 현대화이론은 교육이 인간의 가정 관념을 변화시키기 때문에 교육을 많이 받은 여성일수록 독립거주 또는 자신의 부모와 함께 거주할 가능성이 커진다; 둘, 부인의 교육 수준은 어느 정도 그녀의 가정 환경을 반영하는 것인데, 가정 환경이 비교적 좋은 집안의 여성이 결혼 후 남의 집(남편)에 들어가 생활할 가능성은 비교적 크지 않다(Chu,Xie & Yu, 2011).; 셋, 부인의 교육 수준이 높다는 것은 그녀의 부모가 일찍부터 교육 분야에 많은 자금을 지출했음을 설명해 주고, 이런 사실은 딸이 결혼 후 부모와의 동거에 대한 희망을 강화할 것이다.; 넷, 높은 교육 수준은 부부 간의 논의 과정에서 부인의 협상력을 높여서 남편이 처가살이에 동의하게 할 가능성을 높여줄 것이다. 그렇지만 부부 간의 피교육 수준의 차이에 관한 통계를 검증해 보면, 부인의 상대적 지위가 거주 유형의 선택에 미칠 영향은 그리 크지 않으며, 따라서 부인의 피교육 수준이 거주 유형의 선택에 끼칠 요인은 주로 앞의 세 가지 요인일 가능성이 크다.

둘째, 부부의 거주지 이동을 기준으로 살펴보면, 남편이 주거지 이전의 경험이 있을 경우, 독립거주나 처가살이를 할 가능성이 뚜렷하게 높아졌지만, 부인의 주거지 이전 경험이 독립거주 또는 남편집 거주 선택에 미치는 영향은 그리 뚜렷하지 않았다. 그러나 부인이 주거지 이전 경험이 있을 경우, 이 부부는 처가살이보다는 남편 집 거주를 선택할 가능성이 더 컸는데, 이런 결과는 주거지 이전의 경험이 거주 유형을 선택할 때 매우 큰 영향을 끼쳤음을 두 가지 측면에서 충분히 설명해 주고 있다. 하나는 주거지 이전은 본적지에 살고 있는 부모와의 동거 가능성을 낮추고, 다른 하나는 주거지 이전은 남편 집 거주 또는 처가살이라는 양자택일의 선택 방식에 큰 변화를 가져왔는데, 외지의 남성이 현지의 여성과 결혼하든 또는 외지의 여성이 현지의 남성과 결혼하든 현지에 거주하는 부모와 함께 살 가능성이 훨씬 높다는 사실이다.

셋째, 부부의 형제를 기준으로 살펴보면, 남편이 형제가 있을 경우 부부의 독립거주 또는 처가살이 선택 가능성이 뚜렷하게 증가할 뿐 아니라, 남편의 형제가 많을수록 독립거주 또는 처가살이를 선택할 가능성이 점점 커졌다. 반면에 부인의 형제 유무나 그 숫자의 많음이 남편집 거주나 독립거주 선택에 미친 영향은 그다지 크지 않았다. 그러나 남편 집 거주와 비교했을 때, 부인이 형제가 있을 경우 처가살이를 선택할 가능성은 크게 줄었다. 이런 결과들은 부부 쌍방의 가족 수가 주거 유형 선택에 중요한 영향을 미치는 요소임을 가두지 측면에서 충분히 설명해 주고 있는데, 하나는 남편의 형제가 있을 경우 남편 집 거주 가능성이 크게 줄어들고, 다른 한편으로 처가살이가 여전히 가정에 아들이 없는 경우에 하나의 대체 선택지 기능을 수행할 뿐 아니라, 남편 집에 아들이 다수일 경우를 전제로 한 선택지라는 사실이다.

위의 서술을 통해 발견할 수 있는 점은 부인의 교육 정도가 비교적 높고, 남편이 주거지 이전 경험이 있으면서 부인이 형제가 없는 부부의 경우 처가살이를 선택할 가능성이 가장 높다는 사실이다. 우리는 도시거주 여성의 교육 정도가 농촌 거주 여성보다 높고, 도시 주민의 주거지 이전 경험자 수 역시 농촌보다 많으며, 또한 현대화 과정 및 산아제한 정책의 영향 역시 도시와 농촌 간에 차이가 존재하기 때문에, 도시의 출산율이 농촌보다 낮고 따라서 도시거주 여성이 형제가 없을 가능성이 훨씬 더 보편적이라는 점을 알 수 있다. 이런 세 가지 요인이 도시거주 부부가 남편 집 거주 대신 처가살이를 선택할 가능성을 야기한다. 이 때문에 앞의 세 가지 요인(모형 2)을 통제한 후, 도시 주민의 남편 집 거주와 처가살이 선택에서 뚜렷한 차이가 없어짐을 알 수 있다.

모형 2의 분석 결과는 자녀와 부모 쌍방의 현실적 필요성 역시 가정의 주거 유형 선택에 큰 영향을 끼친다는 사실을 보여주고 있다. 우선, 자녀의 현실적 필요라는 측면에서 보면, 연령이 비교적 젊고, 자가 주택을 소유하지 못한, 3세 이하의 자녀를 가진 부부가 독립거주 대신 남편집 거주를 선택할 가능성이 더 크다. 이는 젊고 경제적 여건이 충분하지 않은 부부가 부모의 주택에 함께 거주하면서 부모에게 육아를 의지해야 하는 점이 부부가 남편 집 거주를 선택하는 중요한 요인이라는 점을 설명해 주고 있다. 이와 함께 젊은 부부가 처가살이보다 남편 집 거주를 선택할 가능성이 더 크다는 사실도 보여주고 있는데, 이는 중국의 전통적 관념과 연관이 있는 것으로 보인다. 중국의 부계 전통에 따르면, 젊은 부부가 곤란에 직면했을 때 남편의 가정에서 더 많은 도움을 제공해야 할 책임이 있으며, 따라서 처가살이보다는 남편 집 거주를 선택할 가능성이 더 크다.

둘째, 부부 쌍방의 부모의 필요라는 측면에서 보면, 남편 부모의 한 쪽이 사망했을 때, 젊은 부부가 독립거주를 선택할 가능성이 크게 줄어드는데, 이는 부모의 양로에 대한 필요를 충족시키기 위해 이들이 남편 집 거주를 선택하는 것임을 설명한다. 이 뿐 아니라 부모의 필요가 남편 집 거주와 처가살이를 선택하는데 매우 중요한 영향을 끼친다는 사실을 분석 결과에서 발견할 수 있는데, 남편의 부모 중 한 쪽이 사망했을 때 처가살이 비중이 줄어드는 반면에, 부인의 부모 중 한 쪽이 사망했을 때도 처가살이 비중이 증가하고 있는 사실도 보여 준다. 이런 사실은 거주 유형의 선택 시 양쪽 부모의 필요도 동시에 고려하고 있음을 설명해 주고 있는데, 즉 남편 부모가 강력하게 요구할 때에는 남편 집 거주의 가능성이 명백하게 증가하지만, 마찬가지로 부인의 부모가 강력하게 필요로 할 때에는 처가살이를 선택할 가능성도 뚜렷하게 증가한다. 여기서 설명하고자 하는 점은, '기타' 항목 역시 가정의 거주 유형 선택에 중요한 영향을 끼친다는 사실을 분석 결과가 보여 주지만, 이 항목을 동거, 이혼 및 자료로서의 가치 손실 등의 세 유형을 포함하고 있기 때문에 이장에서는 이 항목의 의미에 대해서는 분석을 진행하지 않을 것이다.

마지막으로, 많은 연구 결과와 마찬가지로, 모형 2에서도 주택의 면적이 거주 방식을 선택하는데 중요한 영향을 끼치고 있음을 발견할 수 있다. 주택의 면적이 클수록 부부가 독립거주 대신 남편 집 거주를 선택할 가능성이 증가하지만, 주택의 면적이 남편 집 거주와 처가살이 중에서 선택을 고민해야 할 때 끼치는 영향은 그다지 크지 않은데, 이런 결과는 충분한 공간의 존재는 그것이 남편 집 거주든 처가살이든 부모와의 동거를 위한 매우 중요한 필요조건임을 말해주고 있다.

5.3. 거주 거리

쌍방 부모와의 동거 여부에 대한 연구 외에도, 이장에서는 순차로짓모형(Sequential logit model, 次序logit模型)을 사용해 젊은 부부와 쌍방 부모의 실제 거주 거리와 상대적 거주 거리를 분석했는데, 그 결과를 표 3-8에서 볼 수 있다.

표 3-8 가주 거리에 대한 순차로짓모형 분석 결과

동거여부	남편부모와의 거주거리		부인부모와의 거주거리		양쪽 부모와의 거주거리	
지역(서부=0)						
동부	0.209*	(0.103)	0.158	(0.106)	-0.056	(0.139)
중부	0.314**	(0.110)	0.264*	(0.118)	0.181	(0.150)
도시와 읍	0.695***	(0.091)	0.350***	(0.089)	0.602***	(0.115)
부인교육정도	0.090***	(0.013)	0.007	(0.012)	0.085***	(0.016)
부부교육정도차이	0.044***	(0.013)	0.023+	(0.013)	0.017	(0.016)
남편이주여부	2.483***	(0.230)	-0.978***	(0.226)	2.018***	(0.223)
부인이주여부	0.040	(0.143)	3.122***	(0.201)	-70.707***	(0.208)
남편형제유무	0.529***	(0.130)	-0.159	(0.138)	0.377*	(0.176)
남편형제수	0.189***	(0.052)	0.061	(0.058)	0.099	(0.068)
부인형제유무	-0.379**	(0.135)	0.354*	(0.143)	-0.717***	(0.162)
부인형제수	-0.006	(0.050)	-0.084	(0.060)	0.022	(0.076)
평균연령	0.031***	(0.007)	-0.008	(0.006)	0.018*	(0.008)
주택수유권여부	0.788***	(0.096)	-0.016	(0.101)	0.437***	(0.119)
3세이하자녀여부	-0.249+	(0.128)	-0.032	(0.134)	0.027	(0.164)
남편부모혼인상태(혼인=0)						
배우자사망	-0.716***	(0.099)	-0.106	(0.095)	-0.242*	(0.122)
기타	0.581**	(0.207)	-0.330	(0.239)	0.981***	(0.204)
부인부모혼인상태(혼인=0)						
배우자사망	0.227*	(0.092)	0.063	(0.097)	0.212+	(0.112)
기타	-0.670***	(0.174)	0.503***	(0.156)	-0.800***	(0.220)
주택면적	-0.004***	(0.001)	-0.002***	(0.000)	-0.002***	(0.001)
절편1	1.624***	(0.279)	-3.236***	(0.296)	2.461***	(0.351)
절편2	3.954***	(0.291)	-1.112***	(0.274)	4.105***	(0.359)
절편3	5.141***	(0.301)	1.436***	(0.285)		
절편4	6.189***	(0.324)	2.835***	(0.318)		
절편5	7.415***	(0.376)	3.993***	(0.336)		
유사 R-square	0.166		0.111		0.145	
W chi-square	690.53***		352.89***		409.12***	
자유도	19		19		19	
표본수	4,638		4,638		4,638	

주: 괄호 안은 표준오차: +$p<0.1$, *$p<0.05$, **$p<0.01$, ***$p<0.001$.

첫째, 현대화 정도가 비교적 높은 동부와 중부 지역 및 도시 지역에서는 젊은 부부와 쌍방 부모의 거주 거리가 비교적 멀었고, 도시 지역에서는 젊은 부부와 부인의 부모 거주지와 거리가 더 가까울 가능성이 비교적 높았다. 이는 다시 한 번 현대화이론을 검증해 주는 사실인데, 현대화 정도가 비교적 높은 지역일수록 부모와 자녀 간의 유대감이 비교적 약했고 거주 방식에서의 성별 차이도 비교적 적었다.

둘째, 부인의 교육 수준이 높을수록 남편 부모와의 거주 거리가 먼 대신 이 젊은 부부의 부인 부모와의 거주 거리는 가까울 가능성이 더 높다는 사실을 연구 결과에서 발견할 수 있다. 이 결과는 윗글의 동거 여부에 대한 분석 결과와도 완전히 일치하지만, 상대자원이론(相對資源理論)의 예측과는 상반된 결과를 보여주고 있다. 상대자원이론은 젊은 부부와 쌍방 부모의 거주 거리는 젊은 부부 사이의 협상의 결과다. 따라서 남편이 부인보다 사회경제적 지위가 높을 때, 남편 부모와의 거주 거리는 더 가까워진다. 그러나 중국의 상황에서 남편 집 거주 유형이 상대적으로 전통적인 거주 유형을 대표하기 때문에, 남편의 교육 수준이 비교적 낮더라도 남편 집 거주를 선택할 가능성이 더 크다. 교육 수준이 비교적 높은 젊은 부부는 가정 관념에서 개방적이기 때문에, 남편의 교육 정도가 부인보다 훨씬 높더라도 더 많은 사적 공간의 확보를 위해 부모의 거주지에서 멀리 떨어진 곳에 자신들의 거주지를 선택하는 경향이 있다.

셋째, 젊은 부부 양쪽의 형제 상황 역시 이들이 부모와의 거주 거리를 결정하는데 영향을 미친다. 남편이 형제가 있을 때 이들 부부의 부모와의 거주 거리는 뚜렷하게 멀어 지지만, 부인이 형제가 있을 때에는 부인 부모와의 거주 거리가 뚜렷하게 멀어질 뿐 아니라, 남편 부모와의 거주 거리를 크게 단축시킨다. 상대적 거주 거리 측면에서 보면, 남편이 형제가 있을 경우, 이들 부부의 부인 부모와의 거주 거리를 크게 단축될 가능성이 뚜렷하게 증가하지만, 부인이 형제가 있을 경우, 부인의 부모와 가깝게 거주할 가능성이 뚜렷하게 줄어든다.

넷째, 부부의 주거지 이전 상황 역시 매우 중요한 영향을 끼치는 요인이다. 남편의 주거지 이전은 남편 부모와의 거주 거리가 멀어지게 할 가능성을 크게 확대하지만, 반대로 부인 부모와의 거리를 매우 가깝게 한다. 부인의 주거지 이전은 남편 부모와의 거주 거리를 좁힐 수 없지만, 부인 부모와의 거주 거리를 뚜렷하게 멀어지게 한다. 뿐만 아니라 부부 쌍방의 거주지 이전이라는 특징은 상대적 거주 거리에도 뚜렷한 영향을 끼친다. 이런 결과는 앞의 동거 여부에 관한 연구 결과와도 완전히 부합한다.

다섯째, 부부 자신의 현실적 필요도 거주 유형의 선택에 매우 중요한 영향을 미치는 요인이다. 연령이 비교적 젊고, 독립 주택을 소유하지 못한 그리고 3세 이하의 자녀를 양육해야 하는 젊은 부부는 남편 부모와 비교적 가까운 거리에 살게 된다. 그러나 부부 자신의 필요가 이들 부부와 부인 부모와의 거주 거리에 미치는 영향은 크지 않다. 이런 사실은 중국의 전통적 가정윤리 관념이 여전히 현대에도 작용하고 있으며, 부부가 어려움에 직면했을 때 남편의 부모에게 도움을 요청할 가능성이 더 크다는 사실을 설명한다. 상대적 거주 거리 분석에서도, 부부가 강력하게 부모의 도움을 필요로 할 때, 이들이 남편의 부모에게 도움을 요청할 가능성이 더 크다는 사실을 발견할 수 있다.

여섯째, 부모의 필요라는 측면에서 보면, 남편 부모의 한 쪽이 사망한 경우 이들 부부와 남편 부모와의 거주 거리가 좁혀질 가능성이 크게 높아졌으며, 부인의 부모 중 한 쪽이 사망한 경우에는 남편 부모와의 거주 거리를 멀게 하고 부인 부모와의 거주 거리를 더 가깝게 할 가능성이 크게 높아진다. 이런 결과들은 가정의 거주 방식이 쌍방 부모의 현실적 요구를 종합적으로 고려한 후 이성적으로 선택한 것이라는 사실을 충분히 입증한다.

일곱째, 부모의 주택 면적이 클수록, 젊은 부부와 부모와의 거주 거리가 가까워진다. 동거 여부에 대한 윗글의 분석 결과를 종합하면, 주택 면적이 크기 때문에 젊은 부부의 부모와의 동거 가능성이 더 커졌다. 뿐만 아니라 주택 면적이 클수록 젊은 부부와 부인 부모의 거주 거리가 가까워질 가능성이 줄어들었다. 이것은 젊은 부부의 남편 집 거주 비율이 처가살이 거주 비율보다 크기 때문에, 남편 부모의 주택이 크면 클수록 부인 부모와의 동거 대신 남편 부모와의 동거 가능성이 높아진다는 것을 의미한다.

6. 결론과 논의

이장은 2010년 중국가정추적조사의 첫 방문 조사 자료를 이용해, 젊은 부부의 쌍방 부모와의 동거 여부 및 동거 거리 두 가지 측면에서 현대 중국의 거주 방식을 연구했다. 성별 차이에 대한 좀 더 깊은 연구를 위해, 이장에서는 동거 여부를 분석할 때 남편 집 거주와 처가살이를 구분하였고, 거주 거리를 분석할 때도 젊은 부부와 쌍방 부모의 실제 거주 거리 및 상대적 거주 거리를 종합적으로 고려했다.

연구 과정에서 현대 중국의 거주 방식은 여전히 매우 뚜렷한 성별 차이가 존재하고 있음을 발견했다. 처가살이의 비율이 남편 집 거주보다 뚜렷하게 낮고, 거주 거리의 측면에서 보더라도 대다수 젊은 부부가 남편 부모와 더 가까운 거리에서 살고 있고, 아주 소수의 젊은 부부만이 쌍방 부모와 거주 거리가 비슷하거나, 부인 부모와의 거주 거리가 더 가까웠다. 이를 통해 중국 가정의 남편 집 거주 전통이 신속한 사회변화 과정에서도 아직 근본적인 변화가 발생하지 않았음을 알 수 있었다. 이 외에도 거주 거리의 연구 과정에서는 젊은 부부와 쌍방 부모의 거주지 간의 거리가 그다지 멀지 않아서, 거의 85%에 달하는 젊은 부부가 남편 부모와 같은 현/구에 거주하고 있었고, 부인의 부모와 같은 현/구에 거주하는 비율 역시 70%를 넘고 있었다. 따라서 최근 중국 가정의 핵심화 추세가 비교적 뚜렷하지만, 대다수 자녀가 결혼 후에도 여전히 부모 주변에 거주하고 있는데, 이는 부모와 결혼한 자녀 간에 상호 협력할 수 있는 필요조건을 제공한다. 이 책의 제4장에서는 따로 거주하지만 멀리 떨어져 있지 않은 거주방식이 노인들의 주관적 복지에 미치는 영향에 대해 좀 더 깊이 있게 연구하고 평가할 것이다.

이장에서는 통계 모형의 도움을 받아 방문한 젊은 부부와 그 부모의 각종 특징이 거주 방식에 미친 영향을 분석하였고, 현대 중국 가정의 거주 방식은 각 가정이 실제 직면한 사회 환경, 가족 구성원의 상황 그리고 이들의 현실적 필요를 종합적으로 고려한 합리적 선택이라는 것을 발견했다.

첫째, 모형 분석 결과는 고전적 가정 현대화이론을 검증했다. 이 이론은 사회적 생산방식과 가정 관념의 혁명은 다세대가 함께 거주할 가능성을 낮추고, 또한 남편 집 거주와 처가살이 간의 성별차이도 축소할 것이라고 주장했다. 분석 결과는 지역 간 또는 도시와 농촌 간의 비교와 관계없이 그리고 부부의 교육 정도에 관한 연구 결과와도 관계없이, 모두 확실하게 가정 현대화이론의 주장을 검증했다. 따라서 필자는 중국 사회의 현대화 정도의 한층 나아감과 함께 가정의 핵심화 추세도 조금씩 진전하고 있으며, 여성의 교육 수준이 계속해서 높아지면서 중국 가정의 거주 방식에서의 성별 차이 또한 점차 줄어들 것이라고 판단한다.

둘째, 모형 분석 결과는 젊은 부부 쌍방의 가족 구성원 상황이 거주 방식의 선택에도 매우 중요한 영향을 미치고 있음을 충분히 설명한다. 한편으로는, 남편 집 거주 가능성은 남편의 형제 수에 따라 증가하거나 감소하고, 다른 한편으로는 처가살이는 주로 부인이 형제가 없는 상황에서 남편이 형제가 있다는 것을 조건으로 선택되었다. 출산율이 지속적으로 하락하고 있는 조건에서 남편과 부부의 형제 수도 감소하고 있다. 이장의 연구 결과에 의하면 이런 현상은 미래에 젊은 부부의 남편 집 거주 가능성이 증가할 수 있음을 말해준다. 그러나 처가살이 측면에서 보자면, 출산율의 하락이 가져올 영향은 매우 미묘하다. 왜냐하면, 부인이 형제가 없으면 처가살이의 기회가 증가하지만, 다른 한편으로 남편 형제 수의 감소로 이런 가능성 역시 줄어들기 때문이다. 한 가지 재미있는 사안은 부부 양쪽이 모두 한 자녀인 경우 이들이 남편 집과 처가살이에서 어떤 방식을 선택할 것인지의 문제다. 조사 표본 중 한 자녀의 비율이 너무 낮아서 이장에서는 이 문제에 대해 분석하지 않았다. 그렇지만 앞으로 점차 더 많은 수의 한 자녀들이 결혼 연령에 진입할 시기에는 이 문제가 더 중요해질 것이다.

셋째, 모형 분석 결과는 거주지 이전이 중국 가정의 거주 방식에 미치는 영향을 충분히 증명한다. 거주지 이전은 젊은 부부와 부모의 동거 가능성을 크게 줄일 뿐 아니라, 남편 집 거주냐 처가살이냐의 선택에도 중요한 영향을 미친다. 따라서 앞으로 거주지 이전의 증가에 따라 부부의 독립거주 비율이 점차 높아질 뿐 아니라, 남편 집 거주와 처가살이의 양상 또한 이에 따라 변화할 것이다.

  넷째, 모형 분석 결과는, 현대 중국 가정의 거주 방식이 젊은 부부 양쪽과 이들 부모의 현실적 필요라는 것을 고려한 후 결정한 이성적 선택이라는 사실을 충분히 증명한다. 한편으로, 사회적 양로 기능이 충분히 갖춰지지 않은 상황에서, 노인들은 경제적 지원, 생활 돌봄 및 감정적 위안 등에서 여전히 자녀들에게 매우 강하게 의존하고 있는데, 이것이 노인들로 하여금 자녀와의 동거를 선택하게 하는 중요한 요인이다. 다른 한편으로, 부동산 가격의 폭등과 부인의 직장 생활이 보편화되고 있는 상황에서, 젊은 부부는 주택 문제와 육아 두 부문에서 부모에 의존하는 경향이 높아지고 있다. 이로 인해 많은 상황에서 여러 세대가 함께 거주하는 것은 노인의 양로에 편리해서가 아니라 자녀의 편리를 고려한 '캥거루 현상'의 출현이다. 앞에서 언급한 내용을 종합하자면, 여러 세대가 함께 거주하는 다세대가정 유형은 현대 중국사회에서 여전히 매우 중요한 역할을 수행하고 있으며, 다세대가정은 앞으로도 계속 존재해야 할 필요성과 가능성이 존재한다.

4장

노부부의 독립거주는 문제인가?

　소개: 일반적인 학계의 시각은 다세대가정이야말로 중국의 노인들이 자녀들의 경제적 지원과 일상생활에서의 돌봄 및 정신적 위안을 얻기 위한 전제이자 기초라고 판단한다. 그러나 중국 가정의 소형화, 핵심화와 동시에 중국의 가정 양로를 지탱해 주던 이런 구조적 기초에 변화가 발생하고 있다. 인구 구조의 빠른 노령화 환경에서 이러한 변화는 양로 문제에 대한 우려를 가중시키고 있다. 사람들은 자녀들이 모두 부모를 떠난 후 노부부만 생활하는 처량한 모습을 '빈집'[空巢]이라는 단어로 표현하고 있다. 이렇게 표현하는 배경에는 노인들의 주관적 복지, 즉 정신적이고 감정적인 측면에서 부정적인 영향을 끼친다는 의미를 내포한다. 그러나 근래의 많은 연구 결과들은 노부부 단독거주가 사람들이 상상하는 것처럼 이들에게 부정적인 영향을 끼치는 것만은 아니라는 사실을 보여준다. 이런 연구 결론들은 많은 학자들의 비판과 의문에 직면했으며, 이 과정에서 적지 않은 연구 방법론에 대한 논의도 있었지만, 관점의 차이에 따른 격렬한 논쟁도 전개되었다. 이장에서는 기존의 연구 결과들을 바탕으로 노부부 독립거주가 이들의 주관적 복지에 끼치는 영향에 대해 한 걸음 나아간 검토를 진행할 것이다. 이장에서는 기존의 노부부 독립거주에 관한 연

구가 노인들의 주관적 거주 희망을 소홀히 하고 있다고 판단한다. 실제로 노부부 독립거주는 주도적인 상황과 피동적인 상황으로 구분할 수 있다. 이렇게 서로 다른 성격의 독립거주는 노인들에게 있어서 의미가 다르다. 이 외에도 기존의 연구는 비동거 자녀들과 노인들의 상호 교류에 그다지 관심을 기울이지 않고 있다. 그러나 앞장에서 다뤘던 가정 네트워크의 상호 협력 기능을 도입해 분석하면, 많은 기존의 연구에서 노부부 독립거주를 연구하면서 고려하지 못했던 부정적인 요인들에 대해 더욱 효과적인 분석을 진행할 수 있을 것이다. 이장에서는 2005-2014년 사이 네 차례에 걸쳐 진행된 중국노인건강조사(中國老年健康影响因素跟踪调查,CLHLS)의 자료와 고정효과모형(fixed effects model)을 사용해 노부부 독립거주와 노인들의 주관적 복지 사이의 인과관계에 대한 전면적이고 객관적인 분석 및 평가를 진행했다. 연구 결과 약 90%의 노부부 독립거주는 노인 자신의 주관적 희망이었고, 이들의 비동거 자녀들과의 교류는 매우 밀접하고 빈번했다. 이런 결과는 노부부 독립거주가 중국 노인들에게 부정적 영향을 끼치지 않는다는 점을 말해주고 있으며, 우리가 전면적이고 객관적으로 노부부 독립거주 문제를 인식하고, 이 현상을 부정적인 현상으로 문제 삼지 않도록 해주는 중요한 의미를 갖고 있다.

1. 모든 사람들이 언급하기를 꺼려하는 문제: 노부부 독립거주

언제부터인지 모르겠지만, 노부부 독립거주가 하나의 '문제'거리로 인식되면서 사회 각계의 관심을 받기 시작했다. 지속적으로 증가하는 노령화 비율, 가정 구조의 핵심화 추세 및 사회 각계의 '효도 사망'론과 노인들의 노후생활에 대한 보편적 우려 등이 함께 교차하면서 하나의 보편적인 비관적 정서가 형성되었다. 노부부 독립거주의 처량함과 쓸쓸함, 즉 일상생활에서 적절하게 자녀의 도움을 받지 못하고 경제적, 정서적으로도 큰 피해를 입는 모습이 나타났다. 결론적으로, 이런 관점은 노부부 독립거주가 엄중한 사회문제, 또는 이것이 노인들의 노후생활에 극히 불리하다는 판단을 내포한다. 이런 관점은 언론매체나 사람들의 일상생활의 토론 중에서 크게 유행했고, 심지어 정부가 쏟아낸 정책 중에도 이런 내용들이 포함되어 있었다. 2011년, 국무원에서 발행한 "중국노령사업발전을 위한 제12차 5개년 계획"(中国老龄事业发展"十二五"规划)은 중국의 "고령화 과정이 가정의 소형화 및 노부부 독립거주와 호응하면서 발전"하고 있다고 지적하면서, "고령, 노부부 독립거주, 질병 등 노인들의 심리적 건상 상태에 관심을 갖고 주시"하고, 이와 더불어 "열악한 상황에 처한 노인들의 사회적 보호와 함께 고령, 고독, 노부부 독립거주, 경제·사회적 능력 상실 및 신체적 기능이 자유롭지 못한 노인들을 사회적 권익보호 서비스의 중심 대상으로 포함시켜야 한다"고 지적한다. 2017년 국무원은 "제13차 5개년 계획: 국가 노령사업 발전과 양로체계 건설 계획"("十三五"国家老龄事业发展和养老体系建设规划)을 제기했다. 2020년에는 "1인 거주와 노부부 독립거주자의 수가 1.8억 정도에 달했다"고 지적하면서, 상황이 매우 심각하다고 판단하고, 앞으로는 반드시 주거지역의 양로 서비스를 강화하여, '정신적·신체적 능력을 상실한 사람, 독거노인, 노부부 독립거주자' 등을 중점으로 보살펴야 한다고 지적했다. 정부의 이런 문건들에서 노부부 독립거주가 고령, 환자, 고독, 신체적·정신적 능력 상실 등의 개념과 병렬적이며, 따라서 정부 역시 노부부 독립거주를 취약하고 문제가 있으며, 중점적으로 도움을 받아야 할 대상으로 간주하고 있다는 사실을 확인할 수 있다.

　사회 각계의 노부부 독립거주 가정에 대한 보편적인 비관정서 역시 관련 학술연구의 정서에 어떤 단초를 제공했다. 오랜 기간 동안 노부부 독립거주는 '문제 있는 가정'의 모습으로 각종 학술지에 등장했다. 대다수 연구는 중국에는 오래된 가정 양로 전통이 있고, 여러 세대가 함께 거주하는 다세대가정은 노인들에게 가장 적합한 거주 방식으로서, 노인들이 자녀들의 경제적 지원, 생활에서의 돌봄 그리고 정서상의 지지를 받을 수 있는 중요한 전제라고 판단한다(Chen & Silverstein, 2000; 鄢盛明, 陈皆明, 杨善华, 2001). 그러나 중국 가정의 소형화, 핵심화와 더불어 점점 더 많은 노인들이 자녀들과 떨어져 살게 되고(曾毅, 王正联, 2004; 王跃生, 2014), 이런 가정 구조의 변화는 필연적으로 노인들의 노후생활에 부정적 영향을 주는 환경을 조성하고 있다. 일부 연구 결과는 노부부 독립거주가 서유럽 국가의 노인들에게서 나타난 것과 같은 부정적 영향을 주지 않는다는 사실에 주목했다. 예를 들면, 미국의 많은 연구들은 노부부 독립거주자와 그렇지 않은 노인들의 심리적·신체적 건강 차이가 아주 작으며, 심지어 적지 않은 연구 결과는 자녀들과의 동거가 노인들의 건강에 오히려 불리하다는 사실을 발견했다(White & Hughes, 1999; Hughes & White, 2002; Hays, 2002). 그러나 대다수의 연구는 이런 결과가 동서방문화의 서로 다른 배경 때문이라고 판단했다(Silverstein,Corg & Li, 2006). 미국에는 다세대거주의 전통이 없지만, 사회적 양로체계가 비교적 잘 구축되어 있어서 노부부 독립거주가 노인들에게 그다지 부정적 영향을 끼치지 못한다. 그러나 중국은 미국과 달라서 중국의 노인들은 자녀들과의 공동생활을 선호하며, 현재 중국의 가정 양로는 사회 전체의 양로체계에서 매우 중요한 역할을 수행하고 있기 때문에 중국에서 노부부 독립거주는 노인들에게 불리하다는 것이다. 따라서 사회 각계에서 이 문제를 중시하면서 자녀들에게 부모에게 더 많은 관심을 갖도록 격려할 뿐 아니라 노부부 독립거주자들의 일상생활을 도우면서 이러한 거주 유형의 부정적 영향을 완화시키려하고 있다.

2. 곤혹스런 연구 결과

위의 내용을 종합하면, 사회 각계에 노부부 독립거주 가정에 대한 한 줄기 비관적 정서가 만연하고, 초기의 연구 결과 또한 독립거주 노부부의 정신적·신체적 상황이 그렇지 않은 노인들에 비해 좋지 않다고 주장하기도 한다. 그러나 최근의 연구 결과들은 모호하거나 심지어는 완전히 상반된 결과들을 도출하고 있다. 예를 들면, 천페이니엔(陈绯念)과 샤오터(肖特)는 1998년의 중국노인건강조사 자료를 사용해 연구를 진행하면서 독립거주 노부부들이 생활 만족도, 주관적 행복감 및 정신적 우울증 등의 부문에서 가족들과 함께 거주하는 노인들에 비해 차이가 있다는 사실을 발견했다. 그러나 가족과 동거하는 노인들 중에서 '자녀와 동거' 또는 '배우자와 함께 생활' 등의 두 가지 유형에서는 정신적·신체적 건강 지표 등에서 별다른 차이를 보이지 않았다(Chen & Short, 2008). 왕진펑(王金凤)과 그의 동료들은 2008년의 중국노인건강조사 자료에서, 자녀와의 동거가 노부부의 정신적·신체적 건상 상태에 특별한 영향을 미치지 못한다는 사실을 발견했다(Wang, Chen & Han, 2014). 최근의 한 연구에서 런챵(任强)과 탕치밍(唐启明)은 2010년의 중국노인건강조사에서 독립거주 노인과 비교해, 자녀들과 동거하는 노인들의 생활 만족도와 행복감이 더 낮으면서 정신적 우울 증세 또한 더 심각하며, 이런 현상이 동거 가정에 손자녀가 없을 경우 더 뚜렷하게 나타난다는 사실을 발견했다(2014).

위에서 서술한 내용을 종합해 보면, 근래의 많은 연구에서 노부부 독립거주에 관한 초기의 연구 결과와 매우 다른 결과가 도출되었을 뿐 아니라, 사람들이 일반적으로 생각하는 노부부 독립거주가 이들에게 불리할 것이라는 예측과도 부합하지 않아서, 학계의 이런 연구 결과에 대한 비판 역시 매우 격렬했다. 일부 학자들은 방법론적 측면에서 앞에서 언급한 연구 결과에 의문을 제기했다. 대다수의 이런 연구들은 단일시점의 단면적 자료를 근거로 얻어진 것이다. 그런데 단면적 자료는 인과관계를 예측하면서 연구자들이 주거 안배와 노인 복지 사이의 복잡한 관계를 연구할 때 약점을 노출하며, 심지어 완전히 상반된 결과를 도출할 수도 있다고 지적했다(沈可, 程令国, 2012; 江克忠, 陈友华, 2016). 많은 연구 결과는 현실 생활에서 많은 노인이 자녀와의 동거를 선택하는 이유가 자신의 건강 상황이 좋지 않아 자녀의 돌봄이 필요하기 때문이라는 점을 발견했다(郭志刚, 2002; Zimmer, 2005; 杨恩艳, 裴劲松, 马光荣, 2012). 따라서 자녀와 동거하는 노인의 건강 상태가 좋지 않은 것은 자녀의 돌봄이 부족해서가 아니라, 노인 자신의 신체적 상황이 매우 좋지 않기 때문이다. 만약 우리가 연구 과정에서 이런 역방향의 인과 문제에 대해 통제하지 않는다면, 동거가 노인들의 심신건강에 미치는 적극적 영향을 저평가할 가능성도 있다.

앞의 글에서 제기한 의문은 일정 정도 타당하다고 할 수 있다. 오랫동안 통계적 의존에서 인과적 추론으로의 전환은 항상 연구자들이 극복하기 어려운 난제였다. 특히 연구자들이 단면적 자료만을 취득할 수 있는 상황에서 이 문제는 더욱 해결하기 어려웠다. 변수, 자기 선택 및 역방향성 문제를 소홀히 하는 상황은 언제나 존재한다. 우리가 독립거주 노부부의 심신건강 문제를 연구할 때에도 이러한 잠재적 문제는 회피하기 어렵다. 그러나 앞에서 언급한 연구에 사용된 방법들을 자세히 음미해 보면, 연구 분석 과정에서 학자들은 이미 확실하게 이런 잠재적 요인들이 연구 결과에 미칠 영향에 대해 의식하고 있었다. 따라서 매우 의식적으로 다양한 방법을 사용하여 연구 결과의 건전성을 확보하려고 했음을 알 수 있다. 예를 들면, 거의 모든 연구가 노인의 연령, 결혼, 경제적 상황 및 건강 상태 등의 통계 자료에 대한 통제를 진행했다. 이 때문에 만약 정말로 변수에 대한 소홀이나 역방향 인과 문제 등이 존재했더라도 이런 문제들 또한 상당 부분 해소되었다고 할 수 있다.

이 외에도, 최근의 중국노인추적조사 자료들이 축적되면서, 이미 많은 연구들이 이런 데이터를 사용해 독립거주 노부부의 심신 건강 및 주관적 복지에 미치는 영향에 대한 연구를 진행했다. 단면적 자료에 기초한 연구결과들과 동등하게, 이들 연구는 노부부의 독립거주가 이들의 심신건강과 주관적 복지에 영향을 주지 못했음을 발견하거나(Li,Zhang & Liang, 2009), 또는 아주 뚜렷하게 긍정적인 요소를 발견했다(刘宏, 高松, 王俊, 2011). 이로 인해, 노부부 독립거주가 이들에게 불리할 것이라는 가설은 다시 한 번 잘못된 것이라는 점이 입증되었다. 단면적 자료와는 다르게, 추적조사 자료는 노인 거주 방식의 동태적 변화 및 이에 수반하는 심신건강의 변화를 관찰할 수 있다. 연구자들이 이를 바탕으로 노부부 독립거주와 노인 복지 사이의 복잡한 관계를 좀 더 세밀하게 규명할 수 있다. 이 뿐 아니라 추적조사 자료를 사용함으로써, 연구자들은 고정효과모델을 사용해 시간의 흐름에 따른 방문자들의 모든 특성의 변화를 통제해 변수편차를 소홀히 하는 실수를 피하면서, 단면적 자료와는 비교할 수 없이 신뢰도 높은 자료를 이용할 수 있었다.

현재 많은 실증 연구들이 추적조사 자료에 기반을 두고 방법론적 측면에서 제기된 문제들에 대해 적절하게 대응하고 있다. 그러나 이런 연구들은 여전히 학계의 광범위한 인정을 받지 못하고 있다. 일부 학자들은 여전히 노부부 독립거주가 이들에게 불리하다는 가설을 고집하면서, 최신 연구 결과에 대해서도 의심의 눈초리를 거두지 않는다. 필자는 과학적 연구 방법과 충분한 경험적 증거 앞에서 과거의 케케묵은 이론을 고집하는 것은 사고를 전환해 노부부 독립거주가 왜 사람들의 고정관념처럼 중국 노인들의 노후생활에 부정적 영향을 주지 못하는지 고민하는 것만 못하다고 생각한다. 이장의 다음 내용은 기존의 연구가 제기한 두 가지 가능한 이론적 해석을 종합하고, 2005-2014년 사이에 네 차례에 걸쳐 진행된 중국노인건강조사의 자료를 이용해 이 두 가지 해석에 대해 검증하고자 한다.

3. 왜 노부부의 독립거주는 문제가 되지 않는가?

왜 노부부 독립거주는 중국 노인들의 심신건강과 주관적 복지에 피해를 끼치지 않는가? 이 문제에 답하기 위해서는 반드시 먼저 이론적으로 노부부 독립거주와 노인들의 건강 및 복지 사이의 복잡한 관계를 파악해야 한다. 국내외의 관련 연구 결과를 살펴보면, 학자들은 전혀 상반되는 두 종류의 이론적 관점을 제기하고 있다. '세대 간 지원'론자들은 자녀와의 동거는 노인들이 자녀로부터 경제적 지원, 일상생활에서의 돌봄 및 정서적 위안을 받을 수 있기 때문에, 여러 세대가 함께 거주하는 것은 노인들의 심신건강에 긍정적 영향을 미친다고 판단하고 있다. 그러나 '세대 충돌'론자들은 여러 세대가 함께 거주할 때 세대 간 충돌을 유발할 수 있고 이로 인해 발생한 부정적 영향이 자녀들의 돌봄으로 인한 긍정적 영향을 상쇄하거나 또는 넘어서서 노인들의 심신건강의 악화를 초래할 수 있다고 판단한다. 그러나 중국에 대한 연구의 대다수가 '세대 간 지원론'에서 출발해, 효도와 여러 세대가 동거하는 다세대가정 전통의 영향으로, 세대 간 지원은 여러 세대 동거와 노인 복지 사이의 관계에 영향을 미치는 주요한 인과구조라고 판단하고 있다.(Chen & Short, 2008). 이런 관점에 따라 하나의 필연적 추론이 따라오는데 그것은 바로 노부부 독립거주가 중국 노인들의 심신건강과 주관적 복지에 심각한 부정적 영향을 미친다고 판단한다.

세대 지원론자들의 논리를 세밀하게 따라가 보면, 이런 관점의 배후에 두 개의 가설이 감춰진 사실을 발견할 수 있는데, 하나는 대다수 중국 노인들이 자녀와의 동거를 선호하고, 따라서 자녀와의 분가는 어떤 상황에 의해 강요된 것일 가능성이 크다고 판단하는 것이고; 다른 하나는 자녀와의 분가는 노인들이 자녀들로부터 다양한 지원을 받을 기회를 박탈해서 노인들의 심신건강에 피해를 줄 것이라고 판단하는 것이다. 그러나 최근 수십 년 동안 중국의 경제·사회·인구 등 다방면에서의 신속한 변화로 인해 이 두 개의 가설은 필연적 요인으로 자리 잡지 못했다.

3.1. 점차 커지는 독립거주 선호

노부부 독립거주에 관한 대다수의 연구는 중국 노인들이 자녀들과 함께 거주하는 비율이 시간이 흐르면서 뚜렷하게 하락하고 있다는 사실을 강조한다. 하지만 노인들의 거주 유형 선호가 변화하고 있는지에 대한 연구는 거의 이뤄지고 있지 않다. 실제로 우리는 다수의 이론적 추론을 통해, 중국사회의 신속한 변화와 노인들의 실제 거주 방식의 변화가 노인들의 주관적 거주 방식 선호에 변화를 초래했다는 점을 추측할 수 있다.

첫째, 가정 현대화이론은 한 사회의 빠른 공업화, 현대화 및 도시화와 더불어 인구의 유동성도 빠르게 증가하고, 독립거주 관념이 사회의 주요 흐름이 되었으며, 이런 변화가 여러 세대가 함께 거주하는 다세대거주 선호를 크게 바꾸고 나아가 대가정에서 소가정으로 전환을 추동한다고 판단한다(Thornton & Fricke, 1987; Goode, 1963). 둘째, 일찍이 1990년대에 진행된 다양한 중국의 도시 가정에 대한 조사 연구는 도시 거주 노인들이 점점 더 독립거주를 선호하고 있다는 사실을 발견했다. 로간(John R. Logan)과 비엔푸친(Fuqin Bian)이 중국의 9개 도시에서 60세 이상 노인을 조사한 자료는 44%가 자녀와의 분가를 선호한다고 밝히고 있다(Logan & Bian, 1999). 상하이 거주 노인들을 대상으로 조사한 다른 한 연구에서는, 79%의 남성 노인과 65%의 여성 노인이 독립거주를 선호하는 것으로 드러났다(Treas & Wang, 1993). 이 외에도 몇몇 농촌지역의 현장 조사에서는 적지 않은 농촌 노인들이 자녀와 따로 거주하기를 원하는 것으로 드러났다(阎云翔, 1998). 일반적으로 농민들의 가정 관념이 도시인들보다 전통적인데 농촌 노인들의 선호 거주 방식이 변했다면, 이런 변화는 매우 심각한 것이라고 말 할 수 있다.

그렇지만 다소 아쉬운 점은 현재 존재하는 다수의 중국 노인의 거주 선호도에 관한 연구가 일부 지역에 한정되어 있고, 게다가 조사 결과 또한 비교적 시간이 지난 자료라는 점이다. 따라서 현재는 노인의 거주 방식 선호에 관한 최근의 전국적인 변화 자료를 확보하기 어렵다. 중국사회가 지속적이고 빠른 속도로 변화하고 있는 점을 고려해, 우리는 노인들의 거주 선호 역시 독립거주라는 현대화 방향으로 더 큰 변화가 진행되고 있을 것으로 판단하고 있다. 따라서 대다수 중국 노인이 자녀와의 동거를 선호한다거나, 노부부 독립거주가 노인들의 주관적 희망과 어긋난 것이라는 가설은 모두 현실에 부합하지 않는다고 말 할 수 있다. 노부부 독립거주가 강요된 것이 아니라면, 우리는 노부부 독립거주 가정의 대규모 출현이 노인들의 주관적 복지에 부정적 영향을 미치지 않는다고 믿을만한 이유를 찾은 것이다. 그래서 우리는 다음과 같은 연구 가설을 제기한다.

> 가설1: 중국 노인들의 다세대거주에 대한 선호는 시간이 흐르면서 뚜렷한 변화가 발생하였고, 만약 노인들이 자녀들과의 분리거주를 선호한다면, 노부부 독립거주는 노인들의 주관적 복지에 부정적 영향을 주지 않는다.

3.2. 여전히 빈번한 세대 간 교류

노인들의 다세대 동거 선호에 변화가 발생한 점 외에도, 우리가 관심을 기울여야 할 다른 하나의 현상은 바로 비동거 자녀들과 노부모가 여전히 빈번하게 교류하고 있다는 사실이다. 세대 간 지원론자들은 자녀들과의 분리 거주가 노인들이 자녀들의 각종 지원을 받는데 불리하다고 판단한다. 이런 관점은 일정 정도 근거가 있으며 일부 실증 연구에 의해 입증되기도 했다(鄔盛明, 陈皆明, 杨善华, 2001). 그러나 다세대 동거에 대한 과도한 강조는 비동거 가정에서 노부모와 자녀들 사이의 빈번한 교류 및 이러한 교류가 노인들에게 미치는 중요한 의미와 영향에 대해 소홀히 할 수 있다. 실제로 이 책의 제3장 및 같은 유형의 다른 연구에서 지적한 것처럼, 중국의 대다수 독립거주 노부부와 자녀들의 거주 거리는 그다지 멀지 않다. 그리고 이렇게 따로 살지만 가까운 곳에 사는 방식은 세대 간의 정적인 교류와 상호 협력이라는 역할을 대부분 지속 가능케 한다.

예를 들면, 레이샤오옌(雷晓燕) 등은 2011년의 중국건강과 양로추적조사(中国健康与养老追踪调查, CHARLS) 자료를 사용해 중국 노인들의 거주 방식에 대해 상세하게 서술했다(Lei, Strauss & Tian, et al., 2015). 이들은 독립 거주하는 노부부 중 90% 이상이 적어도 한 명의 자녀와 매우 가까운 거리에 살고 있는 것을 발견했다. 이런 사실은 이들 노부부가 어려움에 직면했을 때, 가까운 거리(같은 구/현에 거주)에 사는 자녀가 때맞춰 도움을 제공할 수 있는 필요조건을 갖추고 있다는 것을 의미한다. 흐라위터르스(Gruijters)는 동일한 자료를 사용해, 중국 노인과 자녀 간의 세대 간 교류를 더 깊이 연구했다(2017). 그는 독립거주 노부부와 비동거 자녀의 평균 대면 비율이 매년 74회, 전화와 문자메시지 등 다른 방식을 통한 연결 빈도 역시 매년 68회에 달한다는 점을 발견했다. 바꿔 말하면, 독립거주 노부부와 자녀들은 매주 1회 이상의 직접 대면 교류 또는 비대면 교류를 유지하고 있으며, 이는 노인들의 일상적인 감정 교류에 대한 수요를 충분히 만족시키고 있다. 실제로 20세기 90년대부터 이미 일부 연구자들은 독립거주 노부부와 비동거 자녀 사이의 빈번한 교류를 관찰했다(Unger, 1993; 潘允康, 1990). 이들은 이러한 친척 네트워크에 바탕을 둔 다수의 핵심가정 사이의 교류형태를 '네트워크가정'이라고 불렀다. 이런 가정형태는 노인들의 양로에 대한 요구와 자녀들의 가사노동 및 육아에 대한 요구를 만족시킬 뿐 아니라, 각각의 핵심가정에 상대적으로 독립적인 생활공간을 제공한다. 따라서 네트워크가정은 전통적인 대가정과 현대적인 소가정의 장점을 갖추고 있으면서도 현대 중국의 도시와 농촌에서 강력한 생명력을 보여준다.

위에서 서술한 중국 가정의 거주 방식과 세대 간 교류의 기술연구(descriptive study) 및 국내외 학자의 가정 네트워크에 대한 긍정적인 태도를 종합해 보면, 독립거주 노부부와 자녀들 간의 관계는 이 두 세대가 따로 거주하고 있다는 이유만으로 실질적으로 훼손되지 않는다고 판단할 수 있다. 다세대가정에서 자녀들의 노부모에 대한 지원이 이들의 심신건강과 주관적 복지를 촉진하는 것과 마찬가지로, 비동거 자녀의 독립거주 노부모에 대한 지원 역시 앞의 예와 비슷한 효과를 거둘 수 있다. 만약 대다수 독립거주 노인들이 지속적으로 자녀들과 교류를 갖고 지원을 받는다면 독립거주 노인들에 미치는 부정적 영향은 그다지 크지 않을 것이다. 이는 기존의 연구가 노인들의 독립거주가 이들의 심신건강에 부정적 영향을 미친다는 것을 발견하지 못한 또 다른 중요한 원인일 것이다. 따라서 우리는 다음과 같은 가설을 제기한다.

가설2: 대다수 독립거주 노인은 여전히 자녀들과 빈번한 교류를 유지하고 있으며, 만약 이들이 예전처럼 자녀들의 충분한 지원을 받는다면, 자녀들과의 분가가 이들의 주관적 복지를 훼손하지 않을 것이다.

4. 자료, 변수와 분석 방법

4.1. 자료

이장에서는 중국노인건강조사 자료를 사용해 노인들의 독립거주가 이들의 주관적 복지에 미치는 영향을 연구했다. 중국노인건강조사는 베이징대학건강노령과발전연구센터(健康老龄与发展研究中心)가 책임지고 기획·실행한 노인에 관한 전문적 추적조사 프로그램의 하나다. 이 조사는 1998년 정식으로 시작되어 2000년, 2002년, 2005년, 2008년, 2011년 및

2014년 여섯 차례에 걸쳐 추적조사를 진행했다(Zeng, Poston,Vlosky, et al., 2008). 이 연구에서는 2005년부터 시작해 네 차례의 추적조사 결과를 사용하였는데, 그 이유는 다음과 같다.: 하나, 2005년 이전의 각 조사는 노인들의 거주 유형 선호에 대한 질문이 포함되지 않았다. 이 연구의 핵심 주제가 바로 노인들의 거주 유형 선호의 변화에 대한 연구이기 때문이다; 둘, 2005년 이전의 조사는 80세 이상의 고령 노인만을 조사했다. 2005년 부터는 중국노인건강조사의 방문 대상이 65세 및 그 이상으로 방문 대상의 범위가 크게 확대되었다. 기존 연구의 대다수가 65세를 노인을 정의하는 분기점으로 정했고, 뿐만 아니라 저령노인과 고령노인 사이에 건강, 경제 및 관념적 태도 등, 여러 측면에서 비교적 큰 편차가 존재했다. 따라서 80세 이하의 저령노인을 연구 범위에 포함시키는 것이 노인들의 독립 거주가 중국의 노인들에게 미치는 주관적 복지를 더 완전하게 전면적으로 분석하는데 도움이 될 것이라는 점을 고려했다.

2005년의 중국노인건강조사는 65세 및 그 이상 연령의 노인 15,638명을 대상으로 진행되었다. 이들 노인은 전국의 22개 성, 시, 자치구의 631개 촌거위원회(村居委会)에서 선택되었고, 이 표본들이 포괄하는 범위는 총인구의 85% 정도이다(Wang, Chen & Han, 2014). 뒤에 이어지는 각 조사에서 2005년 처음 조사 대상이었던 노인들에 대해 재차 조사하려 했지만, 많은 노인들이 세상을 떠났거나 능력 상실 또는 다른 이유로 두 번째 조사에 참여하지 못했다. 중국노인건강조사는 매번 새로운 노인[표본]을 추가해, 매회 조사의 표본이 전국적으로 노인들에 대한 대표성을 유지할 수 있도록 노력했다(Gu, Feng & Yeung, 2019). 이 외에도 고령노인들에 대한 분석 필요성을 만족시키기 위해, 중국노인건강조사는 80세 이상 및 그 이상 연령 노인에 대해서는 표본보다 많은 숫자에 대한 추가조사를 진행했다. 중국노인건강조사 자료에 대한 더 자세한 소개는 쩡이 등의 보고서를 참고하기 바란다(Zeng, Poston & Vlosky, et al., 2008).

문제 연구를 위한 조건을 만족시키기 위해, 이장은 조사 시 적어도 1명의 성년 자녀가 있는 노인 표본만을 대상에 포함시켰다. 이러한 요구에 부합하는 표본은 21,980명이었다. 이 가운데서 12,344명이 2005년 첫 방문에서 조사를 받았던 대상들이고, 7,371명은 2008년 방문조사에 처음 참여했으며, 1,371명은 2011년 그리고 894명은 2014년에 각각 처음으로 참여했다. 이 외에도 중국노인건강조사는 일종의 추적조사이기 때문에, 처음 조사에 참여한 많은 대상들이 이후의 조사에도 계속 참여했다. 표 4-1은 각각의 조사에서 추가된 대상이 이후의 조사에 다시 참여한 대상 숫자다. 예를 들면, 표 4-1의 제2항에서 2005년 조사에 첫 참여한 12,344명 가운데 5,681명은 2008년의 조사에 다시 참여했으며, 2,943명은 2011년 세 차례, 그리고 1,728명은 2014년에 네 차례 조사에 참여했다. 표 4-1에서 기타 각항의 숫자 또한 같은 방식으로 해석할 수 있다. 마지막 항에 표시된 숫자는 각 조사에 포함된 표본의 총량이다. 이 외에, 표 4-1에서는 중국노인건강조사 자료의 표본[대상자] 방문 실패 문제가 비교적 심각하다는 점을 발견할 수 있는데, 단지 9,596명이 두 차례 또는 그 이상의 조사를 받았다(대략 총 표본의 과반수). 이런 결과가 나오게 된 주요한 이유는, 노인들의 사망률이 비교적 높아서 중국노인건강조사에서 고령노인 표본에서는 규정 대상을 초과한 표본 조사를 진행했기 때문이다. 이장에서 사용할 고정효과모델은 변수에 대한 두 차례 이상의 측량이 필요했기 때문에, 모델 분석 과정에서 우리는 두 차례, 또는 그 이상 조사받은 9,596명의 표본만을 대상으로 사용했다. 그러나 각 해당 연도 통계 기술 결과가 전국 노인들에 대한 대표성을 갖도록 하기 위해, 우리는 노인들의 거주 방식, 거주 선호 및 시간의 흐름에 따른 세대 간 교류의 변화를 기술할 때에는 여전히 21,980명 전체 표본을 사용했다.

표 4-1 중국노인건강조사의 해당 연도 자료의 표본량 및 그 구성

최초조사연도 \ 조사연도	2005	2008	2011	2014	합계
2005	12,344	5,681	2,943	1,728	22,696
2008	–	7,371	3,079	1,679	12,129
2011	–	–	1,371	836	2,207
2014	–	–	–	894	894
합계	12,344	13,052	7,393	5,137	37,926

주: 주대각선상 각 원소의 합은 21,980, 즉 본 연구의 총표본량.

4.2. 변수

이 연구의 종속변수는 노인들의 주관적 복지이다. 기존의 다세대가정과 노인복지에 관한 연구에서 학자들은 복지와 관련된 다양한 측량 지표, 예를 들면, 행복감, 만족도, 스스로 평가하는 건강 상태, 우울증 정도, 신체거동 능력, 사망률 등을 사용했다(Chen & Silverstein, 2000; Silverstein,Cong & Li, 2006; Chen & Short, 2008; Li & Zhang, 2009; Wang, Chen & Han, 2014; 任强,唐启明, 2014; 沈可, 程令国, 2012; 江克忠, 陈友华, 2016). 본 연구가 노인들의 주관적 복지를 종속변수로 규정한 이유는 다음 두 가지다.: 하나, 기존 연구에서 주관적 복지가 광범위하게 사용되었을 뿐 아니라 중국노인건강조사 자료 중 매우 양호한 측정 결과를 얻었기 때문이다. 둘, 객관적인 신체 건강 지표와 비교해 주관적 복지와 다세대 동거 사이의 인과 방향이 훨씬 더 명확하기 때문이다. 천페이니엔과 샤오터가 언급했던 것처럼, 거동 능력 상실, 질병 등 건강 문제는 종종 노부모와 자녀가 동거하는 중요한 요인이었으며, 주관적 측면의 행복감과 삶의 만족도 등의 지표는

다세대 동거를 하게 된 원인이 아니라 그 결과일 가능성이 크기 때문에, 이들 지표를 사용하는 것이 사실과 다른 결과의 도출을 통제하는데 좀 더 효과적일 것이기 때문이다(Chen & Short, 2008).

중국노인건강조사 자료는 노인복지와 관련된 여섯 가지 구체적인 질문을 포함하고 있다. 구체적인 내용은 다음과 같다.

① 당신은 현재의 생활이 어떻다고 생각하세요?
② 어떤 상황에 직면하든 긍정적인 태도를 유지할 수 있나요?
③ 젊었을 때처럼 여전히 즐겁게 지내시나요?
④ 자주 긴장하고 두려움을 느끼세요?
⑤ 자주 고독하다고 느끼세요?
⑥ 더 이상 중요한 사람으로 인정받지 못한다고 느끼세요?

위에서 서술한 여섯 가지 문제는 모두 5점의 리커트 척도(Likert scale)를 사용해 평가했다. 점수가 높을수록 방문 대상이 관련 문제에 대해 강력한 느낌과 공감을 표시한다는 것을 뜻한다. 이 여섯 가지 문제 중 앞의 세 문제는 노인들의 적극적 정서와 관련이 있고, 뒤의 세 문제는 소극적 정서와 관련이 있다. 천페이니엔과 샤오터가 사용한 방식을 참고해, 우리는 대상자의 앞의 세 문제에서 점수를 합산해 대상자의 적극적 정서와 관련된 종합지표를 얻었다(크론바흐 신뢰지수(Cronbach's alpha)=0.50). 이 지표의 가치는 3부터 15 사이이며, 점수가 높을수록 대상자의 정신 상태가 더 좋음을 표시한다(Chen & Short, 2008). 이와 유사한 방식으로, 우리는 뒤의 세 문제 또한 점수를 합산해 소극적 정서를 반영한 종합지표를 얻었다. 이 지표의 가치는 3부터 15 사이이지만, 점수가 높을수록 노인의 정신 상태가 더 나쁘고 불안정함을 표시한다.

이 연구의 핵심 독립변수는 노인들의 거주 방식, 거주 선호 및 세대 간 교류다. 구체적으로 말하자면, 두 개의 변수로 노인들의 거주 방식을 측정하는 방식인데 자녀와 동거하면 변수 값을 1로, 동거하지 않으면 변수 값을 0으로 표기한다. 노인들의 거주 선호를 선택하는 질문은 "어르신은 어떤 거주 방식을 원하세요?"로 정한 후, 노인이 '자녀와의 동거'를 선택하면, '자녀와의 동거 선호' 코드를 부여하고, 반대로 답할 경우에는 '분리 거주 선호'를 부여한다. 이 외에도 세레니(Melanie D. Sereny)와 구따난(顧大男)의 방법을 참고해, 하나의 새로운 변수를 만들어 노인들의 거주 선호와 거주 방식이 잘 부합하는지 여부를 표기했다. 이 변수는 다음과 같은 네 유형을 포함한다.: ①자녀와 동거하면서 자녀와 동거 선호 ② 자녀와 동거하지만 독립 거주 선호 ③ 자녀와 따로 살면서 독립 거주 선호 ④ 자녀와 따로 살지만 동거 선호(Sereny & Gu, 2011). 세대 간 교류는 다음과 같은 세 유형으로 구분했다.: ① 자녀와 동거 ② 자녀와 따로 살지만 밀접한 교류 ③ 자녀와 따로 살면서 교류도 매우 적음. 일반적으로 노부모와 자녀가 동거할 때 세대 간 교류가 가장 밀접하며, 노부모와 자녀가 각자 따로 거주할 때 세대 간의 교류는 상황을 보면서 판단해야 한다. 중국노인건강조사는 다음과 같은 두 가지 문제를 질문해, 노부모와 비동거 자녀 간의 교류를 판단했는데, 하나는 "자녀가 종종 어르신을 뵈러 오나요?"이고, 다른 하나는 "통신 수단을 통해 자녀와 자주 연락하시나요?"이다. 대상자가 두 가지 질문 가운데 하나의 대답이 '예'이면 '밀접한 교류'를 갖는 것으로 판단하고, 두 개의 대답이 모두 '아니오'면, 교류가 매우 적은 것으로 판단한다.

위에서 서술한 핵심 독립변수 외에도, 이 연구는 모델 분석 과정에서 세 개의 통제변수를 추가했다.

첫째, 노부모의 가족 구성원과 자녀 상황에 관련된 통제변수로, 배우자와 함께 거주하는지 여부, 손자녀와의 동거 여부, 기타 다른 사람과의 동거 여부, 생존해 있는 아들과 딸의 수 등을 포함했다.

둘째, 노부모의 건강과 관련된 통제변수로, 신체적 일상생활능력(PADL; Physical Activities of Daily Living)의 불편 정도와 도구적 일상생활능력(IADL: Instrumental Activities of Daily Living)의 불편 정도 및 인지능력을 포함했다.[1] 신체적 일상생활능력의 불편 정도는 대상자 스스로 세면하기, 옷 입기, 화장실 가기, 실내 활동, 식사, 대소변 통제 등의 여섯 가지 유형의 활동을 수행할 수 있는 가를 기준으로 측정했다. 만약 대상자가 이 여섯 가지 유형의 활동을 아무런 도움 없이 수행할 수 있으면 1, 일정 정도 도움을 필요로 하면 2, 스스로 아무것도 할 수 없으면 3을 부여했다. 그리고 대상자들이 이 여섯 항목에서 얻은 점수를 합산해 신체적 일상생활능력에서 불편 정도를 반영한 종합 점수를 얻었다. 여기서는 점수가 높을수록 신체적 일상생활능력의 불편 정도가 심각하다는 것을 의미한다. 도구적 일상생활능력의 불편 정도 측정 방법도 이와 비슷하다. 중국노인건강조사 과정에서 대상자들에게 다음과 같은 여덟 가지 항목의 수행 능력에 대해 질문했다.: 도움 없이 옆집 방문, 혼자 외출해 물건 구입, 1인 식사,

---

[1] [역자주] '일상생활능력(ADL)'을 가졌다는 것은 자신을 돌보는데 필수적인 일상생활과 사회생활을 독립적으로 수행할 수 있다는 것을 의미한다. '일상생활능력'은 '신체적 일상생활능력(PADL)'과 '도구적 일상생활능력(IADL)'으로 구분된다. '신체적 일상생활능력'은 대소변 가리기, 화장실 사용, 세면, 목욕하기, 식사, 옷 입기, 이동, 보행, 계단 오르기 등, 기본적이고 육체적인 능력을 포함한다. '도구적 일상생활능력'은 전화기사용, 물건사기, 음식장만, 돈 관리 및 재정 관련 일 수행, 가정 돌보기, 탐구적·창의적 활동, 상황대응 수준 등, 복잡한 능력을 포괄한다.

스스로 세탁, 연속해서 2km 걷기, 약 10kg 의 물건 들기, 연속 3회 앉았다 일어서기, 혼자 공공교통 이용하기. 각 항목의 가치는 1(가능)에서 3(불가능)으로, 여덟 가지 항목의 점수를 모두 합해서 도구적 일상생활능력의 불편 정도를 반영한 종합 점수를 얻었다. 이 점수가 높을수록 도구적 일상생활능력의 불편 정도가 높다는 것을 의미한다. 마지막으로 인지능력은 23개의 인지능력과 관련된 문항으로 측정했다. 이 문항이 다루는 범위는 매우 광범위해서, 일반 능력, 반응 능력, 주의력, 계산 능력, 기억력, 언어 이해, 및 자기 협조 능력 등 여러 분야를 포괄한다.

셋째, 앞에서 언급한 부문 외에, 우리가 예측할 수 있는 다세대 동거와 노인들의 주관적 복지 간의 인과관계에 장애를 유발할 수 있는 변수들, 예를 들면, 가정 소득, 여가활동 참여 상황, 거주지와 조사 연도 등을 포함할 수 있다. 이 중에서 여가활동 참여 상황은 대상자가 가사 노동, 집 밖 활동, 꽃 심기와 반려동물 보살피기, 독서, 가축 모이주기, 카드놀이나 마장(麻將) 즐기기, TV 시청과 라디오 청취, 사회활동 참가 등의 여덟 가지 항목의 참가 빈도를 포괄해서 측정했다. 대상자는 1(거의 매일)에서 5(불참)까지의 배분 점수에 따라 이 여덟 가지 항목의 참여 빈도를 측정해 점수를 매기고, 모든 점수를 합산하여 여가활동의 참여 상황을 반영한 총점수를 얻게 된다. 총점이 높을수록 대상자의 여가활동 참여가 풍부하고 빈번하다는 사실을 반영한다.

마지막으로 설명하려는 점은, 대상자의 변하지 않는 특성(예컨대 성별, 출생년도, 민족, 교육 정도, 직업 유형 등)은 모두 모델에 포함시키지 않았다는 것이다. 왜냐하면 이장에서 사용하는 고정효과모형이 이런 모든 특징을 내재적으로 통제할 수 있기 때문이다. 그럼에도 불구하고 독자들이 표본에 대한 기본 상황을 전면적으로 이해할 수 있도록 돕기 위해, 지속적으로 변하지 않는 변수들에 대한 통계적 기술을 진행했다. 그 결과는 표 4-2에 표시한 것과 같다. 시간의 흐름에도 변하지 않는 변수 외에도, 표 4-2에서는 시간의 흐름에 따라 변화하는 대상자의 1차 방문과 마지막 방문 시기의 모든 특정 상황을 기술했다.

표 4-2 대상자의 1차 방문 및 마지막 방문 시기의 기본 특징에 대한 통계적 기술(N=9,596)

변수	최초조사	마지막조사
시변변수		
적극적 정서	10.8(2.0)	10.8(2.1)
소극적 정서	6.5(2.3)	6.8(2.3)
배우자와 동거(%)	45.2	35.8
손자녀와 동거(%)	37.4	34.4
다른 사람과 동거(%)	4.1	2.8
살아 있는 딸의 수	1.8(1.3)	1.8(1.3)
살아 있는 아들의 수	2.1(1.2)	2.0(1.2)
PADL장애상황	6.2(1.0)	6.9(2.1)
IADL장애상황	10.9(4.4)	13.4(5.8)
인지능력점수	19.9(4.1)	18.3(5.5)
여가활동참여상황	28.4(5.9)	30.4(6.6)
가정수입대수	8.6(1.6)	9.6(1.6)
거주지(%)		
도시	19.0	21.0
읍면	19.1	30.0
농촌	61.9	49.1
비시변변수		
남성(%)	47.7	47.7
출생연도	1925.9(10.7)	1925.9(10.7)
한족	93.3	93.3
교육정도	2.5(3.7)	2.5(3.7)
60세 전 직업(%)		
전문기술직 또는 관리자	8.7	8.7
사무직, 서비스직 또는 노동자	14.2	14.1
농민	65.7	65.7
기타	4.4	4.4
무직 또는 취업불가	7.1	7.1

주: 연속 변수에 대해서는 괄호 안에 표준차를 기술했다.

4.3. 분석 방법

이장의 자료 분석 방법은 다음과 같은 두 가지 부분을 포함한다. 제1부분에서 우리는 먼저 중국 노인들의 거주 방식, 거주 선호도 및 세대 간 교류 상황의 시간의 추이에 따른 변화 추세를 기술한다. 제2부분에서는 고정효과모형을 사용해 다세대 동거 가정의 노인들의 주관적 복지에 대한 영향과 이러한 영향이 노인들의 거주 선호 변화와 세대 간 교류의 변화에 따라 변하는 상황에 영향을 미치는지 여부에 대해 분석했다.

고정효과모델은 자료를 추적조사 하는데 일반적으로 사용되는 분석 방법이다. 이 방법은 독립변수가 시간의 변화에 따른 종속변수의 변화를 예측하는데 사용한다. 따라서 이 모형을 사용할 때는 모든 변수를 적어도 두 개의 다른 시점에서 측정해야 한다. 이 연구에서 사용하는 종속변수, 독립변수와 모든 통제변수는 시간의 흐름에 따라 변화하는 변수들이기 때문에, 고정효과모델에서 변수 유형에 요구하는 기본적인 내용들을 만족시킨다.

다른 방법과 비교했을 때, 고정효과모델의 장점은 독립변수의 종속변수에 대한 인과효과를 예측하면서 동시에 시간의 변화에 따라 변화하는 모든 시변변수들의 개입을 배제할 수 있다는 것이다. 모델에 개인적 차원의 고정단면계수를 도입해 시간의 변화에도 변하지 않는 모든 고정적 변수들의 특성을 내재적으로 통제할 수 있다(Rabe - Hesketh & Skrondal, 2012). 이 연구에서 시간의 변화에도 변하지 않는 변수들의 개별적 특성은, 성별, 출생년, 민족, 교육정도와 직업 등인데 자료 내부에 이들에 대한 측정치가 있고, 기존 연구에서도 통상적으로 통제 가능한 변수로 사용되었으며, 대상자의 청년과 중년 시기의 건강 상황, 거주 방식, 세대 관계 등의 자료는 기존의 연구에서 거의 통제하지 않았던 변수들이다. 만약 고정효과모델이 이런 변수들을 통제하지 못한다면, 분석 결과는 심각한 누락변수편차를 드러낼 것이다. 이런 결과는 결국 단면적 자료를 사용한 연구방법이 직면할 수밖에 없는 중요한 요인 중의 하나이다. 그러나 고정효과모델을 사용함으로써, 이 연구는 이러한 시간의 변화와 관계없는 모든 특징들을 통제할 수 있었다. 이런 점들이 추적조사 자료가 단면적 자료보다 더 우수한 내재적 요인이다(Wooldridge, 2010).

분석 결과를 종합하기에 앞서, 통계 분석과 관련된 두 가지 문제에 대해 토론할 필요가 있다. 첫째, 의도하지 않은 표본 방문 실패는 연구자들이 추적조사 자료를 분석할 때 처음부터 끝까지 마주하게 되는 심각한 도전이다. 바꿔 말하면, 만약 어떤 특징을 지닌 대상자가 조사에서 누락되면, 잉여표본에 기초한 통계분석에 편차가 발생하게 된다. 따라서 표본 방문 실패가 본 연구의 결론에 미치는 영향을 평가하기 위해, 우리는 다분류로짓(logit)모형을 사용해 중국노인건강조사 자료 중의 표본 방문 실패 모델을 사용했다. 분명히 어떤 대상자의 첫 방문시의 특징이 이 대상자가 다음 방문을 수락할지 여부에 매우 뚜렷한 영향을 끼치기 때문에, 중국노인건강조사 자료의 표본 방문 실패는 의도성이 있는 것이다. 그러나 일단 다른 변수들을 통제하면, 노인의 거주 방식, 거주 선호도 및 비동거 자녀와의 세대 간 교류 상황 등은 모두 사망으로 인한 표본 방문 실패에 뚜렷한 영향을 끼치지 않는다. 그 밖에 다른 원인으로 인한 표본 방문 실패에 대해 말하자면, 노인들의 거주 방식과 거주 선호도로 인한 영향은 그다지 크지 않았고, 세대 간 교류만이 어느 정도 해석력을 가지고 있다. 결론적으로 우리는 중국노인건강조사 자료의 표본 방문 실패는 연구에서 독립된 핵심 독립변수라고 판단한다. 바꿔 말하면, 우리가 모델에 모든 통제변수를 포함시키기만 한다면, 표본 방문 실패가 초래한 예측 편차 문제는 크게 문제 삼지 않아도 된다.

둘째, 통계 분석과 연관된 또 다른 하나는 가치의 가중 문제다. 중국노인건강조사 자료는 80세 및 그 이상 노인에 대한 초과 표본 조사를 진행했다. 따라서 자료에 대한 가치 조정을 실시해 분석 결과가 전국의 노인 전체를 더 잘 대표할 수 있도록 해야 한다. 이 연구는 기술적 통계에서 가치 조정을 진행했지만, 고정효과모델 분석에서는 가치 조정을 진행하지 않았다. 이렇게 한 주요 이유는 중국노인건강조사 자료가 단면적 자료만을 제공했기 때문이다. 이에 따라 동일한 대상자의 가중치는 조사 진행 연도에 따라 조금 다를 수 있다. 그러나 고정효과모델에서 대상자의 가중치는 결코 변하지 않는다. 우리가 모델 분석을 진행하면서 가중치를 부여하지는 않았지만, 그 결과는 충분히 수용 가능하다. 주요 이유는 세 가지다.: 먼저, 연구 진행과정에서, 기술적 통계 분석 시 가중치를 더하는 것은 민감하지만, 모델 분석에서는 그다지 민감하지 않다는 사실을 발견했기 때문이다(Chambers & Skinner, 2003). 따라서 고정효과모델에 가중치 부여 여부는 분석 결과에 그다지 큰 영향을 미치지 않는다. 다음으로, 중국노인건강조사 자료의 가중치 부여는 대상자의 연령과 성별을 기초로 했는데(Zeng, Poston, Vlosky et al. , 2008), 이 두 개의 변수에 대해서는 고정효과모델을 사용해 분석할 때 이미 내재적 통제를 진행했다. 마지막으로, 연구 결과는 노인들의 거주 방식이 주관적 복지에 미치는 영향이 성별과 연령의 변화에 따라 거의 변하지 않는다는 것을 보여준다(표 4-5 참고). 위에서 언급한 세 가지를 종합하면, 가중치를 부여하지 않은 고정효과모형으로 얻은 이 연구의 분석 결과가 여전히 매우 안정적이라는 사실이다.

5. 분석 결과

5.1. 기술적 통계 결과

표 4-3은 중국 노인들의 거주 방식, 거주 희망 및 세대 간 교류 상황의 시간의 흐름에 따른 변화 추세를 기술하고 있다. 2005년에 59.0%의 노인들이 자녀와 동거하고 있었지만, 시간이 흐르면서 이 비율은 크게 하락했다. 2014년에는 자녀와 동거하는 노인들의 비율이 49.9%까지 떨어져서 10년 사이에 약 10%가 떨어졌다. 이와 함께 자녀와의 동거를 선호하는 노인들의 비율도 시간이 흐르면서 계속 하락해 10년 사이에 약 10% 정도 떨어졌다. 우리가 노인들의 거주 방식과 거주 선호도를 교차해 분류한다면, 대다수 노인들의 거주 방식과 선호도가 매우 부합한다는 사실을 발견할 수 있다. 시간이 흐르면서 자녀와 동거하고 또 자녀와의 동거를 선호하는 노인들의 비율이 2005년의 48.5%에서 2014년에는 38.0%까지 하락했다. 반대로 자녀와 분리 거주 및 분리 거주를 선호하는 노인들의 비율은 2005년의 32.0%에서 2014년에는 40.4%로 상승했다. 역대 조사에서 약 10%의 노인들이 자녀와 떨어져 거주하지만 자녀와의 동거를 더 선호했다.(어쩔 수 없이 떨어져 거주) 그러나 지나칠 수 없는 사실은 약 10%의 노인들이 자녀와 동거하면서도 사실은 자녀와 떨어져 거주하는 것을 선호하고 있다는 사실이다. 이러한 노인들이 전체에서 차지하는 비율과 어쩔 수 없이 떨어져 거주하고 있는 노인들의 비율이 엇비슷하다. 이런 결과들은 기존 연구에서 거의 관심을 끌지 못했다.

이 외에도 표 4-3에서는 노인들과 자녀의 동거 비율이 시간의 흐름에 따라 뚜렷하게 하락하지만, 이들의 자녀와의 교류는 크게 부정적인 영향을 받지 않았다는 사실을 발견할 수 있다. 연구 결과는 중국 노인들이 자녀와 떨어져 거주하지만 밀접하게 교류한 비율이 2005년의 35.7%에서 2014년에는 48.4%까지 상승한 점을 나타낸다. 이러한 추세는 다세대가정의 비율 하락과 발걸음을 같이한다. 자녀와 떨어져 거주하면서 이들과 교류가 거의 없는 노인들의 비율은 매우 낮다. 역대 조사에서 이런 노인들의 비율은 모두 5 % 이하였다.

표 4-3 각기 다른 해에 조사한 중국 노인들의 거주 방식, 거주 선호도 및 세대 간 교류 상황

변수	2005	2008	2001	2014
자녀와 동거(%)	59.0	55.5	52.6	48.9
자녀와 동거 선호(%)	57.5	55.5	51.8	48.7
거주방식과 거주선호 교차분류(%)				
자녀와 동거, 동거 선호	48.5	45.5	41.2	38.0
자녀와 동거, 분리거주 선호	10.5	10.0	11.5	10.9
자녀와 분리거주, 분리거주 선호	32.0	34.5	36.7	40.4
자녀와 분리거주, 동거 선호	9.0	10.0	10.6	10.7
거주방식과 세대간교류 교차분류(%)				
자녀와 동거	59.0	55.5	52.6	48.9
자녀와 분리거주, 잦은 교류	35.7	41.4	44.0	48.4
자녀와 분리거주, 교류 매우 적음	5.3	3.1	3.3	2.7
표본수	12,344	13,052	7,393	5,137

5.2. 모델 분석 결과

표 4-4는 고정효과모델을 사용해 노인들의 주관적 복지에 영향을 미치는 요인에 대한 통계 분석을 보여준다. 시간의 흐름에 따라 변하는 많은 변수들을 통제하고 동시에 시간의 흐름에도 변하지 않는 불변 변수들에 대한 내재적 통제 이후, 자녀와의 동거가 노인들의 적극적 및 소극적 정서에 미치는 영향이 그다지 크지 않다는 것을 조사 결과가 보여준다. 따라서 기존의 많은 연구와 마찬가지로 이 연구도 다세대 동거가 중국 노인들의 주관적 복지를 촉진한다는 의미 있는 요인을 발견하지 못했다.

다세대 동거가 노인들의 주관적 복지에 의미 있는 영향을 주지 못함에도 불구하고, 표 4-4에서 발견할 수 있는 사실은 배우자, 손자녀 및 그밖에 다른 사람들과의 동거가 노인들의 소극적 정서를 낮추는 기능을 발휘하며, 뿐만 아니라 손자녀와의 동거는 노인들의 적극적 정서를 일정 정도 상승시키는 작용을 하고 있음을 발견할 수 있다. 이러한 결과는 다세대 동거가 노인들에게 미치는 영향과 비교하면 커다란 대비를 이룬다. 이 외에도, 자녀수의 증가 또한 노인들의 적극적 정서를 효과적으로 높이고, 노인들의 주관적 복지와 자발적 생활력, 인지력, 여가생활참여 상황 및 가정의 경제 여건 등이 모두 매우 밀접한 관련이 있음을 알 수 있다. 마지막으로 중국 노인들의 주관적 복지도 지역적으로, 시간의 흐름에 따라 뚜렷한 차이가 발생함을 알 수 있다. 도시에 거주하는 노인들과 비교해 읍이나 농촌에 거주하는 노인들의 적극적 정서는 뚜렷하게 낮은 반면, 이들이 소극적 정서는 현저하게 높았다. 이 외에도, 2005년과 비교해 2008년의 주관적 복지 수준만 비교적 낮았을 뿐, 이후 중국 노인들의 주관적 복지 수준은 뚜렷한 상승세를 보여준다.

표 4-4 노인들에 대한 주관적 복지의 고정효과모델 분석 결과(N = 9,596)

	적극적 정서	소극적 정서
독립변수		
자녀와 동거	−0.013	−0.078
	(0.048)	(0.055)
통제변수		
배우자와 동거	0.068	−0.633***
	(0.056)	(0.065)
손자녀와 동거	0.096*	−0.272***
	(0.044)	(0.051)
다른사람과 동거	0.008	−0.415***
	(0.097)	(0.112)

살아 있는 딸의 수	0.078**	−0.045
	(0.026)	(0.030)
살아 있는 아들의 수	0.068*	−0.043
	(0.030)	(0.035)
PADL 장애상황	−0.068***	0.047**
	(0.012)	(0.014)
IADL 장애상황	−0.033***	0.063***
	(0.005)	(0.006)
인지능력점수	0.041***	−0.027***
	(0.004)	(0.005)
여가활동참여상황	0.031***	−0.009*
	(0.003)	(0.004)
가정수입대수	0.064***	−0.009
	(0.011)	(0.012)
거주지(도시=0)		
읍면	−0.202**	0.213*
농촌	(0.076)	(0.088)
조사연도(2005=0)		
2008	−0.603***	0.087*
	(0.035)	(0.040)
2011	0.237***	0.007
	(0.043)	(0.049)
2014	(0.050)	(0.058)
	9.597***	6.684***
절편	(0.204)	(0.236)

주: 괄호 안의 숫자는 표준오차; *$p<0.05$, **$p<0.01$, ***$p<0.001$.

표 4-4의 분석 결과는 다세대 동거가 노인들의 주관적 복지에 영향을 미치지 않는다는 사실을 충분하게 설명한다. 그러나 이것은 단지 평균적 의미에서의 결론일 뿐이고, 다세대 동거의 영향이 서로 다른 인간 집단 간에 이질적 영향을 미치는지에 대해서는 더 깊이 연구할 필요가 있다. 일반적으로, 여성, 고령, 농촌 거주 그리고 배우자가 없는 노인일수록 자녀의 보살핌이 필요하고, 이 때문에 다세대 동거에서 더 많은 이익을 얻을 수 있다. 그렇지만 다양한 보조 표본에 대한 고정효과모델 분석을 진행한 이후, 다세대 동거의 영향이 모든 인간 집단에서 뚜렷하지 않았고, 세대 간

지원론 등이 주장하는 자녀들의 지원이 좀 더 필요한 노인들의 경우에도 마찬가지임을 발견할 수 있다. 이런 결과는 앞글에서 언급한 연구의 결론을 더 확실하게 검증한다(표 4-5 참고).

표 4-5 다세대 동거가 노인들의 주관적 복지에 미치는 영향의 이질성 분석(N = 9,596)

	적극적 정서		소극적 정서	
	계수	표준오차	계수	표준오차
도시	−0.194	0.119	−0.039	0.128
읍면	0.010	0.128	−0.076	0.149
농촌	−0.008	0.073	−0.095	0.085
남성	0.001	0.070	−0.106	0.079
여성	−0.002	0.066	−0.077	0.078
80세 이하	−0.083	0.079	−0.088	0.090
80세 및 그 이상	−0.010	0.067	−0.049	0.077
배우자와 동거	0.045	0.066	−0.145	0.078
동거배우자 없음	−0.142	0.085	0.110	0.095

주: 모든 통제변수는 모형에 포함되어 있으며, 지면의 제한으로, 표에는 자녀와 함께 거주하는 회귀지수만 표기함; $^*p<0.05$, $^{**}p<0.01$, $^{***}p<0.001$.

계속해서 우리는 노인들의 거주 선호도를 모형에 대입했다. 표 4-6에서 알 수 있는 것처럼, 자녀와의 동거 여부에 관계없이 노인들의 실제 거주 방식과 거주 선호도가 부합하기만 하면, 이들의 적극적 정서를 고취시키면서 동시에 소극적 정서를 낮출 수 있었다. 실제 거주 방식과 거주 선호도가 다른 노인들의 경우, 자녀들과의 동거 여부에 관계없이 주관적 복지에 뚜렷한 부정적 영향을 끼친다는 점을 발견할 수 있었다. 이를 통해 자녀와의 동거 여부는 그다지 중요하지 않으며, 실제로 중요한 요인은 노인들의 주관적 염원과 실제 거주 방식 간의 적합도임을 알 수 있다. 표 4-3의 기술적 통계 결과에서도 발견할 수 있는 것처럼, 시간의 흐름에 따라 중국 노인들의 자녀와 떨어져 거주하는 비율이 상승하고는 있지만, 이들의 거주 선호도와 실제 거주 방식 간의 적합도는 뚜렷한 변화가 없었다. 이런 측면에서, 중국 가정의 핵심화 또는 노부부 독립거주 현상은 노인들의 주관적 복지에 실질적인 부정적 영향을 주지 않으며, 이로 인해 가설 1은 자료를 통해 검증되었다고 말할 수 있다.

표 4-6 노인들 거주 선호도의 조절 효과(N = 9,596)

	적극적 정서	소극적 정서
거주방식과 거주선호 교차분류(자녀와 동거, 동거 선호=0)		
자녀와 동거, 분리거주 선호	−0.118*	0.124*
	(0.051)	(0.058)
자녀와 분리거주, 분리거주 선호	0.035	0.080
	(0.053)	(0.061)
자녀와 분리거주, 동거 선호	−0.171**	0.213**
	(0.062)	(0.072)
통제변수	이미 통제	이미 통제
절편	9.625***	6.561***
	(0.208)	(0.241)

주: 지면의 제한으로, 표에는 통제변수의 회귀지수를 표기하지 않음; 괄호 안의 숫자는 표준 오차; $^*p<0.05$, $^{**}p<0.01$, $^{***}p<0.001$.

마지막으로 고정효과모델에 노인들과 비동거 자녀와의 교류 상황을 대입했다. 표 4-7에서 발견할 수 있는 것처럼, 노인들과 자녀들이 떨어져 거주하더라도 여전히 자녀들과 밀접한 교류를 유지하고 있다면, 이들의 주관적 복지는 그다지 부정적 영향을 받지 않는다. 그러나 노인들이 자녀들과 떨어져 거주한 이후 상호 간에 교류가 거의 없다면, 노부부 독립거주의 부정적 영향이 드러난다. 결론적으로 말하자면, 노부부 독립거주 자체는 문제가 되지 않으며, 이들이 독립거주 이후 세대 간 교류의 감소가 문제를 일으키는 것이다. 표 4-3에서도 발견할 수 있는 것처럼, 노인들과 자녀들이 떨어져 거주하는 추세가 점차 뚜렷해지고 있는 상황에서, 여전히 자녀와 밀접한 교류를 유지하고 있는 독립거주 노부부들이 절대다수이다. 이런 측면에서, 우리는 노부부의 독립거주 자체는 노인들과 자녀들 간의 관계를 근본적으로 위협하는 요인이 아니라고 판단한다. 따라서 가설 2도 자료를 통해 검증되었다 할 수 있다.

표 4-7 노인들과 비동거 자녀 간의 교류 상황의 조절 효과(N = 9,596)

	적극적 정서	소극적 정서
거주방식과 세대간교류 교차분류(자녀와 동거=0)		
자녀와 분리거주, 잦은 교류	0.032	0.063
	(0.048)	(0.056)
자녀와 분리거주, 교류 적음	−0.179*	0.234*
	(0.091)	(0.106)
통제변수	이미 통제	이미 통제
	9.601***	6.592***
절편	(0.208)	(0.240)

주: 지면의 제한으로, 표에는 통제변수의 회귀지수를 표기하지 않음; 괄호 안의 숫자는 표준 오차; $^*p<0.05$, $^{**}p<0.01$, $^{***}p<0.001$.

6. 결론과 토론

다세대 동거는 일반적으로 중국 노인들의 주관적 복지에 뚜렷하게 적극적 영향을 미친다고 인식되어 왔다. 그러나 최근의 다양한 연구에서는 이러한 기존의 인식과 상반되는 연구 결과들이 도출되었다. 이장에서는 중국 노인들이 점점 더 독립거주를 선호하면서도 여전히 자녀들과 빈번한 교류를 유지하고 있는 현실에서 출발해, 노부부 독립거주가 여러 이론에서 예측하는 것처럼 노인들의 주관적 복지에 영향을 미치지 못하는 원인에 대해 연구했다. 2005-2014년 사이 네 차례에 걸쳐 진행된 중국노인건강조사 자료에 기초해, 우리는 중국 노인들의 거주 방식, 거주 선호도 및 비동거 자녀와의 교류 상황의 시간의 흐름에 따른 변화 추세를 기술했다. 또한 고정효과모형을 사용해 다세대 동거가 노인들의 주관적 복지에 미치는 영향 및 이런 영향이 노인들의 거주 선호도 및 세대 간 교류의 변화 흐름에 따라 어떻게 변화하였는가를 분석했다.

연구에서는 시간의 흐름에 따라 중국 노인들의 독립거주 추세가 점점 뚜렷해지고 있으며, 자녀들과의 분리거주에 선호도도 같은 속도로 상승하고 있다는 사실이 밝혀졌다. 연구에서 밝혀진 사실과 사회의 현대적 전환이 인간의 전통적 가정 관념과 거주 선호를 바꿀 수 있다는 현대화이론의 관점은 서로 부합한다(Goode, 1963). 이와 더불어, 우리가 발견한 사실도 인지조화이론의 주장을 입증했다. 이 이론은 인간은 자신의 주관적 인지를 점차 조정해 자신이 마주하고 있는 객관적 환경의 변화와 일치시킨다는 것이다(Festinger, 1957). 더 중요한 것은 이장의 거주 선호도에 관한 통계적 기술에서 중국 노인들이 여전히 자녀들과의 동거를 선호하고 있다는 전통적 관념에 도전했다는 사실이다. 우리는 점점 더 많은 노인들이 독립거주를 선호하면서, 독립 거주하는 노인들 가운데 어쩔 수 없이 자녀와 떨어져 거주하는 노인들의 비율은 그다지 높지 않으며, 대부분의 노인들의 거주 방식과 거주 선호도는 서로 부합한다는 사실을 발견했다. 이런 결과는 노인들의 독립거주가 이들의 주관적 복지에 부정적 영향을 준다는 이론적 가설에 근본적으로 도전한 것이다.

이러한 사실 외에도, 기술적 통계의 일부에서 현대 절대 다수의 독립거주 노인들이 여전히 자녀들과 매우 밀접한 교류를 유지하고 있다는 사실을 발견했다. 이들은 자녀들과 함께 살지 않을 뿐 자녀들과의 관계를 단절한 것은 아니라는 사실이다. 여기서 발견한 사실은 기존의 연구가 판단하고 있는 것과 같은 "중국의 도시와 농촌 모두 매우 활발한 네트워크가정이 존재하고 있다"는 주장과도 일치한다(Unger, 1993; 王跃生, 2010). 이러한 네트워크는 가족 간에 구축되고, 다수의 핵심가정 간에 빈번한 교류와 일상적 상호 협조를 주요한 특징으로 삼고 있다. 그러나 이장의 연구에서는 노부부 독립거주가 이들이 자녀들로부터 지원을 받는데 손해가 될 것이라는 관점과 모순되고, 따라서 이장 또한 노부부 독립거주가 이들의 주관적 복지에 피해를 줄 것이라는 이론적 가설에 의문을 제기했다.

노부부 독립거주가 이들의 주관적 복지에 미치는 영향에 대해 말하자면, 이런 영향이 존재하지 않는다는 사실을 발견했다. 세대 간 지원론자들이 일반적으로 인식하고 있는 것처럼 다세대 동거에서 이득을 취할 가능성이 더 큰 노인들(예를 들면, 여성, 고령, 농촌 거주, 배우자와 동거하지 않는 노인)에 대한 영향도 그다지 뚜렷하지 않았다. 따라서 이장의 모델분석 결과는 최근 이와 관련된 많은 연구에서 발견된 주장들을 검증했다(Chen & Short, 2008; Li, Zhang & Liang, 2009; 任强, 唐启明, 2014; 刘宏, 高松, 王俊, 2011). 그러나 이러한 발견은 중국의 효도문화와 다세대동거를 숭상하는 대가정 전통과 부합하지 않아서, 종종 학계의 비판과 의심을 받았다. 이런 비판과 의문에 답하기 위해, 이장에서는 중국 노인들의 점점 증가하는 독립거주 선호와 이들의 여전한 세대 간의 빈번한 교류가 노부부 독립거주에 미치는 영향을 깊이 연구했다.

다세대 동거가 노인들의 주관적 복지에 미치는 긍정적 영향에 대한 설득력이 부족하기는 하지만, 노인들의 거주 방식과 거주 선호도 간의 부합도는 이들의 주관적 복지에 뚜렷한 영향을 준다는 사실을 발견했다. 실제로 자녀와 동거하면서 자녀와의 동거를 선호하는 노인들과 비교해, 자녀와 떨어져 거주하면서 자녀와 떨어져 거주하는 것을 선호하는 노인들에게서는 적극적 정서와 소극적 정서 두 방면에서 모두 뚜렷한 부정적 영향이 발견되지 않았다. 반면 자녀와 동거하지만 독립거주를 선호하는 노인들 또는 실제로는 자녀와 떨어져 거주하지만 실제로는 동거를 선호하는 노인들의 주관적 복지는 뚜렷하게 낮았다. 독립거주 노부부 중 어쩔 수 없어 자녀와 떨어져 거주하는 노인들의 비율은 약 10% 정도이지만, 이 비율이 시간이 흐르면서도 크게 상승하지 않았기 때문에, 우리는 노부부 독립거주가 초래한 노인문제는 대부분 상당히 과장되었다고 판단한다. 이외에도, 실제로 자녀와 동거하는 노인들 중에서도 약 10% 정도의 노인들이 자녀와 떨어져 거주하는 것을 선호했는데, 이런 노인들은 주관적 복지 방면에서 뚜렷하게 부정적 영향을 받았다. 이런 문제는 기존의 연구에서는 거의 관심을 끌지 못했다. 이런 사실을 바탕으로, 우리는 앞으로 중국 노인들의 거주 방식에 대한 연구에서는 어쩔 수 없이 자녀와 동거하거나 또는 떨어져 거주하는 문제에 관해서도 동등한 관심을 기울여야 한다고 판단한다.

상술한 문제 외에도, 우리는 연구에서 다세대 동거가 노인들의 주관적 복지에 미치는 영향 또한 세대 간 교류의 변화에 따라 변할 수 있다는 사실을 발견했다. 자녀들과 동거하는 노인들과 비교해, 자녀들과 동거하지 않지만 빈번하게 교류하는 노인들은 적극적 정서와 소극적 정서 두 방면에서 모두 뚜렷한 부정적 영향을 받지 않았는데, 자녀와 동거하지 않으면서 교류마저도 매우 적은 노인들은 주관복지 수준에서 모두 매우 낮은 수준에 처해 있음을 발견할 수 있었다. 따라서 노부부 독립거주가 노인들에게 미치는 영향은 한마디로 판단할 수 없으며, 노인들과 자녀들과의 교류 상황은 하나의 중요한 조절 요인 중의 하나다. 이장의 기술적 연구 방침에 기초해, 절대 다수의 독립거주 노부부는 모두 자녀들과 매우 밀접한 교류를 유지하고 있었으며, 이로 인해 노부부 독립거주가 노인들의 주관적 복지에 부정적 영향을 주더라도, 이런 부정적 영향은 부분적이며 매우 적다는 사실을 알 수 있었다.

이장의 연구 결과는 중국과 세계적 범위 내에서 가정의 변화 및 노인복지와 관련 있는 연구 의제에서 모두 중요한 이론적 의미를 가지고 있다. 중국과 세계의 많은 국가에서 빠른 경제 발전과 사회변화는 가정의 변화를 추동하였고, 많은 가정의 전통이 이미 과거와 완전히 달라졌다. 하지만 일부 가정은 여전히 과거의 전통을 유지하고 있으며, 빠른 사회전환 과정에서도 강력한 내구성을 드러내고 있으며, 이러한 내구성은 일정 정도 가족 구성원, 특히 노인들에게 필요한 실질적인 것들을 제공하고 있다(Hermalin & Yang, 2004). 이장의 연구 결과에 따르면, 중국 노인들의 실제 거주 방식과 거주 선호도 모두 시간이 흐르면서 중대한 변화가 있었으나, 거주 방식과 거주 선호도 간의 높은 부합도와 세대 간의 빈번한 교류는 시간의 흐름에 따라 뚜렷하게 약화되지 않았다. 그리고 이는 중국 노인들이 여전히 상당한 정도로 상대적으로 높은 주관적 복지 수준을 유지할 수 있도록 해주었다. 중국 노인들이 어떤 방식으로 이러한 주·객관적 균형을 유지하고 또 세대 간 교류를 발전시킬 수 있었는지 아직 확실하게 규명하지는 못했다. 하지만 이 연구는 가정의 변화와 노인복지라는 복잡한 문제에서, 연구자들이 반드시 다원적이면서도 종합적인 이론적 관점을 유지하고 또 동시에 어떠한 예측하지 못한 결과에도 개방적 태도를 유지해야 한다는 점을 충분히 설명하고 있다.

이 외에도, 이 연구는 방법론에서도 기존의 연구에 일정한 공헌을 했다. 2005-2014년 사이 네 차례에 걸쳐 진행된 중국노인건강조사 자료를 기반으로, 이장의 연구는 단면적 조사 자료를 이용한 일부 연구들과 비교할 때, 다세대 동거가 노인들의 주관적 복지에 미치는 인과적 영향 연구에서 뚜렷한 진전을 이루었다. 또한 이장의 연구에서 사용한 고정효과모델은 시간의 흐름에도 변하지 않는 변수들의 특성에 대한 내재적 통제를 통해 기존의 연구들이 해결하기 어려웠던 누락변수편차 문제를 상당 정도 회피할 수 있었다.

이 연구가 이론과 방법 두 가지 면에서 기존 연구의 성과를 진전시킬 수 있었지만, 그럼에도 불구하고 다음과 같은 일부 한계가 있을 수밖에 없다. 첫째, 자료의 한계로 인해 이 연구는 독립거주 노부부의 비동거 자녀들과의 교류 정도만을 고려했을 뿐, 경제와 일상생활에서의 돌봄 등 다른 방면에서의 세대 간 협력에 대해서는 고려하지 못했다. 기존의 연구들이 자녀들의 노부모에 대한 경제적 지원과 그 밖의 지원이 감정적 교류처럼 항상 노인들의 주관적 복지를 상승시키는 역할을 하지는 못했지만(Chen & Silverstein, 2000; Gruijters, 2017), 다양한 형식의 세대 간 지원을 연구에 포함시켰다면, 의심의 여지없이 기존의 연구가 돌파구를 찾는데 커다란 기여를 할 수 있었을 것이다.

둘째, 이 연구의 핵심문제는 다세대 동거가 중국 노인들의 주관적 복지에 적극적 영향을 미치지 못하는 원인들을 탐색하는 것이다. 문제의 복잡성을 단순화하기 위해, 우리는 노인들이 아들과 동거하는 것과 딸과 동거하는 것의 차이를 구별하지 않았다. 일부 연구들이 딸과의 동거가 노인들의 주관적 복지에 더 유리하다는 결과를 보여주었지만(Chen & Short, 2008), 딸과의 동거라는 비전통적 거주 방식이 중국에서 일반적이지 않아서, 이 부분에 대해서는 본 연구에서 따로 분석하지 않았다. 이 외에, 중국노인건강조사 또한 노인들의 남편 집 거주와 처가살이에 대한 선호를 묻지 않았기 때문에, 이 연구도 이런 측면에서 노인들의 거주 선호가 만족할만한 결과를 얻었는지의 여부를 분석할 수 없었다. 앞으로의 연구에서는 남편 집 거주와 처가살이 간의 차이 및 중국 노인들의 거주 방식에서의 성별에 따른 선호도 문제에 대한 더 깊이 있는 연구가 필요하다.

　마지막으로, 본 연구에서 사용한 자료에도 일부 한계가 존재한다. 예를 들면, 중국노인건강조사의 표본 방문 실패 문제가 비교적 심각했다. 표본 방문 실패에 대한 보충 분석이 있기는 했지만, 이 문제가 본 연구의 결론에 크게 영향을 주지는 못했다. 그러나 더 완벽한 자료를 사용할 수 있었다면 분석 결과도 더욱 신뢰를 얻을 수 있었을 것이다. 이 외에도, 이 연구는 시간의 흐름에 따라 변하는 모든 변수에 대한 통계적 통제가 없었고, 또 모형 중 각 변수의 오차 측량이 연구의 결론에 미치는 것을 고려하지 않았기 때문에 연구 결론에 일정한 편차가 발생할 수 있다. 고정효과 모형의 사용이 시간의 흐름에 따라 변하지 않는 변수들을 소홀히 해서 발생할 수 있는 예측 편차를 피할 수 있기는 하지만, 이 모형이 일부 중요한 시간의 흐름에 따라 변하는 변수들을 소홀히 했거나, 이런 변수들에 대한 측정을 정밀하게 하지 않았다면, 연구 결과에서 여전히 편차가 발생했을 수 있다. 결론을 내리자면, 중국노인건강조사 자료는 이미 많은 연구에서 비교적 높은 정확성을 지닌 자료로 입증되었지만(Gu, Feng & Yeung, 2019; Zeng, Poston, Vlosky, et al., 2008), 이 연구의 결론은 여전히 이후의 더 많은 실증적 연구를 통해 검증되어야 한다.

가정 양로

5장

누가 양로하는가?

　소개: 아들과 딸이 연로한 부모를 돌볼 때의 성적 차별이 이장의 핵심 연구 과제다. 전통 중국사회에는 필요한 사회적 양로제도가 거의 없었기 때문에, 자녀들의 경제적 지원과 일상생활에서의 돌봄이 노인들의 노후생활에서 가장 중요한 버팀목이었으며, 부계 가정제도의 영향 아래에서 노인들에 대한 돌봄은 일반적으로 아들이 그 책임을 짊어져야 했다. 그러나 최근의 일부 연구들은 이러한 아들 중심의 전통적 부모 돌봄 형태가 현대 중국에서 변화하고 있다는 사실을 알려준다. 이 문제에 대해 좀 더 깊이 있게 연구하기 위해, 이장에서는 경제적 지원과 일상생활에서의 돌봄이라는 두 측면에서 아들과 딸의 행위에 대한 체계적인 연구를 진행할 것이다. 남편 집 거주라는 중국의 전통을 고려해, 이 연구는 성별 차이가 부모 돌봄에 미치는 직접적인 영향 및 거주 유형을 통해 성별차이가 부모 돌봄에 미치는 간접적인 영향에 대해 분석하고자 한다. 이 외에도, 연구 방법 측면에서 본 연구는 가정 내부를 비교하는 방식을 사용해 밖에서는 관측하기 어려운 가정 내부의 이질성 연구의 결론에 미치는 간섭을 통제하고자 한다. 2010년 진행된 중국가정추적조사(CFPS) 자료를 바탕으로, 우리는 현대 중국 가정에서 아들의 부모 돌봄 효과가 전체적으로 딸의 그것

보다 크지만, 이런 결과가 도출한 주요한 요인은 아들이 부모와 함께 살고 있어서 일 가능성이 더 크며, 자녀와 부모와의 동거라는 변수를 통제하면 아들의 직접적인 효과는 경제적 지원이라는 하나의 측면에서 딸보다 클 뿐, 일상생활에서의 돌봄 측면에서는 딸의 직접적인 효과가 뚜렷하게 아들의 그것보다 크다는 사실을 발견했다. 도시와 농촌으로 구분해 살펴보면, '아들은 돈을 내고 딸은 노동력을 보태는' 성별 분업 모형은 주로 농촌에서 발견되었고, 도시에서는 경제적 지원과 일상생활에서의 돌봄이라는 두 측면 모두에서 딸의 직접적인 기여가 아들보다 컸다. 이를 통해, 중국 전통의 아들이 핵심이 되는 부모 돌봄 방식이 철저하게 무너지지는 않았지만 이미 뚜렷하게 변화하고 있으며, 빠른 인구구조 변화와 여성의 교육수준 상승이 이러한 변화를 초래한 중요한 요인라고 할 수 있다. 마지막으로 이장에서는 아들과 딸의 부모 부양 역할의 변화가 부계 가정제도의 변화와 딸의 가정 내에서의 지위 상승에 미치는 문제 등에 대해 토론할 것이다.

1. 아들의 부양인가 아니면 딸의 부양인가?

전통 중국사회는 유교사상이 지배해 왔기 때문에 오랜 기간에 걸쳐 가정 내부에서 노부모를 보살피는 양로제도가 형성되었다. 유교적 문화체계에서 자녀들의 가장 기본적인 행위 준칙은 '효'(孝), 즉, 부모에 대한 절대적 존중과 복종이고, 자녀들이 효도의 의무를 다하는 목적은 보은(报), 즉 부모에게 양육의 은혜를 갚는 것이다. 이렇게 부모의 자녀 양육과 자녀의 부모 돌봄 사이에 인과관계 성립되었고, 이것이 바로 페이샤오통(1983)이 말한 중국 양로의 '피드백 모델'이다.

그러나 유교문화가 강조하는 '효'와 '보은' 관념은 성별 요인을 도입하면, 이러한 보은관계는 사람들의 의혹 — 부모의 깊은 은혜를 입은 아들과 딸이 당연하게 동등한 책임과 의무를 다해야 한다는 — 을 불러일으켰다. 왜냐하면 현실 생활에서 부모에 대한 부양책임은 일반적으로 아들만이 그 책임을 떠맡았기 때문이다(唐灿, 马春华, 石金群, 2009; Lee, Parish & Willis, 1994). 그렇다면 아들의 부모 부양책임은 대체 어디에서 온 것인가?

1.1. 아들의 부양책임

많은 학자들의 연구에 따르면, 아들의 부모 부양책임은 부계 가정제도의 승계 규정에 그 뿌리를 두고 있다(唐灿等, 2009; 王跃生, 2006). 전통 중국 가정에서, 아들은 가정의 성을 승계할 뿐 아니라 더 중요한 것은 부모의 재산을 승계하는 것이었다. 그러나 아들이 승계권을 획득하기 위해서는 반드시 이에 상응하는 가정의 의무를 이행하는 것을 전제로 하는데, 이러한 가정의 의무란 바로 부모의 노후생활을 부양하고 또 부모 사망 후 장례를 치르고 제사를 지내야 한다는 것이었다(费孝通, 1983). 따라서 본질적으로 아들의 부모 부양책임은 재산 승계권을 획득하기 위해 부모와 체결한 일종의 가족협약일 따름이다(陈皆明, 1998). 그리고 이런 계약은 일단 성사되면 다음과 같은 일련의 연쇄반응을 일으키게 된다.: 먼저, 이 계약은 자녀 양육 중 성 평등의 균형을 깨뜨리게 되었다. 부모의 아들에 대한 강한 편애, 예를 들면 아들 출생에 대한 더 강한 선호를 불러일으키고 아들에 대한 더 많은 교육 투자 등을 초래했다(杨菊华, 2012; 叶华, 吴晓刚, 2011). 다음으로, 자녀들이 성년이 된 다음에도 아들에 대해 더 많은 도움을 주도록 격려한다. 예를 들면, 중국에서 부모는 일반적으로 아들의 결혼을 돕고, 아들의 가사업무 분담 및 손자녀를 돌보는 책임도 떠맡는다(許琪, 2017). 그리고 자녀 양육과 자녀가 성년이 된 이후 아들에 대한 특별한 보살핌은 다시 반대급부로 아들의 부모 부양에 대한 책임을 강화하고 아들의 부모에 대한 보은의 가능성을 증대시킨다.

위의 내용을 종합하면, 전통 중국사회에는 다음과 같은 두 갈래의 논리가 공동으로 아들의 부모 부양책임을 지탱했다. 하나는 책임과 권리가 대등한 기초 위에서 교환의 논리가 형성되는 것이다. 이런 측면에서, "남자가 승계하고, 여자는 승계하지 않는다"[传男不传女]는 단선적 승계제가 아들이 부모를 부양하게 된 근본 요인이다. 다른 하나는 유교문화에서 강조한 효와 보은이라는 감정논리다. 부모의 자녀 양육과 자녀가 성년이 된 이후 아들에게 더 많은 은혜를 베풀고, 따라서 아들은 부모에게 보답해야 한다는 더 강력한 책임을 지게 된다는 것이다. 결론적으로, 앞의 논리는 아들의 부모 부양에 제도적인 보장을 제공하는 것이고, 뒤의 논리는 아들의 부모 부양에 윤리적 기초를 제공하는 것이다.

1.2. 보조 수단으로서 딸의 부모 부양

부계 가정제도의 영향 아래서 아들은 부모 부양의 책임을 짊어지지만, 이런 제도는 반드시 모든 가정에 아들이 있다는 것을 전제로 한다. 일단 가정에 아들이 없거나 아들이 있더라도 여러 이유로 부모를 부양할 수 없거나 부양을 원하지 않는다면, 아들에게만 부모 부양을 의존하는 제도는 유지하기 어렵다. 이때 원래 부모 부양책임이 없던 딸을 부모 부양책임에 편입시키는 것도 가정이 부모 부양의 어려움에 직면했을 때 사용가능한 대체 방법이다. 그러나 전통 중국사회에서 부모가 딸에게 양로를 의존하는 상황은 극히 찾아보기 어렵다.

먼저, 전통 중국사회의 출산율은 비교적 높아서, 거의 모든 가정에 아들이 있고, 아들이 없더라도 부모는 일정한 종법(宗法)제도의 원칙에 의거해 자신의 형제 또는 같은 가문의 친척에게서 아들을 입양할 수 있어서, 아들이 없어서 딸에게 노후를 의지하는 상황은 매우 드물다. 다음으로, 전통 중국사회는 인구 이동이 매우 적었다. 페이샤오통(1999)의 주장에 따르면, 중국의 농촌사회는 '태어난 곳에서 삶을 마치는 사회'[生于斯又死于斯]다. 인구 이동이 매우 적은 상황에서, 절대 다수의 아들들은 결혼 후에도 부모 주변에서 생활하며, 이런 상황은 부모가 아들에게 노후를 의지할 수 있는 가능성을 크게 높였다. 마지막으로, 전통 중국사회에서 부모에게 효도하는 것은 자녀들의 가장 기본적인 행위규범이자 도덕적 규율이었을 뿐 아니라 봉건통치자에 의해 국가를 다스리고 사회의 안정을 지키기 위한 근본 방침으로 격상되었다. 이런 의식구조가 지배하고 있는 상황에서 자녀의 불효는 사람의 도리를 거스르는 행위[大逆無道]여서 도덕적 여론의 강력한 질책은 물론이고, 국가의 법률에 의해 엄격한 제재를 받았다. 때문에 아들이 불효를 저지르는 상황은 전통 중국사회에서 극히 찾아보기 어려웠다.

2. 딸의 부모 부양 역할의 제고

위에서 서술한 내용을 종합하면, 전통 중국사회에서 아들은 부모 부양 측면에서 대체불가능한 핵심적 역할을 수행했다. 딸이 부모를 부양해야 할 상황이 존재하기는 했지만, 이런 경우는 아들의 부모 부양 기능을 보조하는 역할이었을 뿐, 가정 양로의 주된 선택은 아니었다. 그러나 최근의 다양한 연구에서 딸들이 부모 부양을 책임지는 현상이 점차 보편적이 되었다는 사실을 발견했다. 예를 들면, 씨에위(谢宇)와 주하이옌(朱海燕)이 1999년 상하이, 우한(武汉), 시안(西安) 세 지역에서 진행한 표본조사 자료에 따르면, 결혼한 아들과 비교해 결혼한 딸도 부모에게 더 많은 경제적 지원을 할 수 있다는 사실이 발견되었다(Xie & Zhu, 2009). 탕샨(2009) 등은 저쟝(浙江) 동부지역 농촌에서, 딸에 의존한 부모 부양 현상이 현대화 정도가 비교적 높은 도시지역에서 뿐 아니라 상대적으로 폐쇄적인 농촌지역에서도 점점 더 많은 역할을 하고 있음을 발견했다. 이런 사실을 통해 딸의 부모 부양 역할이 현대 중국의 도시와 농촌 모든 지역에서 비교적 뚜렷하게 높아지고 있음을 발견했다. 기존의 연구 결과에 더해, 우리는 인구 구조의 변화와 여성의 교육 수준 상승이 부모 부양에서 딸의 역할 제고를 초래한 두 가지 중요한 요인이라고 판단했다.

2.1. 인구 구조의 변화

윗글의 분석에서 이미 지적하고 있듯이, 전통 중국사회에서 아들의 부모 부양이 순조롭게 실현된 것은 상당 정도가 높은 출산율과 극히 적은 인구의 유동 덕분이었다. 그러나 현대 중국에서 오로지 단선적으로 아들에게만 의존하던 이러한 전통적 부모 부양 방식의 토대였던 인구 구조에 이미 심각한 변화가 발생했다.

첫째, 20세기 70년대부터 산아제한정책이 시작된 이후, 중국 가정의 출산율은 이미 대폭 하락했다. 궈즈강(2004)은 20세기 90년대 이후 중국의 합계출산율이 이미 인구대체출산율 이하로 떨어졌으며, 현재도 계속 하락하고 있다. 제7차 인구조사 자료를 보면 중국의 2020년 합계출산율은 1.30(国家统计局, 2021a)로 이미 저출산율 국가 대열에 진입했다. 출산율의 하락은 가정에서 자녀수의 감소에만 그치는 게 아니라, 아들 출산의 가능성도 함께 줄어든다는 사실을 의미한다. 따라서 전통사회와 비교하면, 현대 중국의 가정에 아들이 없는 가정의 비율이 이미 크게 증가했다. 도시에서 보편적으로 한자녀 정책을 실시하고 있는 상황에서, 아들이 없는 가정의 비율이 거의 50% 정도에 이른다. 가정에 아들이 없으면 아들에게만 의존하던 전통적인 부모부양 방식은 존재의 근거를 상실하게 된다. 이런 상황에서 딸에게 의존하는 부모부양이 자연스럽게 가정 양로의 유일한 선택지가 되었다.

둘째, 중국의 현대화에 가속도가 붙고 호적관리제의 운용이 느슨해지면서 중국의 유동인구도 빠르게 늘어났다. 2,000년, 중국의 유동인구 총수는 약 1억 명을 넘어섰고, 2020년에는 그 규모가 3.6억 명에 달했다(国家统计局, 2021b). 자녀수가 감소하는 상황에서 유동인구의 증가는 의심의 여지없이 가정 양로 자원의 감소로 이어졌다. 더 나아가 아들의 부모 양로 가능성은 한층 더 줄어들었다. 제3장에서는 거주지 이전이 남성이 결혼 후 부모 집에서 함께 거주할 가능성을 낮출 뿐 아니라 부모와의 거주 거리가 뚜렷하게 멀어지게 되고, 따라서 거주지 이전의 증가는 아들에 의존하던 양로 전통에는 매우 불리한 현상이라는 사실을 발견했다. 그러나 거주지 이전은 딸의 부모 부양 역할에는 긍정적인 영향을 가져온다. 한편으로 거주지 이전의 증가는 일반적으로 사회적 결혼의 범위를 확대해서, 거주지를 이전한 남성은 부인의 집에서 처가살이 할 가능성을 크게 증가시킨다. 다른 한편으로, 딸이 외지에서 직장생활을 하면서 자신의 경제적 수입을 확대하면 부모를 부양할 경제적 능력 역시 증가한다. 이와 함께 여성은 거주지 이전 과정에서 새로운 생활방식과 가정 관념에 접하게 되면서 성 평등 의식의 형성을 촉진하게 된다(金一虹, 2010).

위에서 언급한 내용을 종합하면, 출산율의 하락과 거주지 이전의 증가가 야기한 가정 양로 자원의 축소는 근본적으로 아들에 의존한 부모 부양의 현실적 기초를 위협하고 있다. 따라서 신속한 인구 구조의 변화 과정에서 아들에게만 의존하던 단선적 부모 양로제도는 이미 지속되기 어려운 상황에 직면했다. 이런 상황에서 본래 공식적인 부모 부양의 책임을 지고 있지 않던 딸에게 이런 책임을 부여하는 것이 많은 부모들이 더 이상 아들에게 의존할 수 없는 상황에서의 필연적 선택이 되었다.

2.2. 여성 교육 수준의 향상

윗글에서 필자는 중국의 신속한 인구 구조 변화 과정을 종합해, 아들에만 의존하던 가정 내 부모 부양의 현실적 위기를 분석하고 딸에 의존한 부모 부양의 필요성에 대해 토론했다. 그러나 이런 필요성을 가능성으로 전환하기 위해서는 다음 두 가지 조건을 충족해야 한다.: 하나, 딸이 부모 부양을 원해야 하고 둘, 딸이 부모를 부양할 능력을 갖추고 있어야 한다. 그렇다면 현대 중국에서 딸들의 양로에 대한 희망과 능력은 어떤 요인에서 비롯될까?

앞글의 분석을 근거로, 자녀의 부모 부양은 주요하게 두 가지 요인에서 비롯된다. 하나는 부모의 재산을 승계하기 위해서이고, 다른 하나는 부모의 은혜에 보답하기 위해서이다. 따라서 딸이 부모의 부양을 책임을 떠맡겠다는 마음이 생겼다는 것은 앞의 두 가지 요인에 변화가 생겼을 가능성이 크다. 그러나 많은 기존의 연구 문헌들을 살펴보면, 첫 번째 요인이 딸에게 부모 부양에 대한 생각을 갖도록 효과적으로 작용했다고 보기는 어렵다. 법적 측면에서, 중화인민공화국민법전(中华人民共和国民法典)과 중화인민공화국혼인법(中华人民共和国婚姻法)은 이미 아들딸 구별 없이 평등하게 재산을 물려받을 자격이 있음을 규정하고 있다. 그러나 현실적으로 이런 법률 규정은 아직 철저하게 집행되지 못하고 있으며, 아들의 재산 승계가 여전히 사람들이 주로 사용되는 재산 승계 방식이다(唐灿·马春华·石金群, 2009). 따라서 이런 측면에서, 가족의 재산을 승계하는 것은 딸이 부모 부양에 참여하는 주요한 요인이 아니다.

이 이론에 대한 해석을 배제하면, 부모의 은혜에 대한 보답이 딸이 부모 부양에 참여하는 유일한 합리적 해석이다. 씨에위와 주하이옌의 연구에 따르면, 딸이 부모를 부양하는 윤리적 기초는 딸과 부모의 친밀한 관계이다(Xie & Zhu, 2009). 탕찬 등(2009) 또한 아들의 부모 부양은 책임감에서 비롯되고, 딸의 부모 부양은 감정에서 비롯된다고 인식한다. 그러나 필자가 보기에 딸과 부모의 친밀한 관계의 형성 또는 감정의 형성은 반드시 부모가 일찍이 딸에게 사심 없는 지출을 한다는 사실을 전제로 할 때만 가능하다. 타이완과 중국 대륙 모두에서, 자녀들의 어린 시절 부모의 자녀들에 대한 투자가 자녀의 보은을 보장해 주는 가장 확실하고 효과적인 방법임을 많은 연구 결과들이 발견했다(Lee, Parish & Willis, 1994; 陈皆明, 1998). 따라서 필자는 부모가 자녀를 양육하는 과정에서 딸에 대한 투자의 증가가 딸의 부모 부양에 대한 희망을 자극한 주요 요인이라고 판단한다.

이론적으로 보면, 부모의 자녀에 대한 투자는 여러 형식이 있는데 그 중 가장 중요한 것은 자녀의 건강과 교육 방면에 대한 투자다(Chu & Yu, 2009). 기본적인 의식주 문제가 아직 해결하지 못했던 어려운 시기에, 자녀의 영양과 건강은 부모가 자녀를 양육하는데 있어서 가장 중요한 문제다. 옛 사회에서는 기본적인 생활필수품이 부족해서 일부 중국 부모들은 영아(嬰兒) 딸을 살해하는 극단적인 방식을 통해 아들의 생존을 보장해 왔다. 가족의 혈통을 유지해야 한다는 문화적 요인을 배제하면, 이러한 선택 배경에서 더 중요한 요인은 아들을 양육해서 노후의 양로를 보장받아야 한다는 철저하게 부모 자신들의 이익을 고려한 결과다. 그러나 1949년 중화인민공화국 성립 이후, 대중들의 가장 기본적인 생존 문제가 기본적으로 뚜렷하게 해결되었고 따라서 여자 영아 살해 현상도 현대 중국사회에서 근본적으로 사라졌다.

기본적 생존 문제가 해결된 다음, 교육 문제가 가장 중요한 문제로 대두되었다. 과거에는 '여성은 재능이 없는 것이 덕'[女子无才便是德]이라는 전통 관념의 영향을 받아, 중국의 부모들은 딸의 교육에 거의 투자하지 않았다. 중국의 부계 가족 전통에서, 딸은 결국 결혼해 남의 집 사람이 되기 때문에 딸의 교육에 투자하는 것은 장기적으로 그 과실을 거둘 수 없었다. 이 때문에 중국의 부모들 또한 딸을 교육시킬 동력을 찾을 수 없었다. 이런 요인들의 영향으로 중국 여성의 교육 수준은 지속적으로 남성보다 낮았다(叶华, 吴晓刚, 2011). 그러나 최근의 많은 연구들은 중화인민공화국 성립 이후 남녀의 교육 수준 차이가 뚜렷하게 줄어든 사실을 발견했다(吴愈晓, 2012; 张兆曙, 陈奇, 2013; 叶华, 吴晓刚, 2011). 남녀 교육 수준의 평등화는 중국 부모가 교육에 투자하면서 딸을 소홀히 대하는 문화가 약화되었다는 것을 의미한다. 투자와 보은 사이의 인과관계에 근거해, 의심의 여지없이 딸들이 부모의 노후에 더 많은 일상생활의 돌봄과 경제적 지원을 하도록 자극할 것이다.

부모의 딸 교육에 대한 투자는 딸의 부모부양에 대한 열망을 자극할 뿐 아니라, 부모를 부양할 수 있는 딸의 경제적 능력도 제고한다. 현대사회에서 교육은 개인의 수입, 직업에서의 지위 결정 등, 여러 방면에서 점차 더 중요해지고 있다(Deng & Treiman, 1997). 따라서 교육 받는 것은 여성이 노동시장에서 더 많은 경제적 수입을 얻을 뿐 아니라(Xie & Hannum, 1996), 동시에 여성들이 더 많은 경제적 자원을 소유하면서 이를 통해 부모에게 보답하게 된다는 것이다. 이렇게 아들의 부모부양이 위기에 직면하고 있는 상황에서, 딸의 부모부양은 이론적 필요성뿐만 아니라 현실적인 실현 가능성도 갖추었다 할 수 있다.

3. 딸의 부모 부양과 관련된 세 가지 문제

위의 내용을 종합하면, 중국 가정의 출산율 하락, 인구의 유동성 증가 및 여성의 교육 수준 향상 등으로, 딸에게 부모의 부양을 의지하는 것이 점차 중국 가정의 현실적 선택이 되고 있다. 그러나 현재 딸의 부모 부양에 관한 문제의 연구는 현장 조사에 근거하거나 또는 일부 지역의 표본 조사 자료를 근거로 하기 때문에, 전국적으로 대표성 있는 자료를 사용하여 이 문제를 연구한 자료는 여전히 매우 부족하다. 이 외에도 기존의 연구들은 다음과 같은 세 가지 측면에서 개선해야 할 점이 있다.

3.1. 경제적 지원과 일상생활의 돌봄

가정 양로의 내용 측면에서 보자면, 자녀의 부모 부양은 적어도 경제적 지원과 일상 돌봄이라는 두 가지를 포함한다. 그러나 기존의 중국 가정 양로 문제에 대한 연구는 주로 자녀의 부모에 대한 경제적 지원에만 관심을 두고 있을 뿐, 자녀의 부모에 대한 일상 돌봄에 관한 연구는 많지 않다. 더욱이 기존의 연구 성과에서 보면, 아들과 딸의 이 두 측면에서의 역할과 기능이 서로 다르다.

유럽과 미국 등 발전 국가에 대한 연구에 따르면, 아들은 경제적 지원을 더 많이 하고 딸은 일상 돌봄을 제공할 가능성이 더 크다(Horowitz, 1985; Montgomery & Kamo, 1989). 이런 결과에 대해 학계는 다음과 같은 두 가지 이론적 해석을 제기하였다: 하나는 성별 역할분담이론이다. 이 이론은 사회는 남성과 여성에게 서로 다른 역할을 기대하고 있기 때문에, 부모를 부양하면서 아들은 남성적 행위, 즉 경제적 지원을 할 가능성이 있고 딸은 여성적인 역할을 담당할 가능성, 즉 가사노동이나 생활 돌봄의 역할을 할 가능성이 더 크다. 다른 하나는 자원증여론[資源稟賦理論]이다. 이 이론에서 남자는 일반적으로 많은 경제적 자원을 장악하고 있어서 지원자 역할이 더 적합하고, 반대로 딸은 일반적으로 보살피고 돌보는 역할이 더 적합하다는 것이다.

그럼에도 불구하고 타이완 대한 한 연구는, 아들이 경제적 지원과 일상 돌봄 두 측면에서 딸보다 더 많이 부모를 돌보고 있음을 발견했다. 연구자들은 이런 결과가 나오게 된 주요한 요인은 동아시아사회 특유의 부계 가정 전통의 영향 때문 이라고 인식한다(Lin,Goldman,Weinstein, et al., 2003). 그러나 현재까지 아주 소수의 학자들만이 중국에 대한 체계적인 연구를 진행하고 있을 뿐이다. 문화적 근원에서 보면, 대륙과 타이완은 똑같이 부계 가정제도의 영향을 받았다. 그렇지만 많은 연구에서 이 두 지역의 현대화 수준, 문화 관념의 전통 및 사회제도 등에서 모두 매우 뚜렷한 차이가 존재한다. 또한 대륙의 가정 제도는 여러 부문에서 타이완지역보다 더욱 전통에서 벗어나 있다(Chu & Xie & Yu, 2011; Whyte, 2005). 따라서 현대 중국 가정의 부모부양 방식 또한 타이완 가정과 완전히 다른 성별 역할 분담 유형을 보여준다.

이를 바탕으로, 이장에서는 경제적 지원과 일상생활 돌봄 두 측면에서 아들과 딸의 부모부양 기능에 대해 전면적이고 체계적으로 비교할 필요가 있다.

3.2. 거주 방식의 영향

서구 국가의 핵심가정 모형과 다르게, 중국인은 다세대 동거의 거주 전통이 있다. 많은 연구들이 발견한 것처럼 20세기 90년대 이후 중국 가정에 명확하게 핵심화 추세가 나타나고 있지만, 지금까지 여전히 많은 노인들이 자녀들과의 동거를 선택하고 있다(曾毅, 王正联, 2004). 왕유예성(2014)은 역대 인구조사 자료에서 2010년 중국의 65세 이상 노인의 자녀와의 동거 비율이 여전히 51.69%에 달할 만큼 높다는 것을 발견했다. 가령 자녀와 동거하지 않더라도, 자녀와 가까운 거리에 살면서 가정네트워크의 상호 협조 기능을 실천하고 있었다(Lei, Strauss, Tian, et al. , 2015). 가정 거주의 안배가 자녀의 부모 부양에 매우 중요한 영향을 끼치고 있기 때문에(鄔盛明, 陈督明, 杨善华, 2001; 杨菊华, 李路路, 2009), 많은 학자들의 연구에서 자녀와 부모의 거주 방식에 통계적 통제를 가하고 있었다.

그러나 현실 생활에서 가정의 거주 방식 선택에 영향을 끼치는 요인이 굉장히 많은데, 자녀의 성별, 연령 및 사회경제적 지위 등의 개별 요소들이 영향을 끼치고 있다(Chu,Xie & Yu, 2011). 부계 가정제도의 영향으로, 자녀의 성별이 중국의 가정 거주 방식에 미치는 영향은 특히 중요하다. 고대부터 중국의 결혼제도는 남성은 여성을 집으로 맞아들이고, 여성은 남성의 집으로 들어가는 형식이었고 이에 부응하여 남편 집 거주가 형성되었다. 따라서 같은 상황에서 아들과 부모의 동거 가능성이 딸과의 동거 가능성보다 훨씬 컸다(許琪, 2013). 설령 자녀들과 부모가 동거하지 않더라도, 아들과 부모의 거주 거리가 딸과의 거주 거리보다 훨씬 가까웠다(Chu,

Xie & Yu, 2011). 이러한 거주 방식에서 성적 차별은 아들과 딸의 부모 부양 행위에 영향을 끼쳤을 가능성이 매우 크다.

구체적으로 말하면, 필자는 남편 집 거주라는 문화적 배경 아래서 자녀의 성별이 부모 부양에 끼치는 영향은 두 가지의 경로를 통해 생길 것이라고 판단한다(그림 5-1 참고). 하나는 직접 효과다. 그림 5-1에서 a인데, 이것은 아들과 딸의 부모와의 거주 방식이 완전히 같을 때 부모 부양에서의 성별 차이를 표시하고 있다. 이 측면에서 보면 중국 특색의 부계 가정 제도는 반드시 아들이 거부할 수 없는 부모 부양책임을 떠맡도록 규정하고 있기 때문에, 아들의 직접효과가 딸보다 훨씬 크다. 다른 하나는 거주 방식을 통해 생기는 간접효과다. 즉 그림 5-1 가운데 b*c로, 이것은 자녀와 부모의 거주 방식이 다를 때 초래한 부모 부양에서의 차이이다. 이 측면에서 보면, 중국 가정의 남편 집 거주 전통은 부모가 일반적으로 아들과의 동거를 선택하게 하고, 부모와의 동거로 아들에게는 다방면에서 부모 부양의 가능성이 증가하기 때문에, 아들의 간접효과 역시 딸의 그것보다 훨씬 크다. 그러나 성별의 총효과는 직접효과와 간접효과의 합, 즉 a+b*c이다.

그림 5-1 성별이 부모 부양에 미치는 두 가지 경로

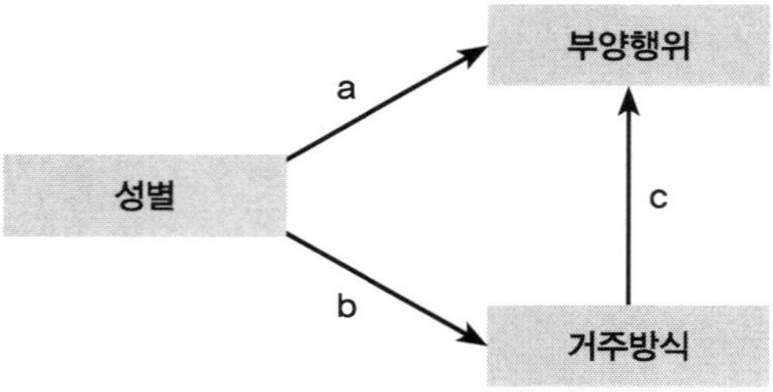

기존의 연구에서 연구자들은 종종 가정의 거주 방식에 통계적 통제를 가했다. 예를 들면, 씨에위와 주하이옌의 연구에서, 그들은 부모와 동거하는 자녀와 동거하지 않는 자녀를 구분해 회귀분석을 진행하고 두 종류의 거주 유형 간의 성별 차이를 비교했다(Xie & Zhu, 2009). 이러한 연구는 큰 의미가 있지만 주의해야 할 점이 있다. 거주 방식에 대한 통제 이후 연구자가 실제 분석한 것은 성별이 부모 부양에 미치는 직접효과이지만, 결국에는 성별차이에 대한 전면적 해석을 목표하기 때문에 성별이 거주 방식을 통해 형성한 간접효과를 종합적으로 고려해야 한다는 것이다. 이를 기초로, 이장은 거주 방식을 통제하거나 통제하지 않은 방식을 구분해, 성별에 미치는 직접효과와 총효과에 대해 체계적으로 비교하고자 한다.

3.3. 가정 내부 비교와 가정 간의 비교

이상적인 상황에서, 아들과 딸의 부모 부양행위에 대한 엄격한 비교연구를 진행하기 위해서는 자녀들의 부모 부양에 관한 모든 정보를 확보해야 할 뿐 아니라, 아들과 딸이 모두 있는 노인들 중에서 아들과 딸이 각자 부모부양에 투자한 모든 행위를 비교해야 한다. 그러나 표본의 수적 제한으로 인해, 기존의 조사는 일반적으로 어떤 한 자녀의 부모부양에 대한 정보만을 취급했다. 이런 조건에서 성별 간의 차이를 비교연구 하는 것은 실제로는 가정 간의 비교로 대체해 진행했다. 그러나 이러한 가정 간의 비교 방법은 비교적 뚜렷한 결함이 존재한다.

먼저, 이런 방법은 현재 대다수의 중국 노인들이 다수의 자녀를 갖고 있다는 객관적 사실을 소홀히 한다는 점이다(이장에서 사용한 표본 중에서, 한 자녀를 갖고 있는 노인은 전체의 15.3%에 지나지 않았다). 다음으로, 이런 방법은 연구의 인과적 추론에 어려움을 수반한다. 즉 A의 아들이 A에게 준 도움이, B의 딸이 B에게 준 도움보다 많다는 사실을 분석 과정에서 발견했다 하더라도, 이런 결과가 자녀의 성별 차이의 다름에서 비롯된 것인지 아니면 A와 B, 두 사람의 개인적 차이에서 비롯된 것인지 판단하기 어렵기 때문이다. 비록 우리가 부모의 일부 특징에 대한 통계적 통제를 가할 수 있지만, 부모의 모든 특징들에 대한 통제는 불가능하다. 따라서 여전히 잘못된 결론이 도출될 위험성이 존재한다.

위의 방법과 비교해, 만약 다수의 자녀가 진행한 부모 부양 행위의 정보를 동시에 획득할 수 있다면, 우리는 한 가정 내부에서 아들과 딸의 부모에 대한 부양 행위를 비교해 평가할 수 있을 것이다. 즉 부모가 A인 상황에서, 아들이 A에게 기여한 부양행위가 많은가, 아니면 딸이 A에게 기여한 부양행위가 많은가를 비교할 수 있다. 가정 간의 비교를 분석한 방법과 달리, 한 가정 내부의 행위를 비교 분석하는 것은 가정 내부의 예측 불가능한 이질성들을 최대한 통제 가능하게 해주기 때문에(예를 들면 측정 불가능한 부모의 특징 등), 분석 결과의 신뢰성을 높일 수 있다.

그럼에도 불구하고 이런 분석 방법은 자료의 신뢰성에 대한 요구가 매우 높아서, 현재 관련 분야에서 이런 방법을 응용하기는 쉽지 않다(Zhu, 2008). 이장에서 사용한 2010년 중국가정추적조사 자료는 한 가정 내에서 모든 자녀의 부모 부양 행위를 탐문했고, 따라서 이 연구 방법을 사용하기 위한 조건을 만들었다.

4. 자료, 변수와 분석 방법

4.1. 자료

이장에서 사용한 자료는 2010년 중국가정추적조사의 자료로 이 책의 제2장에서 이 자료에 대해 소개했기 때문에 여기서는 반복하지 않는다. 다만, 이장의 연구 주제와 관련해 말하자면, 중국가정추적조사의 가장 큰 장점은 다수 자녀의 부모 부양 행위에 대한 정보를 동시에 수집했다는 점에 있다. 이는 국내 비슷한 유형의 조사에서는 결코 찾아볼 수 없는 것으로, 이장에서 아들과 딸의 부모 부양 행위를 깊이 있게 비교 연구하는데 많은 도움을 제공했다.

가정 내부의 행위에 대한 비교 분석이라는 요구를 만족시키기 위해, 이장은 아들과 딸을 모두 가진 노인의 표본만 사용했다. 이 외에, 모든 자녀가 부모 부양을 위한 경제적 능력을 갖췄다는 것을 보증하기 위해, 표본 가운데 18세 이하 미성년 자녀는 제외했다. 마지막으로, 중국가정추적조사는 특정 가정의 모든 가족 구성원들에 대한 설문을 진행했기 때문에, 배우자가 있는 많은 노인과 성인들이 표본 중에 포함되어 있다. 노년 부부와 젊은 부부가 중복 계산되는 것을 피하기 위해 이들 부부 중 한 쌍에 대해서만 분석했다. 위에서 서술한 내용과 가치를 상실한 표본을 제외한 후 분석에 사용된 부모의 수는 2,468 명이며, 18세 및 그 이상 연령의 자녀는 모두 9,076 명으로, 각 부부가 평균적으로 3.7명의 자녀를 거느리고 있었다.

4.2. 변수

이장의 종속변수는 세 개인데, ① 자녀가 부모에게 경제적 지원을 하는지 여부 ② 가사노동 도움 여부 ③ 일상생활 돌봄 여부 등으로, 이 세 개 종속변수는 각각 이분화 되어 있다.

독립변수 측면에서 보면, 이장에서는 주로 자녀의 성별이 부모 부양 행위에 미치는 영향을 고찰하고자 한다. 이 외에도, 모형 분석 과정에서 자녀들의 다수의 특징을 통제변수로 대입하였는데, 예를 들면, 자녀의 연령, 혼인 상황, 교육 정도, 직업 유형 및 부모와의 거주 거리 등이다. 이론적으로 보면, 부모의 특성도 자녀의 양로 행위에 영향을 미칠 수 있다. 그러나 이장에서 사용하는 고정효과모형은 이미 부모들의 모든 특성을 내재적으로 통제하고 있기 때문에 분석할 때 다시 이런 요소들을 대입할 필요가 없다. 그러나 독자들이 이장에서 사용된 자료들을 더 전면적으로 이해할 수 있도록, 우리는 부모와 자녀의 특성에 대해 모두 통계적 기술을 진행했다. 부모의 특성에 대한 통계적 기술은 표 5-1을, 자녀의 특성에 대한 통계적 기술은 표 5-2를 참고하면 된다.

표 5-1 부모 특성의 기술적 통계

변수	유형/지표	농촌	도시	합계
성별(%)	남	45.5	43.4	44.8
	여	54.5	56.6	55.2
연령(년)	평균	68.8	69.6	69.0
	표준차	6.4	6.2	6.4
결혼상황(%)	배우자 있음	61.7	69.3	63.9
	배우자 없음	38.3	30.7	36.1
교육정도(년)	평균	2.2	5.2	3.0
	표준차	3.3	4.9	4.1
일상생활능력(점수)	평균	46.0	46.6	46.1
	표준차	8.1	7.4	7.9
건강에 대한 자기 평가(%)	건강	30.2	28.5	29.7
	일반	34.1	44.9	37.4
	비교적 약함	11.6	10.4	11.2
	건강하지 않음	19.4	13.8	17.7

	매우 건강하지 않음	4.7	2.4	4.0
아들 수(명)	평균	1.9	1.6	1.8
	표준차	1.0	0.8	0.9
딸 수(명)	평균	1.9	1.7	1.9
	표준차	1.0	0.9	1.0
자녀와 동거 여부(%)	예	62.6	45.6	57.5
	아니오	37.4	54.4	42.5
표본수(명)		1,777	691	2,468

주: (1) 표 안의 결과는 이미 가중치가 포함된 것이며, 도시와 농촌의 구분은 부모의 호적으로 구분한 것이다. (2) 최초의 자료 중 혼인 상황에 대한 분류는 미혼, 혼인, 동거, 이혼 및 배우자 사망 등의 5가지 척도였으나, 연구 중 자료를 사용하면서, 혼인 상태를 '배우자 있음'으로, '배우자 사망', '이혼', '미혼'과 '동거'의 4부류를 '배우자 없음'으로 분류했다. 자료 중 '이혼', '미혼', '동거'의 표본량이 매우 적어서 하나로 합병했다. 미혼자의 자녀는 '입양'일 가능성이 있다. (3) 독자 생활 능력은 대상 노인의 식사, 요리, 외출, 상품 구매, 야외 활동 참가, 청소, 세탁 등 7개 항목의 활동 능력의 가능 여부를 종합적으로 고려했는데, 최초의 자료에서 노인들의 이 7가지 항목의 점수를 종합해 독자 생활 능력을 반영할 수 있는 총점을 얻었으며, 총점이 높을수록 대상자의 독자생활능력이 더 좋다는 것을 뜻한다.

표 5-2 자녀 특성의 기술적 통계

변수	유형/지표	농촌			도시		
		아들	딸	합계	아들	딸	합계
연령(년)	평균	40.8	40.8	40.8	42.5	42.6	42.6
	표준차	7.7	7.8	7.7	7.1	7.7	7.4
결혼여부(%)	예	92.3	97.8	95.1	4.9	2.2	3.5
	아니오	7.7	2.2	4.9	95.1	97.8	96.5
교육정도	평균	7.3	6.0	6.7	10.4	10.1	10.3
	표준차	4.2	4.3	4.3	3.4	3.4	3.4
직업유형(%)	무직	9.1	24.7	16.9	31.5	48.5	34.9
	비농업	53.1	26.7	39.8	74.7	47.3	60.6
	농업	37.8	48.6	43.3	3.8	5.2	4.5
거주거리(%)	동거	34.7	2.7	18.6	21.9	9.8	15.6
	같은 촌/거리	35.6	18.2	26.9	30.1	33.2	31.8
	같은 현/구, 다른 촌/거리	10.4	49.1	29.8	30.1	33.2	31.8
	같은 시, 다른 현/구	5.7	10.1	7.9	16.4	25.4	21.0
	같은 성, 다른 시	5.0	8.4	6.7	4.1	8.2	6.2
	다른 성	8.6	11.5	10.1	9.5	7.9	8.7
표본수(명)		3,437	3,346	6,783	1,118	1,175	2,293

주: 이미 가중치가 부여된 결과

표 5-2에서는 도시와 농촌 할 것 없이, 아들과 딸의 부모와의 거주 방식에 모두 매우 뚜렷한 차이가 있음을 발견할 수 있다. 부모와 아들의 동거 비율이 딸과의 동거보다 훨씬 높을 뿐 아니라, 비동거 자녀들 가운데 아들과 부모의 거주 거리가 딸과 부모의 거주 거리에 비해 훨씬 가까웠다. 이를 통해 중국 가정의 남편 집 거주 전통에 근본적 변화가 일어나지 않았음을 알 수 있다. 아래에서는 이러한 거주 방식에서의 성별 차이가 아들과 딸의 부모 부양에 미치는 영향에 대해 심도 있는 분석을 진행할 것이다.

4.3. 분석 방법

기술적 측면에서 가정 내부의 비교 연구라는 목표를 달성하기 위해, 이 장에서는 고정효과모형을 사용해 통계적 분석을 진행했다. 이 방법은 다수의 형제자매의 정보를 충분히 이용할 수 있어서 가정 내부의 예측 불가한 다양한 이질성에 대한 통계적 관리를 가할 수 있다. 종속변수를 이분화 할 때 고정효과모형의 표식은 다음과 같다.

$$(P_{ij}) = \log\left(\frac{P_{ij}}{1 - P_{ij}}\right) = \sum_{K=0}^{K} \beta_k \cdot \chi_{kj} + \alpha_i$$

표식 중 i는 부모를, j는 자녀를 표기한 것이다. P_{ij}는 부모 i의 몇째 j자녀가 부모 i에게 제공하는 양로 행위의 확률이다. χ_{kj}는 자녀 차원의 독립변수로, 예를 들면, 자녀의 성별, 연령 등을 나타내고, β_k는 그 회귀계수이다. α_i는 부모 i의 고정계수로 부모 i 자신의 이질성을 대표한다.

고전적 로지스틱회귀모형과 비교해, 고정효과 모델의 가장 큰 특징은 α_i

를 추가한 것인데, 이것은 각각의 모든 부모에게 하나의 가상변수를 사용한 것과 같다. 게다가 a_i의 존재로 인해 부모의 성별, 연령, 혼인 상황 등의 부모 측에서 발생할 수 있는 독립변수에 대해 더 이상 고려할 필요가 없는데, 그 이유는 a_i가 이미 이러한 변수들이 미치는 영향을 포함하고 있기 때문이다.

5. 분석 결과

5.1. 기술적 통계 결과

표 5-3은 도시와 농촌 및 동거 여부로 구분한 아들과 딸이 부모에게 제공한 경제적 지원 및 일상생활에서의 돌봄 내용을 기술한 것으로, 일상생활 돌봄은 가사노동과 부모 돌봄 두 가지로 구분했다. 우선, 전국적인 상황을 보면, 경제적 지원, 가사노동 및 일상생활 돌봄의 세 가지 측면에서 아들의 지원 비율이 모두 딸보다 높았다. 그러나 구체적으로 살펴보면, 경제적 지원 분야에서만 아들과 딸의 비율차가 컸을 뿐, 가사노동과 일상생활 돌봄에서는 아들과 딸의 차이가 그다지 크지 않았다.

표 5-3 아들과 딸의 부모에 대한 경제적 지원과 일상생활 돌봄 비율(%)

도시와 농촌	동거 여부	경제적 지원			가사노동			부모 돌봄		
		아들	딸	Sig	아들	딸	Sig	아들	딸	Sig
전국	동거	36.1	27.8		19.7	29.2	*	30.3	41.1	*
	비동거	33.5	29.9	*	10.1	10.4		18.6	19.5	
	합계	34.3	29.8	**	13.1	11.3	+	22.3	20.5	
농촌	동거	38.2	24.5	*	17.3	10.2	+	29.6	32.8	
	비동거	35.8	30.2	**	8.4	8.2		17.6	17.3	
	합계	36.7	30.1	***	11.5	8.2	**	21.7	17.7	**

도시	동거	26.8	30.1	30.3	43.0	33.6	47.1
	비동거	28.2	29.0	14.0	16.8	21.1	25.6
	합계	27.9	29.1	17.5	19.4	23.8	27.7

주: 이미 가중치가 추가된 결과임. $+p < 0.1$, $^*p < 0.05$, $^{**}p < 0.01$, $^{***}p < 0.001$.

다음으로, 도시와 농촌을 구분해 보면, 아들과 딸의 역할이 뚜렷하게 구분되었다. 농촌에서는 아들이 경제적 지원, 가사노동 및 일상생활 돌봄에서 모두 딸의 그것보다 뚜렷하게 높았지만, 도시에서는 아들과 딸의 역할이 거의 비슷했을 뿐 아니라, 수치상으로 보면 딸이 세 방면에서 모두 아들의 그것보다 조금씩 높았다. 이런 결과는 현대화 정도가 비교적 높고, 인구 구조가 빠르게 변화하고 있는 도시에서는 딸의 양로 역할이 더 뚜렷하게 드러나고 있음을 설명해 주고 있다.

마지막으로, 표 5-3에서는 아주 재미있는 현상을 발견할 수 있다. 만약 합계 항목만 살펴보면, 전국 표본 중, 가사노동과 일상 돌봄에서 아들의 역할이 딸보다 조금 높다. 그러나 부모와 동거하는 자녀 중에서 비교하든, 부모와 동거하지 않는 자녀 중에서 비교하든 딸의 이 두 측면에서의 역할은 모두 아들보다 높다. 이런 현상을 통계학에서는 심슨의 역설(Simpson's Paradox)[1]이라고 부르는데, 조건분포(conditional distribution)와 주변분포(marginal distribution)의 결과가 상호 모순적이기 때문에 발생하는 결

---

1 [역자주] '심슨의 역설'은 여러 집단으로 이루어진 데이터를 전체로 합쳐서 분석했을 때의 결과가 개별 집단을 따로 분석했을 때의 결과와 상반되게 나타나는 현상을 가리킨다. 이 현상은 '역설'이라고 불리지만, 실제로는 분석 수준에 따라 결과가 상반되게 나타나는 반직관적 상황을 가리킨다. '심슨의 역설'은 흔히 발생하지만, 사람들은 주어진 데이터를 보고 심슨의 역설이 발생했다는 것을 잘 인지하지 못할 뿐 아니라, 인지하더라도 전체 데이터에서 보이는 결과에만 바탕을 두고 결론을 내리는 경향이 있다고 한다.

과다. 이러한 역설이 나타나는 요인은 아들이 부모와 함께 거주할 가능성이 더 크지만, 부모와 함께 거주한다는 것은 부모의 가사노동을 돕고 부모를 보살피는 것을 전제로 하기 때문이다. 따라서 부모와의 동거 여부에 관계없이 이 두 부문에서 딸의 역할이 크지만, 아들의 부모와의 동거 비율이 훨씬 높기 때문에, 우리가 부모와 동거하는 아들과 딸을 합해서 함께 비교할 때에도 아들의 역할이 딸의 그것보다 큰 것을 볼 수 있다. 아래 글에서 모형 분석을 진행하면서 필자는 이 문제에 대한 깊이 있는 분석을 시도할 것이다.

5.2. 아들의 부양인가 딸의 부양인가?

아들과 딸의 부모 부양 행위에 대한 더 엄격한 비교 연구를 위해, 이장에서는 고정효과모형을 사용했으며, 표 5-4와 표 5-5에서 그 결과를 확인할 수 있다. 표 5-4에서는 자녀 성별이라는 핵심 독립변수를 대입한 것을 제외한 것 외에, '자녀의 연령, 결혼 상황, 교육 정도와 직업 유형' 등을 통제했다. 이런 변수들을 통제한 이후 경제적 지원, 가사노동과 일상생활의 돌봄 등 세 부문에서 아들의 역할이 딸보다 명확하게 크다는 사실을 확인할 수 있다. 그러나 표 5-4에서는 부모와 자녀의 거주 거리를 통제하지 않았는데, 이 조사가 연구한 목표는 자녀의 성별이 부모 부양에 미치는 총효과이기 때문이다. 윗글의 분석을 통해, 다음과 같은 결론을 내릴 수 있다. 아들과 딸이 모두 있는 경우 아들의 부모 부양의 총효과가 여전히 딸보다 훨씬 크며, 아들이 주가 되는 중국의 전통적인 부모 부양제도는 여전히 유지되고 있다.

표 5-4 고정효과모형의 산출 결과(부모와의 거주 거리를 통제하지 않은 경우)

	경제적 지원		가사노동		부모돌봄	
	계수	SE	계수	SE	계수	SE
아들	0.689***	0.084	0.547***	0.094	0.544***	0.087
연령	−0.020*	0.009	−0.045***	0.011	−0.038***	0.009
결혼 경력 있음	0.883***	0.191	0.755**	0.264	0.248	0.217
교육정도	0.038**	0.014	−0.040*	0.018	−0.001	0.015
직업유형						
무직(참고 유형)						
비농업	0.597***	0.142	0.313*	0.147	−0.218+	0.131
농업	0.229	0.166	0.529**	0.189	0.194	0.158
우도비카이저제곱*	166.00**		74.33***		60.13***	
자유도	6		6		6	
부모수	2,468		2,468		2,468	
자녀수	9,076		9,076		9,076	

주: 이미 가중치가 추가된 결과임. +$p<0.1$, *$p<0.05$, **$p<0.01$, ***$p<0.001$.
* '우도비'(尤度比: 似然比)는 모델 두 개를 비교해 두 모델의 적합도가 어떤 차이를 갖는지 비교하는 방법이고, '카이저제곱'은 두 범주의 변주에 대한 분석 방법

그러나 우리가 계속해서 자녀와 부모의 거주 거리를 통제한 후에는 성별 회귀지수가 세 개 모형 모두에서 매우 크게 변한다는 사실을 발견할 수 있다(표 5-5 참고). 우선, 경제적 지원 항목만을 보면, 아들의 핵심적 역할이 여전히 뚜렷하기는 하다. 그러나 표 5-4와 비교해 그 효용가치가 분명하게 떨어지고 있음을 확인할 수 있다. 다음으로, 가사노동과 일상생활 돌봄 두 항목만 보면, 아들의 핵심적 역할은 거의 사라졌을 뿐 아니라, 딸의 역할이 아들의 그것을 넘어서는 현상이 드러나는 것을 알 수 있다.

표 5-5 고정효과모형이 산출한 결과(부모와의 거주 거리를 통제한 경우)

	경제적 지원		가사노동		부모돌봄	
	계수	SE	계수	SE	계수	SE
아들	0.212*	0.104	−0.277*	0.128	−0.670***	0.137
연령	−0.005	0.009	−0.022	0.014	−0.010	0.012
결혼 경력 있음	1.386***	0.206	2.252***	0.324	2.027***	0.277

교육정도	0.059***	0.015	−0.014	0.023	0.008	0.020
직업유형						
무직(참고 유형)						
비농업	0.569***	0.154	0.109	0.202	−0.162	0.181
농업	0.272	0.176	0.189	0.241	0.064	0.210
거주거리						
동거(참고 유형)						
같은 촌/거리	−1.573***	0.148	−2.277***	0.194	−2.731***	0.188
같은 현/구, 다른 촌/거리	−1.437***	0.159	−3.118***	0.208	−3.659***	0.221
같은 시, 다른 현/구	−1.437***	0.203	−2.906***	0.235	−3.785***	0.280
같은 성, 다른 시	−1.849***	0.234	−4.891***	0.442	−4.990***	0.366
다른 성	−1.732***	0.196	−4.773***	0.403	−5.006***	0.322
우도비카이저제곱	340.43***		623.43***		840.82***	
자유도	11		11		11	
부모수	2,468		2,468		2,468	
자녀수	9,076		9,076		9,076	

주: 이미 가중치가 추가된 결과임. $^*p<0.05$, $^{**}p<0.01$, $^{***}p<0.001$.

왜 부모와 자녀의 거주 거리를 통제한 이후 성별 지수가 이렇게 격렬하게 변화를 일으켰는가? 우리는 χ와 y의 관계가 z의 존재로 인해 변화한 것이라면, z는 반드시 다음의 두 가지 조건을 충족해야 한다. 하나, z는 반드시 y에 대해 뚜렷한 영향력을 갖고 있어야 한다. 둘, z는 반드시 χ와 고도의 연관성을 갖고 있어야 한다. 그리고 거주거리가 바로 이러한 하나의 z다. 먼저, 표 5-5에서 부모와 함께 거주할 때 부모에 대한 경제적 지원과 일상생활의 돌봄이 크게 증가하며, 부모와의 거주 거리가 가까울수록 부모를 보살필 가능성도 더욱 커진다는 사실을 발견할 수 있다. 다음으로, 표 5-2에서 발견할 수 있는 것처럼, 아들의 부모와의 동거 비율이 딸보다 훨씬 클 뿐 아니라, 부모와의 거주 거리도 딸보다 훨씬 가깝다. 따라서 아들의 부모부양 가능성이 큰 요인은 아들이 부모와의 동거 가능성이 훨씬 클 뿐 아니라, 거주 거리 역시 훨씬 가깝기 때문이며, 거주 공간의 측면에서 편리성이 아들의 부모 부양에 대한 가능성을 크게 증가시킨다. 이 때문에 우리가 거주 방식에서 성별 차이를 통제하면, 부모부양에서 아들의 우위가 크게 감소하고, 오히려 딸의 역할이 아들을 넘어서는 역전 현상이 나타나기도 한다.

그림 5-1에 드러난 것처럼, 성별이 부모 부양에 끼치는 영향은 두 가지의 경로를 통해 실현된다. 하나는 성별이 부모 부양에 끼치는 직접적 영향이고, 그 다음은 거주 방식에 의해 간접적 영향을 끼칠 수 있다는 점이다. 앞글의 분석 결과에서 발견할 수 있는 것처럼, 간접적 영향에 대해 말해보면, 현대 중국 가정에서 아들의 핵심적 역할은 여전히 매우 두드러진다. 하지만 직접적인 영향의 측면에서, 성별 차이에서 발생하는 결과는 매우 뚜렷한 변화가 발생했다. 아들의 성별 우위는 경제적 지원이라는 하나의 항목에서 나타난 반면, 가사노동과 일상생활의 돌봄이라는 두 개의 항목에서는 딸의 역할이 아들의 역할을 넘어섰다. 이를 통해 중국 전통의 '아들이 핵심적인 역할을 하는 부모 부양제도'는 이미 분명하게 변화하고 있음을 알 수 있다. 뿐만 아니라 분석 결과에 나타난 것처럼 이러한 변화는 가사노동과 일상생활 돌봄이라는 여성화된 보살핌에서 훨씬 더 두드러진다. 성역할이론[性別角色理論]과 자원증여론[资源禀赋理论]을 병합하면, 이런 결과는 사회의 여성의 성별 역할에 대한 기대와 여성의 시간 활용 방면에서의 우위와 연관이 있을 가능성이 크다.

5.3. 딸의 부모 부양에서 도시와 농촌의 차이

모두 알고 있는 것처럼, 중국은 도시와 농촌의 분화가 비교적 큰 국가다. 따라서 도시와 농촌 사이에는 문화적 관념, 경제의 발전 수준, 인구 구조의 변화 속도, 사회보장수준 등 모든 방면에서 그 차이가 비교적 크다. 앞의 기술적 통계 분석에서 발견할 수 있는 것처럼, 아들과 딸의 부모 부양에서도 도시와 농촌 사이에 매우 뚜렷한 차이가 존재한다. 이러한 문제를 더 깊이 연구하기 위해, 우리는 모형에 도시와 농촌 및 자녀 성별 간의 상호 작용항목을 추가했다(결과는 표 5-6 참고). 상호 교차 항목을 추가한 후, 자녀 성별의 효과가 주로 반영된 곳은 농촌이고, 성별과 도농 간 상호작용 항목의 반영은 도시와 농촌 사이의 차이를 나타낸다.

표 5-6 고정효과모형이 산출한 결과(도시와 농촌의 차이)

	경제적 지원		가사노동		부모돌봄	
	계수	SE	계수	SE	계수	SE
아들	0.439***	0.121	−0.242	0.174	−0.257	0.161
아들*도시	−0.818***	0.210	−0.071	0.241	−1.268***	0.247
연령	−0.005	0.009	−0.022	0.014	−0.011	0.012
결혼 경력 있음	1.397***	0.207	2.252***	0.324	1.986***	0.276
교육정도	0.052***	0.016	−0.014	0.023	−0.009	0.020
직업유형						
무직(참고유형)						
비농업	0.601***	0.156	0.108	0.202	−0.146	0.184
농업	0.312+	0.178	0.191	0.242	0.138	0.212
거주거리						−
동거(참고유형)						−
같은 촌/거리	−1.548***	0.149	−2.269***	0.196	−2.694***	0.191
같은 현/구, 다른 현/거리	−1.282***	0.165	−3.097***	0.220	−3.475***	0.224
같은 시, 다른 현/구	−1.331***	0.204	−2.906***	0.236	−3.942***	0.291
같은 성, 다른 시	−1.755***	0.236	−4.887***	0.443	−5.003***	0.385
다른 성	−1.643***	0.195	−4.763***	0.405	−4.946***	0.325
우도비카이저제곱	355.44***		623.52***		867.65***	
자유도	12		12		12	
부모수	2,468		2,468		2,468	
자녀수	9,076		9,076		9,076	

주: 이미 가중치가 추가된 결과임. $+p<0.1$, $^*p<0.05$, $^{**}p<0.01$, $^{***}p<0.001$.

첫째, 경제적 지원만 놓고 보면, 성별에 따른 주요효과가 특히 긍정적인데, 이는 농촌에서 아들의 경제적 지원 방면에서의 직접효과가 여전히 매우 두드러짐을 설명한다. 그러나 성별과 도농의 교차 효과는 부정적인데, 이런 결과는 도시에서 아들과 딸의 경제적 지원의 차이가 농촌보다 작다는 사실을 설명한다. 만약 우리가 성별의 주요효과와 도농의 교차 효과 항목을 서로 합한다면, 도시에서 딸의 경제적 지원 방면의 직접효과가 아들을 뛰어넘는다는 사실을 확인할 수 있다. 이러한 결과는 씨에위와 주하이옌의 연구 결론을 검증한다(Xie & Zhu, 2009).

둘째, 가사노동과 부모 돌봄이라는 두 가지 측면에서, 성별의 주요효과는 이 모형에서 모두 부정적이지만, 그렇다고 그다지 뚜렷하지는 않았다. 이러한 결과는 농촌에서 딸의 일상생활 돌봄에서의 도움이 아들과 거의 비슷하거나 조금 많을 뿐이라는 것을 설명한다. 도시와 농촌 간의 차이라는 측면에서, 성별과 도농의 교차 항목이 가사노동에서는 그다지 뚜렷하지 않았지만, 가사노동 부문에서는 부정적으로 드러났다. 이런 결과는 딸의 부모 돌봄 기능이 도시 가정에서 더 두드러졌음을 설명한다.

위에서 분석한 결과는 아들과 딸의 부모 부양 행위가 도시와 농촌에서 확실히 뚜렷한 차이가 존재한다는 것을 설명한다. 농촌에서는 대체로 아들이 경제적 지원을, 딸은 직접적인 노동력을 제공하는 분업체계가 작동하지만, 도시에서는 딸의 경제적 지원과 일상생활의 돌봄이라는 두 방면에서 이미 아들의 역할을 넘어서고 있음을 보여준다. 이를 통해서 아들과 딸의 부모부양 행위에서의 역할의 변화가 도시지역에서 훨씬 뚜렷하게 나타난다는 점을 볼 수 있다.

씨에위와 주하이옌(Xie & Zhu, 2009)의 연구에 따르면, 중국 도시의 빠른 현대화가 도시지역 가정에서 가정의 전통적 관념을 바꾸었을 뿐 아니라 여성의 경제적, 사회적 지위 향상은 가정과 관련된 일에 참여하고자 하는 여성의 주관적 의지를 증가시켰으며, 여성이 부모를 부양할 수 있는 경제적 능력을 갖출 수 있도록 했기 때문에, 도시에서의 성별 역할의 전환이 농촌보다 더 두드려졌다. 이 외에도, 탕찬등은(2009) 연구에서, 출산율 하락과 남성의 타지로의 이동이 전통적인 양로 자원의 축소를 초래했으며, 동시에 노인들이 어쩔 수 없이 딸에게 양로를 의존하게 된 중요한 요인이라고 지적했다. 이를 통해, 한편으로는 빠른 현대화 과정에서 여성의 지위가 빠르게 향상되었으며, 다른 한편으로는 인구 구조의 변화 역시 여성에게 부모 부양이라는 가정의 사명을 좀 더 많이 책임지게 만들었다. 더욱이 현대화와 인구 구조의 변화 등의 속도에서 분명히 도시가 농촌에 앞서가고 있기 때문에, 도시와 농촌 사이에 존재하는 현대화와 인구 구조의 변화 등에서의 커다란 차이가 도시와 농촌 가정에서의 부모 부양에서 남녀의 역할 분담이 두드러지게 된 중요한 원인임이 분명하다.

5.4. 딸의 부모 부양 원인 분석

앞에서 지적한 것처럼, 가정의 출산율 하락과 인구 유동의 증가 및 여성의 교육 수준 확대 등이 여성의 부모 부양 기능을 확대시킨 세 가지 주요한 요인이다. 이 관점을 검증하기 위해, 우리는 모형 안에 자녀 성별과 형제자매의 수, 자녀 성별과 거주 거리 및 자녀 성별과 교육 정도 등의 교차 항목을 대입했으며, 그 분석 결과를 각각 표 5-7, 표 5-8, 표 5-9에서 볼 수 있다.

표 5-7 고정효과모델의 산출 결과(형제자매 숫자의 영향)

	경제적 지원		가사노동		부모돌봄	
	계수	SE	계수	SE	계수	SE
아들	−0.614*	0.271	−0.602+	0.361	−0.963**	0.366
아들*형제자매수	0.218***	0.066	0.076	0.088	0.081	0.088
연령	0.009	0.009	−0.020	0.013	−0.014	0.011
결혼 경력 있음	1.235***	0.186	2.166***	0.306	1.584***	0.258
교육정도	0.059***	0.014	−0.011	0.021	0.017	0.019
직업유형						
무직(참고유형)						
비농업	0.362**	0.137	0.028	0.192	−0.345*	0.169
농업	0.156	0.163	0.174	0.231	−0.013	0.200
거주거리						
동거(참고유형)						
같은 촌/거리	−1.755***	0.139	−2.342***	0.183	−2.685***	0.171
같은 현/구, 다른 촌/거리	−1.532***	0.147	−3.330***	0.201	−3.579***	0.203
같은 시, 다른 현/구	−1.516***	0.185	−2.885***	0.221	−3.672**	0.203
같은 성, 다른 시	−1.892***	0.209	−5.050***	0.436	−4.858***	0.342
다른 성	−1.696***	0.176	−4.494***	0.346	−5.029***	0.308
우도비카이저제곱	395.64***		730.24***		985.55***	
자유도	12		12		12	
부모수	753		596		758	
자녀수	2,804		2,170		2,744	

주: 이미 가중치가 추가된 결과임. +$p<0.1$, *$p<0.05$, **$p<0.01$, ***$p<0.001$.

표 5-7은 모형에 자녀의 성별과 형제자매 숫자의 교차 항목을 대입시킨 것이다. 세 항목 모두에서 이 교차 항목의 회귀지수는 긍정적이라는 것을 발견할 수 있는데, 이는 형제자매의 수가 비교적 많은 가정에서는 부모 양로에서 아들의 역할이 비교적 크지만, 형제자매의 숫자가 비교적 적은 가정에서는 딸이 담당하는 부모 양로의 역할이 약간 증가하는 것을 설명한다. 따라서 앞글의 가설은 자료에 의해 검증되었다. 그러나 모형의 상호작용(교차 항목)에 대한 통계 검증 결과를 보면, 성별과 형제자매 숫자의 상호작용은 경제적 지원 항목에서만 두드러졌다. 우리는 이런 결과

가 다음과 같은 두 가지 요인으로 인해 형성되었다고 판단한다. 먼저, 일반적으로 가사노동과 부모 돌봄 이 두 종류의 양로 행위는 자녀가 원하면 바로 해결된다. 따라서 이와 같은 딸의 두 가지 역할은 형제자매의 숫자가 줄어든다고 해서 특별한 변화가 생기지는 않는다. 그러나 부모에 대한 경제적 지원 측면에서는 일반적으로 여러 자녀가 공동으로 부담하기 때문에, 자녀의 숫자가 적을수록 딸의 참여 필요성이 더 높아진다.

다음으로, 아들과 딸이 모두 있는 상황에서, "아들은 돈을 내고, 딸은 노동력을 제공"하는 현대 중국 가정에서 비교적 유행하는 성별 역할 분담 모형이다. 따라서 자녀의 숫자가 많고 적음에 관계없이, 가사노동과 일상생활 돌봄은 시종일관 딸의 책임이었기 때문에, 이 두 방면에서의 딸의 역할은 자녀의 많고 적음에 따라 크게 변하지는 않는다. 그러나 부모에게 경제적 지원을 하는 것은 통상적으로 아들의 책임이었고, 따라서 만약 자녀의 숫자가 적고, 아들이 이것을 혼자 책임지기 어렵다면 딸의 부모에 대한 경제적 지원에의 참여 필요성은 매우 증가한다.

표 5-8은 모형에 자녀의 성별과 거주 거리의 상호작용 항목을 대입시켰는데, 세 항목 모두에서 상호작용 항목이 모두 부정적이다. 이런 사실은 자녀와 부모의 거주 거리가 비교적 가까운 상황에서, 아들의 양로 역할이 훨씬 크지만, 부모와의 거주 거리가 비교적 먼 자녀들 중에서는 딸의 역할이 더 두드러진다는 사실이 명확해 진다. 그러나 윗글의 형제자매 숫자에 대한 분석 결과와 비슷하게, 성별과 거주 거리의 상호작용 항목 또한 경제적 지원, 하나의 항목에서만 통계적 의미가 있었다. 우리는 이런 결과의 주요한 요인은 가사노동과 일상생활 돌봄, 두 항목은 거주 거리 자체에 큰 영향을 받지만, 경제적 지원은 거주 거리의 제한이 적기 때문에, 자녀와 부모 간의 거주 거리가 비교적 멀더라도 경제적 지원이 가능

하기 때문이라고 판단한다. 따라서 경제적 지원이 거주 거리의 멀고 가까움에 따라 변화하는 것보다 훨씬 분명하게 자녀의 부모 부양 의사를 반영한다고 볼 수 있다.

표 5-8 고정효과모형의 산출 결과(거주 거리의 영향)

	경제적 지원		가사노동		부모돌봄	
	계수	SE	계수	SE	계수	SE
아들	0.620***	0.167	−0.237	0.209	−0.439*	0.221
아들*거주거리	−0.185**	0.061	−0.042	0.094	−0.103	0.088
연령	0.007	0.009	−0.021	0.013	−0.015	0.011
결혼 경력 있음	1.251***	0.187	2.195***	0.305	1.604***	0.258
교육정도	0.064***	0.014	−0.009	0.021	0.016	0.019
직업유형						
무직(참고유형)						
비농업	0.351*	0.137	0.029	0.192	−0.353*	0.169
농업	0.091	0.163	0.177	0.231	−0.048	0.201
거주거리						
동거(참고유형)						
같은 촌/거리	−1.514***	0.154	−2.296***	0.214	−2.546***	0.204
같은 현/구, 다른 촌/거리	−1.211***	0.185	−3.272***	0.252	−3.391***	0.263
같은 시, 다른 현/구	−1.171***	0.224	−2.812***	0.280	−3.473***	0.302
같은 성, 다른 시	−1.442***	0.260	−4.977***	0.478	−4.607***	0.412
다른 성	−1.134***	0.254	−4.385***	0.431	−4.717***	0.405
우도비카이저제곱	393.58***		729.69***		986.09***	
자유도	12		12		12	
부모수	753		596		758	
자녀수	2,804		2,170		2,744	

주: 이미 가중치가 추가된 결과임. *$p<0.05$, **$p<0.01$, ***$p<0.001$.

우리는 자녀의 거주지 이전 상황이 자녀의 부모 부양에 미치는 영향을 일정 정도 반영할 수 있다고 판단한다. 외지에 나가 일하는 것이 아들과 딸의 경제적 수입을 증가시키고, 동시에 이들의 부모 부양을 위한 경제력을 제고시킬 수 있다. 하지만 이론적으로는 거주지 이전이 아들과 딸의 부모 부양 의사에 미치는 영향은 같지 않다. 거주지 이전은 아들이 부모의 간섭으로 벗어나는 것이어서 아들의 부모 부양 가능성을 낮출 수 있다. 그러나 거주지 이전의 경험은 여성이 새로운 현대적 사회를 접촉할 수 있는 기회를 제공해서, 전통적 가정 관념을 근본적으로 변화시킬 수 있다. 따라서 딸에게는 거주지 이전이 부모를 부양할 수 있는 경제적 능력을 제고시키면서, 동시에 부모 부양에 대한 주관적 의지를 증가시킬 수 있다. 이 때문에 우리는 부모와의 거주 거리가 멀어지면, 딸과 아들의 부모에 대한 경제적 지원의 차이가 줄어들 수 있다고 판단한다.

마지막으로, 표 5-9에서는 모형 안에 자녀 성별과 교육받은 기간을 상호작용 항목으로 대입시켰다. 이 상호작용은 세 항목에서 모두 부정적으로 드러났다. 이는 교육받은 수준이 높을수록, 딸의 경제적 지원, 가사노동 및 일상생활 돌봄 등 세 측면의 역할이 아들의 그것보다 더 명확하게 드러난다. 교육받은 기간을 계산해 보면, 자녀의 교육 기간이 12년(고등학교 졸업)에 달하면, 아들과 딸의 경제적 지원 방면의 차이가 크지 않으며, 자녀의 교육받은 기간이 9년(중학교 졸업) 정도이면, 아들과 딸의 가사노동 방면에서의 성별 차이도 사라진다. 그리고 교육받은 기간이 증가 할수록, 딸의 이 두 가지 측면의 역할도 모두 아들을 넘어서게 된다. 자녀가 문맹인 경우에는, 아들과 딸의 역할이 거의 같은데 부정적 상호작용 효과의 설명과 마찬가지로 교육 수준이 높을수록 부모의 일상생활 돌봄 방면의 역할에서도 딸이 아들을 넘어선다.

표 5-9 고정효과모형의 산출 결과(교육받은 기간의 영향)

	경제적 지원		가사노동		부모돌봄	
	계수	SE	계수	SE	계수	SE
아들	0.685***	0.193	1.108***	0.307	−0.047	0.234
아들*교육정도	−0.058**	0.020	−0.149***	0.029	−0.075**	0.024
연령	0.007	0.009	−0.022+	0.013	−0.016	0.011
결혼 경력 있음	1.289***	0.186	2.249***	0.308	1.630***	0.258
교육정도	0.094***	0.018	0.063*	0.026	0.053*	0.022
직업유형						
무직(참고유형)						
비농업	0.366**	0.138	−0.054	0.197	−0.359*	0.169
농업	0.169	0.164	0.148	0.237	−0.062	0.201
거주거리						
동거(참고유형)						
같은 촌/거리	−1.721***	0.139	−2.340***	0.185	−2.660***	0.172
같은 현/구, 다른 촌/거리	−1.504***	0.148	−3.150***	0.204	−3.499***	0.204
같은 시, 다른 현/구	−1.505***	0.186	−2.896***	0.228	−3.686***	0.251
같은 성, 다른 시	−1.929***	0.209	−5.008***	0.444	−4.886***	0.348
다른 성	−1.663***	0.177	−4.475***	0.353	−4.952***	0.306
우도비카이저제곱	392.68***		765.97***		994.46***	
자유도	12		12		12	
부모수	753		596		758	
자녀수	2,804		2,170		2,744	

주: 이미 가중치가 추가된 결과임. +$p<0.1$, *$p<0.05$, **$p<0.01$, ***$p<0.001$.

윗글의 내용을 종합하면, 여성의 교육 수준의 제고는 이들의 부모 부양 참여를 점차 더 높이는 중요한 원인이다. 이는 한편으로는 교육이 여성의 전통 관념을 변화시킨 것으로 결론지을 수 있고, 다른 한편으로는 여성 교육 수준의 제고도 하나의 요인으로 설명할 수 있는데, 부모의 딸에 대한 교육 투자가 일찍부터 증가했다. 투자와 산출 간의 인과관계로 인해, 부모의 교육에 대한 투자 증가는 딸의 부모의 은혜에 대한 주관적 보은 의지를 높였다. 마지막으로, 교육 수준의 제고는 여성의 사회경제적 지위와 부모 부양을 위한 경제적 능력을 향상시키기 때문에, 여성의 교육 수준이 높을수록 부모를 부양할 가능성도 점점 커진다.

6. 결론과 토론

이장에서는 2010년 실시된 중국가정추적조사의 첫 방문 조사 자료를 사용해 경제적 지원과 일상생활 돌봄의 두 측면에서 아들과 딸의 부모 부양 행위에 대해 체계적인 비교 연구를 진행했다. 우리는 연구를 통해 다음과 같은 사실을 알 수 있다. 현대의 중국 가정에서 부모 부양의 총효과는 여전히 아들이 딸보다 크지만, 이는 아들이 부모와 함께 거주할 수 있기 때문에 나오는 결과일 가능성이 크거, 일단 성별(性別)을 거주 방식에 따라 발생하는 간접적 영향을 통제하면, 아들은 경제적 지원 한 측면에서의 직접적 효과만 딸보다 클 뿐, 일상생활 돌봄 측면에서는 딸의 직접적 효과가 이미 아들을 크게 앞섰다. 도시와 농촌을 비교한 연구에서는 "아들은 돈을 내고, 딸은 노동력을 보태는" 성별 역할 분담 모형은 주로 농촌에서 두드러졌고 도시에서는 경제적 지원과 일상생활 돌봄 두 측면 모두에서 딸의 직접효과가 아들을 이미 넘어섰다. 따라서 아들을 핵심으로 하는 중국 전통의 부모부양 방식이 여전히 완전히 무너지지는 않았지만, 이미 매우 뚜렷한 변화가 발생하였다. 가정 출산율의 하락, 인구 유동의 증가 및 지속적인 여성 교육 수준의 제고 등이 이런 변화를 초래한 중요한 요인이다. 이장에서 발견한 사실은 중국 가정의 변화 규칙을 이해하는데 도움을 줄 뿐 아니라, 노령화가 진행되고 있는 가운데 점차 심각해지고 있는 양로 문제에서 매우 중요한 가치가 있다.

첫째, 현대화와 인구 구조 변화라는 거시적 환경에서, 중국의 부계 가장제도의 변화는 일관되게 국내외 학자들의 주된 관심사였다. 이장의 주요 관심이 가정 양로 영역에 집중되어 있기는 하지만, 이 영역은 우리가 부계 가정제도의 다른 영역의 변화를 인식하는데 있어서도 매우 중요한 계몽적 의의가 있다. 왜냐하면 이론적으로, 아들의 부모 부양책임은 재산 승계권을 획득하기 위해 필요한 전제 조건이자 기초일 뿐 아니라(唐灿, 马春华, 石金群, 2009), 중국 부모들의 양육 관념에서 아들에 대한 선호를 초래하는데 크게 기여했으며(莫丽霞, 2005), 자녀 양육과 세대 간 교류에서 딸에 대한 홀대를 초래했기 때문이다(叶华, 吴晓刚, 2011). 딸의 부모 부양 역할이 커짐에 따라, 남자가 승계하고 여자는 승계하지 않는다는 단선적 승계제도는 이에 상응하는 변화를 일으킬 수 있는가? 딸의 부양 수단으로서의 의의가 상승하면서 부모의 성별 편애에 어떠한 영향을 미칠 것인가? 이런 문제들은 이론적으로도 현실적으로도 매우 풍부하고 중요한 의미가 있다. 따라서 중국 부모 부양제도의 변화를 관찰하는 것은 전체 부계 가장제도의 변화를 인식하는 돌파구가 될 가능성이 매우 크다.

둘째, 중국의 남편 집 거주 전통은 아들이 부모 부양의 책임을 이행하는데 유리하기는 하지만, 반대로 딸의 부모 부양 역할을 크게 제한했다. 이장에서는 부모와의 거주 방식이 완전히 동일한 조건에서, 아들은 더 많은 경제적 지원을, 딸은 더 나은 일상생활에서의 돌봄을 진행하고 있는 사실을 발견했다. 따라서 필자는 노인들은 반드시 본인의 필요에 따라 자신에게 가장 적합한 거주 유형을 선택해야 한다고 판단한다. 농촌에 사회 양로제도가 아직 충분히 갖춰지지 않은 상황에서, 노인들의 경제적 부분에서의 자녀에 대한 의존이 여전히 매우 높기 때문에, 농촌의 노인들이 아들과의 동거를 선택하는 것은 일정한 경제적 요소가 포함되어 있다. 그러나 도시에서는 퇴직금 점유율과 보장 기준이 비교적 높아서, 노인들 스스로 자신을 일정 정도 부양할 수 있고, 심지어는 경제적으로 어려운 자녀들을 도울 수 있다(Xie & Zhu, 2009; 宋健, 戚晶晶, 2011). 따라서 도시 노인들의 자녀들에 대한 경제적 의존은 크게 낮아졌으며, 이와 비교해 이들의 일상생활에서의 돌봄 측면에 대한 수요가 점점 중요해지고 있다. 이 때문에 도시 노인들에게 있어서는 딸과의 동거가 더 이상적인 선택일 수 있다.

셋째, 이장은 분석을 진행하면서 표본을 다자녀 가정으로 제한했다. 그 이유는 한편으로는 가정 내부를 비교하기 위한 필요성이었고, 다른 한편으로는 현대 중국 노인들 대다수가 다수의 자녀를 갖고 있다는 객관적 현실 때문이었다. 자녀가 여럿 있는 경우에 형제자매는 각각 자신의 역할과 자원의 우위를 바탕으로 부모 부양에서 합리적인 역할 분담을 시행하고 있음을 발견했다. 예를 들면, 아들은 돈을 딸은 노동력을 보태는 방식이 현대 중국 가정에서 보편적으로 실행하고 있는 역할 분담 방식이다. 그러나 중국 출산율의 지속적인 하락으로 미래에는 점차 더 많은 중국의 노인들이 한 명의 자녀만을 갖게 될 것이다. 이런 상황은 결국 기존의 형제자매의 역할 분담 형식을 파괴하고, 한 명의 자녀가 돈도 내고 힘도 보태야 하는 불리한 상황을 조성하게 될 것이다. 따라서 한자녀 가정의 대량 출현은 중국 전통의 부모 부양제도에 커다란 충격을 주게 된다. 딸의 부모부양 참여가 가정 내부의 양로 위기를 완화시킬 수는 있다. 그러나 한자녀 가정의 양로 문제를 해결하기에는 충분치 않다. 어떻게 각 부문의 다양한 자원을 동원해 노령화와 자녀수 감소라는 이중의 충격에 대응할 것인가가 앞으로 해결해야 할 중요한 문제다.

넷째, 이장에서 가정 내부 비교라는 비교적 엄밀한 자료 분석 방법을 사용하고, 경제적 지원과 일상생활 돌봄의 두 측면에서 아들과 딸의 부모 부양 행위에 대한 비교적 전면적인 비교 연구를 진행했다. 하지만 자료

자체의 한계로, 이 연구도 일정부분 결함을 피할 수 없었다. 예를 들면, 이장에서 부모와의 동거가 부모에 대한 경제적 지원과 일상생활에서의 돌봄을 크게 증가시키지만, 다른 시각에서는, 노인들의 자녀에 대한 경제적 의존과 일상생활에서의 돌봄 필요도 거꾸로 가정의 거주 유형 선택에 영향을 끼친다는 것을 발견했다. 분석 기술 측면에서 볼 때, 고정효과모형은 부모의 연령, 건강과 각종 양로 요구 등을 포함한 부모의 모든 특성을 통제할 수 있지만, 이장에서는 이러한 가정 내부에서 발생하는 인과문제에 대해 세밀한 연구를 진행하지 않았다. 이 문제는 후속 연구에서 계속해서 탐구해야 한다. 같은 이유로, 이장의 주요 목적이 아들과 딸의 양로 역할을 비교하는 것이지만, 자료의 한계 때문에 이 주제에서 며느리의 역할에 대해서는 고려하지 못했다. 중국 가정의 전통에 따르면, 딸은 결혼 이후 남편과 함께 시부모에 대한 임무를 떠맡게 된다. 따라서 전통 중국 사회에서, 딸의 양로 역할은 실제로는 며느리라는 특정 역할을 통해 현실화된다. 그런데 앞선 모든 조사 자료는 며느리의 시부모에 대한 양로 역할에 대해 질문하지 않았다. 따라서 대상자들 아들의 경제적 지원과 일상생활 돌봄에 대한 대답 중 며느리와 아들의 역할이 어느 정도였는지 명확하게 분류하기 어려웠다. 앞으로 연구자들이 좀 더 많은 자료를 획득한 후 이러한 문제에 대한 답을 찾기를 기대할 뿐이다. 종속변수를 측정하는 문제에서, 많은 연구들이 경제적 지지, 일상생활 돌봄과 정서적 위안이라는 세 측면을 포함한 자녀의 부모 부양 행위를 지적하였다. 그러나 중국가정추적조사는 단지 자녀들이 부모에게 부양 행위를 실행했는지의 여부만 질문했을 뿐 부양 행위의 강도에 대한 한층 더 나아간 질문은 없었다. 예를 들면, 중국가정추적조사는 자녀의 부모에 대한 경제적 지원의 구체적 액수를 질문하지 않았고, 또한 자녀가 부모의 가사노동과 일상생활 돌봄의 빈도에 대해서도 질문하지 않았기 때문에, 이런 사항도 이연구의 부족한 부분이다. 결론적으로, 가정 양로에 관한 연구에서 여전히 많은 중요한 문제들이 적절하게 해결되지 않았다. 필자는 이연구가 이러한 문제들을 해결하기 위한 디딤돌이 되기를 희망한다. 아울러 동료 연구자들의 공동의 노력으로 관련 분야의 연구에서 지속적인 발전을 추동하기를 간절히 소망한다.

6장

무엇 때문에 보살피는가?

　소개: 이장에서는 가정 양로가 지속될 수 있었던 기초 또는 조건의 토대에 대해 중점적으로 집중할 것이다. 중국의 효도전통에 근거해, 자녀들의 부모 부양은 '불변의 진리', 달리 표현하자면 무조건적인 것이었다. 그러나 근래에 들어와서 끊이지 않고 발생하는 부모 부양 과정에서의 충돌은 효도문화에 기초한 무조건적 부모 부양 모형에 의구심을 낳게 한다. 그러나 이와 함께, 많은 연구에서 대다수의 중국 노인이 여전히 자녀들의 부양을 받고 있으며, 여전히 자녀들의 보살핌에 만족을 표시하고 있음을 발견할 수 있었다. 과연 이런 현상들이 일어나고 있다면, 효도윤리가 약화되고 있는 상황에서, 자녀들의 부모부양을 지탱해 주는 논리는 무엇인가? 이장은 최근 사람들 사이에 뜨겁게 논의되고 있는 '캥거루족' 현상을 기점으로, 이 문제를 연구하려고 한다. 2012년 진행된 중국노년사회추적조사(CLASS)의 자료를 깊이 있게 분석한 내용을 통해, 우리는 현대의 중국 부모들이 경제적 지원 및 육아 등의 방면에서 자신의 성년 자녀들에게 다양한 유형의 도움을 제공하고 있으며, 부모들의 도움, 특히 육아 방면에서의 돌봄이 어떻게 이들이 현재와 미래에 자신의 자녀들로부터 부양받고 또 부양의 수준에 어떠한 영향을 미치는가의 여부를 연구에서 발견했

다. 도시와 농촌을 분류한 연구에서, 우리는 부모의 도움이 자녀의 부모 부양에 미치는 영향은 도시에서 보다 더 뚜렷하게 드러났으며, 이러한 결과는 신속한 사회적 변화는 이미 중국의 가정 양로제도를 유지하는데 토대가 되었던 기초들이 변화하고 있음을 설명한다. 한편으로는 현대사회에서 부모와 성년 자녀들은 서로 자신의 특정한 생명 주기에 상대방의 지원을 필요로 하는 특정한 수요가 발생하며, 이 때문에 미래에는 세대 간 지원이 쌍방향성의 특징을 띨 것이다. 다른 한편으로는, 효도문화가 쇠퇴하면서 자녀의 부모 부양 행위는 일종의 무조건적 행위에서 일정한 조건을 가진 행위로 전환할 가능성이 크며, 성년이 된 후 지속적으로 부모의 도움을 받을 수 있는가의 여부가 자녀가 부모를 계속해서 부양하고 또 그 부양의 수준을 결정하는 중요한 요인이 될 것이다.

1. 부모 부양과 캥거루 현상

중국에서 자녀들의 부모에 대한 지속적이고 광범위한 양로 행위는 일찍이 국내외학자들의 지속적인 관심을 받아왔다(费孝通, 1983; Lee,Parris & Willis, 1994). 그러나 이와 비교하면, 세대 간 지원의 한 측면, 즉 부모의 성년 자녀에 대한 도움은 연구자들의 시야에 거의 들어오지 않았다. 로간(Logan, J. R.) 등은 중국 가정이 부모 중심이지만, 세대 간 자원은 주로 아래서 위로 이동하며, 부모의 자녀에 대한 도움은 상대적으로 부차적이거나 중요하게 평가되지 않았다고 인식했다(Logan,Bian & Bian, 1998). 주징이(朱敬一)와 위루오롱(于若蓉) 또한 이런 현상이 현재 중국 가정의 세대 간 관계 연구의 주류적 관점이라고 생각한다(Chu & Yu, 2010).

그러나 최근 들어 아래서 위로 향하는 세대 간 교환 관계에 뚜렷한 변화가 발생하고 있다. 자녀의 부모에 대한 불효를 다룬 논의가 학계에서 날로 증가하고 있을 뿐 아니라(郭于华, 2001; 陈柏峰, 2009), 점점 더 많은 연구에서 농촌, 도시 구별 없이 부모가 거꾸로 자신들의 성년 자녀들에게 다양한 형식, 예를 들면, 주택, 가사 및 육아에서의 도움 등의 도움을 제공하고 있는 사실이 밝혀졌다(怀默霆, 2001; 许琪, 2013). 일부 학자들은 이런 현상을 '캥거루족 현상'이라고 부르면서, 자녀들의 캥거루 같은 행위는 부모에 대한 세대 간 약탈(阎云翔, 2006)이며, 전통적 효도윤리에 대한 한층 거센 도전이라고 판단한다. 그러나 일부 학자들은 책임윤리의 압박 아래, 부모는 자녀의 어려움을 방관할 수 없으며, 심지어 어떤 상황에서는 부모가 자녀를 성년으로 키운 이후에도 주도적으로 다시 그들에게 도움을 제공하는 것이기 때문에, 자녀들이 부모에게 빌붙어 산다는 해석은 정확하지 않다고 생각한다(杨善华, 贺常梅, 2004).

우리는 현대 중국 가정에서 일반적으로 드러나는 위에서 아래로의 자원의 세대 간 흐름이 자녀가 부모에게 빌붙은 것인지 아니면 부모가 자녀에게 증여하는 것인지 또는 두 가지 요인이 함께 있는지에 대해서는 잠시 논의를 보류할 것이다. 그러나 이런 현상은 적어도 중국 전통의 세대 간 교환 관계가 이미 뚜렷하게 변화하고 있음을 설명한다. 그리고 이러한 변화 후에 원래 주도적 지위를 차지하고 있던 부모 부양 관계가 이에 상응하여 변화하고 있는가 하는 문제가 우리가 특별히 주의를 기울여 분석하고 토론할 부분이다.

기존의 중국가정양로에 대한 대부분의 이론적 연구는 페이샤오퉁(1983)이 제기한 피드백모형에 기초하고 있다. 피드백모형에서 부모의 어린 자녀에 대한 양육과 자녀의 부모 부양은 인과관계를 형성한다(陈皆明, 1998).

바꿔 말하면, 자녀의 부모 부양의 중요한 요인 중 하나는 부모의 양육에 대한 보은이다. 그러나 현실 생활에서 부모의 자녀에 대한 사랑은 자녀가 성장해 성년이 되었다고 바로 끝나는 것도 아니다. 실제로 부모의 자녀 사랑은 자녀가 성장하고 결혼해서 자녀를 낳을 때까지, 심지어 훨씬 더 긴 생명의 여정에서 지속적으로 이어진다(杨善华, 贺常梅, 2004). 만약 부모의 미성년 자녀에 대한 세심한 보살핌과 교육이 자녀들의 마음속 깊이 새겨지고 부모가 얼마 후 보답 받을 수 있다면, 부모가 성년자녀에게 베푸는 다양한 은혜도 이와 비슷하거나 더 좋은 효과를 거둘 수 있다. 왜냐하면 미성년 자녀를 양육하는 것과 비교하면, 부모가 성년자녀를 돕는 것과 자녀의 도움을 받는 것 사이의 시간적 거리가 더 짧기 때문이다. 따라서 이론적으로는, 부모의 이러한 도움은 자녀의 부모 부양 행위에 더 직접적인 영향을 미칠 수 있다.

이 외에도, 페이샤오퉁(1983)이 제기한 피드백모형은, '양육'과 '부모 부양'이 한 쌍의 유예적[延時性] 세대 간 호혜 관계의 기본적 부분이라고 판단한다. 그러나 실제로는 양육과 부모 부양 사이에 매우 중요한 한 단계, 즉 "자녀는 부모의 양육을 필요로 하지 않고, 부모도 자녀의 부양을 필요로 하지 않는 단계"가 존재한다. 필자가 보기에, 이 단계의 세대 간 교류는 조화롭고 안정적인 세대 관계를 유지하여 자녀가 부모를 부양할 수 있도록 하는 데 매우 중요하다. 때문에 이런 의미에서 보면, 부모의 성년 자녀에 대한 지속적인 도움은 '양육'과 '부모 부양'을 연결할 수 있는 매우 중요한 부분이다.

2. 부모 부양에 관한 세 가지 이론적 해석

자녀의 부모 부양에 관해, 국내외 학자들은 세 가지 서로 다른 이론적 해석을 제기했다(Lee, Parish & Willis, 1994). 첫 번째 이론은, 자녀가 부모를 부양하는 주요 목적이 부모의 재산을 승계하는 것이기 때문에, 경제적 조건이 비교적 좋고 재산이 많은 노인들이 자녀의 관심과 돌봄을 받을 가능성이 더 크다고 판단한다. 베른하임(Bernheim et al., 1985)등은 더 나아가 부모는 재산에 대한 통제를 통해 자신의 경제적 이익을 최대화 할 수 있다고 주장한다. 예를 들면, 부모는 더 효도하는 자녀에게 많은 재산을 물려주거나 또는 불효하는 자녀에게는 재산 승계 자격을 박탈한다고 위협함으로서 자녀의 순종을 보증한다는 것이다.

이 이론은 경제적 현실을 고려해, 더 많은 재산 승계에 대한 기대는 확실히 성년자녀의 노부모에 대한 더욱 많은 관심을 촉구할 수 있기 때문에 이론적으로 일정한 타당성이 있다. 그러나 어떤 사회든 경제적으로 풍족한 가정은 소수이고, 절대 다수의 부모는 자녀와 양로를 빌미로 흥정할 수 있는 많은 재산을 가지고 있지 않다(陈皆明, 1998). 그럼에도 불구하고 왜 중국에서는 여전히 자녀가 경제적 보상이 많지 않음에도 자신의 부모를 돌보는가? 베른하임의 주장으로 이 문제에 답할 수 없다는 점은 매우 분명하다. 그렇지만 주징이와 위루오롱의 연구는 중국의 부모들이 이 이론이 예언한 것처럼, 재산을 자신의 수중에 확실하게 장악하지 못한다는 사실을 발견했다. 이와 반대로 부모들은 완전히 다른 방법을 사용하고 있었는데, 그것은 바로 자녀들이 결혼 후 분가할 때 이미 대부분의 재산을 자녀들에게 나눠준다는 사실이다(Chu & Yu, 2009). 연구자들은 부모들의 이렇게 '합리적이지 못한[不理性]' 방식이 그들로 하여금 자녀에 대한 통제를 잃지 않게 했을 뿐 아니라, 오히려 자녀들로 하여금 부모에게 더 많은 경제적 보답을 하게 한다는 점을 발견했다(Chu & Yu, 2009). 이러한 사실을 통해, 재산에 대한 엄격한 통제는 중국의 부모가 일관되게 자녀의 부양을 받을 수 있는 주요한 요인이 아님을 알 수 있다.

자녀의 부모 부양에 관한 두 번째 이론은 세대와 세대 사이에는 매우 광범위한 상품과 서비스의 교환이 존재하며, 부모가 자녀의 지지를 얻을 수 있는 이유는 부모들 또한 자녀들을 위해 다양한 유형의 도움, 예를 들면, 경제적 지원, 가사노동 및 육아 돌봄 등(Lee, Parish & Willis, 1994)을 제공하기 때문이다. 따라서 이 이론으로 보면, 세대 간 교류는 일종의 당면한 세대 간의 호혜행위이고, 자녀의 부모 부양은 자녀도 부모에게 요구하는 것이 있기 때문이며, 이러한 요구가 시장을 통해 만족될 수 없는 상황에서, 부모의 도움은 더욱 중요하다고 판단한다.

이 이론은 어느 정도 세대 간 교환행위를 해석할 수 있는데, 세대 간 관계가 비교적 느슨한 서구 국가에서도 단기적으로 부모와 자녀 사이의 의례적 교류와 상호 도움은 종종 찾아볼 수 있다(Lee, Parish & Willis, 1994). 그러나 한 쪽의 다른 한 쪽에 대한 도움이 다른 한 쪽의 즉각적인 보답을 전제로 한다면, 이것은 교환을 진행하는 양쪽이 모두 일정한 가치가 있는 물품을 소유해서 상대방과의 교환으로부터 이익을 취할 수 있어야 한다 (陈皆明, 1998). 그러나 노인들은 보답할 능력이 가장 부족할 때 자녀들의 도움을 가장 필요로 한다. 따라서 엄격하게 이 원칙을 적용하면, 고령 또는 쇠락한 노인들이 자녀들의 도움을 받는다는 것은 거의 불가능하다. 실제로 이렇다면, 중국에서 왜 자녀들이 빈곤하고 연령이 많거나 혹은 쇠락한 부모에게 도움을 주기를 원하는가? 우리는 분명히 다른 이론을 찾아 이 문제에 대답해야 할 필요가 있다.

앞의 두 이론이 가족 구성원을 각자 자신의 목표를 위해 분투하는 경제적 합리성을 지닌 인간으로 본 것과 달리, 자녀의 부모 부양에 관한 세 번째 이론은 자녀의 부모 부양이 가정의 의무를 이행하기 위해서이지, 당면한 경제적 이익 또는 미래의 경제적 보상을 위해서가 아니라고 인식한다. 이 이론은 가정을 고도로 이익이 일치하는 인간집단의 모임체로 보고(Lee, Parish & Willis, 1994), 이 인간집단의 단결은 가족 구성원의 가정 전체에 대한 고도의 일체감에 의존해 가정의 의무를 무조건적으로 이행하는데 있다고 본다(陈皆明, 1998). 부모의 의무는 미성년 자녀의 교육이며; 이에 대한 보답으로서 자녀의 의무는 연로한 부모에 대한 부양이다. 따라서 이 이론으로 보면, 부모와 자녀간의 일종의 연속적인 세대 간 호혜관계, 양육과 부모부양 관계는 하나의 명문화되지 않은 합의를 이룬 것이다. 양쪽은 이 합의를 공동으로 이행하면서 가족공동체의 효과적인 운영을 확보한다.

많은 학자들이 보기에, 위에서 서술한 자녀의 부모 부양에 관한 세 번째 이론이 중국의 상황에 비교적 부합하며(陈皆明, 1998; Lee, Parish & Willis, 1994), 페이샤오퉁(1983)이 설계한 '양육-부모 부양'의 세대 간 호혜 모형은 이 이론을 더욱 형상적(形象的)으로 설명한다. 그러나 중국의 부모와 자녀 사이에 분명하게 양육과 부양에 관한 모종의 비공식 협의가 존재한다면, 이는 다음과 같은 두 가지를 의미한다고 볼 수 있다: 하나, 양육 단계가 끝나고 부양 단계가 시작되기 전까지 비교적 긴 과도기가 존재하며, 따라서 자녀의 보답은 필연적으로 연속성이 있어야 한다. 둘, 자녀가 부모에게 보답하는 시기는 일반적으로 부모가 노쇠한 때이며, 따라서 자녀의 보답은 일반적으로 부모의 보답을 따지지 않는다. 과연 이렇다면, 자녀들이 부모로부터 약간의 양육의 은혜를 입은 후, 아직 경제적으로 보답할 수 있는 경제적 여전이 충분하지 않은 상황에서 지속적으로 충실하게 이러한 합의를 이행하게 할 의사를 어떻게 확보할 것인가?

3. 자녀의 부양을 확보할 수 있는 두 가지 경로

이론적으로 보면, 이러한 합의의 집행을 보장할 가장 직접적인 방법은 합의를 위반한 쪽에 엄격한 제재를 가하는 것이다. 중국의 역사에서 각 왕조의 법률은 자녀의 부모부양 책임에 관한 명확한 규정이 있었다. 중화인민공화국 성립 이후 반포된 "중화인민공화국혼인법"과 "중화인민공화국노인권익보장법"(中华人民共和国老年人权益保障法) 또한 노인의 부양 요구권과 자녀의 상응하는 부모 부양의 의무를 규정하고 있다(王跃生, 2009). 그러나 일부 학자들이 보기에, 중국 법률이 지나치게 가정사에 개입하는 것을 꺼려하고, 또 '소송'을 꺼려하는 문화적 배경으로 인해, 법률에 의한 부모 부양에 대한 구속력은 그다지 크지 않으며, 민간에서 실제로 작용하는 방식은 도덕에 의한 제약이다(Chu & Yu, 2009). 모두 알고 있는 것처럼, 중국은 2,000여년의 유교 문화전통을 갖고 있으며, 유교문화의 핵심 요소로서 '효'는 지극히 숭고한 도덕적 의의와 가치를 내포한다. 이런 상황에서 자녀의 불효는 사람의 도리에 어긋나는 것이며, 불효는 자녀가 사회적 여론의 강력한 비난을 받은 것일 뿐 아니라, 친족 집단의 지지와 집단 내부에서 편안하게 지내고 또 입지를 다질 수 있는 토대를 상실하게 만든다(瞿同祖, 1981). 따라서 많은 학자들이 보기에, 전통사회에서 효도윤리에 대한 고도의 숭상 및 이와 관련한 도덕적 비판이 자녀가 부모 부양책임을 이행하게 하는 관건이다(Whyte, 2004).

그렇지만 도덕규범이나 효도윤리를 통한 자녀의 부모 부양에 대한 외부적 구속 외에, 필자가 보기에 자녀의 부모 부양을 확보하는 다른 하나의 관건이 되는 요소는 좋은 세대 간 관계를 형성하고 유지하는 것 외에, 내부적으로 자녀의 부모에 대한 고마워하는 마음을 강화할 필요가 있다는 것이다. 이런 측면에서, 부모의 성년자녀에 대한 지속적인 도움은 자녀의 양로 행위를 이행시키는데 극히 중요한 의의가 있다고 할 수 있다.

우선, 그 밖에 다른 형식의 세대 간 교환 관계와 마찬가지로, 자녀의 부모 부양 행위도 좋은 세대 간 관계 위에서 이루어질 수 있다. 세대 간의 친밀한 관계는 혈연으로 연결된 기본적인 생물학적 사실 외에도 두 세대 간에 이런 관계를 유지하고 관리하기 위한 노력에 따라 결정된다. 자녀를 양육하는 단계에서 부모의 사심 없는 헌신은 세대 관계를 형성하는데 있어서 흔들릴 수 없는 중요한 기초가 된다. 그러나 인생의 여정이라는 측면에서, 양육 단계의 종료와 부모 부양의 시작 사이에는 상당한 기간의 과도기가 존재한다. 따라서 어떻게 이 기간에 자녀와 좋은 관계를 유지하느냐가 모든 중국의 부모 앞에 놓인 중요한 과제다. 서구 국가들에서, 부모의 자녀 양육은 자녀가 성년이 된 후 끝나지만, 중국에서는 자녀가 성년이 된 후에도 여전히 부모의 지속적인 지원을 받고 있다. 중국의 부모는 자녀의 직업과 결혼 뿐 아니라, 심지어 결혼 후에도 적절하게 자녀의 가사노동을 돕고 자녀 양육에 도움을 준다(杨善华, 贺常梅, 2004). 부모의 동기 측면에서 보면, 우리는 부모의 자녀에 대한 이런 지속적인 도움이 순수하게 자녀에 대한 관심과 사랑에서 나온 것인지 아니면 다른 고려가 있는 것인지 판단하기 어렵다. 그렇지만 부모가 제공하는 모든 도움 자체는 객관적으로 양쪽의 한 걸음 나아간 친밀한 관계를 인정하고 강화하며, 이러한 친밀한 세대 간 관계의 유지는 이들이 이후에 자녀의 보답을 받을 수 있는 의심의 여지없는 매우 중요한 현실적 의의를 가지고 있다.

두 번째로, 베커(Becker, 1974)는 세대 간 교환에 대한 논하면서 이미 지적했는데, 다른 형식의 사회적 교환과 달리, 세대 간 교환은 대부분 이타주의적 감정이 지배한다. 이타주의적 정서를 지닌 성년자녀들에게 있어서, 자신의 효용함수는 두 가지 내용을 포함한다. 하나는 자기 자신의 효용 $u(y_c)$이고, 이 중 y_c는 자신이 소유하고 있는 자원이다. 다른 하나는 자기 부모의 효용 $v(y_p)$로, 이 중 y_p는 자기 부모가 소유하고 있는 자원이다. 그 자신의 일부 자원 T (시간과 금전 포함)을 부모에게 전이했을 때 부모와 자기 자신의 전체적인 복리 수준을 높일 수 있다는 것을 발견하면, 부모 부양 행위가 발생하게 된다.

$$u(y_c - T) + \lambda v(y_p + T)$$

그러나 절대적 이타주주의자는 존재할 수 없기 때문에, 성년자녀의 부모 부양 및 부양 수준의 정도는 양쪽이 소유하고 있는 자원의 많고 적음 외에도, 자녀의 마음속에 자리 잡은 부모의 중요성, 즉 λ의 영향을 받는다. 마르셀 모스(Mauss, 1954)의 인간관계에 존재하는 보편적 회귀경향의 관점에 따르면, λ는 자녀가 과거 부모에게서 받은 은혜의 함수로서, 다시 말하면, 부모가 자녀에게 베푼 은혜가 많을수록 자녀의 마음속에 자리 잡은 부모의 지위는 더 중요하고, 훗날 부모의 은혜에 보답하려는 자녀의 마음도 더 강력하다. 이 외에도, 베커는 다른 한 논문에서 부모 부양을 회피하려는 자녀를 저지할 수 있는 효과적인 부모의 방법 중 하나는 자녀가 창피함을 느끼도록 하는 것이라고 지적했다(Becker, 1991). 이런 시각에서 보면, 우리는 λ에 완전히 새로운 해석을 부여할 수 있는데, λ를 불효로 인해 자녀가 느끼는 심적 자책으로 간주할 수 있다. 이런 자책감 또한 자녀가 부모에게서 받은 은혜가 증가할수록 높아진다는 점은 아주 분명하다. 앞에서 서술한 내용을 종합하면, 우리는 부모의 성년자녀에 대한 지속적인 지원은 자녀의 마음속에 하나의 효율적인 자아구속 기제를 형성해 자녀의 불효를 방지하는 효과를 거둘 수 있다. 이 논리에 기초해 이장은 다음과 같은 연구 가설을 제기한다.

가설 1: 성년이 된 후 부모의 도움을 받은 자녀는 부모에게 더 높은 수준의 양로를 제공할 수 있다.

4. 사회변화와 부모 부양 전제조건의 변화

앞에서 언급한 두 유형은 모두 자녀의 부모 부양을 강화할 수 있는데, 서로 다른 사회 환경에서, 이 두 유형의 효과는 다르게 나타난다. 전통사회에서, 효도윤리와 친족 구성원들이 모여 사는 주위 환경을 기초로 형성된 도덕적 평가 방식은 자녀의 부모 부양에 매우 강한 구속력을 갖는다. 이런 상황에서 부모의 성년자녀에 대한 도움은 금상첨화(錦上添花)일 뿐이다. 왜냐하면 부모의 이런 도움이 없더라도 자녀들이 부양책임을 회피하기가 매우 어렵기 때문이다. 그러나 근대에 들어서면서, '효'를 핵심으로 하는 유교 문화전통은 잇단 정치운동 과정에서 심각한 타격을 받았으며(Whyte, 2003), 빠르게 발전하는 현대화 과정에서 경제성장과 외래문화관념의 강한 충격을 끊임없이 받았다(阎云翔, 2006). 중국 가정의 세대 간 관계에 관한 인류학적 연구들은 중국 현대화 수준의 부단한 향상으로, 청년세대에 대한 전통문화관념의 구속력이 점차 약해지고 있는 반면, 소비문화와 개인주의 가치관은 점점 더 강해지고 있다는 사실을 발견했다(阎云翔, 2012). 여기에 그치지 않고, 공업화와 현대화 발전 또한 청년세대의 세대 간 관계에 관한 전통적 인식을 변화시켜, 양육과 부양의 전통적 평등논리는 젊은이들에게 더 이상 받아들여지지 않을 뿐더러 부모 부양도 이들에게는 불변의 진리로 받아들여지지 않는다. 이와 비교해 젊은 세대는 완전한 세대 간 교환 고리 가운데 평등한 교환을 더 중시한다. 바꿔 말하면, 이들의 부모 부양 수준의 정도는 대부분 자신이 성년 된 이후 부모의 지원을 계속 받았는지 여부와 부모의 도움 수준의 높고 낮음에 의해 결정된다는 것이다(郭于华, 2001).

위의 내용을 종합하면, 전통사회에서 효도윤리 및 친족을 기초로 한 사회평가제도는 자녀가 부모 부양책임을 이행하게 하는 주요 경로였다. 그러나 현대사회에서는 효도관념의 쇠퇴와 친족으로 구성된 전통적 사회구조의 해체로 인해, 도덕적 구속력이 점차 약해지고 있으며, 대신 부모의 지속적인 도움이 자녀의 부양을 가능하게 하는데 있어 더욱 강한 영향력을 행사하게 되었다. 이런 판단을 기초로, 우리는 중국사회의 현대화 정도가 높아지면서 중국전통의 부모 부양 관계를 떠받치는 존재적 기초에 이미 변화가 발생하였으며, 이러한 변화를 정확하게 파악하는 것이 가정 양로의 미래 발전방향을 판단하는데 매우 중요하다고 판단한다.

방법론상으로, 현대화가 진행 중인 과정에서 중국의 전통적 부모 부양 관계의 변화를 연구하기 위해서는 많은 시점에서의 자료 수치가 필요할 뿐 아니라. 서로 다른 시기의 가정 양로 상황에 대한 비교 연구를 진행해야 한다. 그러나 현재 전통중국사회의 가정 양로에 대한 자료를 구할 수 없기 때문에, 현재로서는 이에 관한 연구 분석을 진행할 수 없다. 이런 상황을 감안해, 이장은 '시간을 공간으로 대체하는' 방식을 사용하여, 즉 도시와 농촌 간의 비교 연구를 통해 전통사회부터 현대사회에 이르는 과정에서의 가정 양로관계의 변화를 기술하고자 한다. 근래 들어 농촌과 도시 모두 매우 뚜렷한 변화가 발생했는데, 둘을 서로 비교했을 때, 농촌은 여전히 전통사회의 특징을 일부 보존하고 있고, 도시는 현대화 기준에 더 부합하다. 우리는 도시거주 자녀들의 부모에 대한 도움의 요구가 훨씬 더 절박하다고 판단한다. 왜냐하면 한편으로는 도시의 높은 부동산 가격과 일상생활에서의 높은 비용이 자녀들로 하여금 경제적으로 그리고 주거 문제에서 부모에게 더 의존하도록 강요하기 때문이고, 다른 한편으로는 도시 여성들의 일반적인 직장생활 현실 또한 도시거주 기혼 자녀들이 가사 노동과 육아 방면에서 더 절박하게 부모의 도움을 필요로 하기 때문이다(許琪, 2013). 이런 논점을 바탕으로, 도시에 거주하면서 부모의 도움을 받은 자녀들이 부모에게 더 높은 수준의 양로를 제공할 가능성이 있다는 점을 전제하여 이장의 두 번째 연구가설을 제시한다.

가설2: 성년이 된 후 부모의 도움을 받았는지의 여부가 자녀의 부모 부양에 뚜렷한 영향을 끼치며, 이런 현상은 농촌에서보다 도시가 더 강하다.

5. 자료, 변수와 분석 방법

5.1. 자료

이장에서는 2012년 실행된 중국노년사회추적조사의 시범 조사 자료를 사용해 연구를 진행할 것이다. 중국노인사회추적조사(中國老年社會追踪調査, CLASS)는 중국인민대학의 노인학연구소가 계획을 수립하고 같은 대학의 '중국조사와 자료센터'(中國人民大學中國調查与数据中心)가 책임지고 집행한 노인들을 대상으로 한 전국적으로 실시한 대규모의 사회조사이다. 조사는 구/현을 1급 견본 추출 대상으로, 촌/주민위원회를 2급 견본 추출 대상으로 하고, 대상 지역의 지도와 주소에 근거해 표본 대상 지역을 정하고, 최종 견본 대상으로 결정된 주소지 내에 살고 있는 60세 및 그 이상 연령의 노인을 임의로 선택해 방문 대상자로 결정했다. 조사 내용에는 대상자의 사회적 특징, 건강 및 경제 상황, 양로 계획 및 안배, 자녀와의 세대 간 관계 등 다양한 내용이 포함되어 있다.

중국노년사회추적조사의 제1차 전국적 범위에서의 기본 조사는 2014년에 정식으로 시작되었는데, 정식 조사 전인 2011년과 2012년에 두 차례에 걸쳐 시범조사가 진행되었다. 이장에서 사용하는 자료는 2012년에 실시된 시범조사 자료이다. 표본의 수량과 대표성으로 보면, 이 자료는 비슷한 유형의 다른 국내 조사, 예를 들면, 중국건강과양로추적조사(CHARLS)와 중국가정추적조사(CFPS) 등 보다 부족하지만, 2012년의 중국노년사회추적조사 자료는 현재 공개적으로 사용된 자료 중 유일하게 부모가 성년 자녀에게 도움을 준 내용에 대한 설문을 포함하고 있다. 비슷한 다른 조사들도 부모의 자녀 도움에 대한 설문을 포함하고 있지만, 설문의 내용이 현재 도움을 주고 있는 내용만 질문했을 뿐, 과거의 내용까지는 포함하고 있지는 않다. 따라서 우리는 이런 자료를 사용해서는 이장의 가장 핵심적인 이론문제에 대한 연구를 진행하기 어렵다. 이런 사정을 종합적으로 고려해, 본 연구는 결국 2012년의 중국노년사회추적조사 자료를 선택했다.

2012년 시범적으로 실시된 중국노년사회추적조사는 총 1,126명의 노인을 방문해, 노인과 각 자녀들의 교류 상황을 탐문했다. 이장의 연구를 위한 필요성을 고려해, 자료 중 성년자녀가 없는 노인을 제외했고, 더 나아가 이런저런 자격미달 자료를 제외하고 모두 1,049명 노인의 2,691명의 성년자녀들이 최종 분석을 위한 견본으로 사용되었다.

5.2. 종속변수와 분석 방법

이론적으로, 자녀의 부모 부양은 경제적 지원, 일상생활 돌봄 및 감정상의 위로 등 세 유형를 포함한다. 이 때문에 이장에서는 세 유형의 종속변수를 설계해 자녀들이 각각 세 유형의 부양 행위에 대응하도록 했다.

경제적 지원에 대응하는 종속변수는 과거 1년 간 자녀가 부모에게 경제적으로 지원한 총액이다. 이 변수가 비교적 명확하게 0가치에 머무르고 비대칭적 분포를 보이는 점을 고려해, 우리는 두 개의 서로 다른 분석법을 사용하였다. 하나는 경제적 지원 여부를 자녀만을 대상으로 이항로지스틱회귀분석을 통해 진행했다. 다른 하나는 경제적 지원의 액수에 대수를 대입해 비대칭 분포의 영향을 낮추고, 동시에 토빗모형을 통해 경제적 지원을 하지 않는 자녀들을 삭제 처리하는 것이다. 아랫 글에서 우리는 이 분석을 통해 얻은 결과를 동시에 공개할 것이다.

일상생활 돌봄에 대응하는 종속변수는 과거 1년 간 자녀가 부모의 가사노동을 도운 빈도를 측정하는 것인데, 이 항목은 5개의 세부 내용을 포함하고 있으며, 각각 거의 하지 않음, 1년에 몇 차례, 매월 적어도 1회, 매주 적어도 1회, 거의 매일 도움 등으로 분류하고, 각각 1점, 2점, 3점, 4점, 5점의 가치를 부여하고, 서수로지스틱회귀분석모형을 사용해 분석할 것이다.

감정상의 위로에 대응하는 종속변수는 과거 1년간 자녀가 부모와 만난 빈도다. 여기에는 여섯 개의 분류 단계로 나눠, 각각 아주 드물게 만남, 1년에 몇 차례, 매월 1회, 매월 몇 차례, 매주 적어도 1회, 거의 매일 연락 등으로 구분했다. 분석할 때에는 각 1점, 2점, 3점, 4점, 5점, 6점을 부여하였고, 앞의 경우와 마찬가지로 분석 시 서수로지스틱회귀모형을 사용했다.

마지막으로 설명할 것은 중국노년사회추적조사 자료는 방문 대상 노인과 여러 자녀의 세대 간 교류 상황을 동시에 질문했기 때문에, 한 가정의 여러 형제자매들의 정보가 일정 정도 연관성이 있을 수 있으며(許琪, 2015), 이런 점은 회귀모형이 요구하는 각각의 관측값의 상호 독립성이라는 고전적 가설에 어긋난다는 사실이다. 이런 상황에서 일반적인 통계 검증법은 회귀지수의 표준오차를 저평가해 잘못된 결론을 유도할 수 있다(Raudenbush & Bryk, 2002; Rabe-Hesketh & Skrondal, 2012). 정확한 통계 예측을 위해 이장은 임의효과모형을 사용해 여러 자녀의 상관성을 그려내고 고정효과모형을 사용해 임의효과모형의 분석 결과의 안전성을 검증할 것이다.

5.3. 독립변수와 종속변수

이장의 핵심 독립변수는 부모의 성년자녀에 대한 도움이다. 중국적 상황에서 이러한 도움은 일반적으로 경제적 도움과 손자녀 돌봄이라는 두 측면을 포함하고 있다(宋健,戚晶晶, 2011). 먼저, 경제적 도움에 관해 말하자면, 설문지는 방문 대상 노인들에게 자녀의 주택 구입 또는 리모델링 시 도움을 주었는가에 대해 질문했는데, 이것은 이항변수로서 그렇다와 아니다의 두 개 선택지가 있다. 다음은 손자녀 돌봄인데, 만약 방문 대상 노인들의 자녀가 16세 및 그 이상의 자녀를 두고 있으면, 설문은 이 자녀들이 16세 이전의 어린 시기에 돌봄 도움을 주었는가의 여부를 물었다. 원칙적으로, 이 항목 역시 이항변수인데, 일부 자녀들이 아직 자녀가 없거나 아직 16세에 이르지 못한 경우, 사용하지 않음[不使用]이라는 선택 항목을 덧붙였다.

　방문 대상 노인들이 자녀들에게 도움을 준적이 있는가 여부를 묻는 것 외에도, 지난 12개월 이내에 자녀에게 경제적 도움을 준적이 있는지 또는 16세 이하 손자녀(만약 있다면)를 돌 본 적이 있는지 물었다. 이전의 이론에 근거해 분석하면, 노인들이 자녀들에게 이런 도움을 주는 것은 어느 정도 자녀들의 보답을 받기 때문인데, 이러한 도움도 분석의 대상이 된다. 그러나 본 연구가 집중 분석하는 연속적인 세대 간 상호 도움과는 달리, 이런 세대 간 교환은 일대일의 즉각적인 교환 또는 노인들이 아직 도움을 줄 수 있는 여력이 있을 때에만 진행되는 교환이다.

　마지막으로, 부모의 성년자녀에 대한 도움 외에, 이장은 분석과정에서 일부 통제변수를 대입했다. 이 중에서 부모와 관련된 통제변수로는 부모의 성별, 연령, 혼인상황, 교육정도, 경제상황 및 부모와의 거주 거리 등이 포함한다. 도시와 농촌을 구분한 부모와 자녀의 특징에 대한 기술적 통계결과는 표 6-1과 표 6-2에서 볼 수 있다.

표 6-1 도시와 농촌으로 나눠 구분한 부모의 특징에 대한 기술적 통계

변수	유형/지표	농촌	도시	합계
성별(%)	남	48.2	48.1	48.1
	여	51.8	51.9	51.9
연령(세)	평균	66.7	68.3	67.7
	표준차	5.7	7.1	6.6
혼인상황(%)	배우자 있음	78.2	78.9	78.6
	배우자 없음	21.8	21.1	21.4
교육정도(년)	평균	4.9	9.6	7.7
	표준차	4.0	4.8	5.1
직업(%)	관리직 또는 전문기술직	6.9	45.1	30.2
	일반적 비농업 직업	9.5	31.3	22.8
	농업	74.5	9.2	34.7
	기타 분류 외의 직업	9.1	14.4	12.3

연수입(천위안)	평균	9.1	27.3	20.2
	표준차	11.9	21.6	20.5
일상생활능력(%)	예	55.3	59.1	57.6
	아니오	44.7	40.9	42.4
자기 건강 평가(%)	매우 건강하지 않음	6.4	2.3	3.9
	비교적 건강하지 않음	29.2	18.4	22.7
	일반	27.4	38.2	33.9
	비교적 건강	28.4	31.9	30.5
	매우 건강	8.6	9.2	9.0
생존 자녀수(명)	평균	3.2	2.3	2.6
	표준차	1.4	1.1	1.3
표본수(명)		409	640	1 049

주: (1) 부모의 혼인상황은, 미혼, 동거, 기혼, 분리 주거 이혼 전, 이혼 및 배우자 사망 등 6개로 분류했으며, 분석할 때에는 동거와 기혼을 병합해 배우자 있음으로, 다른 항목은 배우자 없음으로 분류하였다; (2) 교육 정도는 학제를 근거로 교육 정도를 전환했는데, 구체적으로는 문맹: 0년, 소학교: 6년, 중학교: 9년, 중등 실업계와 고등학교: 12년, 전문대학 및 그 이상은 16년. (3) 원래의 설문 중 부모의 직업을 묻는 내용은 12개 유형이었지만, 분석과정에서는 지위가 비교적 유사하고 빈도수가 많지 않은 직업을 합병했는데, 구체적으로 말하면, 국가기관사업단위 간부와 직원, 기업의 고위 간부, 의사와 교사 및 기타 전문기술직 등의 네 가지 유형을 '관리직 및 기술 전문직'으로 합병하였고, 상업과 서비스업 일반직, 생산 및 제조업 일반직, 자영업자 및 프리랜서와 농촌 출신으로 외지에서 일하는 사람 등의 네 가지 유형을 '보통 비농업 직업'으로 합병하고, '농민'은 단독 항목으로 그리고 기타 유형은 합병해 하나로 분류했다.

표 6-2 도시와 농촌으로 나눠 구분한 자녀의 특징에 대한 기술적 통계

변수	유형/지표	농촌	도시	합계
성별(%)	남	53.2	51.3	52.1
	여	46.8	48.7	47.9
연령(세)	평균	41.1	42.1	41.7
	표준차	7.4	8.5	8.0
혼인상황(%)	배우자 있음	93.3	91.9	92.5
	배우자 없음	6.7	8.1	7.5
교육정도(년)	평균	8.1	12.8	10.8
	표준차	3.5	3.4	4.2
경제적 상황(%)	매우 어려움	3.4	0.6	1.8
	비교적 어려움	15.6	7.2	10.7
	일반	54.4	45.4	49.3
	비교적 여유 있음	25.1	42.0	34.8
	매우 부유함	1.5	4.8	3.4
	같은 촌 거주	41.2	20.3	29.1
	같은 읍면/거리 거주, 다른 촌 거주	12.8	5.6	8.7

거주거리(%)	같은 현/구, 다른 읍면/거리 거주	15.8	16.8	16.4
	같은 시, 다른 현/구	12.8	36.3	26.3
	다른 도시	17.4	21.0	19.5
표본수(명)		1,140	1,551	2,691

주: (1) 원래 설문지에는 자녀의 혼인상황 항목이 다섯 개 있었다. 분석과정에서 기혼이면서 배우자와 동거, 기혼이면서 다른 요인으로 분리 거주(예를 들면 외지에서 직장 생활) 항목을 '배우자 있음' 항목으로 통합하였고, 미혼, 이혼 또는 혼인 문제로 분리 거주, 배우자 사망 항목을 '배우자 없음' 항목으로 통합하였다; (2) 자녀의 교육 정도 처리 방식은 부모의 그것과 동일하다; (3) 거주 거리를 분석할 때, 부모와 동거하지 않은 자녀가 같은 성, 다른 성 또는 국외에 거주하는 등의 세 가지 경우를 합병해 '기타 도시'로 분류했다.

6. 분석 결과

6.1. 부모의 성년자녀에 대한 도움

중국 부모의 성년자녀에 대한 도움은 한 때 중국 가정의 세대 간 교환 중 상대적으로 부차적인 요인 혹은 그다지 중요하지 않은 요인으로 간주되었지만(Logan, Bian & Bian, 1998), 최근 들어서 매우 뚜렷한 변화가 진행되고 있다. 표 6-3에서는 견본 중 23.4%의 자녀가 주택을 구입하거나 수리할 때 부모의 도움을 받은 적이 있으며, 지난 1년간 부모의 경제적 도움을 받은 자녀의 비율도 거의 30%에 달하고 있다는 사실을 보여주고 있다. 손자녀 돌봄이라는 측면에서, 부모의 성년자녀에 대한 도움은 더욱 보편적이다. 조사 자료를 살펴보면 연령이 16세에 달했거나 혹은 16세를 초과한 손자녀 가운데 거의 2/3 정도가 조부모의 돌봄을 받은 적이 있었고, 16세 이하의 손자녀 또한 약 50% 정도가 조부모의 돌봄을 받았다. 도시와 농촌을 구분하면, 경제적 지원과 손자녀 돌봄 가릴 것 없이 도시 거주 자녀가 농촌 거주 자녀보다 부모의 도움을 받은 비율이 더 높았다. 이런 결과는 도시 거주 자녀가 경제적으로 또는 자녀 돌봄에서 부모에게 좀 더 많이 의지한다는 사실을 반영한 결과다.

표 6-3 성년자녀에 대한 부모의 도움(%)

	농촌	도시	합계
과거의 지원			
주택구입이나 개조에 경제적 지원	16.8	28.2	23.4
16세 이하 손자녀 돌봄(만약 있다면)	56.2	66.1	61.7
현재의 지원			
현금, 식품, 선물	21.5	35.2	29.4
16세 이하 손자녀 돌봄(만약 있다면)	41.6	55.2	49.0

1인 자녀 가정에서 부모는 오로지 1명의 도움 대상이 있지만, 다자녀 가정의 부모는 누구를 돕고 또 누구를 돕지 않을 것인지를 결정할 때 다양한 선택 가능성에 직면하게 되는데, 이런 상황에서 대체 누가 더 부모의 도움을 받을 수 있을 것인가? 이 문제에 대해 탐구하기 위해 우리는 고정효과로짓모형을 사용해 다자녀 가정에서 부모의 도움과 자녀의 특징 간의 관계를 분석했다. 표 6-4에서는 아들과 비교해 딸이 부모의 도움을 받기가 더 어렵다는 사실을 발견할 수 있다. 이는 부모가 도울 대상을 선택할 때 여전히 중국의 전통적 부계 가정제의 영향을 받고 있다는 점을 설명한다. 이 외에도, 자녀의 연령, 결혼상황 및 부모와의 거주 거리 역시 부모의 도움을 받을지 여부에 뚜렷한 영향을 끼쳤다. 그러나 자녀의 교육 정도와 경제적 상황이 끼치는 영향은 그다지 뚜렷하지 않았다. 이론적으로, 부모의 자녀에 대한 도움은 일종의 사심 없는 이타적 행위이고, 그렇다면 사회적, 경제적으로 상황이 비교적 좋지 않은 자녀가 도움을 받는 대상이 되어야 한다. 만약 부모가 자녀로부터 보답을 받기 위해서라면, 사회경제적으로 지위가 높은 자녀에게 도움을 주어야 한다. 그러나 분석 결과는 자녀의 교육 및 수입 수준이 부모의 도움을 받을 수 있는지 여부

에 그다지 큰 영향을 미치지 못함을 보여주고 있다. 따라서 우리는 지금 당장에는 부모가 자녀에게 도움을 주는 주요 동기를 판단하기 어렵다. 해석 가능한 하나의 동기는, 부모가 자녀를 도울 때 이타적 동기와 함께 동시에 이기적 동기도 갖는다는 것인데, 이 양자는 서로 중화되어 이후의 결과 분석에서 그다지 뚜렷하게 드러나지 않았다.

표 6-4 부모 부양 행위에 대한 고정효과로짓(logit)모형 분석 결과

	과거 부모의 경제적 지원	과거 부모의 손자녀 돌봄	현재 부모의 경제적 지원	현재 부모의 손자녀 돌봄
딸	−2.056***	−0.336	−2.238***	−1.687***
	(0.255)	(0.247)	(0.301)	(0.281)
연령	0.014	−0.045	0.086**	−0.134***
	(0.026)	(0.029)	(0.032)	(0.037)
배우자 있음	1.164**	0.315	−2.246+	0.033
	(0.557)	(0.498)	(1.312)	(1.074)
도시호적	−0.264	−0.325	1.665**	0.185
	(0.505)	(0.561)	(0.598)	(0.704)
교육정도	0.000	−0.004	0.027	0.032
	(0.053)	(0.065)	(0.066)	(0.071)
경제상황	−0.327	−0.233	0.127	−0.314
	(0.248)	(0.192)	(0.265)	(0.256)
거주거리	−0.090	−0.028	−0.556***	−0.683***
	(0.093)	(0.105)	(0.127)	(0.126)
자녀수	541	304	474	489
부모수	179	97	139	180

주: 고정효과로짓(logit)모형의 분석은 반드시 다자녀가정을 대상으로 진행해야 하고, 여러 자녀들이 부모에게서 받은 도움의 형태가 다양하기 때문에, 부모가 모든 자녀에게 준 도움 또는 전혀 도움을 주지 않은 상황에 대해서는 분석 중 배제되어 있기 때문에, 이런 상황들이 모형 분석 과정에서 견본 수량의 대량 감소를 초래할 수 있다.; +$p<0.1$, *$p<0.05$, **$p<0.01$, ***$p<0.001$.

6.2. 부모의 도움이 자녀의 부모 부양에 미치는 영향

앞글의 이론적 분석은, 부모의 자녀에 대한 도움이 자녀에 대한 관심에서 나온 것이든 아니면 다른 고려에서 나온 것이든, 자녀와의 양호한 세

대 간 관계를 유지하고 자녀에게 감사의 마음을 일으키는데 매우 중요한 역할을 하고 있음을 이미 지적하고 있는데, 그렇다면, 부모의 도움은 정말로 자녀의 부모 부양의 수준을 높일 수 있는가? 이 문제에 대답하기 위해, 우리는 먼저 부모의 도움과 자녀의 부모 부양 행위 간의 관계에 대해 기술적 통계 분석을 진행했다. 표 6-5에서 발견할 수 있는 것처럼, 과거 부모의 도움을 받은 적이 있는 자녀든, 현재 부모의 도움을 받고 있는 자녀든 관계없이, 이들이 부모에게 주는 경제적 지원의 비율과 액수, 일상적인 부모 돌봄의 비율 및 부모 방문 비율은 모두 부모의 도움을 전혀 받지 않은 자녀들의 그것보다 뚜렷하게 높았으며, 통계의 검증 결과를 보더라도 절대다수의 조합 사이의 차이는 모두 큰 의미가 있다. 이를 통해 볼 수 있듯이, 적어도 두 변수의 기술적 통계 분석만을 분석해 보더라도, 이장의 첫 연구가설은 통계 자료의 검증을 받았음을 알 수 있다.

표 6-5 부모의 도움이 자녀의 부모 부양에 미치는 이항변수의 기술적 분석

		경제적 지원		경제적 지원 (금액)		부모 자주 돌봄		부모 자주 방문	
		%	Sig	위안	Sig	%	Sig	%	Sig
과거에 받은 지원									
경제적 도움	예	80.9		2,247.0	+	30.7	*	76.0	***
	아니오	78.7		1,824.3		26.4		61.8	
손자녀 돌봄	예	83.2	***	1,764.2	***	31.1	***	70.6	***
	아니오	77.1		961.9		17.9		53.2	
현재 받는 지원									
경제적 지원	예	88.0		2,459.0	***	31.2	**	67.9	+
	아니오	75.5		1,705.7		25.8		64.0	
손자녀 돌봄	예	79.3	***	2,505.4	***	36.2	***	78.9	***
	아니오	80.0		1,806.7		17.8		51.4	

주: 분석 결과를 좀 더 이해하기 쉽게 보여주기 위해, 표 6-5에서는 가사노동의 빈도와 부모 방문 빈도를 재부호화했다. 구체적으로 말하면, 부모의 가사노동을 돕는 빈도가 '매주 적어도 1회' 또는 '거의 매일'인 경우 '자주 돌봄'으로, 부모를 방문하는 빈도가 '매월 수 차례', '매주 적어도 1회' 및

'거의 매일 연락'인 경우 '자주 방문'으로 구분했다.; +$p<0.1$, *$p<0.05$, **$p<0.01$, ***$p<0.001$.

그러나 이런 이항변수의 기술적 통계 분석은 여전히 최종 결론을 얻기에 부족하다. 왜냐하면 방법론적으로, 두 변수 사이의 관계가 다른 변수들의 방해로 허상이 나타날 수 있기 때문이다. 따라서 한 변수가 다른 변수에 미치는 순수한 영향을 파악하기 위해서는 모든 방해 변수에 대한 효과적인 통제가 수반되어야 한다. 표 6-6에서는 부모가 과거에 제공했던 도움, 현재 제공하고 있는 도움 및 모든 통제변수를 동시에 모형에 대입한 후, 부모가 과거에 제공한 도움이 자녀의 부모 부양에 긍정적인 영향을 미치지만, 이런 영향이 그다지 두드러지지 않음을 발견할 수 있다. 손자녀 돌봄이라는 측면에서, 부모가 과거 육아 돌봄을 도운 경우, 자녀의 부모 가사노동 도움과 부모 집 방문의 빈도가 확연하게 높아졌다. 구체적으로, 과거 부모로부터 자녀 돌봄 도움을 받았던 성년자녀의 이후 부모 가사노동 도움은 66.3%(계산방법은 $\exp(0.509)-1$)가 증가했고, 부모 집 방문 빈도 또한 53.0% 증가했다. 그러나 손자녀 돌봄이 자녀의 부모에 대한 경제적 지원의 증가에 미치는 영향은 그다지 두드러지지 않았다. 따라서 위의 모형분석결과를 종합하면, 이장의 제1연구가설은 검증되었다고 말할 수 있다.

과거에 부모가 제공한 도움을 제외하고, 표 6-6에서는 부모가 현재 자녀에게 제공하고 있는 도움이 자녀의 부모 부양에 확실한 영향을 미치고 있는 상황을 보여준다. 구체적으로, 현재 부모의 경제적 지원을 받고 있는 자녀들은 전방위적(경제적 지원과 일상생활 돌봄 및 감정상의 위로)으로 부모 부양의 수준을 제고하며, 손자녀 돌봄에서 부모의 도움을 받는 자녀 역시 부모의 가사노동과 수준의 향상 및 방문 횟수가 증가하고 있음을 알 수 있다. 이를 통해 현대 중국 가정의 세대 간 교환은 일종의 '주고받기'식 특징이 있음을 알 수 있다. 어떤 의미에서는, 이렇게 빈번한 즉각적인 교환은 부모와 자녀 간의 밀접한 관계를 보여주는 것이기는 하지만, 다른 측면에서 보면, 현대 중국에서 부모가 자녀의 수준 높은 양로를 받기 위해서는 일정 정도 부모 또한 자녀에게 얼마나 많은 도움을 줄 수 있느냐의 여부에 달려 있다고도 말할 수 있다. 이런 즉각적인 세대 간 교환은 자녀의 진정한 효심을 반영하는 것이라고 보기도 어렵다. 예를 들면, 부모가 자녀를 대신해 손자녀를 양육하는 것이 자녀의 부모 방문 빈도를 높이는 경우에 대해 말하자면, 우리는 자녀가 부모를 방문한 것이 진실로 부모를 보기 위한 것인지 아니면 자신의 아이를 보기 위한 것인지, 연구 결과 분석에서는 판단하기 어렵다. 따라서 이런 시각에서, 필자는 앞글에서 분석한 유예적 세대 간 협력관계가 부모 부양 행위를 연구하는데 더 의의가 있다고 판단한다.

부모의 자녀에 대한 도움 외에도, 표 6-6에서는 많은 자녀와 부모의 특징 또한 자녀의 부모 부양에 뚜렷한 영향을 미침을 발견할 수 있다. 먼저, 자녀의 성별로 구분해 보면, 부모 집 방문이라는 사항을 제외하면, 경제적 지원과 일상생활 돌봄이라는 두 측면에서 딸의 부모 부양 역할은 아들의 역할보다 훨씬 컸다. 최근 많은 학자들의 연구에서 나타난 것처럼, 이 장에서도 딸의 부모 부양에서의 역할이 크게 증가하였음을 발견할 수 있었다(Xie & Zhu, 2009; 许琪, 2015).[1] 다음으로, 자녀의 교육 정도는 부모 부

---

1 [원주] 그러나 앞글의 분석에서 발견할 수 있는 것처럼, 아들이 부모의 도움을 받을 가능성이 더 크기 때문에, 세대 간 협력을 성별의 차이로 구분하면 공평하지 않다. 이는 중국전통의 가부장제 관념에서, 부모가 아들을 돕는 것은 당연한 것이며, 따라서 아들은 부모의 이런 도움을 당연한 것으로 받아들이기 때문에 정서적 반응이 그다지 크지 않지만, 딸은 부모의 도움을 일종의 은혜로 받아들

양 수준에 확실한 긍정적 영향을 미치는데, 특히 주의해야 할 점은 이런 긍정적 영향은 자녀의 경제적 상황을 통제한 이후에도 여전히 남아 있어서 경제적 능력이라는 경로 외에, 자녀의 교육 수준이 자녀의 부모 부양 수준에 미치는 영향을 완전히 독립적인 영향임을 설명해 주고 있다. 일부 학자들은 이런 영향을 부모들이 일찍이 자녀의 교육에 투자한 행위에 대한 보답으로 해석하고 있다(Lee,Parish & Willis, 1994). 따라서 이런 시각에서, 양육과 부모 부양의 인과관계는 여전히 현대 중국사회에 존재하고 있다고 말할 수 있다(陈皆明, 1998). 마지막으로, 주목할 점은 부모의 사회경제적 지위가 높다고 반드시 자녀의 부양을 받을 가능성이 커지지는 않는다는 것이다. 따라서 적어도 현재까지의 상황으로 보자면, 부모의 많은 재산 승계에 대한 기대가 자녀가 부모 부양에 영향을 끼치는 주요한 요인은 아니다. 특히, 분석 결과를 통해 교육 정도가 비교적 낮은 부모가 자녀의 일상생활 돌봄과 정서적 위안을 받을 가능성이 더 크다는 점을 알 수 있다. 따라서 어떤 의미에서 자녀의 부양 행위는 일종의 이타주의의 발로이며, 사회경제적 지위가 비교적 낮고 또 양로 보장구조가 부족한 부모가 자녀의 돌봄과 도움을 받을 가능성이 더 크다고 말할 수 있다.

표 6-6 부모의 도움이 자녀의 부모 부양에 끼치는 영향의 임의효과모형 분석 결과

	경제적 지원 여부	경제적 지원 (금액)	가사노동 빈도	부모방문 빈도
과거 부모의 지원				
경제적 도움	0.370	0.219	0.104	0.064
	(0.336)	(0.184)	(0.162)	(0.136)
손자녀 돌봄(없음=0)	—			

일 가능성이 더 커서, 부모 부양 수준을 높이게 될 가능성이 크다. 그러나 이런 관점이 정확한가의 여부는 한층 더 나은 자료의 검증을 받아야 할 것이다.

	경제적 지원 여부	경제적 지원 (금액)	가사노동 빈도	부모방문 빈도
제공	0.512	0.118	0.509**	0.425**
	(0.340)	(0.183)	(0.171)	(0.147)
없음	0.848*	0.088	0.199	0.446**
	(0.380)	(0.215)	(0.198)	(0.166)
현재 부모의 지원	–			
경제적 지원	1.406***	0.680***	0.398*	0.308*
	(0.338)	(0.204)	(0.187)	(0.139)
손자녀 돌봄(없음=0)	–			
제공	−0.103	−0.128	1.062***	1.304***
	(0.342)	(0.179)	(0.174)	(0.151)
없음	0.078	−0.141	0.437**	0.320*
	(0.318)	(0.178)	(0.167)	(0.136)
자녀 특성	–			
딸	0.918***	0.372**	0.260*	−0.323**
	(0.238)	(0.121)	(0.112)	(0.099)
연령	0.079**	0.034**	−0.034**	−0.010
	(0.024)	(0.013)	(0.012)	(0.010)
배우자 있음	0.949*	0.692*	−0.506*	−0.630**
	(0.435)	(0.023)	(0.243)	(0.218)
교육정도	0.185***	0.105***	0.033	0.048**
	(0.044)	(0.023)	(0.021)	(0.018)
도시호적	0.225	0.471*	0.236	0.418**
	(0.387)	(0.218)	(0.201)	(0.160)
경제상황	1.121***	0.834***	0.014	0.071
	(0.194)	(0.103)	(0.099)	(0.079)
거주거리(같은 촌 거주=0)				
같은 읍면/거리, 다른 촌	1.372**	0.523*	−1.083***	−1.979***
	(0.484)	(0.242)	(0.218)	(0.201)
같은 현/구, 다른 읍면/거리	0.950*	0.485*	−1.748***	−2.630***
	(0.380)	(0.205)	(0.194)	(0.176)
같은 도시, 다른 현/구	0.794*	0.251	−2.198***	−2.999***
	(0.360)	(0.199)	(0.194)	(0.175)
다른 도시	0.466	0.291	−4.437***	−6.006***
	(0.346)	(0.198)	(0.238)	(0.222)
부모 특성				
모친	0.327	0.412	−0.358	0.020
	(0.391)	(0.270)	(0.216)	(0.148)

	경제적 지원 여부	경제적 지원 (금액)	가사노동 빈도	부모방문 빈도
연령	−0.026	−0.056*	0.043*	0.014
	(0.036)	(0.025)	(0.020)	(0.014)
배우자 있음	0.026	0.083	0.049	−0.051
	(0.468)	(0.325)	(0.263)	(0.177)
교육정도	−0.026	0.007	−0.066*	−0.044*
	(0.051)	(0.035)	(0.263)	(0.177)
직업(관리직 또는 전문기술직=0)				
일반 비농업 직업	0.420	0.206	−0.181	0.188
	(0.581)	(0.395)	(0.319)	(0.219)
농업	1.281+	0.652	−0.852*	−0.675*
	(0.678)	(0.457)	(0.373)	(0.259)
기타 분류하기 어려운 직업	0.546	0.262	−0.861*	−0.262
	(0.685)	(0.461)	(0.370)	(0.253)
연수입	−0.010	−0.006	0.007	0.008
	(0.012)	(0.008)	(0.006)	(0.005)
일상생활능력	0.211	0.439	0.576*	0.184
	(0.420)	(0.288)	(0.232)	(0.158)
자기건강 평가	0.255	0.228	0.079	0.088
	(0.192)	(0.132)	(0.107)	(0.073)
생존 자녀수	−0.017	−0.244*	0.107	−0.118
	(0.167)	(0.117)	(0.093)	(0.064)
절편	−7.482**	0.261		
	(2.811)	(1.881)		
절편1			−1.199	−5.729***
			(1.527)	(1.077)
절편2			0.828	−2.683*
			(1.527)	(1.068)
절편3			2.222	−2.080
			(1.527)	(1.067)
절편4			4.084**	−0.758
			(1.529)	(1.066)
절편5				1.159
				(1.065)
부모수	1,049	929	1,049	1,049
자녀수	2,691	2,372	2,691	2,691

주: (1) 경제적 지원 항목 자료 중 가치를 상실한 자료가 319개여서, 과도한 자료 손실을 피하기 위해 우리는 가치 손실 자료를 삭제하지 않았다; (2) 경제적 지원 제공 여부에 대한 자료는 임의적 효과를 수반하는 로짓(logit)모형을, 경제적 지원의 액수에 대한 자료는 임의적 효과를 수반하는 토빗

(Tobit)모형을, 가사노동 도움 빈도와 부모 방문 빈도에 대한 자료는 임의적 효과를 수반하는 서수로짓(logit)모형을 사용했다. 아래와 같음; (3) +p<0.1, *p<0.05, **p<0.01, ***p<0.001.

윗글의 분석은 부모와 동거하고 있는 자녀와 독립거주하고 있는 자녀를 동시에 고려했다. 그러나 동거 자녀에 대해 말하자면, 이들은 부모와 함께 생활하기 때문에 자녀들의 부모 부양이든 또는 부모의 자녀 도움이든 모두 정확하게 평가하기 어려우며, 이런 점들이 분석 결과의 유효성에 영향을 미친다. 자료를 평가할 때 분석 결과에 미치는 부작용을 피하기 위해, 동거 자녀를 배제하고 비동거 자녀만을 대상으로 분석했다. 이런 분석 방법은 표본 수량의 감소를 가져오지만, 여전히 검증 결과의 안정성을 유지할 수 있는 효과적인 방법이다(Chu & Yu, 2009). 표 6-7에서는 비동거 자녀에 대한 분석에서 여전히 윗글에서 얻은 결론과 동일한 결론을 얻었음을 볼 수 있다. 따라서 종합적으로, 동거 자녀의 배제 여부가 분석 결과에 미치는 영향은 그다지 크지 않다는 사실을 알 수 있다.

표 6-7 부모의 도움이 자녀의 부모 부양에 미치는 영향에 대한 임의효과모형 분석 결과
(비동거 자녀)

	경제적 지원 여부	경제적 지원 금액	가사노동 도움 빈도	부모 방문 빈도
부모가 과거에 준 경제적 지원				
경제적 지원	0.698	0.322	0.238	0.174
	(0.440)	(0.198)	(0.227)	(0.166)
손자녀 돌봄(없음=0)				
제공	0.543	0.125	0.818***	0.525**
	(0.414)	(0.189)	(0.224)	(0.173)
없음	1.234**	0.238	0.243	0.291
	(0.478)	(0.221)	(0.264)	(0.196)
통제변수	생략	생략	생략	생략
부모수	929	815	929	929
자녀수	2,135	1,887	2,135	2,135

주: 공간을 절약하기 위해, 표에서는 부모가 과거 자녀에게 제공한 핵심 독립변수의 회귀지수와 표준오차만 기술하였음; *p<0.05, **p<0.01, ***p<0.001.

표 6-6과 표 6-7에서는 모두 임의효과모형이며, 한 쪽으로 치우치지 않은 매개변수의 예측값을 얻기 위해, 우리는 부모에게서 파생되는 모든 간섭 요소들을 모형에 대입시켰다. 그러나 실제 연구 과정에서 이론과 자료에서 오는 이중한계로 인해 모든 통제변수의 대입을 보장하기가 매우 어려웠다. 관건이 되는 변수들을 소홀히 해서 초래하는 편차를 피하기 위한 일종의 대체방법은 고정효과모형인데, 이런 분석 방법은 부모로부터 발생하는 예측 불가능한 모든 이질적인 요소들을 내재적으로 통제할 수 있다(許琪, 2015). 그렇지만 임의효과모형과 비교해, 고정효과모형의 통계 검증 효율은 매우 낮으며, 토빗(Tobit)모형과 서수로짓(logit)모형과 비교하면, Stata 프로그램은 고정효과를 수반하는 매개변수의 예측치를 계산할 수 없으며, 따라서 이장은 대부분의 경우 임의효과모형을 사용해 분석을 진행했다. 그러나 안정성을 검증하는 방법으로서의 고정효과모형의 분석 결과는 여전히 참고할 만한 가치가 있다. 표 6-8에서, 우리는 경제적 지원 액수, 가사노동 빈도와 부모 방문 빈도 등의 세 가지 종속변수를 일반적인 구간변수로 간주하고, 고정효과를 수반하는 선형회귀모형(Linear Regression Model)을 사용해 이들에 대한 분석을 진행할 것이다. 경제적 지원을 제공했는지에 대한 종속변수에 대해 우리는 고정효과를 수반하는 로짓(logit)모형을 사용했다. 분석 결과는 고정효과모형과 앞글의 분석결과가 완전히 일치하며, 따라서 종합해 보면, 우리의 연구 결론은 매우 안정적임을 알 수 있다.

표 6-8 부모의 도움이 자녀의 부모 부양에 미치는 영향에 대한 고정효과모형 분석 결과

	경제적 지원 여부	경제적 지원 금액	가사노동 도움 빈도	부모 방문 빈도
부모가 과거에 준 경제적 지원				

경제적 지원	0.719	0.187	0.083	0.034
	(0.497)	(0.173)	(0.084)	(0.100)
손자녀 돌봄(없음=0)				
제공	0.039	−0.059	0.231**	0.362***
	(0.392)	(0.156)	(0.077)	(0.093)
없음	0.822+	0.038	0.129	0.261*
	(0.445)	(0.182)	(0.089)	(0.107)
통제변수	생략	생략	생략	생략
부모수	1,049	929	1,049	1,049
자녀수	2,691	2,372	2,691	2,691

주: 공간을 절약하기 위해, 표에서는 부모가 과거 자녀에게 제공한 핵심 독립변수의 회귀지수와 표준오차만 기술하였다; +$p<0.1$, *$p<0.05$, **$p<0.01$, ***$p<0.001$.

6.3. 도시와 농촌의 차이

앞글의 분석 결과를 종합하면, 우리는 부모가 손자녀를 돌보는 도움은 후일 자녀가 부모의 가사노동을 돕고 부모 방문 횟수를 증가시킨다는 사실을 발견할 수 있으며, 따라서 이장의 제1연구가설은 자료의 검증을 받았다고 말할 수 있다. 그러나 이 결론은 도시와 농촌의 표본이 뒤섞인 표본에 근거해 얻은 것이며, 가설2로 보면 도시의 현대화 수준이 농촌보다 높을 뿐 아니라, 도시 거주 자녀의 부모의 도움에 대한 절박함이 농촌 거주 자녀보다 크기 때문에, 부모의 도움이 자녀의 부모 부양에 미치는 영향은 도시가 농촌보다 훨씬 뚜렷하다. 이 가설을 검증하기 위해, 우리는 표 6-6 을 기초로 과거에 부모가 자녀에게 제공했던 두 종류의 도움과 도시와 농촌의 호적이라는 교차 항목을 대입시켰다. 표 6-9에서는 경제적 지원과 도시와 농촌 호적의 교차항목이 그다지 두드러지지 않으며, 따라서 이런 종류의 도움이 도시와 농촌에서 미치는 영향의 차이는 그다지 크지 않지만, 손자녀 양육 항목에서 도시와 농촌 간의 차이는 매우 뚜렷하다. 분석 결과는 손자녀 돌봄을 제공하고 도시와 농촌 호적의 교차항목을 사용했을 때 네 개 항목 모두에서 긍정적인 효과가 매우 뚜렷했는데, 이러한 결과는 농촌 거주 자녀와 비교해 도시 거주 자녀들의 부모 부양 행위는 이들이 과거에 부모에게서 일상생활 중 도움을 받았는지의 여부가 영향을 미쳤을 가능성이 더 크다. 만약 도시와 농촌에 각각 적합한 모형(결과는 보고하지 않음)을 사용한다면, 손자녀 돌봄 표본이 농촌에서 그다지 두드러지지 않지만, 도시 표본에서는 손자녀 돌봄이 자녀의 부모 가사노동 도움과 방문 빈도를 크게 증가시킬 뿐 아니라, 자녀의 경제적 지원 여부 및 지원 총액(이 두 가지 종속변수는 도시와 농촌의 표본을 병합한 숫자에서도 뚜렷한 변화가 없었다)에도 큰 영향을 미친다 따라서 이런 결과에 기초해 우리는 부모의 도움(주요하게는 손자녀 돌봄)이 자녀의 부모 부양에 미치는 영향은 농촌에서 보다 도시에서 더 크게 나타난다고 판단하며, 가설2 또한 부분적으로 검증되었다.

표 6-9 도시와 농촌의 차이에 대한 임의효과모형 분석

	경제적 지원 여부	경제적 지원 금액	가사노동 도움 빈도	부모 방문 빈도
부모가 과거에 준 경제적 지원				
경제적 지원	0.294 (0.562)	0.067 (0.302)	0.450 (0.274)	0.043 (0.232)
손자녀 돌봄(없음=0)				
제공	−0.160 (0.470)	−0.099 (0.245)	−0.203 (0.230)	0.109 (0.204)
없음	0.157 (0.468)	−0.359 (0.260)	−0.027 (0.241)	0.337 (0.209)
도시호적	−1.042+ (0.596)	−0.255 (0.326)	−0.115 (0.301)	0.075 (0.250)
교차항목				
도시호적*경제적 지원	0.071 (0.681)	0.230 (0.361)	−0.519 (0.324)	0.024 (0.274)
도시호적*손자녀 돌봄(없음=0)				

도시호적*제공	1.517*	0.612+	0.651*	0.602*
	(0.648)	(0.348)	(0.319)	(0.278)
도시호적*적용하지 않음	1.559*	1.051**	0.532+	0.256
	(0.605)	(0.343)	(0.315)	(0.269)
통제변수	생략	생략	생략	생략
부모수	1,049	929	1,049	1,049
자녀수	2,691	2,372	2,691	2,691

주: 공간을 절약하기 위해, 표에서는 부모가 과거 자녀에게 제공한 핵심 독립변수의 회귀지수와 표준오차만 기술하였다; +$p<0.1$, *$p<0.05$, **$p<0.01$, ***$p<0.001$.

7. 결론과 토론

중국 가정의 세대 간 관계에 관한 기존의 연구는 종종 자녀의 부모 부양 행위에만 치우쳐 분석을 진행했으며, 부모의 성년자녀에 대한 도움 및 이러한 도움이 전통적 부모 부양에 미치는 영향에 대한 연구는 매우 적었다. 이장에서는 2012년 실시된 중국노년사회추적조사 자료를 분석한 이후 현대의 중국 부모(특히 도시 거주 부모)들이 현재 경제적 지원과 손자녀 돌봄 등 방면에서 자신들의 성년자녀들에게 다양한 형식의 도움을 제공하고 있으며, 부모의 도움, 특히 손자녀 돌봄은 이들이 후일 자녀로부터 부양을 받을 수 있는지 여부 및 자녀가 제공하는 부양 수준의 제고에 뚜렷한 영향을 미친다는 사실을 발견했다. 따라서 중국 전통의 양육과 보은에 기초한 피드백모형은 현대 중국에서 이미 일정한 정도로 변화를 맞이하고 있으며, 부모가 자녀가 성년이 된 이후에도 계속해서 지원을 하는지 여부와 이런 도움 수준의 높고 낮음 여부는 이미 양육과 부모 부양을 연결하는 중요한 연결고리가 되었다.

전통 중국사회에서 효도윤리와 친족 관계를 기초로 형성된 사회적 평가 구조는 자녀의 부모 부양책임을 확보하는 중요한 경로였다. 그러나 현대

사회에서 효도의 쇠락과 친밀함에 바탕을 둔 사회의 해체로, 도덕의 구속력은 점점 더 약해지고 있으며(郭于华, 2001; 阎云翔, 2006), 이런 상황에서 부모가 자녀에 대한 지원을 통해 친밀한 세대 간 관계를 유지·강화하고, 동시에 자녀의 부모에 대한 감사의 마음을 공고히 하는 것이 자녀의 부모 부양을 획득하는 중요한 경로가 되었다. 이장은 도시와 농촌의 비교 연구를 통해, 농촌에서는 부모의 손자녀 돌봄이 성년자녀의 부모 부양에 미치는 영향이 미미했지만, 도시에서는 이런 영향이 비교적 강해서, 어느 정도 위에서 서술한 관점을 입증했다고 볼 수 있다.

상술한 연구 결론은, 현대화 정도가 높아지면서 중국 가정의 세대 간 관계의 내용과 실제 상황에도 변화가 발생하고 있음을 어느 정도 설명해 주고 있다. 우선, 세대 간 관계의 내용으로 보면, 아래서부터 위로 올라가는 단방향의 세대 간 자원 유동 유형은 앞으로 더 이상 존재하지 않게 될 것이며, 미래의 중국 가정에서 세대 간 관계는 반드시 쌍방향적 성격을 띠게 될 것이다. 바꿔 말하면, 자녀의 부모 부양과 부모의 성년자녀에 대한 도움이 세대 간 교류에서 동등하게 중요한 위치를 차지하게 될 것이다. 따라서 앞으로 우리는 부모의 자녀 도움이라는 한 요인만으로 자녀의 부모 부양을 연구하는 것이 점점 더 어려워질 것이며, 같은 원인으로 인해, 자녀의 부양 책임에 기반해 부모의 자녀에 대한 도움에 관한 연구를 그만두기도 어려울 것이다. 따라서 미래 중국 가정의 세대 간 관계 연구는 교류 내용의 쌍방향성과 복잡성을 충분히 고려해야 할 것이다.

둘째, 세대 간 관계의 실제 내용으로 보면, 현대사회에서 추앙받는 평등호혜 관념이 세대 간 관계의 기초가 될 가능성이 크고, 반면에 전통적 도덕규범의 영향은 점점 약해질 것이다. 이런 상황에서 일부 전통적인 가정 행위는 현대사회에서도 지속되고 있지만, 이런 행위의 실질 내용 역시 이미 변화가 발생하고 있다. 가정 양로를 예로 들면, 중국의 급격한 노령화 추세와 경제적 여건을 충분히 갖추지 못한 체 노령이 된 객관적 사실 때문에, 우리는 가정 양로가 상당히 긴 시간 동안 매우 중요한 역할을 계속할 것으로 예측한다. 그러나 만약 부모 양로가 더 이상 영원불변의 진리로 간주되지 않고, 자녀의 부모 부양 역시 성별, 가정 내 서열(輩分) 등의 선천적 요소의 제약을 받지 않고, 자기 자신의 능력이나 부모의 자녀에 대한 도움의 수준 등의 후천적 요인의 영향을 받고 있어서, 가정 양로의 형식은 지속되지만, 그 실질적 내용은 이미 과거와 크게 달라졌다. 미래에는 중국 현대화 과정의 가속화와 함께 전통적 세대 간 관계 역시 변화가 발생할 수 있으며, 형식적 변화든 실질적 변화든 모두 우리 연구자들의 관심을 불러일으킬 것이다.

　마지막으로, 지적하고 싶은 점은 자료와 필자 자신의 연구 능력의 한계로 이장의 연구 분석 결과 역시 일정한 한계가 존재한다. 먼저, 이장은 현대화 배경에서, 특히 부모들이 보편적으로 자신의 성년자녀들에게 다양한 형식의 도움을 제공하고 있는 상황에서, 중국 전통의 부모 부양 행위가 어떻게 변화할 것인지에 대한 연구를 시도했다. 그러나 실질적으로 과거에 대한 조사 자료가 없어서 이 문제에 직접적으로 대답하기가 어려우며, 다만 도시와 농촌의 비교 연구를 통해 간접적으로 부모 부양 관계의 변화를 모색해 보았다. 일반적이기는 하지만, 농촌 거주자들의 관념이 도시 거주자들의 그것보다 전통적이었지만, 도시와 농촌 사이에는 문화적 관념상의 차이점 외에도 다른 중요한 차이점이 존재하고 있는데, 예를 들면, 가정 분업 모형과 사회보장제도 등의 차이가 그것이다. 따라서 이장에서 발견한 도시와 농촌의 차이를 충분히 해석하기 위해서는 많은 세심한 작업을 좀 더 진행해야 할 것이다. 다음으로, 이장에서 제기한 두 개의 연구

가설은 모두 부분적으로 자료의 검증을 받았으며, 특히 부모가 과거에 제공한 경제적 도움이 자녀의 부모 부양에 그다지 두드러진 영향을 미치지 못함을 발견했다. 필자는 이런 결과는 부모가 자녀에게 경제적 지원을 했는지의 여부와 자녀 자신의 경제적 조건 간에 긴밀한 관계로 인해, 생활이 어려워서 부모의 지원을 받은 자녀는 자신의 능력의 한계로 인해 후일 부모에게 높은 수준의 부양을 제공할 수 없기 때문 일 것으로 판단한다. 그러나 이런 해석이 성립하기 위해서는 후속 연구들의 검증을 받아야 할 것이다. 마지막으로 이장에서 사용한 자료는 단지 1,000여명 노인을 대상으로 한 시범 조사여서 본 연구의 결론이 신뢰할 수 있는 것인지 역시 많은 후속 연구에 의해 검증받아야 한다는 사실을 받아들일 수밖에 없다.

7장

세대 간 호혜

　소개: 세대 간 교환은 세대 간 관계 연구의 중요한 의제이며, 노인들의 신체 건강과 노후의 행복에 영향을 끼치는 중요한 요인이다. 기존의 중국 가정의 세대 간 교환관계에 관한 대부분의 연구는 노인들의 양로에 대한 필요와 효도전통에서 출발해, 자녀의 부모에 대한 충분한 지원이 노인들의 주관적 복지를 향상시키는데 있어서 매우 중요한 영향을 끼친다고 인식한다. 그러나 최근의 많은 연구는 중국 노인들이 세대 간 지원의 수혜자일 뿐 아니라 제공자이기도 하다는 사실을 발견했다. 또한 '캥거루족' 현상에 대한 사회 각계의 신랄한 비판과는 달리, 노부모들의 자녀 지원도 이들의 주관적 복지를 증진시키는 촉매 역할을 한다는 사실이 많은 연구 결과에서 발견되었다. 이장에서는 이러한 기본적 관점을 토대로 쌍방향적 성격을 지닌 세대 간 관계가 노인의 주관적 복지에 미치는 영향에 대해 더욱 깊이 연구할 것이다. 기존의 연구와는 달리, 이장에서는 사회적 교환이론과 평등이론에서 출발해 쌍방향 세대 간 지원은 서로 도움이 되는 상황에서만 노인의 주관적 복지 향상에 뚜렷하게 기여한다고 판단한다. 2010-2014년 실시된 세 차례 중국가정추적조사(CFPS) 자료에 대한 깊이 있는 분석을 통해, 이장은 세대 간 호혜가 노인들의 노후 생활에 미치는

적극적인 영향에 대해 검증했을 뿐 아니라, 서로에게 도움이 되는 쌍방향적 세대 간 교류는 상대적으로 사회경제적 자원이 부족한 노인들에게 좀 더 중요하다는 사실을 발견했다. 이는 서구학자들의 세대 간 교환과 평등 교환 이론에 대한 강력한 지지일 뿐 아니라 동시에 노인들의 주관적 요구를 전면적으로 이해하고, '양로'와 '캥거루 현상' 사이의 복잡한 관계와 이 현상이 노인들의 주관적 복지에 끼치는 영향을 이해하는데 중요한 계몽적 의의가 있다.

1. 안락한 생활이 노인들이 희망하는 삶인가?

노인들은 어떤 노후생활을 원하는가? 이 문제에 대한 대답은 우리가 어떻게 노인들의 주관적 요구를 바라볼 것인가에 달려있다고 생각한다. 오랫동안 학계에서 형성된 노인들의 수요에 대한 주류적 관점은 노인은 사회적 약자이거나 도움을 받을 대상이라는 것이다. 이 때문에 사회 각계에서는 모두 다양한 방법을 동원해 노인들에게 각종 지원, 예를 들면 경제적 지원, 일상생활 돌봄 및 정서상의 위안 등을 제공했을 뿐 아니라, 노인들이 외부로부터의 지원이 많을수록 자신들의 생활에 만족할 것이라고 판단했다. 만약 위에서 서술한 관점을 가정 양로 영역에 도입하면, 자녀의 지원이 노인의 주관적 복지를 향상시킨다는 결론을 쉽게 얻을 수 있다. 여기에 중국의 오랜 효도전통을 더하면, 이 결론이 장기적으로 국내·외 학자들의 중국의 가정 양로 문제에 관한 연구를 주도해 왔다고 할 수 있다(Liu, Liang & Gu, 1995; Chen & Silverstein, 2000; Cong & Silverstein, 2008; 王萍, 李樹茁, 2011). 그러나 최근 들어 중국 가정의 세대 간 관계 및 가정 양로 문제에 관한 최신 연구들은 도리어 사람들이 쉽게 이해하기 어려운 결론에 이르렀다.

첫째, 많은 연구는 현대 중국 가정에서 노인들이 여전히 경제, 일상생활 및 정서적인 부분에서 자녀들의 충분한 지원을 받고 있지만, 이와 동시에 경제, 가사노동 및 손자녀 돌봄 등에서 자녀들에게 아주 많은 도움을 제공하고 있다는 사실을 발견했다(宋健, 戚晶晶, 2011; 刘汶蓉, 2016; 许琪, 2017). 이장은 2012년 중국가정추적조사 자료에서 중국 60세 이상 노인 중 거의 1/3에 달하는 사람들이 최근 1년간 자녀들에게 경제적 지원을 제공하였고, 거의 절반에 해당하는 노인들이 자녀들의 미성년 손자녀들을 돌보고 있었다는 사실을 발견했다. 만약 노인들을 생활상의 약자로 구분하고 자녀의 지원이 필요한 대상이라고 판단한다면, 이들은 왜 편안하고 안락한 생활을 누려야할 시기에 여전히 고생을 마다 않으면서 자녀들에게 이렇게 다양한 도움을 제공하는 것일까? 우리가 여전히 노인들이 다른 사람들의 지원을 받아야 할 대상이라고 가정한다면, 이 문제에 사람들이 만족할 만한 대답을 내놓기 어렵다는 점도 분명하다.

둘째, 중국의 효도전통에 근거해서 보면, 노인들의 성년자녀에 대한 도움은 효도관념을 거스르는 것이며, 이 때문에 많은 학자들이 이런 사실을 강하게 비판하면서 자녀들의 '캥거루' 현상은 효도전통이 무너지고 있는 현실을 나타낸 것이라고 판단했다(阎云翔, 2006; 陈柏峰, 2007). 그러나 최근의 많은 연구들은 오히려 노인들의 자녀들에 대한 경제적이고 일상생활에서의 지원이 이들의 생활에서의 만족감과 행복감을 제고하는데 적극적인 영향을 미치고 있음을 발견했다(王萍, 李树茁, 2011; 宋璐, 李亮, 李树茁, 2013). 만약 부모의 자녀에 대한 경제적이고 일상생활에서의 지원이 정말로 많은 학자들이 주장하는 것처럼 성년자녀들의 '캥거루' 행위 때문에 발생한 것이라면, 왜 부모들은 억지로 성년자녀들을 돌보면서도 만족감과 행복함을 느끼게 되었을까? 만약 우리가 노인들을 세대 간 교류의 수혜자로만 분류한다면, 이 문제에 대해 합리적인 해답을 제시하기 어려울 것임이 분명하다.

위에서 서술한 내용을 종합하면, 최근 중국 가정의 세대 간 관계에 관한 최신 연구 결과들은 많은 기존의 이론들이 대답하기 어려운 문제들을 제기하고 있으며, 중국 노인들의 주·객관적 요구와 양호한 세대 간 관계에 관한 실질적 내용에 대한 정확한 인식이 이런 문제들을 깊이 있게 연구하는데 매우 중요한 의의가 있음을 말해 주고 있다. 이런 사실을 기초로, 이장에서는 기존 연구 성과의 토대 위에서 세대 간 상호 지원이 중국 노인들의 주관적 복지에 미치는 영향을 한층 더 깊이 분석하고, 세대 간 상호 지원과 노인들의 주관적 복지의 복잡한 관계를 충분히 이해할 수 있기를 기대한다. 동시에 노령화와 가정구조의 변화라는 배경 아래서 노인복지 수준의 향상과 미래의 가정 양로 정책의 제정에 튼튼한 정책적 토대를 제공할 수 있기를 희망한다.

2. 서구 국가의 연구가 주는 암시

세대 간 지원이 어떻게 노인의 주관적 복지에 영향을 주는가? 이 문제는 중국 뿐 아니라 전 세계적 범위에서 많은 연구의 쟁점이 되고 있다. 중국의 배경을 전면적으로 소개하기에 앞서, 서구 학자들의 이 분야에 대한 연구를 간략하게 소개하고자 한다. 중국과 서구 국가들 사이에는 매우 다른 사회경제적 환경과 문화적 전통이 존재하기 때문에, 우리는 이 문제에 관한 외국의 연구 성과를 있는 그대로 받아들여서는 안 된다. 그럼에도 불구하고 서구 국가들의 관련 연구 성과를 교훈으로 삼을 수 있다면, 우리가 중국의 문제를 좀 더 효과적으로 연구하는데 중요한 교훈이 될 것이다.

서구 학계에서 세대 간 상호 지원이 노인들의 주관적 복지에 미치는 영향에 관해서는 이미 충분한 연구 결과들이 도출되었다. 많은 연구들은 세대 간의 쌍방향적 정서적 지원은 노인들의 만족감과 행복감을 뚜렷하게 향상시킨다는 사실을 발견했다(Heller,Thompson、Vlachos-Weber, et al., 1991; Krause, 1997). 그렇지만 쌍방향 경제 지원과 일상생활 돌봄이 노인들에게 미치는 영향에 관해서는 학계에서 여전히 뚜렷한 결론을 내리지 못하고 있다. 그 이유는 다음과 같다. 먼저, 자녀의 부모에 대한 경제적 지원과 일상생활의 돌봄 측면에서 보면, 이 두 가지 지원이 노인들의 경제와 건강 악화로 인해 발생하는 각종 요구들을 만족시킬 수는 있다(Norris & Murrell, 1984). 하지만 노인들에게 과도한 의존성, 무기력감 등을 유발하기 때문에, 이론적으로만 본다면 자녀들의 지원이 노인들의 주관적 복지에 미치는 영향은 명확하지 않다. 다음으로, 부모의 자녀에 대한 경제적 지원과 일상생활 돌봄 측면에서 보면, 이 두 종류의 지원이 노인들에게 정신적, 육체적 부담을 가중시키기 때문에, 이들의 건강 및 노후 생활에 불리하게 작용할 것이라는 관점도 있다(Stoller, 1985; Mutran & Reitzes, 1984). 또 다른 관점은 자녀를 돕는 것은 노인들의 자아가치와 존재감을 제고하기 때문에 이들의 만족도와 행복감을 높일 수 있다고 판단한다(Lee, 1987).

위에서 서술한 내용을 종합하면, 세대 간의 쌍방향 경제지원과 일상생활 돌봄이 노인들에게 미치는 영향은 적극적일수도 소극적일 수도 있으며, 이로 인해 서로 다른 연구자들의 연구에서 종종 다른 결과를 도출하고 있다(Lee & Ellithorpe, 1982; Dean,Kolody & Ensel, 1989; Dwyer,Lee & Jankowski, 1994). 그렇지만 연구가 점차 심화되면서 서구 학자들은 성년자녀들에게 지원을 제공하는 것과 성년자녀들의 지원을 받는 행위가 노인들의 주관적 복지에 미치는 영향은 상호 독립적이지 않고 상호 의존적이라는 사실을 인식하게 되었다. 만약 쌍방향의 지원을 종합한다거나 세대 간 상호 도움에 관해 연구한다면, 세대 간 지원이 노인들의 심신건강과 주관적 복지에 미치는 영향이 점차 뚜렷하게 드러날 것이다.

1975년 발표한 논문에서 다우드(Dowd, 1975)는 먼저 세대 간 호혜가 노인들의 주관적 복지에 미치는 영향에 대해 이론적 분석을 시도했다. 호만스(Homans, 1958)와 블라우(Blau, 1964)가 제기한 사회교환이론과 이 이론을 기초로 형성된 평등이론(Adams, 1965)을 기반으로, 다우드는 인류사회의 다른 교류관계와 마찬가지로 세대 간 교류 또한 반드시 서로에게 도움이 되는 원칙을 따라야 한다고 지적했다. 만약 노인들이 자녀들에게 일방적으로 도움을 주기만 하고 때맞춰 자녀의 보답을 받지 못한다면 분노를 느낄 것이고, 반대로 만약 일방적으로 자녀의 도움을 받기만 한다면 마찬가지로 자신이 보답할 수 없어서 부끄러움을 느끼게 될 것이다(Dowd, 1975). 따라서 다우드가 보기에, 이러한 두 종류의 세대 간 교환관계는 노인들이 만족감을 느끼지 못했고, 현대의 세대 간 교환관계가 서로 주고받는 호혜의 관계가 되었을 때에야 비로소 노인들의 만족감과 행복감이 상승했다(Dowd, 1975).

이런 관점에 기초해, 일부 학자들은 세대 간 호혜가 노인들의 심신건강과 주관적 복지에 미치는 영향에 관해 연구를 진행했다. 예를 들면, 웬토프스키(Wentowski, 1981)는 미국 남부 도시의 현장조사에서 노인들이 자녀들의 지원을 받으면서, 동시에 자녀들에게 도움을 제공할 때 자존감이 올라간다는 사실을 발견했다. 리와 그의 동료들은 미국 플로리다주의 견본 조사에서, 자녀들에게 일방적으로 지원을 받기만 하는 노인들의 우울증이 높아졌으며, 노인들이 세대 간 교류의 수혜자이자 제공자일 때에만, 세대 간 지원이 이들의 심리건강을 뚜렷하게 촉진한다는 사실을 발견했다(Lee, Netzer & Coward, 1995). 여기서 언급할만한 점은, 한국에 관한 한 연구에서도 역시 상호 호혜적인 세대 간 관계가 노인들의 주관적 복지에 뚜렷하게 적극적인 영향을 미친다는 사실을 발견하였다는 사실이다(Kim & Kim, 2003). 이를 통해 쌍방향적 도움이 되는 세대 간 교류 원칙은 서구 국가들뿐 아니라, 유교문화의 영향을 받은 동아시아 국가들에서도 적용될 수 있음을 알 수 있다. 그렇다면 우리는 이 이론을 중국에 이식할 수 있을 것인가? 서구 국가들과 비교해, 중국 가정의 세대 간 호혜관계는 자체의 특징이 있는가? 이런 문제에 대해서는 다음 절에서 계속 토론해 보겠다.

3. 중국 가정의 세대 간 호혜관계

3.1. 중국과 서구의 세 가지 다른 점

앞에서 서술한 것처럼, 세대 간의 물질적, 정서적 빈번한 교류는 세계적 범위의 보편적 현상이다. 그러나 서구 국가들과 비교하면, 중국 가정의 세대 간 관계는 몇 가지 다른 특징이 있다. 기존의 관련 연구 결과들을 보면, 이런 특징을 다음과 같이 세 가지로 구분할 수 있다:

첫째, 서구 국가들과 비교하면, 중국의 노인들과 자녀들의 교류는 훨씬 빈번하며 세대 간 관계도 더 밀접하다. 많은 연구들에서 중국 노인들이 기혼자녀와 동거할 가능성이 더 높다는 사실을 발견했으며(许琪, 2013;

Logan, Bian & Bian, 1998; Chu, Xie & Yu, 2011), 설령 자녀와 동거하고 있지 않더라도, 경제와 일상생활 그리고 정서적 측면에서 노인들이 자녀들과 매우 밀접하고 다양한 관계를 유지하고 있다는 점을 발견했다(Lei, Strauss, Tian, et al. , 2015; Gruijters, 2017). 따라서 서구 국가들의 비교적 느슨한 세대 간 관계와 비교해, 중국 노인들의 노후생활에서 세대 간 교류는 더욱 중요한 역할을 맡고 있다.(Chu & Yu, 2009; 杨菊花,李路路, 2009)

둘째, 서구 국가들과 비교하면, 중국은 빠른 사회전환과정에서 아직까지 충분한 사회보장체계를 구축하지 못했으며, 이로 인해 가정 양로가 여전히 대체 불가능한 역할을 수행하고 있다(杜鹏, 1998). 뿐만 아니라, 효도문화의 영향으로 인해 중국 노인들은 자녀들이 제공하는 부모의 노후생활에 대한 지원을 매우 중요시하면서, 이들의 지원에 대해 매우 긍정적으로 평가하고 있다(Silverstein、Cong & Li, 2006). 따라서 서구 국가들의 연구에서 발견한 애매한 결과들과 달리, 중국의 거의 모든 연구에서는 자녀의 부모에 대한 지원이 노인들의 심신건강과 주관적 복지에 명확한 영향을 미치고 있음을 발견할 수 있다(Liu, Liang & Gu, 1995; Chen & Silverstein, 2000; Cong & Silverstein, 2008; 王萍, 李树茁, 2011).

셋째, 중국 가정의 세대 간 교환관계도 호혜 원칙의 영향을 받기는 했지만 서구 국가들의 즉각적인 세대 간 호혜와는 다르다. 많은 학자들은 중국 가정의 세대 간 호혜관계는 좀 더 긴 시간의 연속성 위에서 고찰해야 한다고 생각한다(陈皆明, 1998). 페이샤오통(1983)은 중국에서 자녀들의 부모 부양과 부모의 자녀 양육은 인과관계를 구성하고 있으며, 자녀들이 부모를 부양하는 주요한 요인은 부모의 양육에 대한 보은 때문이라고 지적했다. 이런 상황에서, 중국의 부모들은 노후에 자녀들로부터 지원받는 것을 당연한 것으로 여기며, 동시에 자녀들이 지원 하지 않더라도 수치심을 갖지 않는다. 이 때문에 중국에서 우리는 서구 국가들과는 완전히 다른 세대 간 호혜 모형을 관찰할 수 있다.

3.2. 왜 캥거루족 현상이 양로에 도움이 되는가?

위에서 서술한 내용을 종합하면, 현재 중국 가정의 세대 간 관계에 관한 대부분의 연구는 중국 노인들이 세대 간 관계를 매우 중요시하고, 특히 자녀의 부모에 대한 부양에 관해서는 서구 노인들과 달리 자녀들의 부양을 영원히 변할 수 없는 것으로 간주하고 있다고 파악했다. 그리고 이런 사실 때문에 거의 대다수의 중국 가정의 세대 간 관계에 대한 연구들은 자녀의 부모 부양을 매우 중시하면서도 부모의 자녀에 대한 지원에 대해서는 거의 관심이 없다. 그러나 앞에서 서술한 것처럼, 최근의 많은 연구들은 중국의 노인들이 성년자녀들에게 다양한 유형의 지원을 제공하기 시작했으며(宋健, 戚晶晶, 2011; 许琪, 2017), 대부분의 노인들은 자신이 자녀들에게 경제적으로 또 일상생활에서의 도움을 제공하는 것에서 만족감과 행복감을 느끼고 있다는 사실을 발견했다(王萍, 李树茁, 2011; 唐金泉, 2016; 余泽梁, 2017). 효도관념이 여전히 존재하고 가정 양로가 여전히 절박한 현대 중국에서, 노인들의 이러한 만족감과 행복감은 대체 어디에서 오는 것일까?

외국의 관련 연구를 참고해 보면, 우리는 이러한 만족감과 행복감의 상승은 서로 다른 두 측면에서 해석할 수 있다. 먼저, 노인들이 경제적으로 그리고 일상생활에서 자녀에게 도움을 주는 행위는 이들의 가치와 자존감을 높이고 여전히 자신이 가정을 위해 공헌할 수 있는 능력이 있다는 점을 느끼면서 자신에 대한 만족감과 행복감이 높아진다는 것이다(王萍, 李树茁, 2011). 다음으로, 우리는 서구 학자들이 세대 간 호혜에 관한 최근 연구에서 제기한 또 다른 경쟁적 해석에 의거할 수 있다. 곧 중국 노인들이 주고받는 세대 간 호혜 상태에서 일종의 심리적 균형감을 느낀다는 주장, 바꿔 말하면 만약 노인들이 자녀들의 부양을 받는 동시에 자녀들에게 자신들이 할 수 있는 도움을 제공하면, 이들은 이러한 세대 간 교환관계가 좀 더 공평하다고 느끼게 되고, 이로 인해 이러한 세대 간 관계에서 만족과 행복을 느끼게 된다는 것이다.

여기서 주의해야 할 점은, 위에서 서술한 두 해석의 배후에 자리하고 있는 이론적 함의는 완전히 다르다는 것이다. 자녀에게 도움을 주는 행위의 장점이 주로 자신의 자아가치의 상승이라면, 이런 도움 제공 자체가 노인들의 주관적 복지에 적극적 영향을 끼치고, 동시에 노인들이 자녀의 부양을 받는지에 대해서는 고려할 필요가 없다. 그러나 만약 세대 간 호혜가 노인들이 자녀들을 도우면서 만족하는 주요한 요인이라면, 이런 만족감이 생기는 것은 반드시 자녀들로부터의 부양을 전제로 한다. 만약 노인들이 일방적으로 자녀에게 도움을 제공하면서 자녀의 도움을 받지 않는다면, 이러한 세대 간 교환은 불공평한 관계이며, 세대 간 호혜 원칙에 따르면 불공평한 세대 간 교환관계에서는 노인들이 만족감과 행복함을 느낄 수 없기 때문이다.

이 외에도 서구 학자들이 제기한 세대 간 호혜원칙 또한 우리들이 기존에 관심을 집중했던 자녀의 부양 행위 연구에 관해 다시 한 번 고민할 수 있는 기회를 제공한다. 앞에서 서술한 것처럼, 거의 모든 연구는 자녀의 충분한 지원을 받음으로써 중국 노인들의 만족감과 행복감이 제고되었으며, 노인들이 자녀들에게 도움을 제공했는지에 대해서는 고려할 필요가 없다고 인식했다. 중국의 효도전통에 따르면, 자녀의 부모 부양 행위는 세대 간 호혜원칙이 잠시 유예되었다 집행된 것이다. 이 원칙은 자녀들은 부모 부양의 의무가 있지만, 부모 또한 동시에 자녀를 도와야 할 책임이 있다고 판단하지는 않는다. 그러나 이 책의 제6장의 연구에서 도리어 이러한 세대 간 호혜원칙이 현대 중국에서 이미 뚜렷하게 변화하고 있으며, 적어도 자녀의 입장에서, 자신이 성년이 된 후 부모들이 경제적으로 손자녀 육아 등의 측면에서 지속적으로 도움을 주는 행위가 자신들의 부모 부양의 수준을 결정하는 중요한 요인이라는 점을 드러냈다. 노인들의 입장에서 보면, 이러한 즉각적인 세대 간 호혜원칙을 받아들여서 주고받는 세대 간 교환관계가 더 공평하고, 이 때문에 자신들의 심신건강과 노후의 행복에 더 유리하다고 판단하고 있는가? 자료를 깊이 분석하기 전에는 이 문제에 답할 수 없다. 그러나 이 문제에 관해 깊이 있게 연구하는 것은 현대 중국 가정 양로의 토대와 양호한 세대 간 관계의 실상을 정확하게 이해하는데 모두 중요한 의의가 있다.

3.3. 분석 방법과 연구 가설

위에서 서술한 내용을 종합하면, 세대 간 호혜는 세대 간 지원과 노인복지 사이의 인과관계를 연구하는데 있어서 하나의 중요한 이론적 관점이다. 그러나 기존의 중국 가정에 관한 연구는 자녀의 부모에 대한 지원 또는 자녀의 부모 지원과 부모의 자녀 지원을 두 개의 독립적 요인으로 간주할 뿐, 이 두 방향의 세대 간 지원이 상호 간에 어떻게 영향을 미치는가에 대해서는 그다지 관심을 기울이지 않고 있다. 세대 간 호혜라는 측면에서 쌍방향 세대 간 지원이 중국 노인의 주관적 복지에 미치는 영향을 더 잘 분석하기 위해, 중국 노인과 자녀 간의 세대 간 교환을 다음과 같은 네 가지 유형으로 분류했다. 즉 부모와 자녀 사이에 전혀 교류가 없는 경우, 부모가 일방적으로 자녀의 지원만 받는 경우, 자녀가 일방적으로 부모의 지원만 받는 경우, 부모와 자녀가 서로 지원하는 경우 등이다. 이 네 유형의 세대 간 교환 유형에 기초해 다음과 같은 가설을 제기하였다.

먼저, 사회교환이론, 평등이론 및 서구 국가들에 초점을 맞춘 많은 연구 성과에 근거해서, 자녀의 지원을 받으면서 동시에 자녀에게 도움을 줄 수 있는 상황에서, 중국 노인들의 만족감과 행복감이 가장 높은 것으로 판단했다. 따라서 다음과 같은 연구 가설을 제기한다.:

가설1: 네 유형의 세대 간 교환 유형 중, 부모가 자녀의 지원을 받으면서 동시에 자녀를 지원할 수 있을 때 행복감과 만족도가 가장 높았다.

다음으로, 중국의 효도전통과 유예적[延時的][1] 세대 간 호혜원칙에 기초하면, 부모는 자녀의 지원을 받으면서 자녀에게 도움을 제공할 필요가 없다. 이와 반대로 부모의 나이가 많아졌을 때에도 여전히 자녀가 부모의 지원을 받으면, 불효자로 간주될 수 있다. 따라서 중국에서 부모가 일방적으로 자녀의 지원만을 받는 상황에서 만족도와 행복감이 더욱 높을 수 있으며, 이를 근거로 다음과 같은 가설을 제기한다.:

가설 2: 네 유형의 세대 간 교환 유형 중, 부모가 일방적으로 자녀의 지원을 받는 경우에 만족감과 행복도가 가장 높다.

마지막으로, 부모의 자녀 지원이 부모 자신의 자존감을 높인다는 이론적 관점에 기초해, 우리는 부모의 일방적인 자녀 지원 또한 부모의 행복

---

[1] [역자주] 자녀가 어렸을 때 양육하고, 노령에 부양받는다는 의미에서 자녀의 부모에 대한 보은시기가 시간적으로 유예됨을 의미한다.

감과 만족도를 높일 수 있다고 판단했다. 그러나 쌍방향 호혜라는 세대 간 교류 원칙에 근거하면, 부모의 자녀 도움의 적극적 영향은 반드시 자녀의 부모에 대한 보답을 전제한다. 이 경쟁이론에 기초해, 다음과 같은 두 개의 연구 가설을 제기한다.:

가설3: 부모가 일방적으로 자녀에게 지원을 제공하는 행위 또한 부모의 만족도와 행복감을 높인다.

가설4: 부모가 일방적으로 자녀에게 지원을 제공하는 행위만으로는 부모의 만족도와 행복감을 높이지 못하며, 오직 쌍방향 호혜적 세대 간 관계만이 노인들의 만족도와 행복감을 높일 수 있다.

이런 가설 중 어떤 것이 더 현실에 부합하는가? 엄격한 자료 분석을 통해 이 가설들을 검증할 것이다.

4. 자료, 변수와 분석 방법

4.1. 자료

이장은 2010-2014년의 세 차례 중국가정추적조사 자료를 사용했다. 앞장에서 이 자료에 대해 상세하게 소개했기 때문에 여기서는 되풀이하지 않는다. 중국가정추적조사의 2010년 첫 방문조사는 60세 이상 노인의 경제와 일상생활 두 측면에서 자녀와의 교류 및 이들의 만족도와 행복감에 대해 상세하게 설문하고 있다. 이 외에도 중국가정추적조사는 2012년과 2014년에 각각 노인들의 만족도와 행복감에 대한 추적조사를 실시했다.

이 때문에 이 자료들은 이장에서 요구하는 기본적 요구를 충족한다.

국내에서 진행된 다른 유사한 조사 자료와 비교할 때, 중국가정추적조사가 갖고 있는 한 가지 장점은 이 조사가 전국적인 범위에서 진행되었기 때문에, 이 자료를 통해 단면적 자료에서 기인하는 인과추론의 결함을 어느 정도 피할 수 있다는 사실이다(任强, 谢宇, 2011). 예를 들면, 기존의 많은 연구들은 노부모와 자녀들의 교류는 이들이 소유한 다양한 자원, 실질적인 필요와 밀접한 관계가 있다는 점을 발견했다. 노부모의 경제적 상황이 비교적 좋지 않고 신체적 건강이 나쁠 때 자녀의 도움을 받을 가능성이 더 높으며, 반대의 경우에는 자녀를 지원할 가능성이 더 크다.(沈可, 程令国, 2012; 李建新, 刘保中, 2015) 그러나 우리는 노부모의 경제적 상황과 신체건강이 이들의 일상생활에서의 만족도와 행복감에 미치는 영향이 뚜렷하다는 사실을 알고 있다(李建新, 刘宝中, 2015). 따라서 다면적 자료를 통해서는 세대 간 교류가 노인들의 일상생활에서의 만족도와 행복감에 미치는 실질적 영향에 대한 해답을 찾기가 매우 어렵다. 그러나 추적조사를 통해 우리는 세대 간 교류 행위가 발생한 이후 노인들의 일상생활에서의 만족도와 행복감을 파악할 수 있었고, 이는 두 측면의 인과관계를 연구할 수 있도록 편리함을 제공했다.

연구의 필요에 따라, 2010년 조사 시 60세를 넘고 적어도 한 명의 성년 자녀가 있는 노인의 표본만을 조사에 사용했다. 이 조건에 부합하는 표본 수는 6,312명이었고, 이런저런 이유로 표본으로 사용하기 어려운 것을 제외하고 실제 분석에 사용한 표본 수는 6,108명이었다. 2012년 조사에서 2010년에 이어 계속 조사한 표본 수는 4,554명이고, 2014년 조사에도 참여한 대상자 수는 3,909명이다. 조사 중 재방문에 실패한 중요한 요인은 대상자의 사망 때문이다. 가족 구성원 등기 상황에 따르면, 2010년부터

2012년 사이 방문자 중 544명이 사망하였고, 2012년부터 2014년 사이에 대상자 중 다시 331명이 사망했다. 이 외에도, 자료의 손실도 표본 수가 감소한 중요한 요인 중의 하나다. 2012년 자료에서 231명의 노인들이 일상생활에서의 만족도와 관련된 설문에 답하지 않았고, 2014년 자료에서 681명의 노인들이 행복도 관련 설문에 답하지 않았다. 이 외에 몇몇 자료는 가치 손실의 원인이 명확하지 않은 것도 있다.

4.2. 변수

이 연구의 종속변수는 노인들의 만족도와 행복감이다. 중국가정추적조사의 2010년 첫 방문조사는 대상자의 당시 일상생활에서의 만족도와 행복감에 1점에서 5점까지 점수를 배분했다. 2012년 조사에서는 행복감에 대해서는 질문하지 않고 만족도에 대해서만 질문했다. 그러나 2014년 조사에서는 행복감에 대해 다시 질문하였고, 첫 조사 때의 5점제와 달리 10점제를 사용했다. 앞에서 서술한 조사 자료의 특성을 고려해, 이장에서는 만족도를 분석하는 과정에서 2010년과 2012년의 자료를 사용하였고 행복도를 분석할 때에는 2010년과 2014년의 자료를 사용했다.

이 연구의 핵심 독립변수는 세대 간 교류관계다. 중국가정추적조사의 2010년 첫 방문조사는 대상자가 지난 6개월 동안 진행한 자녀와의 교류 상황에 대해 질문했다. 이 중 대상자가 자녀에 제공한 지원 항목에는 경제적 지원, 가사노동 도움, 손자녀 돌봄 및 자녀의 재산 관리 등을 포함하고 있다. 만약 노인들이 앞에서 서술한 4개 항목 중의 하나라도 자녀에게 도움을 주었다면 세대 간 교류의 지원자로 분류했다. 이 외에도 중국가정추적조사는 노인들이 자녀들로부터 받은 도움도 조사했는데, 경제적 지원과 가사와 요리, 일상생활 돌봄 그리고 자녀의 재산 관리 등을 포함한다. 만약 노인들이 앞의 네 가지 항목 중에서 하나라도 자녀에게서 도움을 받았다면 세대 간 교류의 수혜자로 분류했다. 앞에서 서술한 두 가지 변수를 교차 분류하면, 노인들이 세대 간 교류관계에서 마주하는 네 가지 다른 상태를 다음과 같이 구분할 수 있다.: 자녀와의 교류가 전혀 없음, 전적인 세대 간 교류의 지원자, 전적인 세대 간 교류의 수혜자, 지원자이면서 수혜자.

이장에서는 모형 분석 과정에서 다음과 같은 네 조(組)의 통제변수를 대입했다. 제1조는 노인들의 가장 기본적인 인구학적 특성으로, 성별, 연령, 결혼상황, 호적상황(도시인지 농촌인지) 및 거주지를 포함한다. 제2조는 노인들의 사회경제적 특성으로, 교육 정도, 연간 수입, 양로보험과 의료보험 가입 여부 등을 포함한다. 제3조는 노인들의 건강상태에 관한 것이다. 스스로 일상생활이 가능한지 여부, 건강과 정신적 우울감에 대한 자신의 평가 등이 포함된다. 제4조는 자녀와 관련이 있는 특성으로, 자녀 수, 자녀와의 거주 안배(安排), 성년 미혼자녀 여부[2], 대학에 재학 중인 자녀 유무 전문직(변호사, 의사, 세무사 등의 고수익 전문직)종에 종사하는 자녀 유무 등을 포함한다. 기존의 연구는 이런 변수들이 노인들의 만족도와 행복감에 영향을 끼칠 뿐 아니라, 세대 간 교류에도 영향을 주기 때문에 분석과정에서 반드시 통제를 가해야 한다는 견해를 표명한다(Cong & Silverstein, 2008; 王萍·李树茁, 2011).

앞에서 서술한 모든 변수에 관한 기술적 통계 결과는 표 7-1과 같다.

---

[2] [원주] 남자는 28세 이상, 여자는 26세 이상이면서 미혼이거나, 이혼 또는 배우자가 사망한 경우 성년 미혼자녀로 분류.

표 7-1 모든 종속변수와 독립변수 및 통제변수에 대한 기술적 통계 분석

변수	통계값	변수	통계치
종속변수		도시/읍 호적	33.3
2010년 만족도(%)		교육정도(년)	
매우 불만족	3.1	평균	3.3 (4.4)
불만족	8.2	연수입(천위안)	
일반	30.2	평균	4.9 (11.9)
만족	34.9	혼인상황(%)	
매우 만족	23.6	배우자 있음	76.5
2012년 만족도(%)		배우자 없음	23.5
매우 불만족	5.0	양로보험(%)	
불만족	9.6	있음	24.7
보통	35.7	없음	75.3
만족	29.1	의료보험(%)	
매우 만족	20.6	있음	83.6
2010년 행복감(%)		없음	16.4
매우 불행	2.5	일상생활능력(%)	
불행	5.9	완전히 가능	79.5
보통	23.3	일부 도움 필요	20.5
행복	36.5	자기 건강 평가(%)	
매우 행복	31.8	건강	30.1
2014년 행복감(%)		보통	38.8
평균	7.6 (2.2)	건강하지 않음	31.1
독립변수		정신우울정도(점수)	
세대간 교류(%)		평균	26.6 (4.4)
교류 없음	13.1	자녀수(명)	
일방적 제공자	28.7	평균	3.1 (1.5)
일방적 수혜자	34.8	자녀동거 여부(%)	
제공자와 수혜자	23.4	예	47.3
통제변수		아니오	52.7
성별(%)		고령 미혼자녀(%)	
남	50.9	있음	16.4
여	49.1	없음	83.6
연령(세)		대학생 자녀 유무(%)	
평균	69.2(6.7)	있음	21.6
거주지(%)		없음	78.4
농촌	53.5	전문직 종사 자녀(%)	
도시	46.5	있음	18.7
호적(%)		없음	81.3
농촌	66.7		

주: (1) 전문직 관련 직업은 전문 기술직과 관리직 (2) 2012년의 만족도 통계 표본 수는 4,554명, 2014년의 행복도 통계 표본 수는 3,909명, 그 외 통계 표본 수는 6,108명이다. (3) 연속변수에 대해서는 괄호 안에 표준차를 표기했다.

4.3. 분석 방법

이장의 자료 분석은 세 단계로 구분할 수 있다. 첫 단계는 2010년의 단면적(斷面的) 자료에 기초해, 세대 간 교류가 노인들에게 미치는 만족도와 행복감에 미치는 영향을 연구하는 것이다. 2010년의 조사에서 고려해야 할 점은 만족도와 행복감 모두 다섯 개 유형의 서열측량을 사용했기 때문에, 필자는 표준적인 서수[定序] 로지스틱(logistic) 회귀모형을 사용해 연구를 진행했다.

두 번째 단계에서 우리는 첫 단계 연구에서의 독립변수가 변하지 않도록 하면서 2012년의 만족도와 2014년의 행복감을 종속변수로 사용해 첫 단계의 연구를 다시 진행한다. 첫 단계 분석에서 종속변수는 독립변수 다음에 오기 때문에, 세대 간 교류와 노인들의 만족도 및 행복감 사이의 인과관계를 뚜렷하게 밝힐 수 있다. 분석 방법에서 만족도를 분석할 때는 계속해서 서수 로지스틱 회귀모형을 사용하지만, 행복감을 분석할 때는 원래 측량에서 열개의 유형을 포함하고 있어서 선형회귀[線性回歸]모형을 사용했다. 그렇지만 어떤 방법을 사용하든 연구 결론에는 변화가 없었다.

세 번째 단계는 한 걸음 더 나아가 도시와 농촌, 수입 및 연령을 구분해 세대 간 교류가 서로 다른 노인들의 일상생활 만족도와 행복감에 미치는 영향을 연구했다. 일반적으로 농촌에 살면서 수입이 적고 연령이 비교적 높은 노인들이 자녀들의 지원을 원하는 요구가 높았을 뿐 아니라, 이들은 일반적으로 자녀들에게 보답할 수 있는 능력도 부족한 상황이다. 이렇다면, 세대 간 교류가 이런 노인들에게 미치는 영향이 서로 다를 것인가? 자신의 능력이 부족해 일방적으로 자녀들의 지원을 받는 이들이 당연하다고 느낄 것인가, 아니면 자녀들에게 보답하지 못해 자괴감을 느낄 것인가? 우리는 자료에 대한 깊이 있는 분석을 통해 이런 문제들에 답할 것이다.

5. 분석 결과

5.1. 단면적 자료 분석

이장에서는 먼저 2010년 진행된 중국가정추적조사의 첫 방문조사 자료에 기초해 세대 간 교류 모형이 노인들의 만족도와 행복감에 미치는 영향을 분석했다. 표 7-2에서 노인들의 만족도와 행복감에 대한 연구 모두 두 개의 모형을 포함하고 있음을 알 수 있다. 그 중에서 모형1과 모형3은 기존의 통상적인 연구 방법을 참고해 자녀의 지원을 받는 행위와 자녀를 지원하는 행위를 두 개의 독립변수로 간주해 모형에 대입했다. 이러한 분석 결과는 두 방향의 세대 간 지원 모두 노인들의 만족도와 행복감에 매우 적극적인 영향을 끼쳤음을 보여주고 있으며, 이런 결과는 기존의 연구 결과와도 완전히 일치한다(Cong & Silverstein, 2008; 王萍, 李树茁, 2011).

그러나 좀 더 복잡한 세대 간 교류 모형을 고려한다면, 쌍방향 세대 간 지원이 노인들에게 미치는 영향은 모형1과 모형3이 보여주는 것처럼 간단하지 않다. 모형2와 모형4에서는 기타 변수를 통제한 이후, 일방적으로 자녀의 지원을 받는 노인, 자녀와 전혀 교류가 없는 노인, 일방적으로 자녀를 지원하고 있는 노인들이 느끼는 만족도와 행복감은 그다지 뚜렷한 차이가 드러나지 않는다는 사실을 발견할 수 있다. 이를 통해, 자녀의 지원을 받거나 혹은 자녀에게 지원을 하는 행위는 어떠한 상황에서도 노인들의 만족도나 행복감을 높이지 못하며, 두 가지 행위가 동시에 발생하거나 또는 쌍방향 호혜적 세대 간 교류 관계가 형성될 때에만 노인들의 노후생활에 적극적 영향을 끼칠 수 있다는 점을 알 수 있다. 따라서 이장의 가설1과 가설4는 자료를 통해 입증되었지만, 가설2와 가설3은 자료의 뒷받침을 받지 못했다.

위의 분석 내용을 종합하면, 우리는 효도윤리의 영향이 깊이 뿌리내린 중국이지만 부모와 자녀들 사이의 교류는 주고받는 호혜의 원칙을 존중해야 한다고 인식한다. 한편으로는 부모가 자녀를 지원하지만, 동시에 자녀의 시의적절(時宜適切)한 보은을 기대한다. 만약 자녀가 일방적으로 부모에게 의존하기만 하면 노인들의 만족도와 행복감은 높아지지 않는다. 그러나 다른 한편으로, 효도전통의 영향 아래서 중국의 노인들이 자녀의 지원을 희망하기는 하지만, 이와 동시에 자신들이 자녀들에게 부담을 주는 존재가 되기는 원하지 않는다. 이런 관념의 영향으로 중국의 노인들은 여전히 자녀의 지원을 받는 동시에, 자신이 할 수 있는 능력의 범위 내에서 자녀를 지원하며 이를 통해 심리적 안정을 얻는다. 그리고 이러한 심리적 안정만이 세대 간 교류에서 노인들이 비교적 높은 만족도와 행복감을 가질 수 있도록 한다.[3]

마지막으로 표 7-2에서 많은 통제변수들 역시 노인들의 만족도와 행복감 제고에 매우 뚜렷한 영향을 미치고 있음을 알 수 있다. 먼저, 노인들의

---

3   [원주] 부모와 자녀가 전혀 교류가 없을 때, 세대 간 교류 또한 공평하다고 말할 수도 있지만, 이런 상태는 부모와 자녀 사이에 교류가 없거나 또는 상대방의 필요를 만족시킬 만한 자원을 갖고 있지 않다는 것을 의미하기 때문에, 이런 상태 또한 노인들의 만족도와 행복감을 제고하지 못한다.

사회경제적 측면에서, 연간 소득이 비교적 많고, 양로 및 의료보험의 혜택을 받는 노인들은 비교적 만족도가 높았고, 도시에 거주하면서 현지 호적을 갖고 있으며, 연간 소득이 비교적 많은 노인들의 행복감이 상대적으로 높았다. 다음으로, 노인들의 건강 상황으로 보면, 스스로 자신의 건상상태가 좋지 않고, 정신적 우울증세가 있다고 평가하는 노인들의 만족도와 행복감은 비교적 낮았다. 마지막으로, 자녀의 특성으로 보면, 자녀수가 많고 여러 세대가 함께 거주하는 것이 노인들의 주관적 복지를 뚜렷하게 높이는 역할을 하고 있음을 발견할 수 있다. 이 외에도 자녀들의 결혼과 사업 성공 등이 노인들의 행복에 적극적인 영향을 끼쳤다. 이 연구에서는 자녀들의 비교적 높은 직장 내 지위 또한 노인들의 만족도와 행복감에 뚜렷하게 적극적인 영향을 끼친다는 사실을 발견했다. 그러나 나이가 많은 미혼자녀의 존재는 노인들의 만족도와 행복감을 현저하게 떨어뜨렸다.

표 7-2 세대 교류와 노인들의 만족도와 행복감(단면적 자료 분석)

	만족도		행복감	
	모델1	모델2	모델3	모델4
자녀에게 지원	0.207***		0.211**	
	(0.070)		(0.072)	
자녀의 지원받음	0.264***		0.293***	
	(0.066)		(0.069)	
세대간 교류모델(일방적 수혜=0)				
교류 없음		−0.050		−0.016
		(0.106)		(0.112)
일방적 제공자		−0.069		−0.098
		(0.080)		(0.083)
제공자와 수혜자		0.351***		0.398***
		(0.089)		(0.091)
남성		−0.014		−0.067
		(0.068)		(0.070)
연령		0.000		0.002
		(0.006)		(0.006)

	만족도		행복감	
	모델1	모델2	모델3	모델4
도시거주	-0.061	-0.054	0.348***	0.360***
	(0.077)	(0.077)	(0.079)	(0.080)
도시/읍 호적	0.049	0.043	0.239*	0.232*
	(0.100)	(0.101)	(0.097)	(0.097)
배우자 있음	-0.083	-0.087	0.067	0.064
	(0.086)	(0.086)	(0.085)	(0.086)
교육정도	-0.009	-0.010	0.001	-0.001
	(0.009)	(0.009)	(0.010)	(0.010)
연수입	0.010**	0.010**	0.007*	0.007*
	(0.003)	(0.003)	(0.004)	(0.004)
양로보험가입	0.238**	0.232**	0.105	0.095
	(0.083)	(0.084)	(0.084)	(0.085)
의료보험가입	0.205*	0.193*	0.057	0.040
	(0.093)	(0.093)	(0.092)	(0.093)
일상생활 도움 필요	0.055	0.057	0.090	0.091
	(0.091)	(0.091)	(0.088)	(0.088)
자기 건강 평가(건강=0)				
보통	-0.489***	-0.497***	-0.353***	-0.362***
	(0.075)	(0.075)	(0.076)	(0.076)
건강하지 않음	-0.614***	-0.627***	-0.622***	-0.637***
	(0.087)	(0.088)	(0.087)	(0.088)
정신적 우울 정도	0.109***	0.108***	0.126***	0.125***
	(0.009)	(0.009)	(0.010)	(0.010)
자녀수	0.056*	0.055*	0.087***	0.086***
	(0.024)	(0.024)	(0.023)	(0.023)
자녀와 동거	0.057	0.074	0.194**	0.215**
	(0.067)	(0.068)	(0.068)	(0.068)
고령의 미혼 자녀	-0.280**	-0.280**	-0.430***	-0.432***
	(0.088)	(0.088)	(0.093)	(0.092)
대학생 자녀	0.105	0.104	0.112	0.113
	(0.097)	(0.097)	(0.098)	(0.099)
전문직 직업 자녀	0.403***	0.404***	0.391***	0.390***
	(0.092)	(0.092)	(0.094)	(0.095)
절편1	-0.429	-0.639	0.111	-0.108
	(0.493)	(0.496)	(0.511)	(0.515)
절편2	0.977*	0.767	1.519**	1.302**
	(0.487)	(0.491)	(0.500)	(0.504)

	만족도		행복감	
	모델1	모델2	모델3	모델4
절편3	2.890***	2.683***	3.399***	3.186***
	(0.490)	(.494)	(0.503)	(0.506)
절편4	4.561***	4.356***	5.142***	4.933***
	(0.494)	(0.498)	(0.507)	(0.510)
표본수	6,108	6,108	6,108	6,108

주: $^*p<0.05$, $^{**}p<0.01$, $^{***}p<0.001$.

5.2. 추적자료 분석

앞의 글에서 우리는 단면적 자료 분석에 근거해 세대 간 교류 모형이 노인들의 만족도와 행복감에 미치는 영향을 분석했다. 여기서는 추적조사 자료를 사용해 앞글의 연구 결과에 대한 검증을 진행할 것이다. 표 7-3에서 우리는 표 7-2의 모형2와 모형4와 완전히 같은 독립변수와 모형 설정 방법을 채택했으며, 상응하는 종속변수만 2012년의 만족도와 2014년의 행복감 조사 자료로 대체했다. 분석 결과는 우리가 독립변수가 종속변수의 형성에 영향을 미치는 시간적 순서를 고려하기는 했지만, 여전히 앞글과 일치하는 결론을 얻었다. 즉 쌍방향 호혜적 세대 간 교류 관계만이 중국 노인들의 만족도와 행복감을 확연하게 높였다. 따라서 추적조사를 토대로 한 분석 결과 또한 다시 한 번 가설1과 가설4의 예측을 입증했으며 가설2와 가설3을 부정했다. 단면적 자료와 추적조사자료의 분석이 완전히 동일한 결론을 얻었기 때문에, 우리는 이 결론이 매우 안정적이고 신뢰할만하다고 판단한다.

표 7-3 세대 간 교류와 노인들의 만족도와 행복감(추적조사 분석)

	만족도	행복감
세대간 교류모델(일방적 수혜자=0)		
교류없음	0.041	0.191
	(0.120)	(0.141)
일방적 제공자	−0.023	0.041
	(0.093)	(0.117)
제공자와 수혜자	0.266**	0.292*
	(0.102)	(0.124)
남성	−0.101	−0.217*
	(0.078)	(0.096)
연령	0.015*	0.025*
	(0.007)	(0.009)
도시거주	−0.046	0.246*
	(0.085)	(0.105)
도시/읍 호적	0.291**	0.236*
	(0.097)	(0.116)
배우자 있음	0.011	0.117
	(0.100)	(0.130)
교육정도	−0.003	0.014
	(0.009)	(0.012)
연수입	0.006*	−0.003
	(0.003)	(0.003)
양로보험가입	−0.023	0.062
	(0.098)	(0.112)
의료보험가입	0.038	0.157
	(0.100)	(0.129)
일상생활 일부 도움 필요	−0.103	−0.164
	(0.116)	(0.149)
자기 건강 평가(건강=0)		
보통	−0.372***	−0.456***
	(0.082)	(0.099)
건강하지 않음	−0.480***	−0.660***
	(0.099)	(0.118)
정신적 우울 정도	0.071***	0.037**
	(0.010)	(0.013)
자녀수	0.034	−0.017
	(0.028)	(0.036)
자녀와 동거	−0.031	0.019
	(0.077)	(0.096)

고령미혼자녀	−0.061	−0.351**
	(0.104)	(0.122)
대학생자녀	0.011	0.150
	(0.095)	(0.122)
전문직종사자녀	0.257**	0.260*
	(0.091)	(0.117)
절편	생략	생략
표본수	4,554	3,909

주: *$p<0.05$, **$p<0.01$, ***$p<0.001$.

5.3. 표본 집단 차이 분석

앞글의 분석을 통해 우리는 세대 간 호혜가 노인들의 일상생활에서의 만족도와 행복감에 직접적으로 영향을 미친다는 사실을 증명했지만, 이런 영향이 방문 대상자들 내부의 서로 다른 표본 집단 간에 여전히 차이가 존재한다는 것도 문제다. 기존의 연구 결과는 일반적으로 자원이 상대적으로 부족한 노인들이 자녀들의 지원을 더 희망하고, 이런 지원이 이들에게 더 효율적인 것도 사실이다(唐金泉, 2016; Wang, Chen & Han, 2014). 만약 이러한 관점이 성립한다면, 거주하는 곳이 농촌이면서 연령이 높고 소득이 낮은 노인들이 더욱 기꺼이 세대 간 교류에서 수혜자가 되고, 자녀의 지원을 받으면서 동시에 자녀들에게 보답하는 행위에 대해서는 그다지 중요하게 고려하지 않는다고 전망할 수 있다.

그러나 세대 간 호혜의 측면에서 보면, 결과가 반드시 위와 같지 않다. 다우드가 말한 것처럼 보답할 수 있는 능력의 부족은 노인들에게 커다란 심리적 압박감을 형성케 한다(Dowd, 1975). 이런 상황에서 자녀의 지원이 노인들의 일상생활의 필요를 만족시켜주기는 하지만, 동시에 이들에게 의존감과 수치심을 가중시킨다. 이 때문에 일방적으로 자녀의 큰 도움을 받지만 여러 측면에서 열악한 상황에 처한 노인들은 만족도와 행복감을 느끼지 못한다. 대신에 이런 노인들은 더 균형 잡힌 세대 간 교류를 갈망한다.

이 두 종류의 관점 중 어떤 것이 옳고 그른지 판단하기 위해, 우리는 도시와 농촌, 연령과 수입 등을 구분해 세대 간 교류 모형이 서로 다른 노인 집단에 미치는 영향을 비교했다. 서수 로지스틱 회귀모형의 계수는 직접 비교가 불가능하기 때문에(洪岩璧, 2015), 우리는 분석과정에서 선형회귀모형을 사용하였고, 교차항목 방식을 대입해 회귀계수가 서로 다른 노인 집단에 미치는 영향력의 차이를 검증했다. 이 외에도 우리는 서수 로지스틱 회귀모형을 사용해 회귀계수에 대한 조정을 진행했으며, 그 결과 연구 결론에 어떤 변화도 없다는 사실을 발견했다.

표 7-4부터 표 7-6에서는 방문 대상 노인들이 도시에 거주하든 농촌에 거주하든, 그리고 연령의 많고 적음과 소득의 많고 적음에 관계없이 양쪽 모두에 도움을 주는 세대 교류가 이들의 만족도와 행복감을 높여주고 있는 사실을 발견했다(몇몇 개별계수의 통계 검증 결과는 그다지 명확하지 않았다.). 그러나 회귀계수의 크고 작음으로 보면, 이 교류 모형은 농촌에 거주하는 연간 소득 1만 유엔(元) 이하의 80세 이상 노인집단에 더 중요한 것으로 밝혀졌다. 교차항목의 통계 검증 결과는 한 걸음 더 나아가 이런 차이가 수치와 일부 통계에서도 두드러졌음을 보여주고 있다. 이 결과는 가설1의 결론이 정확하다는 것을 한 번 더 검증하고, 반대로 가설2의 예측을 부정했다. 이를 통해 세대 간 호혜가 노인들에게 미치는 적극적인 영향을 각각의 노인 집단에 적용가능하고, 자원이 부족한 노인들이 쌍방향적 호혜관계에서 더 많은 이익을 취할 수 있다는 점을 볼 수 있다.

표 7-4 세대 간 교류와 노인들의 만족도 및 행복감(도시와 농촌의 차이)

	만족도		행복감	
	농촌	도시	농촌	도시
세대간교류 모델(일방적 수혜자=0)				
교류 없음	0.029	−0.098	0.094	−0.087
	(0.075)	(0.079)	(0.076)	(0.077)
일방적 제공자	−0.110*	0.079	−0.050	0.028
	(0.055)	(0.063)	(0.056)	(0.058)
제공자와 수혜자	0.206***	0.181**	0.251***	0.114
	(0.058)	(0.069)	(0.059)	(0.062)
교환항목검증				**

주: 공간을 절약하기 위해 표에서 통제변수 계수를 기입하지 않았다. 아래와 같음; *p<0.05, **p<0.01, ***p<0.001.

표 7-5 세대 간 교류와 노인들의 만족도 및 행복감(연령 차이)

	만족도		행복감	
	80세 이하	80세 및 그 이상	80세 이하	80세 및 그 이하
세대간교류 모델(일방적 수혜자=0)				
교류 없음	−0.043	0.056	0.015	−0.001
	(0.058)	(0.178)	(0.058)	(0.163)
일방적 제공자	−0.045	0.036	−0.023	−0.073
	(0.043)	(0.181)	(0.042)	(0.175)
제공자와 수혜자	0.157***	0.523***	0.174***	0.348*
	(0.046)	(0.145)	(0.045)	(0.149)
교환항목검증	***		*	

주: *p<0.05, **p<0.01, ***p<0.001.

표 7-6 세대 간 교류와 노인들의 만족도 및 행복감(소득 차이)

	만족도		행복감	
	수입<1만	수입≥1만	수입<1만	수입≥1만
세대간교류 모델(일방적 수혜자=0)				
교류 없음	−0.005	−0.164	0.023	−0.024
	(0.060)	(0.134)	(0.057)	(0.162)
일방적 제공자	−0.056	0.078	−0.042	0.054
	(0.046)	(0.098)	(0.045)	(0.098)

제공자와 수혜자	0.176*** (0.048)	0.203 (0.114)	0.193*** (0.047)	0.132 (0.109)
교환항목검증				

주: *$p<0.05$, **$p<0.01$, ***$p<0.001$.

6. 결론과 토론

　세대 간 지원이 노인들의 주관적 복지에 미치는 영향은 국내외 학자들이 공통적으로 관심을 갖는 중요한 문제다. 기존의 대다수 중국 가정의 세대 간 지원에 관한 연구들은 자녀의 부모 부양 행위에만 집중했다. 소수의 연구자들만이 자녀의 부모 부양과 부모의 자녀 지원 문제를 동시에 연구했다. 그러나 대다수의 이런 연구들도 이러한 쌍방향의 세대 간 지원을 각각의 독립적 영향을 미치는 요인으로 간주하면서, 이 두 가지 요인이 노인들의 심신건강과 주관적 복지에 미치는 영향을 분류해 고찰했다. 그러나 서구 학자들이 최근 진행한 세대 간 호혜 관련 연구에 기초해, 우리는 세대 간 쌍방향 교류가 노인들의 주관적 복지에 미치는 영향은 상호의존적이며, 세대 간 교류가 주고받는 호혜적 상황일 때만 노인들은 교류과정에서 만족감과 행복감을 느낀다고 판단한다.

　이장에서는 2010-2014년 사이 세 차례 진행된 중국가정추적조사 자료를 사용해, 세대 간 호혜적 측면에서 쌍방향 세대 간 지원이 중국 노인들의 주관적 복지에 미치는 영향을 연구했다. 일방적으로 자녀의 지원만을 받든지 아니면 일방적으로 자녀에게 지원하든지, 두 경우 모두 노인들의 만족도와 행복감을 높이지 못했다. 오직 세대 간의 쌍방향적 호혜가 동시에 존재할 때만 또는 노인들이 세대 간에 쌍방향적 호혜관계가 진행되고 있을 경우에만, 노인들의 만족도와 행복감이 현저하게 높아진다는 사실을 발견했다. 집단별로 구분한 비교연구에서는, 호혜적인 세대 간 교류 관계가 상대적으로 자원이 빈약한 노인들에게 더 중요하다는 사실도 발견했다. 이러한 발견은 서구학자들의 세대 간 교환이론과 사회평등이론을 강력하게 지지하면서, 동시에 우리가 현대 중국 가정의 세대 간 교류 관계 및 이런 관계가 노인들의 복지에 미치는 영향을 이해하는데 매우 중요한 계몽적 의의를 가지고 있다.

첫째, 중국의 효도전통과 보은 양로 모형에서 출발해, 중국 가정의 세대 간 관계를 연구한 기존의 연구들은 통상적으로 자녀의 부모에 대한 지원에 관심을 집중했으며, 자녀의 충분한 지원이 노인들의 만족도와 행복감을 효율적으로 높일 수 있다고 판단했다. 그러나 이장의 분석 결과를 보면, 자녀의 일방적인 지원을 받은 노인들의 만족도와 행복감은 높아지지 않았고, 노인들이 자녀들의 지원에 대한 일정 정도의 보답을 할 수 있을 때만, 자녀들의 지원이 이들 노인들의 노후생활에서 만족도와 행복감을 높이는데 확연하게 적극적인 영향을 미친다는 사실을 알 수 있다. 이를 통해, 중국의 효도윤리와 보은 양로 모형이 자녀의 노인에 대한 지지와 양로를 강조하지만, 이것이 중국 노인들이 자연스럽고 편안하게 세대 간 지원의 수혜자가 된다는 것을 의미하지는 않는다는 것을 알 수 있다. 실제로 세대 간 관계가 균형을 유지하도록 하고, 또 자신의 가치와 자녀에 대한 책임을 구현하기 위해, 중국의 노인들은 종종 자녀의 지원을 받는 동시에 자녀에게 어느 정도 도움을 제공한다. 통계 숫자로 보면, 이러한 부모의 도움이 자녀들이 부모에게 주는 도움과 대등하지는 않을 수 있지만, 이런 도움 자체가 독특한 의미와 가치를 지니고 있다. 뿐만 아니라, 자녀의 도움을 받으면서 동시에 자녀에게 도움을 제공하는 경우에만 중국 노인들은 비교적 높은 만족도와 행복감을 느끼고 있다. 이장에서 발견한 점은 노인의 양로 필요에 대한 기존 연구의 가정에 상당히 도전적인 의미를 내포한다. 대다수 기존 연구는 노인들을 생활상의 약자로 판단하고 도움을 받아야 하는 대상으로 인식한다. 때문에 노인들에게 충분한 지원을 하면, 이들의 노후생활이 행복하고 만족도가 높아질 수 있다고 생각했다. 그러나 이장의 연구 결과는 노인들이 다른 사람들의 도움을 필요로 하지만 동시에 평등하고 호혜적인 관계를 갈망하며, 자신의 자아가치를 실현하고 자신이 다른 사람으로부터 인정받기를 원한다는 점을 충분히 설명하고 있다. 이런 측면에서, 노인들을 양로하면서 동시에 이들이 능력에 맞는 일들을 할 수 있게 유기적으로 결합시켜, 노인들이 자신의 여력을 발휘해 가정과 사회에 실현 가능한 공헌을 할 수 있는 환경을 제공할 때에만 노인들의 노후생활이 진정으로 행복해질 수 있다고 판단한다.

둘째, 노부모들이 자녀들에게 주는 지원에 대해서도, 기존의 연구에서는 불공평한 면이 적지 않았다. 초기의 연구들은 부모의 자녀에 대한 지원을 완전히 무시하거나, 일종의 오명을 뒤집어씌우는 해석으로 일관했다. 즉 성년자녀가 부모와 함께 사는 것을 캥거루족 현상으로 치부하면서, 이런 유형이 노부모의 노후생활에서 가지는 적극적 의미를 완전히 무시했다. 후일 적지 않은 연구들이 중국 부모들의 성년자녀에 대한 광범위한 관심에 주의를 기울이면서, 이런 도움이 노인들의 만족도와 행복감을 높인다는 점을 발견하기는 했다. 그렇지만 이 현상이 세대 간 호혜적 측면에서 노인들에게 주는 진정한 가치와 의미를 거의 토론하지 않았다. 서구 국가들과 일부 동아시아국가(한국)에 관한 연구에서는 이미 부모의 자녀에 대한 지원이 동시에 자녀의 보답을 받을 때에 부모의 주관적 복지에 뚜렷한 적극적 영향을 미친다는 결과들이 도출되었다. 이장의 중국에 관한 동일한 주제의 연구에서도 유사한 결론이 도출되었다. 물론 이러한 결론이 부모의 자녀 지원의 진정한 동기가 자녀의 보답 때문이라는 의미는 아니다. 하지만 인간관계에서 반드시 쌍방향적 호혜라는 일반적 원칙에서 출발해, 우리는 자녀의 즉각적인 보답은 상당한 수준에서 세대 간 관계가 건강하고 화목하게 유지될 수 있도록 도와주고, 이로 인해 노인들의 심신 건강과 노후의 행복을 촉진한다고 판단한다. 특히 효도윤리의 영향이 깊게 뿌리내린 중국에서, 노인들은 통상 자녀들의 보은에 대해 비교적 높은 기대를 갖고 있다. 따라서 이러한 기대가 만족스럽게 실현되는가의 여부가 노인들의 만족도와 행복감에 상당한 영향을 미치고, 따라서 상당 정도 이들의 자녀들에 대한 지원이 자신들의 노후생활에 적극적인 영향을 미칠 것인지 아닌지의 여부를 결정한다.

위에서 서술한 내용을 종합하면, 이장에서는 오직 쌍방향성 호혜적 세대 간 교류 모형만이 중국 노인들의 만족도와 행복감을 높이는 역할을 할 수 있다고 판단한다. 그러나 고전적 회귀 모형이 강조하는 '투자(投資)'와 '보은[反饋]' 사이의 유예적 세대 간 호혜와는 달리, 이장에서 말하는 세대 간 호혜는 일종의 즉각적인 호혜다. 이장의 연구에서 발견한 것으로 즉각적 세대 간 호혜가 이미 유예적 세대 간 호혜를 대신해 중국 가정의 세대 간 교환관계의 기초가 되었다고 말하기는 아직 미흡하다. 즉각적 세대 간 호혜 원칙과 유예적 세대 간 호혜 원칙 중 어느 것이 더 중요하다고 말하기도 어렵다. 다만, 이장에서 발견한 것은 이런 즉각적 세대 간 호혜 원칙이 이미 현대 중국 가정의 세대 간 교류에 중요한 영향을 미치고 있다는 사실을 충분히 설명한다. 그러나 기존의 연구에서 학계의 즉각적 세대 간 호혜관계에 대한 연구는 충분하지 못했다. 필자 또한 이번 초보적인 연구가 세대 간 호혜 모형에 관한 학계의 더 많은 관심과 후속 연구에 조금이

나마 도움이 되기를 희망한다. 필자는 또한 이 연구가 의미 있는 결과를 도출하기 위한 매개가 되어, 세대 간 호혜 모형이 이후 학계의 더욱 많은 관심을 받을 수 있기를 희망한다.

마지막으로 자료와 필자의 연구 능력의 한계로 인해 이장의 분석 결과에 부분적으로 부족함 점이 있다는 점을 지적하고 싶다. 먼저, 이장에서 사용한 중국가정추적조사 자료의 2012년과 2014년의 두 차례 조사 자료에 일정 정도 표본을 찾을 수 없는 문제가 존재하는데, 그 원인이 분명치 않다. 따라서 이러한 자료의 결함이 분석 결과에 미친 영향을 정확하게 측정하기 어렵다. 다음으로, 중국가정추적조사는 노부모들과 자녀들 사이에 경제와 일상생활에서의 교류 유무만 물었을 뿐, 경제적 지원 액수와 일상생활 돌봄의 빈도 등에 대해서는 질문하지 않아서, 이장의 독립변수를 측정하는 데에도 어느 정도 결함이 존재한다. 마지막으로, 자료의 한계로 인해 이장에서는 세대 간 지원을 측정할 때 경제적 지원과 일상생활 돌봄 두 측면만 포함했을 뿐, 정서적 위로 부분은 포함시키지 못했다. 기존의 연구는 통상적으로 정서적 측면의 지원이 노인들의 만족도와 행복감에 더 중요한 영향을 끼쳤다고 판단했는데(王萍, 李树茁, 2011), 그렇다면 정서적 측면의 지원이라는 변수를 통제한 이후 이장의 연구 결론에 변화가 발생할 수 있는지의 여부는 이어지는 후속 연구에서 반복적인 검증을 거쳐야 할 것이다.

8장

효도(孝道)의 변천

소개: "효"는 중화민족의 전통적 미덕이며, 중국인의 가정생활과 개인의 행복에 영향을 미치는 중요한 요인이다. 중국사회의 발전과 변화에 따라 효도 관념도 변화와 발전 과정에 있다. 현재 효도의 변화를 바라보는 주요 관점은 두 가지가 있는데 효도 쇠퇴론과 연속론이 그것이다. 먼저 효도 쇠퇴론은 중국의 빠른 공업화와 현대화, 도시화가 전통적 효도관념에 강력한 충격을 가했다고 인식하고 있으며, 효도 연속론은 중국인의 효도관념은 아직 쇠퇴하지 않았으며, 빠른 사회전환과정에서도 강한 생명력을 보여주고 있다고 판단한다. 우리는 앞에서 언급한 효도관념을 서로 다르게 이해하는 중요한 원인이 "효란 무엇인가"에 대한 학자들의 서로 다른 이해 때문이라고 판단한다. 이장은 예광휘(叶光輝)가 제기한 "효도이원 모델"을 토대로, 2006년과 2017년에 진행된 두 차례의 중국종합사회조사(Chinese General Social Survey, CGSS)의 자료를 종합해, 권위주의적 효도와 상호주의적 효도가 시간의 흐름에 따라 변화하는 추세, 세대 간의 쌍방향적 지지와 두 세대, 즉 부모와 자녀 세대의 행복감에 미치는 영향을 연구했다. 연구에서 상호적 효도 관념은 이미 중국인들에게 보편적으로 받아들여졌으며, 시간의 흐름에 따라 지지가 상승하는 추세에 있지만, 권위

적 효도 관념은 주로 보수적인 소수의 사람들 사이에서 받아들여지고 있으며, 시간의 흐름에 따라 이에 대한 지지가 하락하는 추세에 있다는 사실이 밝혀졌다. 권위적 효도는 쌍방향적 경제적 지원을 높이는 데 도움이 되고, 상호적 효도는 쌍방의 감정적 지원을 높이는 데 도움이 된다. 상호적 효도는 직접적으로 개인의 행복감을 높이면서 양쪽의 정서적 지지를 통해 행복감 형성에 간접적 영향을 미치지만, 권위적 효도는 자녀 세대의 행복감을 해치는 작용을 한다. 이는 현대 중국인들의 효도관념인 "효도는 다하지만, 모든 것에 순종하지는 않는다"(孝而不順)는 특징을 잘 표현하고 있다. 이러한 효도관의 전환은 친밀한 세대 간 관계를 유지하고 부모와 자녀 세대 구성원들의 주관적 복지를 높여준다는 사실을 보여준다.

1. 효란 무엇인가?

"효"란 중국인들이 익히 들어서 잘 설명할 수 있는 개념이다. 표면적으로 보면, 효의 정의는 그리 복잡하지 않다. 『이아(尔雅)』, 『논어신해(论语新解)』, 『사서장구집주(四书章句集注)』 등 많은 유가 경전에서 효는 모두 "부모를 잘 섬기는 것"(善事父母) 또는 "부모에게 잘 하는 것(善父母)"으로 해석되는 데, 곧 부모의 뜻을 잘 받들어 따른다는 것이다(葛枭语, 2021). 그러나 이렇게 아주 간단하게 정의할 수 있는 개념이지만, 지극히 복잡한 내용을 함축하고 있기도 하다. 따라서 많은 심리학자들은 반드시 효의 다원적 구조 모형을 정립해야만 효의 복잡한 성격과 풍부한 함의를 명쾌하게 이해할 수 있을 것이라고 주장한다(傅绪荣, 汪凤炎, 陈翔, 等, 2016; 葛枭语, 2021). 이런 측면에서 영향력이 가장 큰 연구는 양귀슈(杨国枢)와 예광휘가 실시한 일련의 효도를 헤아리는 심리학적 연구방법이다(叶光辉, 杨国枢, 2009).

20세기 80년대, 양궈슈(『开放的多元社会』, 1985)는 고대 경전과 저명한 가훈(家訓)에 기록된 효와 관련된 내용을 기반으로, 효도에 관한 15개 항의 기본 내용을 다음과 같이 정리했다.: 부모를 존중하고 사랑한다. 부모에 순종한다. 부모의 잘못은 도리에 따라 설득한다. 부모를 예로서 섬긴다. 부모의 포부와 사업을 계승하며, 부모의 명예를 드높인다. 부모의 사랑을 되새기며, 부모를 즐겁게 할 때는 도덕규범을 지킨다. 부모가 걱정하지 않도록 주의하고, 항상 곁에서 돌보며, 부모를 모두 잘 봉양한다. 자기 자신을 사랑하고, 후세를 남긴다. 장례와 제사는 예와 정성을 다해 치른다(敬爱双亲 顺从双亲 谏亲以理 事亲以礼 继承志业 显亲扬名 思慕亲情 娱亲以道 使亲无忧 随侍在侧 奉养双亲 爱护自己 为亲留后 葬之以礼 祀之以礼). 등이다. 이 15개 항의 내용이 너무 방대하고 복잡해 실제 연구를 진행하기에는 너무 어려워서, 양궈슈(2004)는 후속 연구에서 15개 항목을 네 가지 측면, 즉 부모를 존중하고 예를 다해 대하며[尊亲恳亲], 자신을 제어하고 부모에 순종하며[抑己顺亲], 부모 생전에 정성을 다해 보양하고, 사후에는 예를 다한 제사로 추모하고[奉养祭念], 부모를 보호하고, 입신양명하여 부모의 명예를 드높인다[护亲荣亲]로 압축했다. 그 후 또 다른 한 명의 학자 예광휘(2009)가 다시 양궈슈가 제기한 네 가지 측면의 모형을 기반으로 더 가다듬은 두 가지의 핵심 측면, 즉 "권위적 효도"와 "상호적 효도"를 제기했다. 효도에 관한 이원적 모델이 실용적이면서도 간결성을 아울러 갖추고 있기 때문에 빠르게 국내외 학자들에게 받아들여졌으며, 학계에서 효도를 측정하는 주류적 방법으로 자리 잡았다.(傅绪荣, 汪凤炎, 陈翔, 等, 2016; 胡安宁, 2017)

예광휘(2009)는 효도이원모델이 부모와 자녀 간의 관계를 수직적, 수평적 두 측면을 동시에 고려할 수 있어서, 효도의 서로 다른 측면과 풍부한 내용을 더 잘 측정할 수 있다고 판단했다. 먼저, 효도의 수직적 측면에서 보면, 부모와 자녀 사이에 연령, 배분 및 성별에 기초한 계급질서가 존재하는데, 이러한 질서의 기초 위에서 형성된 효도가 권위적 효도다. 예광휘는 권위적 효도가 작동하는 토대는 유교 윤리에서의 "높은 사람을 존중하는 원칙"[尊尊原則]이며, 이에 따라서 일반적으로 자아에 대한 통제, 권위에 대한 순종 등의 심리상태 및 행위 등과 연관된다. 다음으로, 효도의 수평적 측면에서 보면 부모와 자녀 사이에는 오랜 기간 동안 쌓인 두터운 감정이 존재하고, 이런 자연스러운 친족관계에서 발생하는 감정에 바탕을 둔 효도가 상호적 효도다. 권위적 효도와 달리, 상호적 효도는 유교윤리의 "부모를 공경하는 원칙"[亲亲原則]에 대응하기 때문에 일반적으로 세대 간의 상호 관심과 지원으로 표현된다. 이장에서는 예광휘가 제기한 효도이원모델을 토대로, 중국인들의 효도관념의 변화와 이것이 세대 간의 쌍방향 지원 및 두 세대 간의 주관적 복지에 미치는 영향에 관해 연구할 것이다.

2. 사회전환과 효도의 변천

'효'는 여러 측면의 개념을 포함하고 있을 뿐 아니라, 빠른 사회전환 과정에서 효도의 함의와 외연 또한 끊임없이 발전·변화하고 있다. 기존의 효도의 변천을 다룬 연구는 주로 두 종류의 서로 다른 관점에서 출발한다. 일부 학자들은 고전적 현대화이론에서 출발해, 중국의 빠른 공업화, 현대화 및 도시화가 전통적 효도관념에 강력한 충격을 가했다고 판단한다(阎云翔, 2006; 陈柏峰, 2007; 贺雪峰, 2008). 이들은 효도관념이 쇠락하면서 가정 양로가 의존하던 토대가 더 이상 존재하지 않게 되어, 중국은 미래에 매우 심각한 양로 위기에 직면하게 될 것이라고 예측했다(郭于华, 2001). 이 연구들은 근래 들어 중국 가정의 세대 간 자원 이동의 중심이 내려감에 따라, 경제적 지원과 손자녀 돌봄 등에서 부모가 성년자녀들에게 제공하는 지원이 예전보다 더 많아졌다고 주장한다. 이렇게 위에서 아래로 내려가는 세대 간 지원이 전통적 효도관념과는 상반되는 것이어서, 효도관념이 쇠락하는 일종의 중요한 현상 중의 하나라고 판단한다(阎云翔, 2006).

그러나 앞에서 서술한 관점과 전혀 다른 주장을 하는 학자들도 있다. 이들은 중국인의 효도관념이 쇠퇴하지 않았을 뿐 아니라, 빠른 사회전환 과정에서 더 강한 생명력을 보여주고 있다고 판단한다(王涤, 2004; 田北海, 马艳如, 2019). 많은 연구는 현대 중국 가정에서 자녀들은 부모에게 예전처럼 경제, 일상생활 및 감정 등 측면에서 매우 광범위한 지원을 하고 있으며(怀默霆, 2001), 대부분의 부모 또한 예전처럼 자녀들의 효행에 만족감을 표하고 있는 사실을 발견했다(杜鹏,曲嘉瑶, 2013). 부모가 성년자녀에게 도움을 제공하는 행위에 대해서도 이들 학자들은 상대적으로 적극적인 평가를 내리고 있다. 부모의 성년자녀에 대한 도움은 부모의 책임윤리로 현실에서 어려움에 직면한 자녀에 대한 일종의 적극적인 반응이며 양호한 세대 관계를 유지하는데도 도움이 되고, 후일 자녀의 부양을 받는 상황에도 분명하게 적극적인 영향을 끼친다고 판단한다(杨善华,贺常梅, 2004).

우리는 위에서 서술한 두 주장의 내용이 완전히 다른 중요한 이유는 학자들이 무엇이 '효'인가에 대한 완전히 상반된 해석을 하고 있기 때문이며, 이로 인해 효도의 변화 방향 및 그 결과가 전혀 다른 결론을 도출하게 되었다고 판단한다. 예광휘의 주장처럼, 중국인의 효도관념은 적어도 두 측면, 즉 권위적 효도와 상호적 효도를 포함하고 있는데, 이 두 측면의 효도관념은 사회의 변화와 발전 과정에서 서로 다른, 심지어는 전혀 상반된 변화를 촉발했다. 예광휘는 현대사회에서 독립적이고 자주적인 가치관이 사회의 주류를 형성하게 되고, 이 때문에 계급적 권위에 기초한 권위적 효도는 점차 쇠퇴의 길로 접어들었고, 이와 반대로 상호적 효도는 현대사회에서 강조하는 쌍방 평등과 서로 간의 감정에 기초한 '순수한 관계'와 부합하기 때문에 빠른 속도로 발전하게 되었다고 주장한다. 1994-2011년 타이완지역사회변화기본조사 자료의 도움으로 차오웨이춘(曹惟纯)과 예광휘(2014)는 타이완 지역에서 이원적 효도의 변화 추세를 분석했다. 이들은 20세기 90년대 이후 타이완 지역에서는 사회적 현대화로의 전환이 기본적으로 완성되었고, 이런 변화에 상응하는 상호적 효도관념도 시민들에게 세대 간 관계 발전의 핵심으로 자리 잡은 반면, 권위적 효도관념은 근래에 일정한 상승세를 보이기는 하지만, 처음부터 끝까지 일관되게 부차적 지위에 머물러 있다는 사실을 발견했다. 후안닝(胡安宁, 2017)은 대륙에서도 상호적 효도가 권위적 효도의 지위를 초월했을 뿐 아니라, 대륙 주민의 부모 부양 행위에 더 광범위한 영향을 미치고 있다는 사실을 발견했다. 그러나 후안닝의 연구는 단지 2006년 단일 시점의 중국종합사회조사 자료만을 사용했기 때문에, 대륙에서 효도관념의 전반적인 변화를 분석할 수 없다. 이장에서는 2006년과 2017년 두 차례의 중국종합사회조사 자료를 사용해 이원적 효도가 중국 대륙에서 변화하는 과정을 더 깊이 있게 분석할 것이다.

위의 글에서 예광휘 등이 제기한 현대화로의 전환이 이원적 효도에 미치는 서로 다른 영향과 최근 중국사회의 매우 빠른 사회변화 과정을 기초로, 우리는 시간의 흐름에 따라 중국인들이 점차 계급적 권위에 기초한 권위적 효도를 폐기하고, 평등 호혜적 입장에 기초한 상호적 효도를 형성해 갈 것이라고 판단하면서, 다음과 같은 연구 가설을 제기한다.:

가설1: 상호적 효도는 시간의 흐름에 따라 지속적으로 지위가 상승하고, 권위적 효도는 시간의 흐름에 따라 지속적으로 지위가 하락할 것이다.

이 외에도 차오웨이춘과 예광휘는 타이완 지역에서 실시한 연구에서, 상호적 효도가 사회의 주도적 효도관념으로 자리 잡아서, 서로 다른 성별, 연령 및 사회경제적 지위를 가진 타이완인들로부터 광범위하게 인정받고 있다고 주장했다. 그러나 상호적 효도관념에 대한 각종 인구학적 특징과 사회경제적 특징의 해석력은 매우 작다(2014). 이와 반대로, 권위적 효도는 이미 부차적인 위치로 내려앉았고, 현재는 남성과 고령자 그리고 사회경제적 지위가 비교적 낮은 사람들에게만 영향을 미치고 있다. 권위적 효도에 대한 각종 인구학적 특징과 사회경제적 특징의 해석력은 비교적 강하다. 이들이 밝혀낸 연구 결과를 참고해, 우리는 중국인의 효도관념을 연구하면서 다음과 같은 연구 가설을 제기한다.:

가설2: 성별, 연령 등 인구학적 특징과 교육, 수입, 도시 및 농촌 등의 사회경제적 특징의 권위적 효도에 대한 해석력은 매우 강하지만, 상호적 효도에 대한 해석력은 비교적 약하다.

3. 효도관념이 쌍방향적 세대 간 지원에 미치는 영향

이원적 효도의 변동 추세 및 이 변화에 영향을 미치는 요인에 대한 분석 외에, 이장의 또 다른 하나의 연구 중점은 효도관념이 세대 간의 쌍방향 지원에 미치는 영향이다. 이에 관해 후안닝(2017)은 이미 이원적 효도와 자녀의 부모 부양 간의 관계에 대해 깊이 있는 연구를 진행했다. 그는 상호적 효도는 부모와 자녀 사이에 두터운 감정을 바탕으로 형성되기 때문에, 자녀의 부모에 대한 정서적 지원을 제고하는데 도움이 되며, 이에 비해 권위적 효도는 외재적 책임과 의무를 더 중요시하기 때문에 감정적 지원에 미치는 영향은 크지 않지만, 경제적 지원처럼 상대적으로 공식적인 부모 부양 행위에 대해서는 더 강한 구속력을 갖는다고 인식한다. 2006년의 중국종합사회조사 자료를 바탕으로, 후안닝은 위에서 언급한 가설을 검증했다. 그러나 다소 아쉬운 점은 그는 자녀의 부모 부양 행위만 분석했을 뿐, 부모의 성년자녀에 대한 지원은 포함하지 않았다는 사실이다. 근래의 많은 연구 결과에 따르면, 현대 중국 가정의 세대 간 지원은 이미 뚜렷하게 쌍방향적 특징을 띠고 있음이 드러났다. 성년자녀들이 경제와 일상생활 그리고 정서적 측면에서 부모에게 매우 광범위한 지원을 제공하고 있으며, 부모 또한 성년자녀들에게 다양한 형식의 각종 지원을 제공하고 있다는 사실이 밝혀졌다. 그렇다면 이런 도움은 효도관념의 영향을 받은 것이 아닐까?

통상적으로 말하자면, 효도는 자녀의 부모 부양만을 의미하며, 부모의 자녀에 대한 지원은 포함하지 않는다. 그러나 우리는 효도에 대한 이런 이해는 전면적이지 않다고 판단한다. 먼저, 권위적 효도에 관해 말하자면, 부모와 자녀 모두에게 각자의 역할과 의무에 무조건적으로 복종할 것을 강조한다. 자녀의 의무는 부모 부양이고, 부모의 의무는 자녀 양육이다. 그러나 중국에서 부모의 자녀 양육 책임은 자녀가 성인이 된다고 해서 끝나는 것이 아니다. 많은 부모의 눈에 자녀의 결혼을 돕고 나이 어린 손자녀를 돌보는 것 또한 부모가 다해야 할 의무다. 이런 책임윤리의 압박 아래 부모들은 자녀들이 성인이 된 후에도 계속해서 다양한 형식의 도움을 제공한다(杨善华, 贺常梅, 2004).

둘째, 상호적 효도에 관해 말하자면, 부모와 자녀의 관계에서 양쪽의 대등한 관계를 강조하며 두터운 감정을 바탕으로 상대방이 어려움에 직면했을 때 도움의 손길을 내민다(曹惟纯,叶光辉, 2014). 이런 측면에서 말하자면, 자녀의 부모에 대한 지원만 필수가 아니라 부모의 자녀에 대한 지원 또한 받아들여지고 인정받아야 한다. 만약 부모와 자녀 모두 이 효도 윤리를 인정한다면, 세대 간 지원은 반드시 쌍방향적 호혜로 표출될 것이다. 근래 중국 가정의 세대 간 관계에 관한 많은 실증 연구가 이런 사실을 증명해 주고 있다(许琪, 2017; 狄金华,郑丹丹, 2016; Hu, 2017).

위에서 서술한 내용을 종합하면, 효도관념은 자녀의 부모 부양에 영향을 미치고 또 동시에 부모의 자녀 도움에도 영향을 미친다고 우리는 판단한다. 이에 더해 후안닝의 이원적 효도와 자녀의 부모 부양행위에 대한 이론 분석을 참고하여, 우리는 권위적 효도가 쌍방의 경제적 지원에 미치는 영향이 큰 반면, 상호적 효도는 쌍방의 정서적 지원에 대한 영향이 더 크다고 판단한다. 일상생활 측면에서의 세대 간 지원은 정서적, 의무적 특징을 아울러 지니고 있어서, 후안닝의 방법을 참고해 우리는 일상생활 측면에서는 권위적 효도와 상호적 효도의 영향을 동시에 받았다고 판단하고 있다. 이를 바탕으로, 이장은 다음과 같은 연구 가설을 제기한다.:

가설 3: 권위적 효도는 쌍방의 경제적 지원을 높이는데 도움을 주고, 상호적 효도는 쌍방의 감정적 지원을 높이는데 도움을 주며, 일상생활 측면에서는 부모와 자녀 세대 모두 권위적 효도와 상호적 효도의 영향을 동시에 받았다.

4. 효도관념이 행복감에 미치는 영향

마지막으로 이장에서는 효도관념이 두 세대, 즉 부모와 자녀 세대의 행복감에 미치는 영향을 연구하려 한다. 이런 측면의 연구를 위해 참고할 만한 기존의 연구 결과는 극히 적다. 우리는 이 문제를 다음과 같은 두 가지 측면에서 분석하려 한다.

첫 번째 분석 주제는 효도관념이 행복감에 미치는 직접적 영향이다. 예광휘와 많은 심리학자들의 후속 연구에서 권위적 효도는 일상적으로 자아를 억압하고, 권위에 순종할 것을 강조하는 등 부정적 심리상태와 행위를 표출하게 한다. 따라서 권위적 효도는 효도전통에서 상대적으로 적극적 측면을 대표한다(Yeh, 2003; 傅绪荣, 汪凤炎, 陈翔, 等, 2016). 적극적 정서가 주관적 행복을 제고할 수 있고 반대로 소극적 정서는 행복감에 부정적 영향을 끼치는 점을 고려해, 우리는 권위적 효도는 사람들의 주관적 행복감을 떨어뜨리는 반면 상호적 효도는 행복감을 확연하게 높이는 작용을 한다고 판단했다.

이 외에도 예광휘는 평등호혜의 기초 위에서 형성된 상호적 효도는 현대사회의 주류적 가치와 잘 어울리지만, 권위적 효도는 계급질서를 강조하기 때문에 독립적이고 자주적인 현대사회의 정신과 전혀 어울리지 않는다고 지적한다. 중국사회가 이미 여러 부문에서 현대화로의 전환을 겪고 있다는 점을 고려해, 우리는 상호적 효도가 현대 중국사회에서 세대 간 관계의 가치에 더 부합하다고 판단하기 때문에, 이런 효도관념을 지닌 사람들의 행복감이 비교적 강하고, 권위적 효도를 인정하는 것은 행복감을 느끼는데 부정적 영향을 준다고 판단한다.

그러나 권위적 효도가 강조하는 자아에 대한 억압과 권위에의 순종 등 부정적 심리 경향은 주로 자녀를 겨냥한 것이다. 따라서 노부모와 비교해 자녀들이 독립적이고 자주적이며 평등호혜적인 현대정신을 수용할 가능성이 더 크다. 이 때문에 우리는 권위적 효도의 행복감에 대한 부정적 영향과 상호적 효도의 행복감에 대한 긍정적인 영향이 자녀들의 표본에서 표출될 가능성이 더 크다고 판단해 다음과 같은 연구 가설을 제기한다.:

> 가설4: 권위적 효도는 행복감에 확연한 부정적 영향을 끼치지만, 상호적 효도는 행복감에 뚜렷한 긍정적 영향을 미치는데, 이런 영향은 주로 부모에게 나타나지 않고 자녀들에게서 나타난다.

두 번째 분석 주제는 효도관념이 세대 간의 쌍방향 지원을 통해 행복감의 형성에 미치는 간접적 영향이다. 앞에서 서술한 것처럼, 권위적 효도의 주요 기능은 세대 간 경제지원을 제고하는 것이지만, 상호적 효도의 주요 기능은 세대 간의 정서적 지원을 제고하는 것이다. 이러한 두 가지 지원이 모두 중요하기는 하지만 행복감에 미치는 영향은 서로 다르다. 많은 연구에 따르면, 감정적 지원을 주거나 받는 것은 모두 행복감의 형성에 뚜렷하게 적극적 영향을 주지만(Chen & Silverstein, 2000; Krause, 1997), 쌍방향 경제적 지원이 행복감의 형성에 미치는 영향에 대해서는 여전히 논쟁 중이다(王萍, 李树茁, 2011). 일부 연구에서는 노인들이나 자녀들이 경제적 지원을 받으면 일상에서 경제적으로 필요한 것들을 만족할 수 있기 때문에, 이들의 행복감에 뚜렷하게 영향을 미친다고 주장한다(Norris & Murell, 1984; Krause, 1986). 그렇지만 일부 학자들은 경제적 지원을 받으면 지나친 의존감이나 자신의 생활에 대한 박탈감을 느낄 수 있어서 행복감을 떨어뜨릴 수 있다고 판단한다(Dean,Kolody & Ensel, 1989). 이 외에도 한편으로 경제적 지원은 제공자에게 경제적 압력을 가할 수 있어서 행복감을 떨어뜨릴 수 있다(Mutran & Reitzers, 1984). 다른 한편으로 경제적 지원은 제공자 개인의 자아와 자신감을 높일 수 있어서 행복감의 상승으로 이어질 수 있다(Stoller, 1985). 결론적으로, 기존의 연구는 쌍방향 경제적 지원과 행복감 간의 관계는 그렇게 뚜렷하지 않다. 따라서 권위적 효도의 주요 기능이 세대 간 쌍방향 경제적 지원을 촉진시킨다면, 이것이 행복감 제고에 미치는 영향은 아마 매우 제한적일 것이다. 지금까지 분석을 토대로, 우리는 이장의 마지막 연구 가설을 제기한다.:

가설 5: 상호적 효도는 세대 간 쌍방향 감정적 지원 경로를 통해 두 세대의 주관적 복지감을 높이지만, 권위적 효도가 세대 간 지원을 통해 행복감에 미치는 영향은 매우 작다.

5. 자료, 변수와 분석 방법

5.1. 자료

이장에서는 2006년과 2017년 두 차례 진행된 중국종합사회조사 자료를 사용해 연구를 진행할 계획이다. 중국종합사회조사는 중국인민대학중국조사와 자료중심이 설계하고 실시한 전국적 규모의 종합적인 사회조사이다. 이 조사는 2003년에 공식적으로 시작되었는데, 매년 또는 2년에 한 번씩 전국적 범위에서 18세 및 그 이상 성년 중 약 1만 여명의 표본을 선택해 조사를 진행했다. 각각의 조사에서 거의 같은 표본 추출의 틀과 방법을 사용했기 때문에 각각의 조사 표본 간에 강한 비교성이 존재한다. 여기에 더해 중국종합사회조사 자료의 표본 수가 비교적 많고 연속성 또한 길어서, 현 단계에서 중국사회의 변화를 분석하는데 있어서 반드시 필요한 자료로 인정받고 있다. 중국종합사회조사 2006과 20017은 모두 하나의 가정 모델을 설계하고 전적으로 동일한 문제를 사용해서 대상자의 효도관념 및 부모와 자녀 간의 교류 상황을 측정하였기 때문에 이장에서 연구하는 효도의 변화와 이것이 세대 간 지원 및 행복감에 미치는 영향을 분석하는데 편리한 점이 있다.

그러나 2006년과 2017년의 자료는 전체 방문 대상자 중 1/3의 설문만을 선택했으며, 이 표본을 대상으로 분석을 진행했다. 2006년의 자료 중 설문에 대답한 대상자는 3,208명인데, 자료로서 가치를 상실한 표본을 제외하고 남은 표본 수는 2,930명이다. 2017년의 자료 중 설문에 대답한 대상자는 4,127명인데, 자료로서 가치를 상실한 표본을 제외하고 남은 표본 수는 3,838명이다. 두 차례의 조사에서 가치 상실 자료의 비율은 모두 10% 이내이며, 우리는 표본으로서의 가치를 상실한 자료는 폐기하는 방식(case-wise deletion)으로 부실자료 문제를 처리했다. 이 외에도 다중 대체법(multiple imputation)을 사용해 가치 상실 자료를 보완했으며, 이를 통해 얻은 결론과 가치 상실 자료를 직접 폐기한 가치가 일치한다는 사실을 발견했다. 지면의 한계로 아래 글에서는 자료 폐기 방식에 기초한 분석 결과만 보고할 것이다.

마지막으로 설명할 점은 자료 중 일부 대상자의 부모가 모두 사망하거나 생존한 성년자녀가 없는 경우, 이런 자료는 세대 간 쌍방향 지원을 분석하는데 방해가 된다. 때문에 이런 상황을 예방하기 위해 우리는 한 가정의 자녀와 부모의 표본을 조립했다. 즉, 대상자의 부모가 모두 사망하지 않은 경우에만 이들 자녀의 표본을 사용했다. 두 차례의 조사 중 이런 조건을 만족시킨 대상자는 모두 3,810명이었는데, 이 중에서 2006년 대상자는 1,900명, 2017년 대상자는 1,910명이다. 이들 자녀 표본을 바탕으로 우리는 이들의 부모에 대한 지원 및 이들이 부모로부터 받은 지원을 분석할 수 있었다. 만약 대상자가 적어도 한 명의 생존한 성년자녀를 거느리고 있으면, 부모의 자료를 자녀의 자료에 대입시켰다. 두 차례의 조사 중, 이런 조건을 만족시킨 대상자는 모두 3,552명이었는데, 이 중에서 2006년 대상자는 1,250명, 2017년 대상자는 2,302명이다. 이들 부모 표본에 기초하여, 우리는 이들이 자녀에게 제공한 도움 및 이들이 자녀로부터 받은 지원을 분석할 수 있었다.[1] 자녀 표본과 부모 표본을 각각 따로 분석하면서 통계 모델 중의 통제변수에서 약간의 차이가 발생할 수 있는데, 이점에 대해서는 다음 글에서 상세하게 소개할 예정이다.

5.2. 변수

⑴ 효도관념. 2006년과 2017년의 중국종합사회조사는 완전히 동일한 여섯 개의 설문을 사용해 대상자의 효도에 대한 이해를 조사하였다: ①부

---

[1] [원주] 주의해야 할 점은, 자녀의 표본과 부모의 표본 중 일부가 중합(重合)되어, 일부 대상자가 위에는 노인, 아래에는 자녀가 위치해 있다는 것이다. 그러나 이런 상태에 있는 표본 수가 많지 않아서, 이장에서는 이들에 대한 전문적인 연구를 진행하지 않았다.

모의 양육에 대한 은혜에 감사하는 마음이다. ②부모가 자신을 어떻게 나쁘게 대하더라도 여전히 부모에게 효도한다. ③개인의 목표를 포기하고 부모의 희망을 달성하기 위해 노력한다. ④부모를 부양해 그들의 생활이 더 편안해 지도록 노력한다. ⑤자녀들은 당연히 부모를 영예롭게 하는 일을 해야 한다. ⑥대를 잇기 위해 적어도 아들을 한 명 가져야 한다. 각각의 설문은 모두 일곱 개 항의 선택지(1=전혀 동의하지 않는다; 2=상당히 동의하지 않는다; 3=일부 동의하지 않는다; 4=동의 여부에 관심없다; 5=일부 동의한다; 6=상당히 동의한다; 7=전적으로 동의한다)로 구성했다. 차오웨이춘과 예광휘(2014) 및 후안닝(2017)의 방식을 참고로 탐색적 요인을 사용하여 여섯 개 설문 중에서 추출한 대상자의 권위적 효도와 상호적 효도, 두 측면에서의 점수를 분석할 것이며, 구체적 분석 과정은 아래 글에서 제시하겠다.

(2) 세대 간 쌍방향 지원. 2006년과 2017년의 중국종합사회조사는 대상자 모두에게 동일하게 지난 1년 이내에 자녀 또는 부모에게 지원하거나, 자녀 또는 부모로부터 지원받은 세 유형의 사회적 지원에 대해 질문하였다: ①금전적 지원 ②요리나 가사도움 또는 아이나 다른 가족 돌봄 ③고민거리 상담 및 들어주기. 이 세 유형의 지원은 각각 경제적 지원, 일상생활 지원 및 정서적 지원에 대응하고 있음이 분명하다. 중국종합사회조사에서 이 세 유형의 세대 간 지원의 강도는 '전혀 없음'에서 '매우 자주'까지 다섯 등급으로 분류하였다. 분석 과정에서는 1점부터 5점까지 가치를 부여했는데, 점수가 높을수록 세대 간 지원이 발생할 확률이 더 높음을 표시한다.

(3) 행복감. 2006년과 2017년의 중국종합사회조사는 다섯 유형의 리커트 척도(Likert scale)를 적용해 대상자의 주관적 행복감을 측정했다. 분석 과정에서 1점부터 5점까지 가치를 부여했는데 가치가 높을수록 대상자가

행복하다는 사실을 보여주고 있다.

(4) 통제변수. 모형 분석 과정에서, 우리는 대상자의 많은 인구학적 특성과 사회경제적 특성을 통제변수로 대입시켰다. 예를 들면, 성별, 연령 및 주택의 면적, 민족, 결혼상황, 호적 현황, 교육정도, 수입대수와 지역 등이다. 이 외에도 효도의 변천과 세대 간 지원 및 행복감이 시간의 흐름에 따라 변화하는 추세를 연구하기 위해 조사연도를 통제변수로 모형에 대입했다.

마지막으로 설명하고자 하는 것은 자녀 표본과 부모 표본에 대해 단독으로 연구하는 과정에서 사용한 통제변수가 조금 다를 수 있다는 점이다. 위에서 서술한 일반적으로 통용되는 변수 외에, 자녀들의 표본을 분석하는 과정에서 대상자의 형제 및 자매 수, 부모의 평균 연령, 최고 교육정도, 혼인상황 및 부모와의 동거 여부를 통제했다. 이 외에도 자녀 표본 중의 혼인 상황에서 이혼과 배우자 사망 두 항목의 표본이 매우 적어서 이 두 항목을 하나로 병합했다. 부모 표본 분석 과정에서는 대상자의 인구학적 특성 및 사회·경제학적 특성을 통제한 것 외에도, 아들과 딸의 수, 자녀의 평균 연령, 자녀와의 동거 여부 등 네 가지 사항의 특성을 통제했다. 이 외에도, 부모 혼인상황에서 미혼과 이혼의 사례가 너무 적어, 이 두 유형을 하나로 병합했다.

5.3. 분석 방식

이장의 자료 분석은 네 단계로 나누어 진행했다.

제1단계, 2006년 및 2017년의 두 차례 중국종합사회조사 자료의 기본 상황에 대한 통계적 기술을 진행했다. 이 단계에서 우리가 주목한 점은 효도관념과 세대 간 쌍방향 지원 및 행복감의 시간의 흐름에 따른 변화 추세이며, 이 자료는 후속 모델 분석을 위한 단단한 기초가 되었다.

제2단계, 이원적 효도에 영향을 미치는 요인에 대한 모형 분석을 진행했다. 권위적 효도와 상호적 효도가 상호 독립적이지 않다는 사실을 고려해서, '외형적비관련성회귀'(seemingly uncorrelated regression) 방식을 분석 방법으로 사용했다. 정상적인 선형회귀모델과 비교해, '외형적비관련성회귀모델'은 모델의 잔류오차(residual error) 간의 관련성을 분석할 수 있어서, 모델에 대입되지 않았지만 권위적 효도와 상호적 효도에 모두 영향을 미치는 방해 요인들을 좀 더 효과적으로 통제할 수 있다.

제3단계, 자녀 표본과 부모 표본을 따로 사용해 이원적 효도관념이 세대 간 쌍방향 지원에 미치는 영향을 연구했다. 자녀의 부모 지원과 부모의 자녀 지원 간에 매우 강한 관련성이 있다는 사실을 고려하고, 동시에 경제적 지원, 일상생활 돌봄 및 정서적 지원 사이의 관계도 서로 연관성이 있기 때문에, 이 부분에서도 '외형적비관련성회귀모델'을 주요한 분석의 도구로 사용했다.

마지막 단계, 선형회귀모델을 사용하여 효도관념이 행복감에 미치는 직접 영향과 세대 간 지원을 통한 행복감에의 간접적 영향에 대해서도 분석했다. 이런 영향이 부모와 자녀, 두 세대에게 미치는 차이를 구분하기 위해, 자녀 표본과 부모 표본에 대해 따로 모델 분석을 진행했다. 여기서 설명할 점은, 자료에서 행복감은 하나의 순차변수(Sequenced variable)이기 때문에 통상적으로 '순차로짓회귀(Sequential Logit Regression)모델'을 적용해 분석했다는 것이다. 그러나 서로 다른 '순차로짓회귀모델'에서는 회귀계수를 직접 비교할 수 없기 때문에(洪岩璧, 2015), 선형회귀모델을 적용했다. 이 외에도 '순차로짓회귀모델'을 경험하면서, 동시에 회귀계수를 조정해 그 결과를 비교해 볼 수 있도록 했다.

6. 분석 결과

6.1. 서술적 통계 분석

표 8-1은 효도의 여섯 개 측정 지표의 시간의 흐름에 따른 변화 추이를 표현한 것이다. 이 표에서는 2006년과 2017년 자료의 모든 대상자들이, '부모에 감사', '부모 환대', '일상생활의 편안함' 및 '부모를 명예를 빛내다' 등 네 개 지표에서 높은 점수를 획득했다. 이 지표의 가치들이 시간의 흐름에 따라 뚜렷하게 상승세를 드러내고 있음을 발견했다. 이런 결과와 비교해, 대상자들은 '염원 달성'과 '혈통을 잇다'의 두 개 지표상의 평균값은 비교적 낮았으며 시간의 흐름에 따라 이 가치가 지속적으로 하락하는 것을 발견할 수 있었다. 후안닝(2017)은 상호적 효도가 '부모에 감사', '부모 환대', '일상생활의 편안함', '부모의 명예를 빛내다' 등의 네 개 지표에 대응하는 것이고, '염원 달성', '혈통을 잇다'의 두 개 지표는 권위적 효도에 대응한다고 판단한다. 이를 통해, 일찍이 2006년에 상호적 효도가 이미 권위적 효도를 초월해 중국인들에게 있어서 세대 간 관계의 핵심으로 자리 잡았고, 시간의 흐름에 따라 상호적 효도의 핵심적 지위는 더 확고해졌지만, 권위적 효도는 지속적으로 쇠퇴하는 추세에 있다는 사실을 발견할 수 있다. 따라서 표 8-1의 통계 결과를 통해 보면, 이장의 가설 1은 자료에 의해 검증받았다고 말할 수 있다.

이 외에도, 표 8-1에서는 권위적 효도에 대응하는 두 개 지표의 평균값이 비교적 작은 반면 표준오차는 비교적 크지만, 상호적 효도에 대응하는 네 개 지표의 평균값은 비교적 크고 표준오차는 비교적 적음을 볼 수 있다. 차오웨이춘과 예광휘(2014)의 타이완지역에 관한 상관 자료의 분석에서도 유사한 결과가 발견되었다. 이들은 상호적 효도가 이미 타이완지역에서 보편적으로 받아들이는 가치관으로 자리 잡았고, 이 때문에 상호적 효도는 서로 다른 집단 사이의 이산(离散) 정도가 비교적 작았지만, 권위적 효도는 서로 다른 집단 사이에서 인식 편차가 비교적 커서, 이산 정도가 컸다고 주장한다. 이장의 대륙, 즉, 중국 본토 지역 자료에 대한 서술적 통계 역시 이런 결과를 다시 한 번 검증해주고 있다.

표 8-1 조사연도별 효도에 대한 측량 지표의 서술적 통계

	2006		2017		t검증	
	평균	표준차	평균	표준차	T가치	중요도
부모에 감격	6.0	0.9	6.3	0.9	9.2	***
부모를 잘 돌봄	5.8	0.9	5.9	1.1	3.2	**
소원성취	4.7	1.4	4.0	1.7	14.9	***
일상이 행복함	5.8	0.9	6.2	0.9	13.2	***
명예를 높임	5.6	1.0	5.7	1.1	1.5	
종족보존	4.5	1.5	4.1	1.8	8.5	***
표본수	2,930		3,838		6,768	

주: 분석 결과에는 가중치가 이미 포함되어 있음. $^*p<0.05$, $^{**}p<0.01$, $^{***}p<0.001$.

권위적 효도와 상호적 효도가 시간의 흐름에 따라 변화하는 추세를 더 효과적으로 분석하기 위해, 위에서 서술한 효도 지표 여섯 개 항에 대한 요인 분석했다.(표 8-2 참고) 후안닝(2017)의 방법을 참고해, 우리는 '분산최대회전법'(方差最大旋转法, Maximum variance rotation method)을 사용했는데, 그 결과는 여섯 개 관측지표가 두 개의 공약수에 대응하고 있음을 보여준다. 공약수 1은 '부모에 감사', '부모 환대', '일상생활의 편안함', '부모의 명예를 빛내다'의 네 개 지표에서 비중이 비교적 컸는데, 이들 지표가 모두 자녀와 부모의 정서적 연계를 강조하고 있는 점을 고려해, 우리는 이것을 상호적 효도라고 명명했다. 공약수 2는 '염원 달성', '혈통을 잇다'의 두 개 지표에서의 비중이 비교적 컸는데, 이 두 개 지표가 모두 자녀의

책임과 의무를 강조하고 있는 점을 고려해, 우리는 이것을 권위적 효도라고 명명했다. 분석 결과는 이 두 개의 공약수가 원래 자료 중의 64% 변화를 해석 가능하게 해주었다는 사실을 보여주고 있다. 상호적 효도에 대응하는 네 가지 측량 지표의 신뢰계수가 0.78인 것과 비교해, 권위적 효도에 대응하는 두 가지 개 측량 지표의 신뢰계수는 0.45^2 인데, 이런 결과는 모두 후안닝의 보고 결과와 매우 근접해 있다.

표 8-2 효도에 대한 요인 분석 결과

	요인1 (상호적 효도)	요인2(권위적 효도)
부모에 감격	0.85	−0.05
부모를 잘 돌봄	0.78	0.09
소원성취	0.08	0.75
일상이 행복함	0.83	0.04
명예를 높임	0.62	0.39
종족보존	−0.01	0.82
특정한 가치	2.42	1.40
신뢰도 계수	0.78	0.45
누적해석변화비율	0.64	

상호적 효도와 권위적 효도의 요인이 점수를 획득한 이후, 우리는 자녀 표본과 부모 표본 중에서 이 두 가지 요인의 점수가 시간의 흐름에 따라 변하는 추세를 서술하였는데, 그 결과는 표 8-3과 표 8-4에서 보는 것과 같다. 이 외에도 표 8-3 과 표 8-4에서는 세대 간 쌍방향 지원, 행복감 및 두 차례 조사 중 사용된 기타 통제변수의 기본 상황을 서술했다. 자녀

---

2 [원주] 권위적 효도의 신뢰계수가 비교적 낮은 이유는, 효도 측면을 조립할 때 단 2개의 관측 지표만을 사용했기 때문이다. 이 때문에 비교적 낮은 계수값 자체는 권위적 효도의 공통인수에 대한 신뢰도 측량에 의문을 제기할 증거로 삼기에는 부족하다고 말할 수 있다.

표본이든 부모 표본이든 관계없이 권위적 효도는 시간이 흐르면서 분명하게 하락 추세에 있는 반면, 상호적 효도는 시간이 흐르면서 지속적으로 상승세에 있음을 발견할 수 있다. 이에 더해, 세대 간 쌍방향 지원과 일상생활에서의 지원 그리고 정서적 지원은 시간이 흐르면서 더 강화되며, 부모와 자녀 세대의 연락은 점점 더 긴밀해지고, 이와 동시에 사람들의 행복감 또한 시간이 흐르면서 분명히 상승 추세에 있다는 점이 드러난다.

통제변수 측면에서, 대상자의 많은 인구학적 특성과 사회경제학적 특성 그리고 가정 특성 또한 시간의 흐름에 따라 비교적 명확한 변화가 발생했다. 예를 들면, 대상자의 교육 정도와 소득이 시간의 흐름에 따라 증가하고, 형제자매의 숫자와 자녀의 숫자는 시간의 흐름에 따라 지속적으로 감소하며, 또 부모의 교육 수준이 시간이 흐르면서 계속해서 높아진다는 사실 등 이다. 이런 결과는 모두 우리의 예측과 완전히 일치한다. 그러나 다음의 두 측면의 자료에서는 이론적 예측과 그다지 일치하지 않는 결과가 드러났다. 하나는 2017년의 자료에서 도시 호적을 가진 대상자의 비율이 2006년의 그것에 비해 낮은데, 아마도 2006년 조사에서 도시 표본에 대해서는 표본 수를 기준보다 많이 모집했기 때문일 것으로 추정된다. 두 번째는 자녀 표본 중에서 부모와의 동거 비율이 시간의 흐름에도 변하지 않은 것이다. 이런 결과는 중국 가정의 핵심화 추세와 분명히 부합하지 않는다. 우리는 이 결과가 2006년에서 2017년에 이르기까지 대상자의 형제자매 숫자가 확연하게 감소한 것이 주요한 원인이라고 판단한다. 통상적으로 말하자면, 중국의 부모는 자녀 중의 한 명을 선택해 함께 거주하기 때문에, 형제자매의 숫자가 감소한 후에는 각각의 자녀가 부모와 동거할 수 있는 기회가 크게 증가한다. 기존의 중국 가정 구조에 대한 연구에서, 많은 학자들이 이 문제에 대해 토론했다. 이들은 출산율이 하락하는 상황에서 자녀가 부모와 동거하는 비율로 가정의 핵심화 출현 여부를 판단하는 것은 적절하지 않으며, 당연히 부모가 자녀와 동거하는 비율을 사용해야 한다고 판단한다(郭志剛, 1987). 표 8-4에서는, 이 비율이 시간이 흐르면서 명확하게 하락하는 추세가 드러난다. 이런 결과는 기존의 연구 결과와 완전히 일치한다.

표 8-3 조사 연도를 구분해 분석한 자녀 표본 중 각 변수에 대한 서술적 통계

	2006		2017		t검증/χ2검증	
	평균/백분율	표준차	평균/백분율	표준차	t가치/χ^2가치	중요도
권위적 효도	0.8	0.9	-0.3	1.1	9.0	***
상호적 효도	-0.1	1.0	0.2	0.9	13.5	***
부모에 대한 경제적 지원	2.8	1.1	2.9	1.2	1.9	
부모에 대한 일상생활 지원	2.8	1.1	3.0	1.1	5.9	***
부모에 대한 정서적 지원	2.9	0.9	3.2	0.9	8.5	***
부모의 경제적 지원 획득	1.9	1.1	2.4	1.2	9.0	***
부모의 일상적 지원 획득	2.4	1.3	2.8	1.3	7.1	***
부모의 정서적 지원 획득	2.5	1.1	2.9	1.0	9.3	***
행복감	3.5	0.7	3.	0.8	13.8	***
성별						
남성	50.0		49.1		0.2	
여성	50.0		50.9			
연령	37.0	10.9	35.6	11.6	3.2	**
민족						
한족	94.4		93.0		1.8	
기타 민족	5.7		7.0			
혼인상황						
미혼	13.1		24.8		52.7	***
혼인	84.4		72.3			
이혼 또는 배우자 사망	2.6		2.9			
호적 상황						
농촌 호적	57.3		62.7		8.0	**
도시와 읍 호적	42.7		37.3			
교육정도	9.1	3.5	11.5	4.0	16.3	***
수입대수	7.7	2.8	8.3	4.3	4.2	***

남자형제수	1.4	1.2	0.8	1.0	13.0	***
여자형제수	1.5	1.3	0.8	1.1	13.6	***
부모 평균연령	66.3	12.4	63.1	14.5	6.1	***
부모 교육정도	5.4	4.2	7.7	4.4	13.6	***
부모 혼인상황					2.8	
혼인	69.6		72.6			
기타	30.4		27.4			
부모와의 동거					0.0	
예	32.1		32.0			
아니오	67.9		68.0			
지역					29.1	***
동부	37.3		46.8			
중부	39.2		29.9			
서부	23.5		23.3			
표본수	1,900		1,910		3,810	

주: 가중치를 부여한 분석 결과: 연속적 변수에 대해서는 t 검증, 유형별 분류 변수에 대해서는 χ^2 검증; *$p<0.05$, **$p<0.01$, ***$p<0.001$.

표 8-4 조사 연도를 구분해 분석한 부모 표본 중 각 변수에 대한 서술적 통계

	2006		2017		t검증/χ^2검증	
	평균/백분율	표준차	평균/백분율	표준차	t가치/χ^2가치	중요도
권위적 효도	0.3	0.8	0.1	1.0	7.2	***
상호적 효도	-0.2	1.0	0.2	1.0	9.5	***
자녀의 경제적 지원 획득	2.5	1.2	2.7	1.2	3.6	***
자녀의 일상생활 지원 획득	2.6	1.1	2.8	1.1	3.5	**
자녀의 정서적 지원 획득	2.7	1.0	3.0	1.0	6.4	***
자녀에게 경제적 지원	2.4	1.3	2.4	1.3	0.4	
자녀에게 일상생활 지원	2.9	1.3	3.0	1.4	2.5	*
자녀에게 정서적 지원	2.9	1.0	3.0	1.0	3.8	***
행복감	3.4	0.7	3.9	0.8	13.6	***
성별						
남성	49.7		47.0		1.6	
여성	50.3		53.1		–	
연령	53.7	7.7	58.2	10.5	12.4	***
민족						
한족	95.9		91.6		14.4	***
기타 민족	4.1		8.4			

혼인상황						
혼인	93.1		86.0		33.1	***
배우자 사망	5.7		9.6			
기타	1.2		4.4			
호적						
농촌 호적	62.8		67.2		5.2	*
도시와 읍 호적	37.2		32.8			
교육 정도	6.9	4.0	7.8	4.4	5.3	***
수입 대수	7.5	2.6	8.3	3.7	6.2	***
아들 수	1.3	0.8	1.1	0.9	5.0	***
딸 수	1.1	1.0	0.9	1.0	3.2	**
자녀 평균연령	27.1	6.5	32.4	9.4	16.8	***
자녀와의 동거여부						
예	50.4		42.8		12.2	***
아니오	49.6		57.2			
지역						
동부	29.2		40.4		39.4	***
중부	47.5		35.4			
서부	23.4		24.2			
표본수	1,250		2,302		3,552	

주: 가중치를 부여한 분석 결과: 연속적 변수에 대해서는 t 검증, 유형별 분류 변수에 대해서는 검증 χ2 검증; *p<0.05, **p<0.01, ***p<0.001.

6.2. 이원적 효도의 영향 요인 분석

이 부분에서 우리는 외형적비관련성회귀분석을 사용해 이원적 효도에 영향을 미치는 요인들에 분석할 것이다. 표 8-5에서는 남성, 높은 연령의 대상자가 권위적 효도를 인정할 가능성이 크며, 한족이 소수민족과 비교해 권위적 효도에 수용도가 비교적 낮고, 이혼자는 권위적 효도를 받아들일 가능성이 거의 없다. 사회경제적 특성 측면에서 보면, 도시 호적에, 교육 정도가 높고, 소득이 높으며, 중국의 동부지역에 거주하는 대상자의 권위적 효도에 대한 수용도가 비교적 낮았다. 이런 결과는 사회경제적으로 빠르게 발전하는 사회에서 권위적 효도의 쇠퇴가 발생하는 중요한 원인을 어느 정도 설명해 준다. 이 외에도 위에서 서술한 변수를 통제한 후에도 권위적 효도는 여전히 시간이 흐르면서 뚜렷한 하락 추세를 보여주고 있다. 이런 결과는 가설 1의 예측과 완전히 일치한다.

상호적 효도에 대해 말하자면, 각 변수의 해석력이 확연하게 비교적 약하다. 인구학적 특성으로 보면, 단지 민족 성분만이 상호 적 효도에 뚜렷한 영향을 주고 있다. 사회경제적 특성으로 보면, 소득과 지역, 이 두 요인만 상호적 효도에 일정한 해석력을 지니고 있다. 그러나 거주 지역이 상호적 효도와 권위적 효도에 미치는 영향은 완전히 상반된다. 중서부지역과 비교해, 동부지역의 상호적 효도에 수용도는 훨씬 높았다. 이 외에도, 기타 변수를 통제한 후 상호적 효도는 여전히 시간이 흐르면서 매우 뚜렷하게 상승세를 보였다. 이런 결과는 이런 효도관념이 사회의 현대화 전환과 함께 지속적으로 증가한다는 연구 가설을 다시 한 번 검증해 주고 있다.

마지막으로, 두 개 모형의 $R2$에서는 대상자의 사회경제적 특성과 인구학적 특성을 합하면 권위적 효도의 총 변화 17.0%를 모두 해석할 수 있으며, 상호적 효도 측면에서 보면 $R2$는 단지 0.035 일 뿐이다. 이런 결과는 상호적 효도가 이미 서로 다른 성별, 연령 및 사회경제적 지위를 가진 사람들 사이에서도 광범위하게 받아들여지고 있으며, 반대로 권위적 효도는 보수적 관념을 지닌 일부 사람들에게 일정한 영향력을 지니고 있다는 점을 나타낸다. 따라서 대상자의 인구학적 및 사회경제학적 특성은 이원적 효도 모형을 해석하는데 강력한 영향을 지니고 있다는 사실을 충분히 설명해 준다. 위에서 서술한 결과를 종합하면, 이장의 가설 1과 가설 2 모두 자료의 검증을 받았다고 말할 수 있다.

표 8-5 외형적비관련성회귀모델을 사용한 이원적 효도의 영향 요인 분석

	권위적 효도	상호적 효도
남성	0.212***	−0.006
	(0.023)	(0.025)
연령	0.011*	0.000
	(0.005)	(0.005)
연령범위	−0.000	−0.000
	(0.000)	(0.000)
한족	−0.143**	−0.208***
	(0.046)	(0.049)
혼인상황(미혼=0)		
혼인	0.041	0.049
	(0.041)	(0.043)
이혼	−0.246*	0.054
	(0.097)	(0.102)
배우자 사망	−0.246*	0.054
	(0.097)	(0.102)
도시/읍 호적	0.024	0.069
	(0.074)	(0.078)
교육정도	−0.109***	0.035
	(0.027)	(0.028)
수입대수	−0.053***	0.003
	(0.003)	(0.004)
지역(동부=0)		
중부	0.198***	−0.106***
	(0.027)	(0.028)
서부	0.188***	−0.155***
	(0.031)	(0.032)
2017년	−0.302***	0.320***
	(0.024)	(0.026)
절편	0.367**	0.128
	(0.115)	(0.122)
R^2	0.170	0.035
표본수	6,768	6,768

주: 괄호 안의 숫자는 표준오차; 이미 가중치가 부여된 분석 결과; *$p<0.05$, **$p<0.01$, ***$p<0.001$.

6.3 효도관념이 세대 간 쌍방향 지원에 미치는 영향

계속해서 우리는 이원적 효도관념이 세대 간 쌍방향 지원에 미치는 영향에 대해 좀 더 깊이 분석할 것이다. 대상자의 서로 다른 신분을 고려해, 세대 간 쌍방향 지원의 강도와 영향을 미치는 요인 또한 다소 차이가 있을 수 있지만, 이 때문에 우리는 자녀 중의 청년 표본과 부모 중의 중장년 표본에 대해 별도의 연구를 진행할 것이다.

표 8-6은 외형적비관련성회귀분석을 사용하여 자녀 표본 중에서 세대 간 쌍방향 지원을 분석하였는데, 기타 변수를 통제한 후 권위적 효도가 자녀의 부모에 대한 경제적 지원 그리고 자녀가 부모로부터 경제적 지원을 받을 가능성을 높이는데 도움이 된다. 그러나 권위적 효도가 세대 간 쌍방향의 일상생활 지원과 정서적 지원에 미치는 영향은 그다지 두드러지지 않았다. 이와 비교해, 상호적 효도가 자녀의 부모에 대한 경제적 지원, 일상생활 지원 및 정서적 지원에 미치는 영향은 매우 확실하고 적극적이었고, 이 외에도 상호적 효도는 자녀가 부모의 정서적 지원을 받는 측면에서도 확연한 촉진 작용을 했다. 그러나 기타 변수를 통제한 이후에 상호적 효도는 자녀가 부모의 경제적 지원 받는 측면에서 뚜렷하게 부정적 영향을 미쳤다. 이런 결과는 아마도 상호적 효도를 인정하는 자녀들이 경제적으로 부모에게 의존하는 것을 그다지 원하지 않았기 때문일 것이라고 판단한다. 종합적으로 말하자면, 표 8-6의 분석 결과에 따르면, 권위적 효도의 역할은 세대 간 쌍방의 지원을 촉진하는데 있고, 상호적 효도의 역할은 세대 간 쌍방의 정서 지원을 촉진하는데 있다. 쌍방의 일상생활 지원에 대해 말하자면, 상호적 효도 또한 일정한 적극적 기능을 하지만, 권위적 효도는 별다른 영향을 주지 못했다. 따라서 이장의 가설 3은 기본적으로 자료의 검증을 받았다고 말할 수 있다.

효도관념 외에도, 표 8-6에는 대상자의 인구학적 특성과 사회경제학적 특성, 가정의 특성도 세대 간 쌍방향 지원에 뚜렷한 영향을 준다는 사실이 드러나 있다. 그러나 이러한 변수의 영향은 본 연구의 중점이 아니어서 자세하게 다루지는 않았다. 다만 한 가지 언급하고 싶은 점은, 기타 변수를 통제한 이후 부모와 자녀 세대의 경제, 일상생활 및 정서 등 세 측면의 지원 강도가 시간의 흐름에 따라 모두 상승 추세를 보여주고 있으며, 이런 현상은 중국 가정의 세대 간 쌍방의 연계가 점점 더 긴밀해지고 있으며, 따라서 현대화이론이 주장하는 신속한 사회전환 과정에서 세대 간 관계가 점점 더 느슨해지는 상황이 중국에서는 출현하지 않았다는 사실이다.

표 8-6 외형적비관련성회귀모델을 사용한 이원적 효도의 영향 요인 분석

	부모에게 지원			부모로부터 지원 받음		
	경제	생활	정서	경제	생활	정서
권위적 효도	0.087***	−0.014	0.007	0.035*	0.008	0.020
	(0.018)	(0.018)	(0.016)	(0.017)	(0.019)	(0.017)
상호적 효도	0.043*	0.061***	0.120***	−0.040*	0.010	0.107***
	(0.018)	(0.017)	(0.016)	(0.017)	(0.018)	(0.017)
남성	0.050	−0.136***	−0.137***	0.008	0.125**	−0.044
	(0.037)	(0.036)	(0.032)	(0.035)	(0.038)	(0.035)
연령	0.068***	0.007	0.033***	−0.101***	−0.007	−0.003
	(0.012)	(0.011)	(0.010)	(0.011)	(0.012)	(0.011)
연령 범위	−0.001***	0.000	−0.000*	0.001***	−0.000	0.000
	(0.000)	(0.000)	(0.000)	(0.000)	(0.000)	(0.000)
한족	−0.012	−0.139*	−0.027	−0.003	−0.093	−0.001
	(0.071)	(0.070)	(0.062)	(0.068)	(0.074)	(0.068)
혼인상황(미혼=0)						
혼인	0.357***	−0.015	0.075	−0.233***	0.211***	0.018
	(0.060)	(0.059)	(0.052)	(0.057)	(0.062)	(0.057)
기타	0.241*	−0.062	0.056	0.075	0.434***	0.109
	(0.119)	(0.116)	(0.104)	(0.114)	(0.123)	(0.113)

도시/읍 호적	-0.109**	-0.074	-0.003	0.156***	-0.003	0.085*
	(0.041)	(0.040)	(0.036)	(0.040)	(0.043)	(0.039)
교육정도	0.026***	0.025***	0.031***	0.021***	0.015*	0.020***
	(0.006)	(0.006)	(0.005)	(0.006)	(0.006)	(0.006)
수입대수	0.064***	-0.003	0.007	-0.039***	0.008	0.004
	(0.005)	(0.005)	(0.004)	(0.005)	(0.005)	(0.005)
형제수	-0.009	-0.022	-0.008	-0.067***	-0.075***	-0.023
	(0.018)	(0.018)	(0.016)	(0.018)	(0.019)	(0.017)
자매수	0.001	-0.023	-0.011	-0.004	-0.037*	0.001
	(0.016)	(0.016)	(0.014)	(0.015)	(0.017)	(0.015)
부모연령	-0.002	0.009***	0.001	-0.005*	-0.007**	-0.003
	(0.002)	(0.002)	(0.002)	(0.002)	(0.002)	(0.002)
부모혼인상황	0.068	-0.011	-0.020	-0.271***	-0.202***	-0.090*
	(0.042)	(0.041)	(0.037)	(0.041)	(0.044)	(0.040)
부모와 동거	0.172***	0.686***	0.272***	0.158***	1.051***	0.256***
	(0.042)	(0.041)	(0.037)	(0.041)	(0.044)	(0.040)
부모교육정도	-0.018***	-0.007	0.012**	0.015**	0.005	0.009*
	(0.005)	(0.005)	(0.005)	(0.005)	(0.005)	(0.005)
지역(동부=0)						
중부	-0.100*	0.031	-0.129***	0.025	-0.031	-0.129***
	(0.041)	(0.040)	(0.036)	(0.039)	(0.042)	(0.039)
서부	-0.093*	0.120**	-0.076	0.026	-0.036	-0.085
	(0.046)	(0.045)	(0.040)	(0.044)	(0.048)	(0.044)
2017년	0.109**	0.189***	0.187***	0.272***	0.228***	0.252***
	(0.040)	(0.039)	(0.035)	(0.039)	(0.042)	(0.038)
절편	0.580**	1.836***	1.684***	4.711***	2.844***	2.629***
	(0.224)	(0.219)	(0.195)	(0.214)	(0.232)	(0.212)
R^2	0.137	0.103	0.089	0.299	0.314	0.101
표본수	3,810	3,810	3,810	3,810	3,810	3,810

주: 괄호 안의 숫자는 표준오차; 이미 가중치가 부여된 분석 결과; *$p<0.05$, **$p<0.01$, ***$p<0.001$.

표 8-7에 표시된 것은 외형적비관련성회귀모델을 사용해 부모 표본 중 세대 간 쌍방향 지원을 분석한 결과다. 기타 변수 통제 이후 권위적 효도는 부모가 자녀로부터 경제적 지원을 받을 가능성이 현저하게 높아지지만, 자녀로부터 일상생활 지원과 정서적 지원을 받을 가능성에는 뚜렷한 영향을 미치지 못하는 것으로 드러났다. 이 외에도 권위적 효도관념은 부

모의 자녀에 대한 지원을 촉진시키지 못했으며, 부모의 자녀에 대한 정서적 지원 역시 뚜렷하게 하락했다. 상호적 효도의 영향이라는 측면에서 보면, 부모가 자녀로부터 받는 경제적 지원이 하락한 반면, 자녀의 일상생활 지원과 정서적 지원의 제고에는 확연하게 긍정적 영향을 주었으며, 부모의 자녀에 대한 일상생활 지원과 정서적 지원 제고에도 영향을 미쳤다. 앞에서 서술한 내용을 종합하면, 표 8-7은 권위적 효도의 적극적 영향은 주요하게는 경제적 지원이라는 측면에서 긍정적 역할을 담당하고, 상호적 효도는 세대 간의 쌍방향 정서적 지원과 일상생활에서의 지원이라는 측면에서 일정한 촉진작용을 수행한다. 따라서 이장의 가설 3은 자료를 통해 한 걸음 더 나아가 검증을 받았다고 말할 수 있다.

효도관념 외에도, 표 8-7에서는 많은 통제변수들이 세대 간 쌍방향 지원에 확연한 영향을 끼쳤지만, 지면의 제한 때문에 다시 설명하지는 않겠다. 다만 주의를 기울일 필요가 있는 점은 기타 변수 통제 이후 부모가 자녀로부터 지원을 받든 또는 자녀를 지원하든, 두 측면 모두 시간이 흐르면서 확연한 상승세가 드러났다는 것이다. 이런 결과는 중국 가정의 세대 간 교류가 신속한 빠른 전환 과정에서 쇠퇴하고 있다는 어떤 징조도 드러나지 않고 있으며, 세대 간 쌍방향 지원은 과거보다 더 빈번해지는 현상이 발생하고 있다는 사실을 말해 준다.

표 8-7 외형적비관련성회귀모형을 사용해 부모 표본 중 세대 간 쌍방향 지원에 대한 분석 결과

	자녀로부터 지원 받음			자녀에게 지원		
	경제	생활	정서	경제	생활	정서
권위적 효도	0.097***	0.012	−0.003	0.039	−0.009	−0.050
	(0.022)	(0.020)	(0.019)	(0.022)	(0.024)	(0.019)
상호적 효도	−0.041*	0.038*	0.113***	−0.036	0.081***	0.115***
	(0.019)	(0.018)	(0.016)	(0.020)	(0.021)	(0.016)

남성	0.031	−0.008	−0.161***	−0.053	−0.316***	−0.247***
	(0.041)	(0.038)	(0.035)	(0.041)	(0.044)	(0.035)
연령	0.187***	−0.018	0.032*	−0.190***	0.113***	−0.015
	(0.018)	(0.016)	(0.015)	(0.018)	(0.019)	(0.015)
연령범위	−0.002***	0.000	−0.000	0.002***	−0.001***	0.000
	(0.000)	(0.000)	(0.000)	(0.000)	(0.000)	(0.000)
한족	−0.156	−0.011	−0.038	−0.028	−0.288***	−0.107
	(0.080)	(0.074)	(0.068)	(0.081)	(0.086)	(0.068)
혼인상황(혼인=0)						
배우자 사망	0.295***	0.237***	0.172**	−0.082	−0.044	0.010
	(0.076)	(0.070)	(0.065)	(0.077)	(0.082)	(0.065)
기타	0.061	−0.247*	−0.099	0.016	−0.187	−0.163
	(0.113)	(0.105)	(0.097)	(0.115)	(0.123)	(0.097)
도시/읍 호적	−0.006	−0.001	0.012*	0.031***	−0.000	0.016***
	(0.047)	(0.044)	(0.040)	(0.048)	(0.051)	(0.040)
교육정도	−0.006	−0.001	0.012*	0.031***	−0.000	0.016***
	(0.006)	(0.005)	(0.005)	(0.006)	(0.006)	(0.005)
수입대수	−0.033***	−0.009	−0.005	0.030***	−0.004	0.007
	(0.006)	(0.006)	(0.005)	(0.007)	(0.007)	(0.005)
아들수	−0.013	−0.082***	−0.082***	−0.025	−0.107***	−0.104***
	(0.026)	(0.024)	(0.022)	(0.027)	(0.028)	(0.022)
딸 수	0.021	0.074***	0.062***	0.025	−0.078***	0.018
	(0.022)	(0.020)	(0.018)	(0.022)	(0.023)	(0.018)
자녀평균연령	0.036***	0.012**	−0.001	−0.040***	0.001	−0.016***
	(0.005)	(0.005)	(0.004)	(0.005)	(0.005)	(0.004)
자녀와 동거 여부	0.143***	0.653***	0.317***	0.364***	0.927***	0.341***
	(0.039)	(0.036)	(0.033)	(0.039)	(0.042)	(0.033)
지역(동부=0)						
중부	−0.029	−0.075	−0.035	−0.027	−0.019	−0.056
	(0.046)	(0.043)	(0.039)	(0.047)	(0.050)	(0.039)
서부	−0.008	0.169***	−0.011	0.049	0.024	−0.120**
	(0.053)	(0.049)	(0.045)	(0.054)	(0.058)	(0.045)
2017년	0.087*	0.121**	0.228***	0.211***	0.180***	0.181***
	(0.044)	(0.041)	(0.038)	(0.045)	(0.048)	(0.038)
절편	−3.575***	2.555***	1.720***	8.580***	0.010	3.823***
	(0.529)	(0.488)	(0.451)	(0.535)	(0.572)	(0.451)
R^2	0.144	0.27	0.084	0.220	0.167	0.131
표본수	3,552	3,552	3,552	3,552	3,552	3,552

주: 괄호 안의 숫자는 표준오차; 이미 가중치가 부여된 분석 결과; *$p<0.05$, **$p<0.01$, ***$p<0.001$.

6.4. 효도관념이 행복감에 미치는 영향

마지막으로 우리는 효도관념이 부모와 자녀세대의 행복감에 미치는 영향을 분석했는데, 표 8-8은 자녀 표본에 대한 분석 결과를 보여주고 있다. 모형 1에서는 기타변수 통제 이후 권위적 효도가 자녀 세대의 행복감을 뚜렷하게 떨어뜨리는 사실을 볼 수 있으며, 상호적 효도는 반대로 자녀 세대의 행복감을 뚜렷하게 높여준다는 사실을 알 수 있다. 따라서 가설 4는 자료의 검증을 받았다고 말할 수 있다. 계속해서 우리는 모형 1을 기초로 자녀가 부모에게 제공한 세 측면의 지원 및 부모로부터 받은 세 측면의 지원을 각각 대입시켰는데, 이것이 바로 모형 2와 모형 3이다. 이 두 개의 모형에서는 세대 간 지원을 통제한 이후, 권위적 효도의 영향에 거의 변화가 없었다. 이런 결과는 세대 간 지원이 권위적 효도가 행복감에 영향을 미치는 중요한 요인이 아니라는 점을 설명해 준다. 그러나 세대 간 지원에 대한 통제 이후, 상호적 효도의 영향은 약간 하락했다. 이런 결과는 상호적 효도가 세대 간 지원에 영향을 행사하는 방식을 통해 간접적으로 자녀세대의 행복감에 영향을 미친다는 사실을 설명해 준다. 세대 간 지원이 행복감에 미치는 영향의 측면에서 보면, 경제적 지원과 일상생활 지원이 미치는 영향은 매우 적지만, 정서적 지원이 행복감에 미치는 영향은 매우 뚜렷한 상승작용을 일으켰다. 뿐만 아니라, 자녀가 부모에게 정서적 지원을 하든 아니면 부모의 정서적 지원을 받든 모든 경우에 행복감이 크게 높아졌다. 앞글의 분석은 상호적 효도가 세대 간 쌍방향 정서적 지원을 뚜렷하게 높여주는 사실을 보여준다. 이 때문에 우리는 상호적 효도가 자녀세대의 행복감에 미치는 적극적 영향 중 일부는 정서적 지원을 통해 촉진된다고 판단한다.

표 8-8 선형회귀모델을 사용해 자녀세대의 행복감을 분석한 결과

	모델1	모델2	모델3
권위적 효도	−0.034*	−0.036*	−0.035*
	(0.017)	(0.016)	(0.016)
상호적 효도	0.064***	0.054***	0.057***
	(0.016)	(0.016)	(0.016)
부모에게 경제적 지원		0.022	
		(0.015)	
부모에게 일상생활 지원		0.009	
		(0.017)	
부모에게 정서적 지원		0.071***	
		(0.020)	
부모로부터 경제적 지원 받음			0.006
			(0.017)
부모로부터 일상생활 지원 받음			−0.013
부모로부터 정서적 지원 받음			0.069***
			(0.018)
남성	−0.126***	−0.117***	−0.122***
	(0.032)	(0.032)	(0.032)
연령	−0.039***	−0.043***	−0.038***
	(0.010)	(0.010)	(0.010)
연령범위	0.001***	0.001***	0.001***
	(0.000)	(0.000)	(0.000)
한족	−0.060	−0.057	−0.061
	(0.067)	(0.068)	(0.068)
혼인상황(미혼=0)			
혼인	0.225***	0.212***	0.228***
	(0.058)	(0.057)	(0.058)
기타	−0.107	−0.116	−0.109
	(0.092)	(0.093)	(0.094)
도시/읍 호적	−0.029	−0.026	−0.036
	(0.036)	(0.036)	(0.036)
교육정도	0.026***	0.023***	0.024***
	(0.005)	(0.005)	(0.005)
수입대수	0.010*	0.008	0.010*
	(0.004)	(0.005)	(0.005)
형제수	−0.006	−0.005	−0.005
	(0.015)	(0.015)	(0.015)

자매수	−0.004	−0.003	−0.005
	(0.014)	(0.014)	(0.014)
부모연령	−0.004*	−0.004*	−0.004*
	(0.002)	(0.002)	(0.002)
부모혼인	−0.024	−0.024	−0.024
	(0.037)	(0.037)	(0.037)
자녀와 동거 여부	−0.006	−0.035	−0.011
	(0.040)	(0.041)	(0.043)
부모교육정도	0.008	0.007	0.007
	(0.005)	(0.005)	(0.005)
지역(동부=0)			
중부	−0.030	−0.019	−0.022
	(0.037)	(0.037)	(0.037)
서부	−0.090*	−0.084*	−0.085*
	(0.041)	(0.041)	(0.041)
2017년	0.292***	0.274***	0.276***
	(0.037)	(0.036)	(0.038)
절편	4.088***	3.939***	3.915***
	(0.205)	(0.206)	(0.209)
R^2	0.127	0.137	0.134
표본수	3,810	3,810	3,810

주: 괄호 안의 숫자는 표준오차; 이미 가중치가 부여된 분석 결과; *$p<0.05$, **$p<0.01$, ***$p<0.001$.

표 8-9는 부모 표본에 대한 분석 결과를 보여주고 있다. 모형 4에서 볼 수 있는 것처럼 기타변수를 통제한 이후, 권위적 효도가 부모의 행복감에 미치는 영향은 그다지 크지 않았지만, 상호적 효도가 행복감에 미치는 영향은 뚜렷하게 상승했다. 따라서 가설 4 부분은 검증이 되었다. 계속해서, 모형 4를 기초로 세대 간 쌍방향 지원을 한층 더 통제했다. 모형 5와 모형 6에서는 세대 간 쌍방향 지원을 통제한 이후, 상호적 효도가 행복감에 미치는 적극적 영향이 하락했으며, 통계 검증 결과도 그다지 두드러지지 않은 것으로 드러났다. 세대 간 지원이 행복감에 미치는 측면에서 보면, 정서적 지원이 쌍방향으로 진행될 때에만 행복감이 뚜렷하게 상승

하는 작용을 일으켰다. 상호적 효도가 쌍방향 지원을 뚜렷하게 상승시킨다는 연구 결론을 종합하면, 상호적 효도가 부모의 행복감에 적극적인 영향을 미치는 일부 요소는 정서적 지원에서 비롯된 것이라고 판단할 수 있다. 표 8-10에서는 효과값의 분석 결과를 볼 수 있는데, 정서적 지원이 상호적 효도가 부모의 행복감에 영향을 미치는 하나의 중요한 매개요소임을 알 수 있다. 따라서 이장의 가설 5는 자료의 검증을 받았다고 할 수 있다.

마지막으로, 표 8-8과 표 8-9에서는 많은 통제변수 또한 행복감에 뚜렷하게 영향을 미친다는 사실을 확인할 수 있다. 특히 주의할만한 점은 부모와 자녀세대의 행복감은 시간이 흐르면서 뚜렷하게 상승곡선을 그렸다는 것이다. 이러한 사실은 빠른 사회전환 과정에서 중국인들이 점점 더 행복해지고 있다는 사실을 설명한다.

표 8-9 선형회귀모델을 사용해 부모세대의 행복감을 분석한 결과

	모델4	모델5	모델6
권위적 효도	0.019	0.017	0.023
	(0.018)	(0.018)	(0.018)
상호적 효도	0.036*	0.031	0.027
	(0.016)	(0.016)	(0.016)
자녀로부터 경제적 지원 받음		0.021	
		(0.015)	
자녀로부터 일상생활 지원 받음		0.018	
		(0.018)	
자녀로부터 정서적 지원 받음		0.048*	
		(0.019)	
자녀에게 경제적 지원			−0.000
			(0.015)
자녀에게 일상생활 지원			−0.007
			(0.014)
자녀에게 정서적 지원			0.082***
			(0.018)

남성	-0.029	-0.022	-0.011
	(0.033)	(0.033)	(0.033)
연령	-0.028*	-0.033*	-0.026
	(0.014)	(0.014)	(0.014)
연령범위	0.000	0.000*	0.000
	(0.000)	(0.000)	(0.000)
한족	-0.095	-0.089	-0.088
	(0.065)	(0.065)	(0.065)
혼인상황(미혼=0)			
혼인	-0.105	-0.124*	-0.106
	(0.055)	(0.056)	(0.055)
기타	-0.261**	-0.253**	-0.249**
	(0.091)	(0.092)	(0.091)
도시/읍 호적	-0.000	-0.001	-0.014
	(0.039)	(0.039)	(0.039)
교육정도	0.023***	0.023***	0.022***
	(0.005)	(0.005)	(0.005)
수입대수	0.015**	0.016**	0.015**
	(0.005)	(0.005)	(0.005)
아들수	-0.013	-0.007	-0.005
	(0.023)	(0.023)	(0.023)
딸수	0.005	-0.000	0.003
	(0.018)	(0.018)	(0.017)
자녀평균연령	0.013***	0.012**	0.014***
	(0.004)	(0.004)	(0.004)
자녀와 동거여부	0.027	-0.003	0.005
	(0.033)	(0.033)	(0.034)
지역(동부=0)			
중부	-0.093*	-0.089*	0.088*
	(0.037)	(0.037)	(0.037)
서부	-0.095*	-0.098*	-0.085*
	(0.044)	(0.043)	(0.044)
2017년	0.335***	0.320***	0.321***
	(0.038)	(0.038)	(0.038)
절편	3.868***	3.815***	3.558***
	(0.427)	(0.438)	(0.450)
R^2	0.109	0.116	0.117
표본수	3,552	3,552	3,552

주: 괄호 안의 숫자는 표준오차; 이미 가중치가 부여된 분석 결과; *$p<0.05$, **$p<0.01$, ***$p<0.001$.

표 8-10 이원적 효도가 행복감에 미치는 직접적, 간접적 영향

	자녀표본		부모표본	
	권위적 효도	상호적 효도	권위적 효도	상호적 효도
총효과	−0.034*	0.064***	0.019	0.036*
	(0.017)	(0.016)	(0.018)	(0.016)
직접효과1	−0.036*	0.054***	0.023	0.027
	(0.016)	(0.016)	(0.018)	(0.016)
간접효과1	0.002	0.010***	−0.004	0.009**
	(0.002)	(0.003)	(0.002)	(0.003)
경제적 지원함	0.002	0.001	−0.000	0.000
	(0.001)	(0.001)	(0.001)	(0.001)
일상생활 지원함	−0.000	0.001	0.000	−0.001
	(0.000)	(0.001)	(0.000)	(0.001)
정서적 지원함	0.000	0.009*	−0.004	0.009***
	(0.001)	(0.003)	(0.002)	(0.003)
직접효과2	−0.035*	0.057***	0.017	0.031
	(0.016)	(0.016)	(0.018)	(0.016)
간접효과2	0.001	0.007**	0.002	0.005*
	(0.002)	(0.002)	(0.002)	(0.003)
경제적 지원 받음	0.000	−0.000	0.002	−0.001
	(0.001)	(0.001)	(0.002)	(0.001)
일상생활 지원 받음	−0.000	−0.000	0.000	0.001
	(0.000)	(0.000)	(0.000)	(0.001)
정서적 지원 받음	0.001	0.007**	−0.000	0.005*
	(0.002)	(0.002)	(0.001)	(0.002)

주: 자녀 표본 중의 직접효과 1과 간접효과 1은 모형 2의 토대위에서 분석한 결과이며, 직접효과 2와 간접효과 2는 모형 3의 토대위에서 분석한 결과다. 부모 표본 중의 직접효과 1과 간접효과 1은 모형 6을 토대로 분석한 결과이며, 직접효과 2와 간접효과 2는 모형 5를 토대로 분석한 결과다.; *$p<0.05$, **$p<0.01$, ***$p<0.001$.

7. 결론과 토론

효는 중화민족의 뛰어난 문화적 전통 중에서 매우 중요한 위치를 차지하고 있으며, 중국인의 가정생활과 개인의 행복에 영향을 미치는 중요한 요인이다. 이장에서는 예광휘가 제기한 이원적 효도 모델을 기초로

2006년과 2017년 두 차례에 걸쳐 진행된 중국종합사회조사의 자료를 결합시켜 권위적 효도와 상호적 효도의 시간의 흐름에 따른 변화 추세와 이 두 종류의 효도관념이 세대 간 쌍방향 지원과 부모와 자녀세대의 행복감에 미치는 영향에 대해 분석했다. 연구결과에 따르면, 상호적 효도가 이미 중국인들이 보편적으로 받아들이는 효도관념으로 자리매김했고, 시간이 흐르면서 중국인들의 상호적 효도에 대한 수용도도 지속적으로 상승했다. 이에 비해 권위적 효도는 시간이 흐르면서 현저하게 쇠퇴하는 경향을 보여주고 있다. 현재 상황에 비추어 평가하면 남성과 비교적 높은 연령 그리고 사회경제적 지위가 비교적 낮은 집단에서 지지 받고 있다는 것을 알 수 있었다. 권위적 효도와 상호적 효도 모두 세대 간 쌍방향 지원에 두드러지는 영향을 미치고 있는데, 이 두 종류의 효도관념이 영향을 미치는 방식은 다소 다르게 나타난다. 권위적 효도는 경제적 지원 측면에서 두드러지게 적극적인 영향을 미치고 있었지만, 쌍방향 생활지원과 쌍방향 정서적 지원 측면에서 미치는 영향은 극히 미미했다. 이에 비해 상호적 효도의 주요한 역할은 쌍방향 정서적 지원 측면에서 두드러졌으며, 쌍방향 일상생활 지원 측면에서도 일정하게 적극적 영향을 미친다는 것이 연구결과에서 발견되었다. 마지막으로, 행복감에 대한 연구에서 상호적 효도는 부모와 자녀 두 세대의 행복감을 높이는데 도움이 되었고, 권위적 효도는 자녀의 행복감을 저해하는 기능을 한다는 점을 찾을 수 있었다. 상호적 효도는 한 개인의 행복을 촉진하는 하나의 중요한 기제로서 쌍방향 정서적 지원을 뚜렷하게 높여주며, 경제적 지원 및 일상생활 지원과 비교할 때, 쌍방향 정서적 지원은 부모와 자녀 두 세대의 행복감 제고 측면에서 좀 더 뚜렷한 영향을 주고 있다는 점을 발견했다.

이장의 윗글에서 분석한 내용은 이론과 방법상의 문제 두 가지 측면에서 모두 기존의 연구 성과를 일정 정도 확장했다. 첫째, 방법적 측면에서, 이장은 11년의 시차(時差)를 두고 실시된 두 차례의 중국종합사회조사 자료를 사용했다. 이 방법은 기존의 현장 조사와 단일 시점에 기반한 단면적 조사의 결함을 상당 정도 보완했다. 이 외에도, 이장은 모델 분석 과정에서 더 엄밀한 '외형적비관련성회귀모델'을 사용해 효도관념이 행복감에 미치는 직접효과와 간접효과에 대해 상세하게 해석했다. 이 방법은 모두 기존 연구자들의 연구방법을 더욱 개선한 것이다.

둘째, 이론적 측면에서, 이장은 이원적 효도 모형을 이용해 효도의 내적 함의에 대해 더욱 전면적인 평가를 진행했으며, 효도의 영향을 분석하면서 세대 간 쌍방향 지원을 포함시켰다. 이런 시도는 연구의 내용이 더 전면적이고 충실할 수 있을 뿐 아니라, 일정 정도 기존 연구에서 드러난 분열과 충돌을 봉합 및 해결하는 역할을 담당했을 것으로 자부한다. 앞에서 언급한 것처럼, 중국 가정에서 효도관념의 변천에 관한 기존의 연구에서는 '효도의 쇠퇴'와 '효도의 연속'이라는 두 가지 서로 다른 관점이 존재한다. 우리는 이러한 관점의 차이가 나타나게 된 중요한 원인은 기존 연구들이 효도의 서로 다른 다양한 측면들을 소홀히 했으며, 이런 다양한 측면들이 시간이 흐르면서 각각의 다양한 변화를 초래했다고 판단한다. 만약 효도의 권위적 측면을 고려한다면, 확실히 효도는 쇠퇴하고 있다고 말할 수 있다. 하지만 효도의 상호적 측면을 고려한다면, 완전히 다른 결론을 내릴 수 있다. 이장의 연구는 상호적 효도가 이미 권위적 효도를 대체해 중국 가정의 세대 간 관계에서 핵심적인 역할을 수행하고 있으며, 이런 결과는 중국의 신속한 사회전환 과정에서 평등호혜적 관념을 기초로 한 상호적 효도가 더 많은 사람들의 호응을 받고 있을 뿐 아니라, 일종의 사회제도로서 가정이 갖고 있는 강력한 내구성과 연속성을 어느 정도 설명해 주기도 한다. 상호적 효도의 사회적 지위와 역할 증대 외에도, 이런 가정의 내구성 또한 점점 더 긴밀해지는 가정 내 세대 간 관계에서 증명되고 있다. 종합하자면, 우리는 중국인들이 현대화이론이 예견한 것처럼 빠른 사회전환 과정에서 세대 간 관계를 폐기한 것이 아니라, 오히려 이런 예측과 반대로 관념적 측면에서든 행위적 측면에서든 세대 간 관계는 현대 중국에서 계속 이어지고 있을 뿐 아니라 강력한 생명력을 뽐내고 있다고 판단한다.

현대 중국사회에서도 세대 간 관계가 계속 이어져 발전하고 있다고 어느 정도 말할 수 있다. 그럼에도 불구하고 부인할 수 없는 점은 이런 현대의 세대 간 관계와 전통사회의 세대 간 관계 사이에는 커다란 차이가 있다는 사실이다. 한 측면에서, 권위적 효도의 쇠퇴와 상호적 효도의 역할 증가에 따라 세대 간 관계가 점차 평등해지고 있어서, 부모의 성년자녀에 대한 지원과 성년자녀의 부모 부양의 병존이 이러한 평등호혜를 지표로 삼고 있는 새로운 세대 간 관계를 가장 잘 증명해주고 있다. 다른 한 측면에서, 상호적 효도의 상승과 권위적 효도의 쇠퇴 현상과 함께 자연스러운 친족 간의 감정이 책임과 의무를 대체해 세대 간 쌍방향 교류관계 발전을 위한 전제이자 토대가 될 것이다. 우리는 행복감에 대한 연구에서 정서적 지원만이 개인의 행복을 제고하는데 적극적인 영향을 미친다는 사실을 발견했다. 이런 사실은 현대 중국 가정의 세대 간 관계는 두터운 정서적 기반 위에서 형성되거나 또는 현대 중국 가정의 세대 간 관계가 이미 뚜렷하게 정서적 교류에 바탕을 둔 방향으로의 전환이 이루어지고 있다는 사실을 설명한다.

셋째, 마지막으로 설명하고자 하는 점은, 자료와 필자의 연구 능력의 한계로 이장의 논의 또한 피할 수 없는 한계를 내포하고 있다는 것이다.

먼저, 자료의 한계로 우리는 2006년과 2017년의 두 차례 중국종합사회조사 자료만을 사용해 연구를 진행했다. 이 때문에 이 두 시점 사이에 효도관념에 어떠한 예사롭지 않은 변화가 발생했는지 관찰할 수 없었다. 이 외에도 2006년 이전, 즉 훨씬 이전 시기의 효도관념에 대해서도 알 수 없었다. 앞으로의 연구에서 시점 상의 거리가 더 길면서도, 조사 시간의 간격이 더 짧은 자료를 사용해 이 연구의 부족함을 매울 수 있었으면 하는 바람이다. 다음으로, 두 시점의 조사 자료만을 사용했기 때문에 이장에서는 효도 변천의 '시기', '연령' 및 '세대' 효과 등에 대해 더 깊이 있는 분석을 진행하기 어려웠다. 이 점 또한 후속 연구를 통해 완결될 수 있기를 기대해 본다. 셋째, 이 연구에서 사용한 두 차례 조사 자료는 모두 단면적 자료여서, 변수 간의 인과관계를 연구하는데 있어서 불가피하게 오류가 발생할 수밖에 없다. 우리는 모형 분석 과정에서 대상자의 인구학적, 사회경제적, 그리고 가정적 특성을 통제하기는 했다. 그러나 변수를 소홀히 한 위험은 여전히 존재한다. 앞으로 이완 관련된 추적조사 자료를 구할 수 있다면, 이장의 연구 결과에 대한 더욱 깊이 있는 검증이 가능할 것이다.

결론

미래의 가정 구조와 가정 양로

빠른 사회전환 과정에서, 중국의 가정 구조와 세대 간 관계가 어떻게 변화할 것인가는 매우 중요한 이론적 문제이며, 마찬가지로 한 개인의 행복, 조화로운 가정 및 사회의 안정과 관계된 중요한 현실 문제이다. 이 책은 구드의 가정 현대화이론에서 출발해, 기존의 중국 가정의 구조와 가정 양로 문제에 대한 연구를 검토한 후 이를 기초로 대규모의 표본 조사 자료와 통계 방법을 사용해 현대 중국 가정의 거주 방식 및 세대 간 관계에 대해 비교적 전면적인 분석과 평가를 진행했다. 주요하게는 중국 가정 구조의 변천과정, 다세대가정이 현대 중국에서도 계속 존재하고 있는 이유, 가정의 주거 안배에서 성별 차이와 가정 네트워크 및 자녀 없이 부모만 거주하는 상황이 중국의 노인들에게 미치는 진정한 영향, 딸의 양로 역할 증가, 가정 양로 기초의 변화, 세대 간 쌍방향 지원 및 이것이 노인들의 주관적 복지에 미치는 영향, 효도의 변화와 세대 간 관계의 변화 등의 주제가 본 연구에 포함되어 있다. 각각의 주제에 대한 연구 결론은 각장의 마지막 결론과 토론 부분을 참고하면 되기 때문에 반복하지 않는다. 여기서는 여섯 가지 측면에서 본연구의 주요 성과에 대해 종합하고 앞으로 진행될 중국 가정의 구조와 가정 양로 측면의 연구에 약간의 의견을 제시하고자 한다.

1. 명(名)과 실(實): 현대 중국 가정에서 변한 것과 변하지 않은 것

중국 전통의 가족 거주방식과 가정 양로가 빠른 사회전환 과정에서 발생한 변화가 이 책의 핵심 연구 주제였다. 이 책의 전체 연구 과정을 돌아보면서 이 문제에 답하는 데 있어서 '명'(名, 명분/명목)과 '실'(实, 실제/현실)의 두 측면을 구별할 필요가 있음을 느꼈다.

첫째, 가정의 구조와 가정 양로라는 겉으로 드러나 보이는 '명'의 측면에서 우리는 중국 전통의 확대가정제도가 다양한 방식으로 지속되고 있음을 발견했다. 먼저 가정의 구조 측면에서, 우리는 다세대가정이 현대 중국 가정의 중요한 유형 중 하나이며, 대다수 노인들이 자녀와의 동거 또는 자녀와 아주 가까운 거리에 사는 것을 택하며, 게다가 아들과 동거하는 남편 집 거주 전통이 유지되고 있는 사실을 확인했다. 다음으로 세대 간 관계 측면에서, 이 연구는 효도관념이 현대 중국의 가정에서 유지되고 있으며, 자녀들은 경제, 일상생활 및 정서적 측면에서 부모에게 여러 가지 강력한 지원을 제공하고 있으며, 대다수 노인들도 여전히 자녀들의 효행에 만족감을 표하고 있다는 사실을 발견했다. 우리는 현대 중국 가정의 거주방식과 세대 간 관계가 이런 연속성을 충분히 설명해 준다고 판단한다. 가정은 상대적으로 안정적인 사회제도이며, 빠르고 심각한 사회전환 과정에서도 가정 제도는 여전히 자신의 강력한 지속성을 보여주고 있다. 이런 가정의 내구성이 상당 정도 전통적 확대가정제도가 현대사회에서 지속적으로 생존 가능한 토양이 되었으며, 여전히 부모와 자녀 두 세대 심지어는 더 많은 세대의 사람들이 함께 하는 일상생활에서 대체불가능한 중요한 역할을 수행하고 있다.

둘째, 가정구조와 가정 양로의 본질, 즉 '실'의 측면에서 보면, 우리는 실제로 현대 중국 가정에서 매우 심각한 변화가 발생했다고 판단한다. 먼저 가정의 구조 측면에서 많은 노인들이 예전처럼 자녀와의 동거를 선택한다. 하지만 이런 거주 방식을 지탱해 주는 방식이 과거와 같은 다세대 동거라는 주관적 선호에 따른 것이 아니라, 부모세대와 자녀세대가 경제, 일상생활 및 정서적 측면에서 서로 협력하고 도와야 하는 객관적 필요성에 의해 결정된다는 사실을 발견했다. 다음으로 세대 간 관계의 측면에서 보면, 중국의 노인들이 여전히 자녀들의 각종 지원과 부양을 받고 있지만, 과거처럼 유예적[延時的] 세대 간 호혜를 강조했던 것과는 다르게 현대의 중국 가정은 즉각적인 교류의 공평을 강조하며, 부모가 성년자녀에게 경제적으로 그리고 손자녀 돌봄에서 도움을 제공할 수 있는지의 여부가 자녀의 부모 부양 수준을 결정하는 중요한 요인이라는 사실을 발견했다. 마지막으로 효도관념 측면에서, 현대 중국에서 효도전통이 과거처럼 성행하고 있지만, 현대의 효도는 과거의 '효도하고 또 순종한다'[既孝且順]는 전통적 의미에서 '효도하되 무조건적으로 순종하지는 않는다'[孝而不順]는 현대적 형태로 변하였다. 이를 통해 권위적 효도의 쇠퇴와 상호적 효도가 사회 전반의 주류적 위치를 차지하면서, 중국인의 세대 간 관계에 대한 인식과 실질적인 세대 간 교류 모두 매우 심각한 변화가 발생했음을 발견할 수 있다.

위에서 서술한 내용을 종합하면, 우리는 명목상의 연속과 실질적인 변화의 병존이 현대 중국 가정의 중요한 특징의 하나라고 판단한다. 이런 측면에서 현대 중국은 전통적 외형과 현대적 의미를 겸비한 일종의 혼합적 가정제도가 형성되었다 할 수 있다. 한편에서, 현대 중국 가정은 전통 가정의 역할 중에서 밀접한 세대 간 교류관계와 상호 협조라는 가정의 역할을 남겨두고, 다른 한편으로는 과감하게 전통 가정의 계급 질서와 권위에 대한 강조를 폐기하면서, 동시에 독립자주와 호혜평등의 현대적 정신을 효과적으로 수용했다. 이렇게 전통성과 현대성이 서로 뒤섞인 가정 변천의 경로는 장경섭이 제기한 '압축형' 현대화이론(Chang, 2010)과 지잉춘이 제기한 가정모자이크이론(Mosaic Theory, Ji, 2017)을 훌륭하게 검증했다. 이 두 이론은 모두 중국의 가정 변천이 단순하게 서구처럼 전통에서 현대로의 단선적 진화 경로를 밟은 것이 아니라 다원적이고 복잡한, 전통과 현대가 상호 교차하는 혼합가정모델이라고 판단한다. 이와 동시에, 우리는 명분과 실제라는 두 개의 측면에서 현대 중국 가정의 연속과 변천을 연구하는 것 또한 현재의 연구 성과에서 나타나는 이론적 불일치를 봉합하는데 도움이 될 것으로 판단한다. 이 책에서도 이미 현대 중국 가정의 변화에 대한 연구에서 의견의 불일치가 매우 크게 드러나고 있다고 지적했다. 일부 연구는 중국 가정의 변화 속도와 내용을 지나치게 강조하는 반면, 또 다른 연구는 전통 중국 가정이 현대에도 연속되고 있음을 지나치게 강조하기 때문이다. 이런 불일치가 발생하는 중요한 원인은 학자들이 '명분'과 '실제'라는 두 개의 서로 다른 측면에서 중국 가정의 변화를 바라보기 때문인데, 현대 중국 가정의 변화에 대한 전혀 다른 결론을 얻을 수밖에 없다. 실제로 이 두 종류의 관점 모두 결함이 있다. 따라서 앞으로의 연구에서는 명분과 실제, 두 측면을 동시에 고려할 때에만 중국 가정의 변화 방향과 경로에 대한 객관적이고 전면적인 인식이 가능할 것이다. 이 책은 이 분야에 대한 초보적인 연구를 진행했을 뿐이다. 이 주제에 관한 앞으로의 연구에서 더 많은 진전과 새로운 발견이 있기를 기대한다.

2. 앎과 행함: 관념과 행위의 변증법적 통일

명과 실이라는 두 측면에서의 가정 변화를 동시에 고려하는 것 외에도, 앞으로 관련 주제의 연구에서는 사람의 관념과 행위를 동시에 고려하는, 즉, 앎[知]과 행함[行]의 변증법적 통일을 이뤄내야 할 것이다.

통상적으로 말하자면, 어떤 사물에 대한 인간의 관념과 행위는 통일적이며, 이 때문에 학자들은 흔히 인간의 관념에 따라 그 행위를 예측하거나, 인간의 행위에 대한 연구를 통해 관념을 추측하게 된다. 그러나 우리가 가정문제를 연구하는 과정에서는 관념과 행위가 일치하지 않는 현상을 시시때때로 목격하게 된다. 이 때문에 위에서 언급한 불변의 원칙[金科玉律]이 가정 문제를 연구하는 영역에서 반드시 통용되지는 않는다. 이 책의 제1장에서 전통 중국 가정에 대한 일반적인 오해는 바로 중국의 가정이 연합가정으로 대표되는 대가정제인데, 실제로는 전통적 중국 가정의 규모는 그다지 크지 않아서 대략 5인 정도의 핵심가정이 주를 이뤘다고 지적한바 있다. 이렇게 사람들이 전통사회에서 대가정제에 대해 오해하게 된 주요 이유는 대가정제에 대한 주관적 기대만 관찰했을 뿐, 대가정을 형성하는 과정에서의 실질적인 어려움에 대해서는 연구를 소홀히 했기 때문이다(Cohen, 1992; 王跃生, 2000). 현대 중국 가정의 변화를 연구하는 과정에서도 이와 비슷한 현상이 나타날 수 있다. 예를 들면, 제2장에서 언급한 것처럼 일찍이 20세기 90년대의 많은 연구에서 중국인들이 점차 독립거주를 선호하는 현상이 발견되었다(Logan & Bian, 1999; Treas & Wang, 1993). 그러나 실제로는 많은 노인들이 여전히 자녀와 함께 생활했다. 그 이유는 당시의 인구유동이나 주택 구입 등에 관한 국가의 정책이 사람들의 주거 선택에 많은 제한을 가했기 때문이다(Logan, Bian & Bian, 1998). 사회가 발전하면서 당시의 정책적, 사회적 제한들이 대부분 해제되었고, 사람들의 관념도 점점 현대화되었다. 그런데 왜 여전히 다세대가정이 중국에서 이렇게 유행하고 있는가? 우리는 연구에서 노인들의 절박한 가정 양로 수요와 성년자녀들의 경제 및 손자녀 돌봄 측면에서의 점차 커지는 부모에의 의존이 함께 생활하게 되는 주요한 요인이라는 사실을 발견했다. 종합하면, 중국의 빠른 사회전환이 사람들의 독립거주에 대한 기대를 가져왔다. 그러나 이런 기대가 현실화 될 수 있는 조건이 아직 충족되지 않았기 때문에, 이런 관념의 빠른 현실화와 실제 상황에서 변화 속도의 지체(遲滯)도 앞에서 언급한 것처럼 중국의 가정에서 명분과 실제가 부합하지 않거나 또는 전통성과 현대성을 아울러 갖게 된 중요한 요인이다.

사람들의 관념과 행위 간의 차이에 관해 분석하는 것 외에, 앞으로의 연구는 이러한 차이들이 초래한 결과에 대해서도 관심을 기울여야 할 것이다. 제4장 노부부만 거주하는 가정에 대한 연구에서, 노부모의 자발적 독립거주는 노인들의 주관적 복지에 피해를 주지 않지만, 비자발적 독립거주는 노인들의 행복감에 현저한 피해를 준다는 사실을 발견했다. 이 외에도 우리는 독립거주를 선호하는 노부모들이 자녀와 어쩔 수 없이 동거하면, 노인들의 주관적 복지에도 피해가 있을 수 있다는 사실을 발견했다. 따라서 노인들의 거주방식과 이들의 행복감에 관한 측면에서 보면, 실제로 영향을 미치는 것은 주관적 거주 선호도나 실질적인 거주 방식이 아니라 부모와 자녀 사이의 견해의 일치이다. 기존 연구에서는 이 점에 대해 매우 소홀히 다뤘다. 그 이유는 대부분 노인들의 독립거주가 이들에게 미치는 부정적인 영향에만 지나치게 관심을 가지면서, 비자발적 거주가 노인들에게 미치는 손해에 대해서는 관심을 갖지 않았기 때문이다. 우리는 앞으로의 연구가 사람들의 주관적 선호와 실제 행위 간의 같고 다름에 대해 충분한 관심을 기울여야 하고, 그 원인과 가능한 결과들을 분석할 때만 중국 가정의 변천에 대해 더욱 전면적이고 깊은 이해가 가능해질 것이라고 판단한다.

그럼에도 특별히 지적하고 싶은 점은 인간의 관념과 행위를 하나의 통일적인 분석 틀에 대입시키는 것은 쉽지 않다는 것이다. 왜냐하면 관념과 행위 간의 인과관계를 이론적으로 설명하기 매우 어렵기 때문이다. 많은 연구는 관념이 행위를 추동하는 중요한 요인이라고 판단하고 있지만, 다른 한편으로, 심리학 연구에서 인간은 인지 조화적 경향(Festinger, 1957)을 지니고 있어서, 주도적으로 자신의 관념을 조정해 외부 환경에 적응해 간다고 지적했다. 앞에서 언급한 거주 선호와 실제 주거 행위의 관계에 대해 말하자면, 거주에 대한 선호도가 거주 행위를 결정한 것인지, 아니면 행위가 발생한 후 인간이 자신의 선호를 바꿔 행위와 일치시킨 것인지 매우 구분하기 어렵다. 제8장에서 효도관념과 세대 간 쌍방향 교류 행위 간의 관계를 분석할 때도 상호 간의 인과문제가 존재한다. 이 부분이 이 책의 부족한 점이다. 앞으로의 연구들은 이론과 방법 두 측면에서 더 노력해서 관념과 행위 간의 인과관계를 더욱 효과적으로 구별할 수 있기를 기대한다.

3. 은혜[恩]와 정감[情]: 세대 간 교환의 이중적 감정 논리

현대 중국 가정의 세대 간 교류와 가정 양로를 연구하면서 구분해야 할 또 다른 개념은 '은혜'와 '정감'이다. 여기서 말하는 '은혜'란 특별히 부모의 양육에 대한 은혜를 지칭하고, '정감'은 오랜 기간 함께 살면서 쌓인 자연스러운 친족 간의 정이다. 우리는 은혜와 정감 사이의 연관성도, 차별성도 중요하다고 판단한다. '은혜'와 '정감'은 세대 간 교류가 발생할 수 있는 두 종류의 독특한 감정논리이다.

  초기 연구에서 학자들은 '은혜'의 중요성을 강조했다. 페이샤오통(1983)은 중국 가정의 피드백모형을 논하는 과정에서, 부모의 미성년자녀 양육과 자녀의 노년 부모 부양 행위 간에 인과관계가 형성되고 자녀의 부모 부양은 부모의 양육의 은혜에 보답하기 위한 것이라고 주장했다. 그러나 우리가 부모의 자녀에 대한 은혜만 발견하고, 부모와 자녀 두 세대 사이에 존재하는 깊은 정을 발견하지 못한다면, 현대 중국 가정의 많은 세대 간 교류 현상을 이해하기 어렵다. 예를 들면, 딸의 부모 부양은 최근 들어 학계의 관심을 끌고 있는 가정현상인데, 자녀의 부모에 대한 보은 심리로는 해석하기 쉽지 않다. 왜냐하면 딸은 오랜 기간 양육과정에서 방치되어 있었고, 보은은 당연히 아들의 몫이어야 하기 때문이다. 그런데 왜 현실생활에서는 딸이 아들보다 더 부모를 자상하고 살뜰하게 보살피는가? 또 다른 예를 들자면, 부모의 성년자녀에 대한 경제 및 일상생활에서의 지속적인 지원이 근래 학계에서 뜨거운 논쟁의 초점이 되었다. 처음에 학자들은 이 현상을 보은의 대립적 측면으로만 파악했다, 즉 자녀들이 성년이 된 이후에도 부모들에게 의존한다는 것이었다. 그러나 최근의 연구에서는 노부모의 성년자녀에 대한 지원은 마음으로부터 우러나온 행위이며, 심지어 이런 지원을 제공한 이후 스스로 좀 더 만족하고 행복감을 느낀다는 사실이 발견되었다. 이 현상은 분명히 '은혜'의 해석 범위를 넘어선 것이며, '정감'을 대입시키지 않는다면 합리적 해석과 분석이 매우 어려워질 것이다.

  은혜와 정감 사이에 두 가지 중요한 차이가 있다. 먼저, 은혜는 매우 명확한 방향이 있다. 즉 부모가 자녀에게 주는 것 또는 선배가 후배에게 주는 것을 은혜[恩]라고 부르고, 자녀가 부모에게 또는 후배가 선배에게 주는 것은 보은(報恩)이라고 부른다. 정감은 쌍방향적이고 또 방향이 그리 뚜렷하지 않아서, 부모가 자녀에게 깊은 정감이 생길 수 있고, 자녀 또한 부모에게 깊은 정감이 생길 수 있다. 이런 상호적인 정감은 모두 차별이 없는 자연스러운 친족 간의 감정으로 두 세대, 즉 부모와 자녀 세대의 상호 관심과 지원을 촉발한다. 다음으로, 은혜와 보은은 부모와 자녀 모두 각자의 역할과 의무에 순종하는 과정에서 발생한다. 이 때문에 은혜의 작동 논리는 강제성을 띠고 있으며, 예광휘가 말한 권위적 효도에 매우 가깝다. 정감은 자연적이고 유동적이며 사회적 규범의 속박이 비교적 약하다. 정감의 작동 논리는 예광휘가 말한 상호적 효도에 훨씬 가깝다. 따라서 깊은 정감 위에서 형성된 세대 간 교류는 종종 쌍방향적이고 평등하며 호혜적 특성을 띤다.

우리는 은혜와 정감이라는 두 종류의 감정 논리를 결합해 현대 중국 가정의 세대 간 교류와 자녀의 부모 부양 행위를 좀 더 명확하게 해설할 수 있다고 판단한다. 한편으로 '은혜를 알고 보은'하는 심리가 여전히 중국 가정에 존재하고 있지만, 다른 한편으로 자연스러운 친족 간의 감정을 기초로 한 정감 논리 또한 세대 간 교류의 해석에서 점차 강력한 힘을 발휘하고 있다. 제5장 딸의 양로 행위 연구, 제6장 부양 조건의 연구 및 제7장 세대 간 호혜 관계의 연구에서 이미 이점을 충분히 설명했다. 예광휘는 이원적 효도 모형에 대해 논하면서, 권위적 효도와 상호적 효도는 어떤 중국인 사회에도 동시에 존재하지만, 상호 간의 상대적 영향력은 시대의 다름에 따라 뚜렷한 차이를 드러내고 있다고 지적하면서, 현대사회에서는 평등호혜를 바탕으로 형성된 상호적 효도가 세대 간 관계에서 더 중요한 기초적 역할을 할 것이라고 주장했다. 예광휘의 관점을 참고해, 우리는 정감의 논리가 현대 중국 가정의 세대 간 교류 관계를 해석하는데 더 큰 힘을 발휘하고 있고, 은혜의 논리는 힘을 잃었다고 판단한다. 필자도 이 책의 각장에서 이미 은연중에 이런 관점을 표명하였지만, 엄밀하게 분석하거나 논증을 하지는 않았다. 앞으로의 연구는 더욱 풍부한 자료를 종합해, 은혜와 정감이라는 감정논리의 상대적 해석력에 대한 천착이 필요할 것이다. 이렇게 할 때만 중국 가정의 세대 간 교류의 작동 논리와 그 미래를 예측하는데 더 큰 의미가 있을 것이다.

4. 남과 여: 부권적 가정제도의 미래

현대 중국 가정의 거주 방식과 세대 간 교류를 연구할 때, 무시할 수 없는 이론적 측면이 하나 있는데 그것은 바로 성별에 관한 문제이다. 부권적 가정 관념의 영향으로, 전통적 중국 가정의 기혼 자녀들은 대다수가 남편 집 거주를 선택하고, 아들은 가정 양로에서 더 중요한 역할을 담당해야 한다는 기대를 받고 있다. 그러나 이 책에서, 부권적 가정 관념을 토대로 형성된 가정 제도에 이미 뚜렷한 변화가 발생하고 있다는 점을 알 수 있었다. 먼저, 거주 방식 측면에서 현대 중국 가정에서 남편 집 거주의 비율이 처가살이 비율보다 높기는 하지만, 처가살이 비율이 근래 들어 뚜렷하게 상승하고 있다. 가정 관념의 변화, 출산율 하락, 그리고 인구 유동의 증가 등이 이런 현상을 초래한 주요한 원인들이다. 다음으로, 가정 양로 측면에서 전통적인 아들 중심의 부모 양로 방식은 더 이상 존재하지 않으며, 현대 중국 가정에서 딸이 경제, 일상생활 돌봄 등의 측면에서 대체 불가능한 양로 역할을 담당하고 있다. 심지어 어떤 측면에서는 딸의 양로 역할이 이미 아들을 넘어섰다. 처가살이 비율의 상승과 딸의 양로 기능 증가는 두 측면에서 드러나는데, 현대 중국 가정의 성별 질서에 이미 심각한 변화가 발생하였고, 여성의 발전을 제약하던 부권적 가정 관념 역시 남녀평등에 기초한 현대적 가정 관념으로 대체되고 있는 사실이 변화 양상을 뚜렷하게 보여 주고 있다.

우리는 거주 방식과 가정 양로라는 두 측면에서 분석한 부권적 가정에 관한 연구 또한 근래 국내외 학자들이 다른 시각에서 이 문제에 관해 연구한 결론들을 일정 정도 인증해 주었다고 판단한다. 이들 연구의 대다수가 중국 가정이 과거의 '단계(單系), 즉 아들 편중'에서 현재의 남녀병존의 방향으로 발전하고 있음을 발견했다(何绍辉, 2019; 黄亚慧, 2013). 그러나 남녀병존의 강조가 현대 중국 가정이 이미 세대 간 관계에서 성적 평등을 이뤘다는 의미는 아니고, 성적 평등을 향해 나아가는 양호한 추세가 진행되고 있다는 의미다. 그러나 앞으로 전통적 부권적 가정이 완전히 소멸할 것인지, 아니면 모종의 은밀한 방식으로 생존해 갈 것인지는 현재로서는 판단하기 어렵다. 이를 규명하는 것 또한 후속 연구가 지속적으로 관심을 기울여야 할 중요한 의제다. 우리는 이 의제를 연구할 때 두 가지 측면에 특별히 주의를 기울여야 한다고 생각한다.

첫째, 부권적 가정 제도를 연구하면서 특히 주의해야 할 점은 권리와 의무, 두 가지 측면에서 나타나는 차이이다. 모두 알고 있는 것처럼, 부권적 가정제가 포함하고 있는 내용은 매우 방대하고 복잡하지만, 대체로 권리와 의무라는 두 유형으로 분류할 수 있다. 권리와 연관된 내용으로는, 가정의 성씨(姓氏)와 재산 승계, 부모의 돌봄과 지원 등이 포함되며, 의무와 관련된 내용으로는 대표적으로 부모 부양이 있다. 이 책에서 중점적으로 연구한 부분은 부권적 가정제도의 의무에 관련된 내용으로, 권리 측면에 대한 연구는 극히 미미하다. 그러나 근래 들어 많은 연구에서 중국의 여성들이 점점 더 많은 가정 내의 책임을 떠맡지만, 가정 내에서의 권리는 아직 충분히 누리지 못하고 있는 것으로 조사되었다(唐灿, 马春华, 石金群, 2009; Hu, 2017). 예를 들면, 남자만 가문의 성씨와 재산을 승계하는 전통이 여전히 지속되고 있으며, 중국의 노인들 또한 경제적 지원 및 손자녀 돌봄을 아들에게 더 많이 제공하고 있는데, 딸의 양로 역할이 점차 상승하고 있는 추세에서도 이런 현상은 명백히 개선되지 않았다. 우리는 그 이유가 가정에서 여성의 많은 기여와 이에 상반하는 적은 보답이라는 세대 간 관계가 호혜평등의 세대 간 교류 원칙을 위반하기 때문이라고 판단한다. 물론 이런 경향이 오래 지속되리라고는 생각하지 않지만, 세대 간 교류의 불평등한 국면이 어떤 방향으로 발전해 갈 것인지는 아직 예측하기 어려우며, 한 단계 나아간 연구로 해결해야 할 중요한 문제이다.

둘째, 부권적 가정 제도를 연구하면서 특히 주의를 기울여야 할 또 다른 중요한 문제는 이 제도의 유동성 및 그 표현 형식에서의 다양성이다. 앞에서 언급한 것처럼, 중국의 가정 제도는 강한 내구성을 갖고 있으며, 특히 부권제처럼 수천 년의 발전과정을 거친 가정 제도는 짧은 기간 내에 빠르게 소멸되기 어려우며, 오히려 은밀한 방식으로 현대사회의 협공 속에서 완강하게 생존해 나갈 가능성이 더 크다. 따라서 가정 제도의 변화를 연구하면서 반드시 이 제도의 유동성과 가변성에 주의를 기울여야 한다. 진이홍(金一虹, 2010)은 부권적 가정 제도가 농민들이 도시로 이주한 후 도시에서 재구성되는 과정을 깊이 분석했다. 그는 이 과정을 '유동하는 부권'[流动的父权]이라고 지칭했다. 우리는 부권의 유동성이 현대사회의 다른 측면에서도 표현되고 있다고 본다. 일부 학자들은 근래 들어 출현한 양두혼(两头婚, 부부가 명절 때 과거처럼 남편 집에만 가지 않고, 각자의 집에 돌아가 명절을 보내는 방식)을 예로 들어, 부권적 가정제도 또한 어떤 미묘한 변화가 가정의 일상생활에 침투하면서, 구체적인 가정사를 결정하는데 중요한 영향을 미친다고 주장한다(纪芳, 2020). 따라서 우리는 빠른 사회전환 과정에서 부권적 가정제도 또한 끊임없이 해체되고 재구성되는 과정을 거치게 될 것이라고 생각한다. 이러한 과정이 앞으로는 어떻게 변화하고 또 어떤 영향을 주게 될지는 가정 제도를 연구하는 모든 학자들 앞에 놓인 아주 중요한 문제라 할 수 있다.

5. 많음[多]과 적음[寡]: 자녀 감소가 세대 간 관계에 미치는 영향

멀지 않은 미래에 중국의 가정 구조 및 가정 양로가 직면할 가장 큰 난제는 자녀 수 감소일 것이다. 이 책의 여러 장절에서 이미 적잖게 이 문제에 대해 언급했다. 예를 들면, 제3장 가정 거주 방식, 제5장 딸의 가정 양로 역할 등에서 밝힌 것처럼, 근래 가정의 출산율 저하로 많은 가정에 이미 아들이 없는 경우가 많다. 이런 상황에서 딸과의 동거를 선택하거나, 또는 딸을 가정 양로의 담당자로 받아들이는 것이 현대 중국 가정이 가정 양로의 어려움에 직면해 부득이하게 채택할 수밖에 없는 방법이었다. 그러나 이 책에서 자녀 수 감소에 대한 언급은 여기서 그치도록 하겠다. 대부분 장절에서 우리는 다수의 자녀를 가진 가정을 배경으로 가정의 거주 방식과 세대 간 관계를 연구했다. 왜냐하면 현대 대다수의 중국 노인들이 다수의 성년자녀를 가지고 있으며, 적은 수의 자녀가 미치는 영향이 아직 충분히 표출되지 않고 있기 때문이다. 그러나 한 가정 한 자녀[獨生子女]

세대의 부모가 점차 노년에 접어들면 이 문제는 반드시 미래의 가정 구조와 세대 간 관계에 매우 강력한 충격을 가할 것이다. 이러한 배경에서 중국의 가정이 어떤 방향으로 변화해 나갈 것인지 하는 문제는 중요한 연구 주제로 대두될 것이다. 우리는 이 문제에 대한 연구는 다음과 같은 몇 가지 방향으로 전개되어야 한다고 생각한다.

첫째, 가정의 구조 측면에서, 자녀 수 감소로 자녀와 부모의 동거 기회가 줄어들고, 따라서 우리는 출산율이 떨어지는 상황에서 점점 더 많은 노인들이 자녀 없이 독립거주하게 될 것이라고 예측한다. 그러나 자녀 감소가 남편 집 거주 또는 처가살이에 미치는 영향에 대해서는 예측하기 어렵다. 이 책의 제3장에서는 처가살이가 부인은 형제가 없고, 남편은 형제가 있는 상황에서 더 많이 선택된다는 사실을 발견했다. 출산율이 떨어지면서 부인이 형제가 없을 가능성도 빠르게 높아졌으며, 따라서 이런 측면에서 자녀 수 감소는 처가살이를 촉진할 가능성이 크다. 그러나 또 다른 측면에서는, 출산율이 떨어진 이후 남편의 형제가 없을 가능성 또한 크게 낮아지기 때문에, 만약 남편이 독자라면 과연 처가살이를 받아들일 수 있는지가 문제로 대두될 수 있다. 이 외에도 자녀수가 감소하는 상황에서 깊이 연구할 만한 가치가 있는 문제는 한 자녀 가정의 거주 안배인데, 특히 한 자녀끼리 결혼하는 상황에서 만약 양쪽의 부모가 모두 자녀와 함께 거주하기를 원한다면, 이 부부가 과거처럼 남편 집 거주를 선택할 것인지 또는 새로운 현상에 따라 처가살이를 선택할 것인지, 아니면 양쪽의 부모와 번갈아 가면서 거주할 것인지, 이 모든 상황들에 대한 깊이 있는 연구가 필요할 것이다. 종합하면, 자녀 수 감소가 지속되면서 미래 중국의 가정 구조는 커다란 변화가 발생할 것이며, 이런 상황 또한 관련 연구를 전개하는데 매우 광범위한 공간을 제공할 것이다.

둘째, 가정 양로 측면에서 자녀 수 감소는 가정 양로 자원이 더욱 줄어든다는 것을 의미한다. 따라서 우리는 미래에 중국이 더욱 심각한 양로 위기에 직면할 것으로 예측한다. 이 책의 제5장에서는 자녀가 많은 상황에서, 각각의 자녀들이 자신들이 보유한 자원의 우위를 이용해 서로 협조하면서 부모 부양의 책임을 분담하는 사실을 발견했다. 예를 들면, 아들은 돈으로, 딸은 가사노동으로, 말하자면 현대에 유행하는 더 높은 효율의 분업을 진행하는 형식이다. 그러나 출산율이 떨어지면서 자녀 간의 분업의 어려움은 점점 증가하게 된다. 한 자녀 가정에서 노부모는 오로지 한 자녀에게 의지해야 하고, 만약 이런 상황에서 자녀가 여러 요인으로 부모를 부양할 수 없거나 부양을 원하지 않는다면, 노인들은 결국 의지할 수 있는 자녀가 없는 상황에 직면하게 된다. 설령 이 자녀가 부모를 곁에서 돌본다 하더라도, 이 자녀는 어쩔 수 없이 돈과 가사노동을 모두 책임져야 하는 무거운 부담을 짊어지게 된다. 게다가 만약 한 자녀끼리 결혼하게 되면, 이 부부는 네 명의 노인들을 동시에 부양해야 한다. 이 때 가정 양로의 압박은 상상할 수 없을 정도로 증가할 뿐 아니라 양쪽 부모의 양로 자원에 대한 경쟁이 발생하게 된다. 이런 상황에서 한 자녀로 구성된 부부가 남편의 부모를 지원할지 아니면 부인의 부모를 지원할지 또한 연구할만한 가치가 있는 문제다.

마지막으로, 세대 간 자원의 흐름 측면에서 자녀 수 감소는 세대 간 관계의 중심이 자녀에게로 이동하는 경향을 초래할 것이다. 베커(Becker, 1991)는 자녀의 수와 부모 부양의 수준 사이에는 대체관계가 존재한다고 주장한다. 출산율의 하락은 가정에서 자녀 양육의 수준 제고를 요구하고, 나아가 자녀에 대한 투자를 지속적으로 높이지만, 부모 양로에 대한 요구는 점점 더 낮아진다는 것이다. 근래 들어 일부 연구들은 현대 중국 가정에 존재하는 자녀를 위주로 시간을 안배하는 현상[密集母职]이 존재하고, 또 이런 현상이 출산율 감소와 연관된다는 점을 발견했다(陈蒙, 2018; 杨可, 2018; 郑杨, 2019). 이와 동시에 일부 연구에서는 보은이 아래로 이동한다는 관점을 제기했다. 즉 세대 간 자원의 흐름이 자녀세대에서 손자녀세대로 이동하면서, 부모세대와 조부모세대의 요구가 점점 무시되는 상황에 직면하게 되었다는 것이다(狄金华, 郑丹丹, 2016). 세대 간 관계의 중심이 후대로 기울어지면서 세대 간 권력 관계 또한 변화가 발생해서 가장의 권위가 점차 약해지고 자녀세대의 가정 내 지위가 더 상승하고 있다. 이런 현상도 더 많은 관심을 기울여야 할 연구 주제로 떠올랐다. 이 외에도 자녀 수 감소는 세대 간 정감의 교류 관계를 변화시켰다. 자녀가 세대 간 관계의 중심이 되면서 자녀들이 부모의 관심과 지원을 점점 더 많이 받고, 더 부모에게 의존하게 되고, 부모 또한 자녀 양육 과정에서 이전보다 더 많은 지출을 하게 되면서 자녀를 더 그리워하게 되었다. 근래 들어 사회 전체의 '마마보이[媽寶]'와 '노표(老漂)'에 대한 관심은 이런 현상을 어느 정도 설명한다. 종합하면, 자녀 수 감소가 지속되면서, 세대 간 자원의 흐름, 세대 간 권력관계 및 세대 간의 정서적 의존 등에서 모두 변화가 발생하고 있으며, 이 모든 현상들이 우리가 더 깊이 관심을 갖고 연구해야 할 문제들이다.

---

1   [원주] 노인들은 자녀의 일을 지원하고 3대를 돌보기 위해, 고향을 떠나 자녀가 일하는 도시에 오는데, 이들을 "노표(老漂)"라고 부른다.

6. 변론(辯)과 증명(証): 이론과 실증의 결합 및 새로운 창조

중국 가정의 변화를 연구하면서 앞으로 특히 중요하게 생각해야 할 지점은 바로 이론과 방법의 결합이다. 20세기 80년대 이후, 중국 학계에는 이미 세 차례 가정 연구에 대한 붐[熱潮]이 일어났지만(林曉珊, 2018), 이들 연구는 대다수가 이론적 관점을 위주로 진행되었다. 조사 자료를 다른 이론에 접목시켜 엄격하게 검증한 실증적 연구는 그다지 많지 않았고, 그 결과 중국 가정의 변화에 관한 연구들은 여전히 다수의 검증되지 않은 관점으로 가득 차 있다. 이런 관점들 중에서도 정확한 관점들이 적지 않지만, 여전히 많은 잘못된 인식들이 포함되어 있다. 만약 이런 잘못들이 때에 맞게 폐기되거나 수정되지 않는다면, 중국 가정의 변천에 관한 정확한 인식을 수립하는데 커다란 방해가 될 뿐 아니라, 관련 정부 부문에서 이에 대응하는 적절한 정책을 수립하는 데에도 막대한 혼란을 초래할 것이다.

필자는 이미 서론 부분에서 이 책의 주요 목표는 대규모의 표본조사 자료를 통해 중국 가정의 변화 방향과 경로 그리고 그 결과에 대한 객관적 분석과 평가를 진행하는 것이라고 밝혔다. 이러한 목표를 실현하기 위해, 이 책은 가정 구조와 가정 양로라는 핵심 의제를 둘러싸고 많은 논쟁적 문제에 대한 분석을 진행했다. 분석 결과, 사람들의 현대 중국 가정 및 그 변화에 대한 많은 관점이 정확하지 않다는 사실을 발견했다. 예를 들면, 전통적 중국 가정은 연합가정 위주의 대가정이 아니었으며, 핵심가정이 이미 오래 전부터 가장 높은 비율을 차지하고 있는 가정 유형이었다. 중국 가정의 소형화는 상당한 정도가 중국 가정의 핵심화에서 비롯된 것이 아니라 출산율 저하가 이런 현상의 출현에 가장 중요한 역할을 담당했다. 그리고 중국 가정의 핵심화는 부모와 자녀 두 세대 간의 관계를 실제로 무너뜨린 것이 아니며, 가정 네트워크의 형성을 통해 양로와 육아 돌봄 등의 기능을 여전히 수행하고 있다. 노부부 독립거주는 사람들이 상상한 것처럼 노인들의 주관적 복지를 훼손하지 않았으며, 이들이 원하지 않는 상황에서 어쩔 수 없이 자녀를 따라 생활하게 되었을 때에만 뚜렷하게 부정적인 영향을 주었다. 캥거루 현상은 자녀들이 필요할 때 돕는 것이어서 세대 간에 양호한 관계를 유지할 수 있다. 따라서 양로와 모순되지 않을 뿐 아니라 자녀들이 후일 부모에게 더 풍부한 지원으로 보답할 수 있도록 촉매 역할을 할 수 있다. 노후의 편안하고 안락한 생활 또한 노인들의 이상적인 생활 방식은 아니며, 자녀들과의 오고가는 세대 간 교류가 노인들의 노후 생활에 훨씬 더 유리하다. 종합하면, 이 책의 연구 결과를 통해 모두 정확한 것처럼 보이는 기존의 이론적 관점들이 자료의 검증을 통해 입증된 것은 아니다. 따라서 이론과 자료를 종합해서 중국 가정의 변화를 연구할 때만 이론 탐색의 초기 단계를 벗어날 수 있고, 최종적으로 하나의 정식 학문으로 자리 잡을 수 있을 것이다.

바비(巴比, 2020)는 과학이라고 호칭되는 사회학연구는 반드시 두 가지 기본 조건을 만족시켜야 하는데, 하나는 논리적, 이론적 뒷받침이 되어야 하고, 다른 하나는 실증적, 즉 조사 자료의 지원을 받아야 한다고 주장했다. 만약 바비가 제기한 두 가지 조건을 기준으로 삼는다면, 현대 중국 가정 및 그 변화에 관한 연구가 하나의 진정한 학문으로 자리매김하기 위한 공간이 여전히 매우 넓다고 우리는 판단한다. 먼저, 사회과학이 되기 위한 첫째 조건, 즉 이론적 측면에서, 현재의 가정 연구에는 이론이 부족하지 않다. 그러나 이들 이론 중에는 당연한 것처럼 여기는 주관적 억측이 적지 않을 뿐 아니라, 서구 국가의 연구 경험을 그대로 모방한 것들도 많아서 진정으로 중국의 가정 변화를 연구하는데 있어서 지도적 의미를 지닌 이론은 매우 적다고 할 수 있다. 이 문제에 관해 근래 국내외 학자들이 많은 깊이 있는 성찰을 진행하고 이론의 중국화에 대한 일부 주목할 만한 시도를 했다(计迎春, 2019). 이런 시도는 의심의 여지없이 중요한 가치를 지닌다. 그러나 현재 이 방면의 연구는 극히 적은 편이며, 관련된 연구들 또한 지속적인 영향을 발휘하지 못하고 있다. 우리는 앞으로도 가정 연구 측면에서의 새로운 이론적 실험을 강화하고 더 실증적인 연구를 진행해야 할 것이다.

둘째, 사회과학으로 자리매김하기 위한 두 번째 조건, 즉 실증적 측면에서 현대의 중국 가정 연구는 앞으로도 가야할 길이 멀다. 한편으로, 현재 중국의 가정 및 그 변화에 관한 연구는 여전히 정성연구(定性研究) 위주로 진행되고 있다. 근래 들어 정량연구(定量研究)가 증가하고 있지만, 적은 규모에 지나지 않는다. 여기서 필자는 정성연구의 가치를 부정할 의도가 전혀 없다는 점을 밝혀둔다. 실제로 필자는 서론에서 정성연구가 미시적 구조와 과정을 연구하는데 있어서 특별히 뛰어난 장점을 지니고 있다고 지적한 바 있다. 그러나 중국의 가정 현상은 매우 복잡하고, 가정 변화의 경로도 차이와 다원화(多元化)로 충만해서 대규모의 표본 추출 조사 자료를 통해서만 가정 변화의 추세와 맥락을 전체적으로 파악할 수 있을 것이다. 바로 그렇기 때문에 우리는 앞으로 반드시 정량 추세의 가정 연구를 강화해서, 정성연구와 정량연구를 결합시켜야 할 것이다. 다른 한편으로, 기존의 많은 중국의 가정과 그 변화에 관한 연구들은 연구자의 주관적 가치관의 영향을 많이 받고 있어서, 연구에서 진정한 객관적 중립을 확보하기가 쉽지 않다. '숫자로 말하라'고 주장하는 정량연구에서도, 연구자들의 가치관이 곳곳에 숨어 있다. 이런 현상으로 인해 많은 연구의 결론이 과학적 가치를 상실하고, 심지어 대중이나 정부의 정책 결정 부문에도 심각한 오해를 불러일으키고 있다. 우리는 앞으로 중국의 가정 문제를 연구하는데 있어서 반드시 가치중립의 원칙을 견지해야 한다고 생각한다. 이것은 연구자들이 반드시 자신의 주관적 견해를 배제해야 한다는 의미이며, 어떠한 연구 결과에도 전적으로 개방적인 태도를 견지해야 한다는 뜻이다. 이렇게 할 때만 연구자들이 진정으로 숫자로 말하게 할 수 있으며, 이렇게 할 때만 중국 가정의 변화에 관한 연구도 비로소 진정으로 번영, 발전할 수 있을 것이다.

参고문헌

巴比. 社会研究方法: 第13版. 邱泽奇, 译. 北京: 清华大学出版社, 2020

曹惟纯, 叶光辉: 高龄化下的代间关系—台湾民众孝道信念变迁趋势分析(1994—2011). 社会学研究, 2014 (2): 116-144.

陈柏峰. 农民价值观的变迁对家庭关系的影响: 皖北李圩村调.《中国农业大学学报》(社会科学版), 2007 (1): 106-113.

陈柏峰. 代际关系变动与老年人自杀: 对湖北京山农村的实证研究.《社会学研究》2009 (4): 157-176.

陈皆明. 投资与赡养: 关于城市居民代际交换的因果分析. 中国社会科学, 1998 (6): 131-149.

陈蒙, 城市中产阶层女性的理想母职叙事: 一项基于上海家庭的质性研究, 妇女研究论丛, 2018 (2): 55-66.

狄金华, 郑丹丹. 伦理沦丧抑或是伦理转向: 现代化视域下中国农村家庭资源的代际分配研究.《社会》, 2016 (1): 186-212.

杜鹏. 北京市老年人居住方式的变化. 中国人口科学, 1998 (2): 36-41.

杜鹏, 曲嘉瑶. 中国老年人对子女孝顺评价的变化及影响因素. 人口研究, 2013 (5): 30-41.

段成荣, 杨舸, 张斐 等. 改革开放以来我国流动人口变动的九大趋势. 人口研究, 2008 (6): 30-43.

费孝通. 家庭结构变动中的老年赡养问题: 再论中国家庭结构的变动. 北京大学学报(哲学社会科学版), 1983 (3): 6-15.

费孝通. 生育制度. 北京: 商务印书馆, 1999.

风笑天. 第一代独生子女婚后居住方式: 一项12城市的调查分析. 人口研究. 2006 (5): 57-63.

傅绪荣, 汪凤炎, 陈翔, 等. 孝道: 理论、测量、变迁及与相关变量的关系. 心理科学进展, 2016 (02): 293-304.

葛枭语. 孝的多维心理结构: 取向之异与古今之变. 心理学报, 2021 (3): 306-321.

古德. 家庭. 魏章玲, 译. 北京: 社会科学文献出版社, 1986.

郭于华. 代际关系中的公平逻辑及其变迁: 对河北农村养老事件的分析. 中国学术, 2001 (4): 221-254.

郭志刚. 关于家庭户研究的几个问题. 人口研究, 1987 (2): 10-14.

郭志刚. 中国高龄老人的居住方式及其影响因素. 人口研究, 2002 (1): 37-42.

郭志刚. 对中国1990年代生育水平的研究与讨论. 人口研究, 2004 (2): 10-19.

郭志刚. 关于中国家庭户变化的探讨与分析. 中国人口科学, 2008 (3): 2-10.
郭志刚, 刘金塘, 宋健. 现行生育政策与未来家庭结构. 中国人口科学, 2002 (1): 1-11.
国家统计局. 中国统计年鉴 2020. 北京: 中国统计出版社, 2020.
国家统计局. 国家统计局新闻发言人就2021年5月份国民经济运行情况答记者问. (2021-06-16) [2021-09-01]. http://www.statas.gov.cn/tjsj/sjjd/202106/t20210616_1818488.html.
国家统计局. 第七次全国人口普查公报（第七号）: 城乡人口和流动人口情况. (2021-05-11)[2021-09-01]. http://www.statas.gov.cn/tjsj/tjgb/rkpcgb/qgrkpcgb/202106/t20210628_1818826.html.
韩呈吉. 男嫁女娶有利于计划生育. 人口与经济, 1992 (6): 17-19.
何绍辉. 论"两家并一家"婚居模式的形成机制. 中国青年研究, 2019 (1): 64-69.
贺雪峰. 农村家庭代际关系的变动及其影响. 江海学刊, 2008 (4): 108-113.
洪岩璧. Logistic模型的系数比较问题及解决策略: 一个综述. 社会, 2015 (4): 220-241.
胡安宁. 老龄化背景下子女对父母的多样化支持: 观念与行为. 中国社会科学, 2017 (3): 77-95.
怀默霆. 中国家庭中的赡养义务: 现代化悖论. 中国学术, 2001 (4): 255-277.
黄亚慧. 并家婚姻中女儿的身份与地位. 妇女研究论丛, 2013 (04): 109-114.
纪芳. 并家模式下的家庭权力重构及其实践逻辑: 基于苏南农村的并家经验考察. 天府新论, 2020 (1): 96-102.
计迎春. 社会转型情境下的中国本土家庭理论构建初探. 妇女研究论丛, 2019 (5): 9-20.
江克忠, 陈友华. 亲子共同居住可以改善老年人的心理健康吗?: 基于CLHLS数据的证据. 人口学刊, 2016 (6): 77-86.
金一虹. 流动的父权: 流动农民家庭的变迁. 中国社会科学, 2010 (4): 151-165.
雷洁琼. 改革以来中国农村婚姻家庭的新变化: 转型期中国农村婚姻家庭的变化. 北京: 北京大学出版社, 1994.
李建新, 刘保中. 健康变化对中国老年人自评生活质量的影响: 基于CLHLS数据的固定效应模型分析. 人口与经济, 2015 (6): 1-11.
李树茁, 靳小怡, 费尔德曼. 中国农村子女的婚姻形式和个人因素对分家的影响研究. 社会学研究, 2002 (4): 102-116.
李树茁, 靳小怡, 费尔德曼, 等. 当代中国农村的招赘婚姻. 北京: 社会科学文献出版社, 2006.

林晓珊. 改革开放四十年来的中国家庭变迁: 轨迹、逻辑与趋势. 妇女研究论丛, 2018 (5): 52-69.

刘宏, 高松, 王俊. 养老模式对健康的影响. 经济研究, 2011 (4): 79-83.

刘汶蓉. 转型期的家庭代际情感与团结: 基于对上海两类"啃老"家庭的比较. 社会学研究, 2016 (4): 145-168.

栾成显. 明清文书档案反映的农民家庭规模. 中国人口科学, 2006 (01): 78-85.

麻国庆. 分家: 分中有继也有合: 中国分家制度研究. 中国社会科学, 1999 (1): 106, 108, 110, 112, 114, 116.

莫丽霞: 当前我国农村居民的生育意愿与性别偏好研究. 人口研究, 2005 (2): 62-68.

潘允康. 中国家庭网的现状和未来. 社会学研究, 1990, (5): 97-103.

瞿同祖. 中国法律与中国社会. 北京: 中华书局, 1981.

任强, 唐启明. 中国老年人的居住安排与情感健康研究. 中国人口科学, 2014 (4): 82-91.

任强, 谢宇. 对纵贯数据统计分析的认识. 人口研究, 2011 (6): 3-12.

沈崇麟, 杨善华. 当代中国城市家庭研究: 七城市调查报告和资料汇编. 北京: 中国社会科学出版社, 1995.

沈崇麟, 杨善华, 李东山. 世纪之交的城乡家庭. 北京: 中国社会科学出版社, 1999.

宋健, 戚晶晶. "啃老": 事实还是偏见: 基于中国4城市青年调查数据的实证分析. 人口与发展, 2011 (05): 57-64.

宋璐, 李亮, 李树茁. 照料孙子女对农村老年人认知功能的影响. 社会学研究, 2013 (6): 215-237.

沈可, 程令国. 空巢是否损害了老年健康? . 世界经济文汇, 2012 (2): 89-103.

唐灿. 家庭现代化理论及其发展的回顾与评述. 社会学研究, 2010 (3): 199-222.

唐灿, 马春华, 石金群. 女儿赡养的伦理与公平: 浙东农村家庭代际关系的性别考察. 社会学研究, 2009 (6): 18-36.

唐金泉. 代际支持对老年人主观幸福感的影响: 基于年龄组的差异性分析. 南方人口, 2016 (2): 60-70.

田北海, 马艳茹: 中国传统孝道的变迁与转型期新孝道的建构. 学习与实践, 2019 (10): 101-111.

王涤. 关于中国现代新孝道文化特点及其功能作用的探析: 兼论提倡新孝道文化中应处理好的几个关系. 人口研究, 2004 (3): 76-81.

王萍, 李树茁. 代际支持对农村老年人生活满意度影响的纵向研究. 人口研究, 2011 (1): 44-52.

王跃生. 十八世纪中后期的中国家庭结构. 中国社会科学, 2000 (2): 167-177.
王跃生. 当代中国家庭结构变动分析. 中国社会科学, 2006 (1): 96-108.
王跃生. 中国当代家庭结构变动分析. 北京: 社会科学文献出版社, 2009.
王跃生. 个体家庭、网络家庭和亲属圈家庭分析：历史与现实相结合的视角. 开放时代, 2010 (4): 83-99.
王跃生. 中国城乡家庭结构变动分析：基于2010年人口普查数据. 中国社会科学, 2013 (12): 60-77.
王跃生. 中国城乡老年人居住的家庭类型研究：基于第六次人口普查数据的分析. 中国人口科学, 2014 (1): 26-32.
韦伯. 社会科学方法论. 韩水法, 莫茜, 译. 北京: 商务印书馆, 2013.
巫锡炜, 郭志刚. 我国从妻居的时空分布：基于"五普"数据的研究. 人口与经济, 2010 (2): 11-19.
吴愈晓. 我国城乡居民教育获得的性别差异研究. 社会, 2012 (4): 112-137.
五城市家庭研究项目组. 中国城市家庭：五城市家庭调查报告和资料汇编. 山东: 山东人民出版社, 1985.
谢宇. 社会学方法与定量研究：第2版. 北京: 社会科学文献出版社出, 2012.
谢宇, 胡婧炜, 张春泥. 中国家庭追踪调查：理念与实践. 社会, 2014 (2): 1-32.
许琪. 子女需求对城市家庭居住方式的影响. 社会, 2013 (3): 111-130.
许琪. 儿子养老还是女儿养老？：基于家庭内部的比较分析. 社会, 2015 (4): 199-219.
许琪. 扶上马再送一程：父母的帮助及其对子女赡养行为的影响. 社会, 2017 (2): 216-240.
鄢盛明, 陈皆明, 杨善华. 居住安排对子女赡养行为的影响. 中国社会科学, 2001 (1): 130-140.
严梅福. 婚嫁模式影响妇女生育性别偏好的实验研究. 中国人口科学, 1995 (5): 11-16.
阎云翔. 家庭政治中的金钱与道义：北方农村分家模式的人类学分析. 社会学研究, 1998 (6): 74-84.
阎云翔. 私人生活的变革：一个中国村庄里的爱情、家庭与亲密关系. 上海: 上海书店出版社, 2006.
阎云翔. 中国社会的个体化. 上海: 上海译文出版社, 2012.
杨恩艳, 裴劲松, 马光荣. 中国农村老年人居住安排影响因素的实证分析. 农业经济问题, 2012 (1): 37-44.
杨国枢. 现代社会的新孝道. 中华文化复兴月刊(台北), 1985(1): 56-67.

杨国枢. 中国人的心理与行为: 本土化研究. 北京: 中国人民大学出版社, 2004.
杨菊华. 男孩偏好与性别失衡: 一个基于需求视角的理论分析框架. 妇女研究论丛, 2012 (2): 23-35.
杨菊华, 李路路. 代际互动与家庭凝聚力: 东亚国家和地区比较研究. 社会学研究, 200 (3): 26-53.
杨可. 母职的经纪人化: 教育市场化背景下的母职变迁. 妇女研究论丛, 2018 (2): 79-90.
杨善华. 中国当代城市家庭变迁与家庭凝聚力. 北京大学学报(哲学社会科学版), 2011 (2): 150-158.
杨善华, 贺常梅. 责任伦理与城市居民的家庭养老: 以"北京市老年人需求调查"为例. 北京大学学报(哲学社会科学版), 2004 (1): 71-85.
杨善华, 沈崇麟. 城乡家庭: 市场经济与非农化背景下的变迁. 浙江: 浙江人民出版社, 2000.
叶光辉. 华人孝道双元模型研究的回顾与前瞻. 本土心理学研究, 2009 (32): 101-148.
叶光辉, 杨国枢. 中国人的孝道: 心理学的分析. 重庆: 重庆大学出版社, 2009.
叶华, 吴晓刚. 生育率下降与中国男女教育的平等化趋势. 社会学研究, 2011 (5): 153-177.
余泽梁. 代际支持对老年人生活满意度的影响及其城乡差异: 基于CHARLS数据7669个样本的分析. 湖南农业大学学报(社会科学版), 2017 (1): 62-69.
张文娟, 李树茁. 劳动力外流背景下的农村老年人居住安排影响因素研究. 中国人口科学, 2004 (1): 42-49.
张兆曙, 陈奇. 高校扩招与高等教育机会的性别平等化: 基于中国综合社会调查(CGSS2008)数据的实证分析. 社会学研究, 2013 (2): 173-196.
曾毅, 王正联. 中国家庭与老年人居住安排的变化. 中国人口科学, 2004 (5): 2-8.
郑杨. 社会变迁中的育儿模式变化与"母职"重构: 对微信育儿群的观察. 贵州社会科学, 2019 (7): 87-95.
中国人口和计划生育年鉴 2006. 中国人口和计划生育年鉴, 2006.
Adams, J.S. (1965) Inequity in Social Exchange. *Advances in Experimental Social Psychology*, 2 (4), 267-299.
Asis, M.M.B., Domingo, L., Knodel, J., Mehta, K. (1995). Living arrangements in four Asian countries: a comparative perspective. *Journal of Cross-Cultural Gerontology*, 10 (1-2), 145-162.
Becker, G. S. (1974). A theory of social interactions. *Journal of Political Econo-*

my, 82(6), 1063-1093.

Becker, G.S. (1991) A Treatise on the Family. *enlarged edition*. Cambridge, MA. Harvard University Press.

Bernheim, B.D., Shleifer, A. and Summers, L.H. (1985) The Strategic Bequest Motive. *Journal of Political Economy*, 93 (6), 1045-1076.

Bian, F., Logan, J.R. and Bian, Y. (1998) Intergenerational Relations in Urban China: Proximity, Contact, and Help to Parents. *Demography*, 35 (1), 115-124.

Blau, P. M. (1964). Exchange and power in social life. New York: John Wiley & Sons.

Chambers, R.L. & Skinner, C.J. (2003) *Analysis of Survey Data*. Wiley.

Chang, K. S. (2010). The second modern condition? Compressed modernity as internalized reflexive cosmopolitization. *The British Journal of Sociology*, 61 (3), 444-464.

Chen, X. (1985). The One-Child Population Policy, Modernization, and the Extended Chinese Family. *Journal of Marriage and Family*. 47 (1), 193-202.

Chen, F. , Short, S. E. (2008). Household Context and Subjective Well-Being Among the Oldest Old in China. *Journal of Family Issues*, 29 (10), 1379-1403.

Chen, X. , & Silverstein, M. (2000). Intergenerational Social Supportandthe Psychological Well-Being of Older Parents in China. *Research on aging*, 22 (1), 43-65.

Cherlin, A. J. (2012). Goode's World Revolution and Family Patterns: A Reconsideration at Fifty Years. *Population and Development Review*, 38 (4), 577-607.

Chu C. Y. C. , & Yu, R. (2009). Understanding Chinese families: *A comparative study of Taiwan and. Southeast China*. New York: Oxford University Press.

Chu C. Y. C. , Xie, Y. , & Yu, R. (2011). Coresidence with elderly Parents: A comparative study of Southeast China and Taiwan. *Journal of Marriage and Family*, 73 (1), 120-135.

Cohen, M. L. (1992). Family managementand family division in contemporary rural China. *China Quarterly*, 130 (1), 357 - 377.

Cong, Z. , & Silverstein, M. (2008). Intergenerational Support and Depression Among Elders in Rural China: Do Daughters-In-Law Matter? *Journal of*

Marriage and Family, 70 (3), 599−612.

Davis, D. S. & Harrell, S. (1993). Chinese Families in the Post−Mao Era. Berkeley, CA: University of California Press.

Davis−Friedman, D. (1991). Long Lives: Chinese Elderly and the Communist Revolution. (*expanded ed.*), Stanford, CA: Stanford University Press.

Dean, A. , Kolody, B. , & Ensel, W. M. (1989).The effects of types of social support from adult children on depression in elderly persons. *Journal of Community Psychology*, 17 (4), 341 − 355.

Deng, Z. , & Treiman, D. J. (1997). The Impact of the Cultural Revolution on Trends in Educational Attainment in the People's Republic of China. *American Journal of Sociology*, 103 (2), 391−428.

Dowd. J. J. (1975). Aging as Exchange: A Preface to Theory. *Journal of Gerontology*, 30 (5), 584 − 594.

Dwyer, J. W., Lee, G. R., & Jankowski, T. B. (1994). Reciprocity, elder satisfaction, and caregiver stress and burden: The exchange of aid in the family caregiving relationship. *Journal of Marriage and the Family*, 56 (1), 35−43.

Festinger,L. (1957). *A theory of cognitive dissonance*. Stanford, CA: Stanford University Press.

Goode,W. J.(1963). *World revolution and family patterns*. New York: Free Press.

Greenhalgh, S. (1985). *Sexual stratification*: The other side of growth with equity. *Population and Development Review*, 11 (2), 265 − 314.

Gruijters,R. J. (2017). Intergenerational Contact in Chinese Families: Structural and Cultural Explanations. *Journal of Marriage and Family*, 79: 758−768.

Gu D.,Feng Q.,YeungW. J. (2019). Reciprocal dynamics of solo−living and health among older adults in contemporary China. *The Journals of Gerontology, Series B: Paychological Sciences and Social Sciences*, 74 (8), 1441−1452.

Hays, J. C. (2002). Living arrangements and health status in later life: A review of recent literature. Public Health Nursing, 19 (2), 136−151.

Heller, K. , Thompson, M. G. , Vlachos−Weber, I. , Steffen, A. M. , & Trueba, P. E. (1991). Support interventions for older adults: confidante relationships, perceived family support, and meaningful role activity. *American Journal of Community Psychology*, 19 (1), 139−146.

Hermalin, A. I. & Yang, L. S. (2004). Levels of support from children in Taiwan: expectations versus reality, 1965 − 99, *Population and Development*

Review, 30 (3), 417-488.

Homans g. c. (1958). Social behavior as exchange. *American Journal of Sociology*, 63 (6), 597-606.

Horowitz, A. (1985). Sons and daughters as caregivers to older parents: Differences in role performance and consequences. *The Gerontologist*, 25 (6), 612-617.

Hu, A. (2017). Providing More but Receiving Less: Daughters in Intergenerational Exchange in Mainland China. *Journal of Marriage and Family*, 79 (3), 739-757.

Hughes, M. E. & Waite, L. J. (2002). Health in Household Context: Living Arrangements and Health in Late Middle Age. *Journal of Health and Social Behavior*, 43 (1), 1-21.

Ji, Y. (2017). A Mosaic Temporality: New Dynamics of the Gender and Marriage System in Contemporary Urban China. *Temporalités*, 26 (3), 26-36.

Kim, I. K. , & Kim, C. S. (2003). Patterns of Family Support and the Quality of Life of the Elderly. *Social Indicators Research*, 62 (1), 437-454.

Krause, N. (1986). Social support, stress, and well-being among older adults. *Journal of Gerontology*, 41 (4), 512-519.

Krause, N. (1997). Received support, anticipated support, social class, and mortality. *Research on Aging*, 19 (4), 387-422.

Lee, G. R. (1987). Aging and intergenerational relations. *Journal of Family Issues*, 8 (4), 448-451.

Lee, G. R. , & Ellithorpe. E. (1982). Intergenerational exchange and subjective well-being among the elderly. *Journal of Marriage and the Family*, 44 (1), 217-224.

Lee, G. R. , Netzer, J. K. & Coward, R. T. (1995). Depression among older parents: The role of intergenerational exchange. *Journal of Marriage and the Family*, 57 (3), 823-833.

Lee,Y. J., Parish, W. L., & Willis, R. J. (1994). Sons, Daughters, and Intergenerational Support in Taiwan. *American Journal of Sociology*, 99 (4), 1010-1041.

Lei X. ,Strauss J. ,Tian M. , Zhao, Y. (2015). Living arrangements of the elderly in China: Evidence from the CHARLS national baseline. *China Economic Journal*, 8 (3), 191-214.

Lesthaeghe, R. (2010). The unfolding story of the second demographic transition.

Population and Development, 36 (2), 211-251.
Levy, M. (1949). *The Family Revolution in Modern China*. Cambridge, Massachusetts: Havard University Press.
Li, L. W. , Zhang, J. , & Liang, J. (2009). Health among the Oldest-Old in China: Which Living Arrangements Make a Difference?. *Social Science & Medicine*, 68 (2), 220-227.
Lin, I. F. , Goldman, N. , Weinstein, M. , Lin, Y. H. , Gorrindo, T. , & Seeman, T. (2003). Gender Differences in Adult Children's Support of Their Parents in Taiwan. *Journal of Marriage and Family*, 65 (1), 184-200.
Liu, X. , Liang, J. , & Gu, S. (1995). Flows of social support and health status among older persons in China. *Social Science & Medicine*, 41 (8), 1175-1184.
Logan, J. R. , & Bian, F. (1999). Family values and coresidence with married children in urban China. *Social Forces*, 77 (4), 1253 - 1282.
Logan, J. R. , Bian, F. , & Bian, Y. (1998). Tradition and Change in the Urban Chinese Family: The Case of Living Arrangements. *Social Forces*, 76 (3), 851 - 882.
Mauss, M. (1954). The Gift forms and functions of exchange in archaic societies. London: Cohen & West.
Montgomery, R. J. V. , Kamo, Y. (1998). Parent care by sons and daughters. In Mancini, J. A. (Eds.), *Aging parents and adult children* (pp. 213 - 227) . Lexington, MA: Lexington Books.
Morgan, S. P. & Hiroshima, K. (1983). The persistence of extended family residence in Japan. *American Sociological Review*, 48:(2), 269 - 281.
Mutran, E. , & Reitzes ,D. C. (1984). Intergenerational support activities and well-being among the elderly: A convergence of exchange and symbolic interaction perspectives. *American Sociological Review*, 49 (1), 117-130.
Moris, F. H. , & Murrell, S. A. (1984). Protective Function of Resources Related to Life Events, Global Stress, and Depression in Older Adults. *Journal of Health and Social Behavior,* 25 (4), 424-437.
Parish, W. L. & Whyte, M. K. (1980), Village and family life in contemporary China,. Chicago, IL University of Chicago Press.
Parsons, T. (1943). The Kinship System of the Contemporary United States. *American Anthropologist*, 45 (1), 22-38.
Rabe-Hesketh, S. , & Skrondal, A. (2012). *Multilevel and Longitudinal Modeling Using Stata*. Texas: Stata Press.

Raudenbush, S. W. , & Bryk, A. S. (2002). *Hierarchical Linear Models. Applications and Data Analysis Methods*. CA: Sage.

Raymo, J. M. , Park, H. , Xie, Y. , & Yeung, W. (2015). Marriage and family in East Asia: Continuity and change. *Annual Review of Sociology*, 41, 471-492.

Sereny, M. (2011). Living arrangements of older adults in China: The interplay among preferences, realities, and health. *Research on Aging*, 33 (2), 172-204.

Sereny, M. D. and Gu, D. (2011). Living Arrangement Concordance and Its Association with Self-Rated Health among Institutionalized and Community-Residing Older Adults in China. *Journal of Cross - Cultural Gerontology*, 26 (3), 239-259.

Silverstein, M. , Cong, Z. , & Li, S. (2006). Intergenerational Transfers and Living Arrangements of Older People in Rural China: Consequences for Psychological Well-Being. *The Journals of Gerontology*: Series B: 61 (5), S256-S266.

Stoller, E. P. (1985). Exchange patterns in the informal support networks of the elderly: The Impact of reciprocity on morale. *Journal of Marriage and the Family*, 47 (2), 335-342.

Thornton, A. , & Fricke, T. E. (1987). Social Change and the Family: Comparative Perspectives from the West, China, and South Asia. *Sociological Forum*, 2 (4), 746-779.

Tian, F. F. , & Davis, D. S. (2019). Reinstating the Family: Intergenerational Influence on Assortative Mating in China. *Chinese Sociological Review*, 51 (4), 337-364.

Treas, J. , & Wang, W. (1993). Of deeds and contracts: Filial Piety Perceived in. Contemporary Shanghai. In Bengston, V. L. , & Achenbaum, W. A. (Eds.), *The changing contract across generations* (pp. 87-98). Hawthorne, NY: Aldine Gruyter.

Tsui, M. (1989). Changes in Chinese urban family structure. *Journal of Marriage and the Family*, 51 (3), 737-747.

Unger, J. (1993). Urban Families in the Eighties: An analysis of Chinese Surveys. In Davis, D. , & Harrell, S. (Eds.), *Chinese families in the post-Mao era* (pp. 25-49). Berkeley, CA: University of California Press.

Van de Kaa, D.J. (2004). Is the second demographic transition a useful research concept? Questions and answers. *Vienna Yearbook of Population Research*,

2, 4-10.
Waite, L. J. , & Hughes, M. E. (1999). At Risk on the Cusp of Old Age:Living Arrangements and Functional StatusAmong Black, White and Hispanic Adults. *Journals of Gerontology, Series B: psychological Sciences and Social Sciences*, 54 (3), S136-S144.
Wang, J., Chen, T. & Han, B. (2014). Does Co-Residence with Adult Children Associate with Better Psychological Well-Being among the Oldest Old in China? *Aging & Mental Health*, 18 (2), 232-239.
Wentowski, G. J. (1981). Reciprocity and the coping strategies of older people : Cultural Dimensions of network building. The Gerontologist, 21 (6), 600-609.
Whyte, M. K. (2003). China's Revolutions and Intergenerational Relations. In Whyte, M. (Ed.), *China's Revolutions and Intergenerational Relations*: 3-23.
Whyte, M. K. (2004). Filial Obligations in Chinese Families: Paradoxes of Modernization. In: Ikels C. (Eds.) *Filial Piety: Practice and Discourse in Contemporary East Asia*(106-127). Stanford, CA: Stanford University Press.
Whyte, M. K. (2005). Continuity and Change in Urban Chinese Family Life. *The China Journal*, 53, 9-33.
Wolf, A. P. (1989). The origins and explanations of variations in the Chinese kinship system. In G. Li (Eds.), *Anthropological Studies of the Taiwan Area* (pp. 241-260). Taipei: National Taiwan University.
Wooldridge, J. M. (2010). *Econometric Analysis of Cross Section and Panel Data*. (2nd ed). Cambridge, MA: MIT Press.
Xie,Y., & Hannum, E. (1996). Regional variation in earnings inequality in reform-era urban China. *American Journal of Sociology*, 101 (4), 950-992.
Xie, Y. , & Zhu, H. (2009). Do Sons or Daughters Give More Money to Parents in Urban China? *Journal of Marriage and Family*, 71 (1) 174-186.
Yan, Y. (1997). The Triumph of Conjugality: Structural Transformation of Family Relations in a Chinese Village. *Ethnology*, 36, 191-212.
Yeh, K.-H. (2003). The beneficial and harmful effects of filial piety: An integrative analysis. In K.-S. Yang, K.-K. Hwang, P. B. Pedersen, & I. Daibo (Eds.), *Progress in Asian social psychology: Conceptual and empirical contributions* (pp. 67 – 82). West port, CT: Praeger.
Forrest Zhang, Q. (2004). Economic transition and new patterns of parent-adult

child coresidence in urban China. *Journal of Marriage and Family*, 66 (5), 1231-1245.

Zeng, Y. , Poston, D. L. , Jr. Vlosky, D. A. , & Gu, D. (2008). *Healthy longevity in China: Demographic, socioeconomic, and psychological dimensions*. Dordrecht, the Nederlands: Springer Publisher.

Zhu, H. (2008). *Three Essays on Health, Aging and the Family in Contemporary China*. Doctorial Dissertation of the University of Michigan. Not Published.

Zimmer, Z. (2005). Health and Living Arrangement Transitions among Chinese Oldest-Old. *Research on Aging*, 27 (5), 526-555.

후기

 이 책은 필자가 최근 집중적으로 연구한 가정 구조, 가정 양로 및 세대 간 관계 등과 연관된 분야에 관한 정제되지 않은 사고와 이에 관한 실증적 모색을 보여주고 있다. 현재와 같은 '논문지상주의' 시대에 책을 집필하는 것은 힘만 들고 좋은 평가는 받지 못하기 때문에, 이 책의 집필 과정에서 주변의 많은 선생님들과 친구들로부터 너무 공들이지 말라는 충언을 들었다. 물론 필자는 이들의 고언이 무슨 의미인지 이해는 하면서도, 여전히 일정 단계의 연구는 책으로 마무리 지어야 한다는 생각을 버리지 못했다. 이 때문에 필자가 이 책을 집필한 이유는 어떤 공리적 목적 때문이 아니라 필자 자신에게 어떤 작업에 대한 마무리의 성격을 가지며, 동시에 관련 분야의 동료들에게 간략하게 필자의 연구 결과를 보고한다는 의미를 갖는다.

 박사 연구 과정부터 시작해, 필자의 가정 분야에 관한 연구가 이미 10여년이 흘렀는데, 원래 필자의 관심사가 이 분야는 아니었다. 10년 전, 필자가 베이징대학 박사 과정 합격 통지서를 받아들었을 때, 가장 관심 있었던 연구 분야는 '계층' 문제였다. 주된 이유는 필자의 정량연구에 관한 기초가 더 탄탄했으며, 계층 문제에 훨씬 흥미를 갖고 있었을 뿐 아니라, 국내 각 사회학 분야에서 정량화 수준이 가장 높고 정량법을 가장 광범위하게 사용하는 연구 분야가 바로 '사회계층'이었기 때문이다. 그러나 필자는 『중국사회과학』, 『사회학연구』, 『사회』 및 해외의 몇몇 주류사회학 잡지에 발표된 수많은 중국사회계층에 관한 연구 성과를 접한 후 깊은 우려에 빠지게 되었다. 그 이유는 필자가 보기에 당시 학계의 중국사회계층에 관한 연구는 매우 깊이 있었고, 때문에 필자가 할 수 있는 것이라고는 새로운 자료를 사용해 과거의 일부 관점을 검증하는 것 외에 더 깊이 있는 연구를 진행하기란 불가능해 보였기 때문이다. 이러한 이유로 박사과정의 연구 주제에 고민하고 있을 때, 두 가지 사건이 필자에게 매우 중요한 영향을 주었고, 결국 필자가 가정 문제를 연구하도록 재촉했다.

첫 사건은 필자와 지도교수인 궈즈강(郭志剛) 교수와의 몇 차례 가벼운 대화에서 시작되었다. 궈교수는 국내에서 정량연구와 가족 구성원 연구 분야의 선두 주자였으며, 다양한 사람들과 대화를 굉장히 즐기는 분이셨다. 필자와 대화할 때마다, 궈교수는 혼인, 가정 및 육아 등 자신의 연구 분야의 최신 성과와 그와 관련한 다양한 주제로 이야기를 풀어가셨다. 궈교수와의 대화 초기에 필자는 혼인 가정이라는 주제에 관심이 그다지 많지 않았지만, 대화를 이어가기 위해 이 부분에 대해 관심을 갖기 시작했다. 그러다 혼인 가정에 대한 연구가 정량법을 통해 깊이 있는 연구를 진행할 만한 충분한 가치가 있는 분야라는 사실을 문득 깨닫게 되었다. 실제로 일찍이 20세기 80년대, 중국의 수많은 사회학 연구의 선배들이 도시와 농촌 가정에 관한 설문 조사(예를 들면, '다섯 개 도시 가정 조사', '일곱 개 도시 가정 조사' 등)를 진행했을 뿐 아니라, 어느 정도 성과를 만들어냈지만; 유감스럽게도 이러한 연구 전통이 20세기 90년대에 갑자기 중단되었고, 그 후에는 더 이상 높은 수준의 정량연구 성과를 내지 못하고 있다. 생각이 여기에 미치자 갑작스럽게 한줄기 충동적 사고, 즉 중국가정의 변화에 관한 정량연구 전통을 다시 정립하고, 현대 중국 가정의 구조, 기능, 관계 및 그 변화를 분석해 보고 싶다는 생각이 필자를 사로잡았다. 목표가 생기자 다음 단계는 바로 실천에 옮기는 것이었다. 많은 사람이 알고 있는 것처럼, 정량연구를 위해서는 먼저 데이터를 찾아야 했는데, 그렇다면 중국가정의 변화에 관한 자료는 어디에서 찾을 수 있을까? 결국 이런 과정이 필자에게 지대한 영향을 끼친 "중국가정추적조사"(CFPS)에 대해 언급하지 않을 수 없게 만들었다.

중국가정추적조사는 현재 국내에서 가장 규모가 큰, 가정을 대상으로 한 전문적인 추적조사 항목이다. 베이징대학은 2006년부터 이 항목을 준비하기 시작했는데, 이 항목의 책임자는 필자의 석사과정을 지도했던 치우저치(邱澤奇) 교수였다. 필자가 2009년부터 치우 교수의 지도로 석사과정을 시작하면서 중국가정추적조사 항목의 조교를 맡아왔기 때문에 "위치나 관계가 가까운 사람이 더 많은 덕을 본다"[近水楼台先得月]는 표현처럼, 필자는 다른 연구자들에 훨씬 앞서 이 데이터를 사용할 수 있었고, 이 데이터의 장점과 단점에 대해 더 잘 파악하고 있었다. 혼인 가정에 대한 연구를 박사과정의 연구 방향으로 결정한 후, 필자는 신속하게 중국가정추적조사 자료 중 '거주 방식', '세대 간 관계' 및 '혼인의 안정성' 등 자료가 비교적 많은 몇 가지 데이터를 연구 주제로 선정하고 이를 발판삼아 몇 편의 논문을 발표하였으며, 2013년에는 국내 사회학 분야의 권위 있는 계간지인 『사회학연구』와 『사회』에 각각 한 편의 논문을 투고했는데, 놀랍게도 이 두 편이 모두 게재되었다. 연구 성취의 달콤함을 맛 본 필자는 중국가정추적조사 데이터를 계속해서 파헤치기 시작해 연구 영역을 '가정교육'과 '가사 분담' 등의 방면으로 확장시켰고, 이런 연구 성과들 역시 국내외의 주류적 지위를 차지하고 있는 학술지에 발표되었다. 후속 연구에서 필자가 접하게 된 자료들이 점점 많아지면서, 많은 경우에서 중국가정추적조사는 더 이상 필자의 연구에서 우선순위가 아니었다. 그러나 중국가정추적조사 항목의 연구 조교 경험이 필자의 가정 연구에 막대한 도움을 준 점은 부인할 수 없으며, 이 책의 제2장, 제3장, 제5장과 제7장은 모두 중국가정추적조사의 데이터를 바탕으로 완성되었다.

중국가정연구에 관한 일차 자료를 얻은 것 외에도, 중국가정추적조사 항목에 참여한 또 다른 장점은 필자가 국제사회학 연구 분야의 수많은 저명한 학자[大牛]들을 만날 수 있었다는 점인데, 특히 그 중에서 당시 미국의 미시건 대학에 재직하고 있던 씨에위(謝宇) 교수와 교류할 수 있었다는 사실이다. 씨에위 교수는 국제적으로 저명한 사회학자이자 인구학자이며, 동시에 중국가정추적조사 항목의 학술위원회주석(主席)이었다. 중국가정추적조사 회의를 위해 그는 베이징대학을 자주 방문했으며, 그때마다 그는 젊은 학자들을 초청해 보고회를 개최했다. 필자는 운 좋게도 씨에 교수가 주최한 토론회에 참석할 수 있었다. 놀랍게도 그는 필자의 연구를 높이 평가했고, 말할 것도 없이 필자의 연구에 대한 그의 높은 평가는 필자가 가정 문제에 대한 자신감을 갖게 해주었다. 이 외에도 중국가정추적조사를 통한 씨에 교수와의 인연은 후일 필자가 미시건 대학에 학술교류차 방문하게 되는 직접적인 계기가 되었다. 2013년, 필자는 방문학자 신분으로 미시건 대학에서 1년 동안 연구하게 되었고, 씨에 교수는 베이징대학의 치우 교수와 함께 필자의 공동 지도교수가 되었다. 미시건 대학에서의 1년 동안, 필자는 많은 것을 얻었다. 세계적으로 앞서 있는 정량연구 방법을 경험하고 혼인 가정 연구의 최신 성과들을 접한 것 외에, 필자의 요리 기술 또한 하루가 다르게 발전했다. 지금 돌이켜 보면, 필자의 전체 연구 생활, 더 나아가 인생 전체가 중국가정추적조사 항목에 참여하면서 엄청나게 중요한 변화가 발생했다.

 2014년, 필자는 학위를 마치고 난징(南京)대학에서 학생들을 가르치고 있다. 중국에서 대학교수는 논문 발표와 연구사업 신청을 피할 수 없다. 초기의 가정 영역에 대한 연구 성과를 기초로, 필자가 대학에 부임한 이후 논문과 연구사업 과제는 거의 모두 혼인 가정과 관련되어 있다. 2015년, 필자가 신청한「거주 방식이 노인들의 건강에 미치는 연구」는 국가사회과학기금 청년연구자 지원 분야에 선정되었다. 2016년의 또 다른 연구 과제인「격대(할아버지와 손자 세대)양육이 조손 3대에 미치는 영향 연구」는 중국 박사후 사회과학기금의 특별 지원에 선정되었다. 2018년에는 「변화 중의 중국가정과 가정 양로 문제 연구」로 쟝수성(江苏省) 사회과학 우수 청년학자로 선정되었다. 이들 몇 개의 항목과 관련해 필자는 최근 가정 구조, 세대 간 관계 및 가정 양로와 관련된 일련의 논문을 발표했으며, 이들 논문이 이 책의 주 내용을 차지하고 있다. 그러나 이들 논문의 지속성을 제고하고 연구 논문의 논리적 연속성 유지하기 위해, 필자는 논문 중의 많은 장절에 수정을 가했고 심지어는 다시 작성한 부분도 있다. 필자는 이 책이 근래의 가정 구조와 가정 양로 문제에 관한 연구 성과를 좀 더 전면적이고 완결적으로 학계 및 일반 독자들에게 보여줄 수 있기를 희망하고, 만약 독자들이 책을 다 읽은 후 어떤 깨달음을 느끼거나, 또는 중국 가정의 구조와 가정 양로 문제에 대해 진일보한 연구 욕심을 갖게 된다면, 필자에게는 매우 반가운 일이다.

 이 책의 저술 과정에서 많은 분들의 도움과 격려가 있었으며, 이 지면을 통해 감사의 마음을 전하고자 한다. 먼저, 세 분의 지도교수, 즉 궈즈강(郭志剛) 교수, 치우저치(邱澤奇) 교수 그리고 씨에위(謝宇) 교수께 감사의 말씀을 전한다. 세 분은 필자가 가정 문제를 연구하도록 이끌어 주셨다. 이 외에, 필자의 연구에 오랜 기간 동안 관심을 갖고 지지해 주신 난징대학과 다른 연구기관의 연구자들께 감사의 뜻을 전한다. 그 가운데서도 베이징대학의 데이터 분석과 응용기술국가공정실험실의 챠오티엔위(乔天宇) 박사에게 감사를 표한다. 그의 아낌없는 지원 덕분에, 필자는 2010년과 2015년의 중국가정구조에 관한 자료를 종합할 수 있었다. 동시에 필자가 지도했던 학생에게도 감사의 마음을 전한다. 이들은 필자가 이 책을 집필할 수 있는 동력을 제공해 주었다. 이 지면을 통해 필자의 석사연구생이었던 장스치(張世琦) 양에게 특별히 감사의 마음을 전한다. 그녀는 이 책의 교정 작업을 아주 세심하고 진지하게 진행하면서 수많은 오탈자를 수정했다. 그리고 중국 런민(人民)대학 출판사의 성지에(盛杰) 여사는 이 책이 출판되는 과정에서 엄청난 시간과 정열을 바쳤다. 마지막으로 필자 가족들의 지지는 필자가 모든 연구를 진행함에 있어서 정신적 지주가 되었다는 사실을 밝히고자 한다.

마지막으로 필자를 비롯한 많은 사람들이 이 책의 교정을 반복적으로 진행했지만, 필자 자신의 한계로 인해 이 책 내용 중 불가피하게 바로잡지 못한 실수가 존재한다는 점을 언급하지 않을 수 없다. 이 책의 관점 또한 필자 개인의 견해일 뿐이다. 이 기회를 빌려 독자 여러분의 준엄한 비판과 지도를 부탁드린다.(전자메일: xuqi@nju.edu.cn)

쉬치
2022년 8월, 난징대학 사회학원에서

전남대학교 인문학연구원 HK+ 가족커뮤니티사업단 번역총서 · 6

계승과 변천
현대 중국 가정의 구조와 가정 양로

1판 1쇄 발행 2024년 10월 31일

원 제	传承与变迁──当代中国家庭结构与家庭养老
지 은 이	쉬치(许琪)
옮 긴 이	장복동·최만원
펴 낸 이	김진수
펴 낸 곳	한국문화사
등 록	제1994-9호
주 소	서울시 성동구 아차산로49, 404호(성수동1가, 서울숲코오롱디지털타워3차)
전 화	02-464-7708
팩 스	02-499-0846
이 메 일	hkm7708@daum.net
홈페이지	http://hph.co.kr

ISBN 979-11-6919-260-6 93590

· 이 책의 내용은 저작권법에 따라 보호받고 있습니다.
· 잘못된 책은 구매처에서 바꾸어 드립니다.
· 책값은 뒤표지에 있습니다
· 이 저서는 2018년 대한민국 교육부와 한국연구재단의 지원을 받아 수행된 연구임(NRF-2018S1A6A3A04042721)

오류를 발견하셨다면 이메일이나 홈페이지를 통해 제보해주세요.
소중한 의견을 모아 더 좋은 책을 만들겠습니다.